三峡大学法学与
公共管理研究文库

中国城市绿地保护地方立法研究

范姣艳 著

厦门大学出版社
XIAMEN UNIVERSITY PRESS

国家一级出版社
全国百佳图书出版单位

图书在版编目(CIP)数据

中国城市绿地保护地方立法研究/范姣艳著. —厦门:厦门大学出版社,2020.6
(三峡大学法学与公共管理研究文库)
ISBN 978-7-5615-7806-3

Ⅰ.①中… Ⅱ.①范… Ⅲ.①城市绿地—立法—研究—中国 Ⅳ.①D922.634

中国版本图书馆 CIP 数据核字(2020)第 089496 号

| 出 版 人 | 郑文礼 |
| 责任编辑 | 李 宁 |

出版发行 厦门大学出版社

社 址	厦门市软件园二期望海路 39 号
邮政编码	361008
总 机	0592-2181111 0592-2181406(传真)
营销中心	0592-2184458 0592-2181365
网 址	http://www.xmupress.com
邮 箱	xmup@xmupress.com
印 刷	厦门兴立通印刷设计有限公司

开本	720 mm×1 000 mm 1/16
印张	22.25
插页	2
字数	366 千字
版次	2020 年 6 月第 1 版
印次	2020 年 6 月第 1 次印刷
定价	98.00 元

本书如有印装质量问题请直接寄承印厂调换

厦门大学出版社
微信二维码

厦门大学出版社
微博二维码

前　言

　　人类从大自然走来。在遥远的年代,混沌初开,生命萌芽,绿草树木生长,氧气荡漾天地间,诞生了动物,进化到人类。人类祖先曾经长期生活在森林中,伐木造屋,依靠植物的根、茎、叶、花、果和同样离不开森林的动物的肉、骨、皮毛生活。"食鸟兽之肉、采树木之实""钻木取火""构木为巢",遮身果腹,取暖烧饭,制作农具,治疗病痛等等,无不和绿色植物有关。随着人类的不断进步,人类对自然的控制日益增强,人类中心主义逐渐盛行。尤其城市产生之后,人类离开森林,在钢筋水泥筑成的城市中享受着科学技术和物质文明带来的快乐,短暂地产生一种错觉,仿佛人类可以脱离大自然而依靠人设的环境而生活。但是,人类是大自然的组成部分,人类离不开自然,离不开孕育人类的森林和绿地,这是一种与生俱来的渴望与需求。人类产生于森林、绿地等自然环境,无论走到哪里,森林、绿地等自然环境将是人类生命中不可或缺的元素。人类与森林、绿地等自然环境相生相依,永难分开。因此,当城市的高楼大厦高耸云天,当城市的繁华喧嚣日益增加,人类对森林、绿地等自然环境的渴望也日益增强。人类开始意识到森林、绿地的重要价值,试图在城乡植树造林,在城市建设绿地,并重视对现有绿地的保护,甚至通过立法——国家工具来加强对绿地的保护。城市绿地保护立法研究从而进入理论研究的视野。热爱绿地、加强绿地保护是人类对大自然天然情感的体现。

　　本书的写作即在这样一种情结的推动下启动和完成的。2016年,笔者所在单位三峡大学法学与公共管理学院与宜昌市人大常委会合作成立了地方立法研究院。2015年《立法法》修订后宜昌市作为设区的市获得地方立法权,宜昌市人大常委会希望通过与地方高校合作,借力地方高校人才促进宜昌市地方立法开展。三峡大学地方立法研究院成立后,全体研究人员积极参与地方立法活动。《宜昌市城区重点绿地保护条例》是宜昌市的第一部地方立法,也是三峡大学法学与公共管理学院暨三峡大学地方立法研究院第一次全面参与地方立法研究活动。2016年,项目立项后,宜昌市人大常委会积极开展立法调研活动,并委托三峡大学地方立法研究院进行"《宜昌

目　录

第一章 研究综述

城市绿地保护是自然科学和社会科学均十分重视的研究课题,在不同的研究领域取得了诸多成果。正是基于自然科学研究的卓著成果,城市绿地在世界各地得到了迅速的发展并引起广泛关注。但是本书研究的主题显然不涉及自然科学研究,而是纯属于社会科学研究的领域。尽管如此,有关的绿地社会科学研究,无论是从社会学、经济学、管理学还是法学等方面研究,无不尊重自然科学的研究成果,并必须符合自然科学相关规律。

本章研究综述涉及社会科学领域的研究成果,而城市绿地保护立法研究显然又分属于其中的法学研究范畴。但是社会科学的各个领域都是相互联系的,法律研究成果的取得难免不借鉴社会学、经济学或管理学的研究成果。因此,本章拟以法学研究成果为主,但也兼顾管理学、社会学等方面的相关成果。同时,本章从我国研究成果和国外研究成果两个方面来阐述,但以我国研究成果为主。综观目前所掌握的资料,我国研究成果包括如下几个方面:一是关于城市绿地的概念界定方面的研究成果,这些成果对理解绿地保护立法中的保护对象,即立法适用范围的清晰了解有一定的意义,这也是立法研究必须解决的前提问题之一。二是城市绿地的历史发展及作用方面的研究成果,该成果对理解绿地保护的重要性、城市绿地的作用以及绿地保护立法原则的确定等方面具有一定借鉴意义。三是城市绿地管理方面的研究成果,尤其是行政管理方面的研究成果,与绿地保护立法有着天然的联系。四是绿地保护法律研究相关成果。这些研究成果分别包括不同的方面,既包括我国绿地保护立法相关研究成果,又包括外国绿地保护立法相关研究成果;既包括关于普遍性绿地保护的立法研究成果,又包括我国特定地区绿地保护立法的研究成果;既包括我国相关立法的历史发展,又包括立法的具体内容和原则研究的成果。

第一节 我国研究综述

一、关于城市绿地的概念

关于绿地或城市绿地概念的界定直接关系立法保护的对象,也是绿地保护立法适用范围的重要组成部分。我国学者较早认识到其重要性,并对其进行了认真研究。马锦义的《论城市绿地系统的组成与分类》(《中国园林》2002年第1期)分别阐述了绿地、城市绿地以及城市绿地系统的概念,并阐述了有关外国及我国各地城市绿地系统组成部分的一定差异以及对城市绿地科学合理分类的五项原则。

管宁生的《绿地与园林的概念及其相互关系之探讨》(《云南林业科技》2000年第3期)从绿地与园林概念及其相互关系入手,提出在国土规划、大地景观规划、城市规划以及建筑学、园林学、景观生态学等不同领域内,绿地概念在内涵和外延上都存有一定的差异的观点,并清晰地阐述了广义的绿地、狭义的绿地、广义的园林和狭义的园林的概念及它们相互间交错复杂的关系,有利于更好地理解绿地的概念。

车生泉、王洪轮的《城市绿地研究综述》(《上海交通大学学报(农业科学版)》2001年第9期)指出各国的法律规范和学术研究对绿地的定义和范围有不同的解释,认为我国城市绿地即外国开放空间(open space),并阐述了我国城市绿地的概念及其与苏联公共绿地的关系。

李仲信编著的《城市绿地系统规划与景观设计》(山东大学出版社2009年版)在研究规划和景观设计的主题下,也分析了城市绿地系统的概念、组成及历史发展;冯采芹等编译的《国外园林法规的研究》(中国科技大学出版社1996年版)收录的外国立法中有关于绿地的概念界定。这些成果对界定绿地及城市绿地的概念具有借鉴意义。另外,李丹的《论城市绿地系统的组成与分类》(《西昌农业高等专科学校学报》2003年第3期)阐述了城市绿地系统的各个组成部分并逐一进行了分析;张晓光、孙大鹏的《论城市绿地系统的组成分类和规划理论与方法的与时俱进》(《现代园林》2006年第4期)在分析了城市绿地系统组成的基础上,就规划理论与方法的创新提出了建议,但仅仅就绿地或城市绿地概念而言,前述成果与前人的成果内容似有重复之嫌。

我国建设部 2002 年 6 月即发布《城市绿地分类标准》(CJJ/T 85—2002)，对城市绿地的概念进行了界定并规定了其组成部分，并明确摈弃了苏联公共绿地的概念而采用公园绿地的概念，该规范对我国城市绿地立法保护范围的确定发挥了积极作用。2017 年 6 月，建设部又发布新的《城市绿地分类标准》(CJJ/T 85—2017)对 2002 年标准进行了修订，其修订内容主要涉及绿地分类，适应我国绿地发展新形势的需要。同时 2017 年住房和城乡建设部在 2010 年标准的基础上修订了风景园林基本术语标准(CJJT 91—2017)，该标准对绿地及相关概念进行了阐述。这些新标准出台后，我国相关研究成果还有待发展。

总而言之，根据前述研究成果及相关标准，可以比较明确地界定城市绿地的概念，确定城市绿地保护立法的范围。

二、我国城市绿地的历史发展及相关理论

我国城市绿地保护具有悠久的历史。大约 5000 年前我国就出现了城市，而绿地保护则通过城市绿化建设得以实现。马军山、张万荣等的《中国古代城市绿化概况及手法初探》(《林业资源管理》2002 年第 3 期)分析了我国早期城市绿化的主要成因，以及我国古代不同时期绿化的状况，但仍主要是从园林建筑学的视角研究。潘谷西的《中国古代城市绿化的探讨》(《南工学报》1964 年第 1 期)从城市建设的角度，探讨了我国汉代以来各朝代城市绿化情况及布局原则。其他相关研究成果中也有涉及我国古代城市绿地保护的研究，如周波的《城市公共空间的历史演变》(四川大学 2005 年博士论文)等也介绍了我国古代绿地及城市公园建设和保护情况。这些成果反映了我国古代对城市绿地的重视及发展状况，对我们探讨城市绿地保护立法的重要性和意义有一定的参考价值。吴人韦的《国外城市绿地的发展历程》(《城市规划》1998 年第 6 期)介绍了国外城市绿地从古代到当代发展的六个阶段，并评析了城市绿地发展的趋势。

随着城市绿地的发展，相关研究取得了很大进步，并出现了综述性研究的成果。车生泉、王洪轮的《城市绿地研究综述》(《上海交通大学学报(农业科学版)》)2001 年第 9 期在阐述了绿地概念的基础上，重点研究了城市绿地发展和研究进程及不同发展阶段的绿地发展的思想，如启蒙阶段城市绿地思想、形成阶段城市绿地规划思想、发展阶段城市绿地理论和方法以及城市绿地生态规划和建设阶段的思想等，并在最后阐述了绿地在城市中的功

能和作用。该研究成果更多涉及城市建设科学领域,但对本书的主题研究有一定的启示作用。王保忠、王彩霞、何平等的《城市绿地研究综述》(《城市规划汇刊》2004年第2期)就国内外城市绿地的发展历程、城市绿地效益、国外成功绿化范例以及城市绿地存在的问题等问题进行了研究,也主要涉及城市建设学科领域,但是其对城市绿地发展的考察同样对本书主题的研究具有借鉴意义。王保忠、王彩霞、李明阳的《21世纪城市绿地研究新动向》(《城市规划汇刊》2004年第2期)主要从城市绿地管理体系以及城市绿地规划思想的发展等方面探讨了当代城市绿地研究科技及管理等方面的新发展,对于全面了解绿地研究的发展状况具有一定借鉴意义。

三、城市绿地管理制度研究

城市绿地管理与城市绿地保护法治有着天然的、密不可分的联系。绿地保护法治是对管理的法治化,而绿地管理需要是绿地法治的基础。我国关于城市绿地管理制度的研究成果较为丰富,可以为绿地保护立法研究提供较好的借鉴作用。

蒋卫东的《公共管理视角下的城市绿化管理机制的研究——以上海市构建生态城市为例》(上海交通大学2007年硕士论文)从公共管理的角度探讨了绿地管理中存在的问题,如绿化管理体系有待进一步理顺、绿化管理理念相对滞后、绿化管理方式单一、绿化管理手段较为落后以及绿化管理部门的公共管理水平有待提升等,并提出了我国绿化管理发展方向,即坚持国际化导向、市场化主导、社会化基础、信息化手段以及法治化保障等方面,从而建议采取建立健全公众参与城市生态建设的机制、加强宣传,提高公众的环境保护和绿化意识、培育非政府组织参与绿化建设和管理以及推进志愿者参与绿化建设和管理等完善措施。容振坤的《我国城市园林绿化管理的问题与建议》(《企业技术开发》2009年第10期)从城市园林绿化管理实践者的角度,阐述了我国城市园林绿化管理体制不健全的方面,如园林绿化管理缺乏统一协调的管理体制及城市园林绿化管理的监督机制薄弱等,并分析了其中存在的原因,最后提出了提高我国城市园林绿化管理水平的建议,对本主题的研究具有借鉴意义。林广思的《我国园林绿化行政管理体系调查与分析》(《风景园林法律法规》2012年第5期)在实地调研的基础上阐述了中央、省(自治区)及地方各级政府园林绿化行政管理机构设置及法律依据,分析了绿化行政主体及主要职责,指出了其中存在的主要问题及改善建议。

卢卓的《城市绿化管理的问题与对策》(《南方农业》2014年第12期)分析了我国城市绿化管理方面存在的问题,即城市绿化管理的方式比较落后、城市绿地建设缺乏长效规划等,并建议加大对绿化管理的财政投入。这些成果分别从不同的角度,运用不同的方法,对我国城市绿地管理现状及存在的问题进行了探讨,并提出了完善建议,为城市绿地保护立法相关制度的设立提供了有益的参考。凌张军的《城市绿地生态管理研究》(安徽农业大学2012年硕士论文)就政府、企业及公民在城市绿地管理中的职责、城市绿地管理的内容以及管理的手段等进行了较为系统的研究,为我国城市绿地管理提供了较好的理论依据。杜钦、侯颖、王开运、张超的《国外绿地规划建设实践对城乡绿色空间的启示》就城市绿地规划的思想进行了阐释,并分析了其对绿地建设的启示。

除此之外,也有一些针对地方城市绿地管理的研究成果。孙翔的《湖北省宜昌市广场园林绿化建设和管理》(《北京农业》2014年7月下旬刊)分析了湖北省宜昌市广场园林建设和管理现状、存在的问题及完善建议。唐晓锋的《浅谈城市绿地系统规划及其应用——以福州市为例》(福建热作科技2012年第1期)主要阐述了福州城市绿地系统规划实践,并提出相关建议。郑永革的《包头城市绿化管理现状及发展对策研究》(华中师范大学2012年硕士论文)阐述了包头市城市绿化现状,分析包头城市绿地行政管理中存在的问题及完善建议,有利于探讨立法具体制度的构建。王雪梅的《从城市公共绿地保护谈公共事务管理》(《中国商界》2009年第4期)则从社会学的角度分析了城市公共绿地保护及公共事务管理困难的原因并提出了相应的对策。王楚成的《浅谈城市园林绿地人为破坏原因及保护对策——以呼和浩特市区园林绿地为例》(《内蒙古科技与经济》2014年第9期)就对园林绿地的破坏行为及原因进行了分析,并提出了加强管理和立法等方面的建议。

吴小青的《徐州市园林绿地管理现状与提升途径研究》(《淮海文汇》2017年第2期)以徐州市管理现状及存在的问题进行了分析,并就管理提升途径提出了建议。熊智强的《宜昌城市街道绿化发展现状及对策》(《现代园艺》2011年第11期)以及柳华荣、李毅的《浅谈宜昌市节约型园林绿化养护管理》(《绿色科技》2013年第7期)从宜昌市街道绿化和园林绿化养护管理方面介绍了宜昌市的经验,并就存在的问题提出了对策建议。

四、我国城市绿地保护相关立法

1. 我国古代相关立法研究

从我国古代立法上看,冯尚的《论中国古代城市规划建设法》(《广西政法管理干部学院学报》2006 年第 1 期)阐述了我国古代城市规划建设法律规定,其中包括树木及绿化方面的法律规定。另外,高峰的《我国古代对环境资源的立法保护》(《防灾博览》2014 年第 2 期)介绍了我国古代对自然环境的保护,包括对树木、森林等自然资源保护的有关规则。这些研究成果可以为我国当代立法提供历史的依据和一定的参考。

2. 我国当代相关立法研究

绿地与园林、绿化以及公园等概念具有密切的联系。园林立法、绿化法以及公园保护法甚至可以说是绿地立法的组成部分。我国当前相关研究成果没有专门针对城市绿地的立法,但是有与城市绿地保护密切相关的园林法规和绿化立法,对本书的研究具有重要借鉴意义。

园林法规方面,林琳的《论园林法规的发展历程与社会作用》(浙江大学 2014 年硕士论文)首先介绍了外国和新中国园林法规的发展历程,并介绍了我国当代相关制度,分析了这些法规的社会作用,为研究我国城市绿地立法的历史发展提供了重要的线索。韩笑的《我国园林法律规范初探》(河北大学 2004 年硕士论文)按照新中国成立后到改革开放之前和改革开放之后两个历史阶段介绍了我国园林绿化法规的发展,分析了我国园林法规体系中存在的不足并提出了完善建议。

绿化立法方面,吕中诚的《城市绿化法初论:概念与立法目的》(《中国环境管理干部学院学报》2010 年第 12 期)在阐述城市绿化法概念的基础上,阐明了城市绿化法的价值性、工具性和美化环境的立法目的,及其立法目的在新时代的重新设定。倪同良的《城市绿化法律体系的构建》(《河北法学》2009 年第 11 期)通过分析我国城市绿化建设中突出的问题,借鉴国外城市绿化建设立法的经验,结合我国城市绿化现有的法律法规,提出了我国城市绿化建设立法建设的几点建议。林广思、杨锐的《论中国园林绿化法规体系》(《中国园林》2016 年第 8 期)从风景园林学科和行业中城乡园林绿化规划、建设和管理以及风景名胜保护、规划、建设和管理等领域立法的角度进行了阐述,并提出了完善我国园林绿化法规体系的建议。张雪的《生态城市建设中绿地恢复补偿机制研究》(中南林业科技大学 2013 年硕士论文)提出了生态城市建设的概念,并阐述了绿地恢复补偿机制的重要性和主要内容,并就其在我国的应用提出相关建议。这些成果也会为绿地保护立法制度的构建提供借鉴和参考。

公园及其他方面,周月婷的《山体公园规划设计规范体系研究》(贵州大学 2016 年硕士论文)通过分析我国现行绿地法律规范体系对山体公园绿地资源保护与建设的影响,得出我国城市园林绿化建设的法律、法规、规范、标准基本形成体系的结论,并对这些具体的法规体系进行了阐述和分析,最后提出了完善建议,有利于为我国城市绿地法规的系统研究提供参考和借鉴。王晓娜、周训芳的《城市化进程中的城市绿带立法经验与启示》(《林业经济问题》2016 年第 5 期)在阐述了绿道和绿带概念的基础上,介绍了国内外城市绿地立法的经验,并结合我国实践提出了完善建议。王鑫刚的《我国公园立法问题研究》(东北林业大学 2009 年硕士论文)就我国公园立法的现状、立法原则、制度内容以及法律责任等进行了阐述,从自然资源与环境保护法的角度进行了论述。

3. 我国地方相关立法研究

周世恭的《北京市绿化条例立法启示》(《北京人大》2011 年第 11 期)分析了北京市绿化条例的立法过程及内容,并分析了其对我国其他地方立法的启示和借鉴意义。莫晓琪、余慧、朱颖的《中国城市绿化地方性法规研究——以苏州为例》(《苏州科技学院学报(工程技术版)》2016 年第 12 期)结合地方立法理论,接受了苏州城市绿化法规的立法内容,分析了存在的问题并提出了完善建议。刘璐璐的《中国城市绿化的地方性法规研究——以上海为例》(安徽农业大学 2008 年硕士论文)在介绍国外城市绿化研究现状与发展动态的基础上,通过借鉴新加坡、日本、美国、法国、德国、英国、加拿大以及中国香港等地经验,比较国内城市绿化立法与行业标准的现状与发展动态,分析了上海市城市绿化立法的成就和不足,并为我国相关立法提出了借鉴和建议。

周火良的《城市绿化地方性法规比较与启示》(《北京园林》2007 年第 2 期)通过对全国 38 部城市绿化地方法规,特别是对 2005 年以后的 15 部法规的立法名称、适用范围、内容以及许可和法律责任等方面进行比较,对《北京市城市绿化条例》提出了着重解决城市绿化用地和资金、园林绿化市场规范、"重建轻管"问题、园林管理体制、行政执法力度、法规可操作性等方面的修订建议。严玲的《深圳立法建立永久保护绿地制度》(《中国绿色时报》

2016 年 6 月 28 日第 B01 版)介绍了《深圳经济特区绿化条例》对绿地的保护,并确立了绿地补偿制度,该条例对深圳绿地保护发挥了重要作用。陈冬琪的《立法保护城市绿地,多手段破解"停车难"》(《汕头日报》2017 年 2 月 9 日第 003 版)介绍了汕头绿地保护立法中存在的停车难问题以及解决对策。梁丽的《绿地保护,宜昌迈出立法第一步——〈宜昌市城区重点绿地保护条例(草案)〉审议侧记》(《中国人大》2016 年 8 月 20 日)介绍了宜昌市重点绿地保护条例的制定过程及对宜昌市绿地保护的重要意义。张仪、吴锐、胡相宜《北京市城市绿化条例执法调研报告》(《法制与社会》2009 年第 12 期下)在实地调研的基础上分析了《北京市城市绿化条例》实施中存在的问题及完善建议。

4. 以外国立法为研究对象的成果

我国关于绿地保护立法的研究成果中也有不少以外国相关绿地保护法律为研究对象,如研究日本、新加坡、美国、英国、德国、巴西等国绿地保护相关立法。他山之石,可以攻玉。对外国相关立法的研究,有利于从比较的角度分析我国相关立法,完善有关制度。

李玉红的《日本城市公园绿地管理发展研究》(《中国园林》2009 年第 10 期)介绍了日本公园绿地管理制度的四个时期及各个时期管理制度的发展,对我国具有借鉴意义。雷正寰的《英、美、日的园林立法》(《园林》1996 年第 4 期)介绍了英、美、日三国园林立法的历史,以对我国城市园林绿地建设管理法规及管理体制的完善提出借鉴。张亚红的《英国公园绿地的保护与管理》(《北京园林绿化与生物多样性保护》,2011 年)介绍了英国对园林绿地管理的经验及相关法规。杨文悦的《奥地利、匈牙利城市绿化管理简析》(《园林》2012 年第 11 期)介绍了奥地利、匈牙利城市绿化管理法律制度,并分析了其立法严密、执法严格等特点。王君、刘宏的《从"花园城市"到"花园中的城市"——新加坡环境政策的理念与实践及其对中国的启示》(《城市观察》2015 年第 2 期)介绍了新加坡包括园林绿地保护在内的环境立法史,并介绍了其环境管理部门及政府的作用。

第二节　国外研究综述

国外关于绿地保护立法的研究较之我国更早,而且成果颇丰。但是因为其他国家或地区关于绿地的概念有时与我国并不一致,例如有的国家称与我国"城市绿地"相关的区域为开放空间,有的则称为城市花园、绿色空间等,而且这些称谓所指区域与我国立法上的城市绿地的含义也并非完全重合,因此,本节国外研究成果也主要选取与"城市绿地保护立法"相关的研究成果,主要是通过 Lexis Nexis 网站搜集的一些论文,且数量有限。因为资料来源有限,内容也较单一,仅仅是法学相关的研究成果,而无法考察管理学等相关领域成果。因此,国外研究成果相对较为薄弱,覆盖面不广。尽管如此,也可以为本书主题"中国城市绿地保护地方立法"研究开阔视野,并提供一定的参考和借鉴。

Timothy Beatley, Biophilic Urbanism: Inviting Nature Back to Our Communities and Into Our Lives(34 *Wm. & Mary Envtl. L. & Pol'y Rev.* 209 Fall, 2009)提出生态城市主义,认为在当前人类与大自然脱节的环境下,应邀请大自然回到我们的生活中,因此应该在城市建立公园空间,以确保城市符合生态目标。作者通过分析巴黎等地的公园对人们生活的积极影响,阐述了公园等自然环境的重要意义。同时作者还分析了生态城市进程中的障碍,并提出法律和经济等方面的保障措施。Paul Stanton Kibel, The People Down The Hill: Parks Equality In San Francisco's East Bay(1 *Golden Gate U. Envtl. L.J.* 331 Winter, 2007)阐述了公园的概念和意义,分析了历史上公园的价值。作者还以东湾公园为例,阐述了环境正义的含义,说明公园的保护能实现环境正义。Robert Fox Elder, Protecting New York City's Community Gardens(13 N.Y.U. *Envtl. L.J.* 769, 2005)阐述了房产和绿地的重要性,花园城市的概念和历史发展,并分析了花园与房产的关系以及它们发生冲突产生的案例及解决,表明了花园在房产发展中的重要意义及对人们生活的影响。Dorothy A. Borrelli, Applying a Place-based Ethic To Community Gardens (9 *Vt. J. Envtl. L.* 271 Copy Citation Winter, 2007—2008)阐述了环境正义在社区园林建设中的体现及存在的问题,并在阐述社会环境正义的基础上寻求问题的解决。Chelsea Smialek, Take a Walk Through the Cities' Gardens: Comparing Detroit's New Urban Agriculture Zoning Ordinance to Others of Its Kind(91 *U. Det. Mercy L. Rev.* 345 Fall, 2014)主要分析底特律分区条例关于城市农业和城市景观的规定,规定了二者之间的关系,以及城市农场符合公共福利和市民景观需要的目的,并比较了西雅图和克利夫兰分区条例的相关规定。Sheila R. Foster and Christian Iaione, The City as a Commons(34 *Yale L.*

一、绿地、园林和城市公共空间

"绿地"(green place),辞海释义为"配合环境创造自然条件,适合种植乔木、灌木和草本植物而形成一定范围的绿化地面或区域";或指"凡是生长植物的土地,不论是自然植被或人工栽培的,包括农林牧生产用地及园林用地,均可称为绿地"。同样,国土规划、大地景观规划以及景观生态学等研究领域亦称绿地为:无论是自然植被,还是经人工栽培,凡是生长着绿色植物的地域都称为绿地。根据前述界定,地球上所有生长着绿色植物的地域,包括农林牧业生产用地、自然保护区、防护林地、森林游憩地、绿化用地等广泛的区域均为"绿地"。据此,"绿地"包含三种类型的地域:①由树木花草等植物生长所形成的绿色地块,如森林、花园、草地等;②植物生长占大部的地块,如城市公园、自然风景保护区等;③农业生产用地。①

绿地的含义也比较广泛,并非仅指全部用地皆绿化,绿化栽植占大部分的用地亦可。绿地面积大小往往相差悬殊,大者如风景名胜区,小者如宅旁绿地。绿地设施质量高低相差也大,精美者如古典园林,粗放者如防护林带。各种公园、花园、街道及滨河的种植带,防风、防尘绿化带,卫生防护林带,墓园及机关单位的附属绿地,以及郊区的苗圃、果园、菜园等均可称为"绿地"。② 尽管如此,在建筑学、园林学和城市规划领域,绿地特指在城市规划用地的区域内,具有改善与保护生态环境、美化市容市貌、提供休闲游憩场地或具有卫生、安全防护等各种功能,种植有绿色植物的地域。因此,绿地主要是指城市规划区域内的各类公园、各种游憩地、公共建筑及宅旁绿地、道路交通绿化地、各企事业单位内的专用绿地、城市卫生防护林地以及苗圃、花圃等,而城市规划区域以外的农、林、牧业的生产用地及自然保护区等则不属于绿地的范畴。前者通常被称为"广义的绿地",而后者为"狭义的绿地",或称"城市绿化用地"、"城市园林绿地"或"城市绿地"。③ 广义绿地不仅包含了所有的狭义绿地,还包括所有的农、林、牧业生产用地,各级自然

---

① 李仲信编著:《城市绿地系统规划与景观设计》,山东大学出版社 2009 年版,第 2~3 页。

② 李仲信编著:《城市绿地系统规划与景观设计》,山东大学出版社 2009 年版,第 3~10 页。

③ 管宁生:《绿地与园林的概念及其相互关系之探讨》,载《云南林业科技》2000 年第 3 期。

保护区,城市规划用地区域外的各种防护林地、森林游憩地等非狭义的绿地。

"园林"是以植物等自然形态物质为必要的构成要素,有人为参与建造,供人们进行游憩、观赏或娱乐等各种休闲活动的境域。园林的构成要素中,在园林用地中必然有天然或人工种植的各种花、草、树木。植物是古今中外各类园林必不可少的要素,没有植物供参观、娱乐、游憩的场所只能称为"广场""游乐场""露天博物馆"。因为在形成的过程中,园林内或多或少地有人为的建造工作,具有"人工参与建造"的共性,因而园林与那些纯天然的、不允许任何人工建造干扰的自然保护区相区别,因为"供人们进行游憩、观赏或娱乐等各种休闲活动的功能",又使园林与一般的苗圃、花圃以及其他农、林、牧业生产用地及各种防护绿地区别开来。

园林虽然都以"供人们进行游憩、观赏或娱乐等休闲活动"为主要功能,但各个园林在提供休闲功能的价值上是有区别的。普通的宅旁花园之类的园林,仅仅具有改善生态环境和美化环境的功能,即只有生境(富有自然界的生命气息)和画境(园林构成要素具有符合形式美规律的艺术布局)两个层次。而像拙政园、网狮园等我国的许多优秀园林,它们不但具有生境、画境,而且还能通过诗情画意的融入、景物理趣的构思,表达出造园者对社会生活的认识理解及其理想追求。其园景除了具有一般外在的形式美之外,还蕴含着丰富深刻的内在思想内容。这类园林产生了第三层次的境界——意境。通常将只具有生境和画境两个境界的园林称为广义的园林,将同时具有第三境界层次的园林称为狭义的园林。因此,广义园林除了包含所有的狭义园林外,还包含了儿童公园、体育公园、森林公园、城市街房游园等不具有意境的非狭义园林,即公园。2004 年《深圳经济特区城市园林条例》规定:"城市园林,是指按市政府规划并经园林主管部门确认的各类公园、动物园、植物园、风景区、公共海滩、专类园、街头游园、花园、庭园以及其他供游人游览、休闲的场所。城市园林包括市政园林、经营性园林和单位附属园林。"2011 年《河北省城市园林绿化管理办法》规定:"园林设施,包括亭、廊、花架、喷泉、假山、石桌、石凳、围栏、围墙、园林道路、雕塑、雕刻及其他景观建筑和园林服务设施。"可见,此乃为广义的园林,其中包含各类公园,当然包含公园绿地。但绿地的范畴比园林要广泛,园林只是多种绿地中的一类。

由于狭义的绿地以城市规划用地范围为限定条件,因而它与园林的关系就出现了两种不同的情况。即当园林的位置在城市规划用地范围内时,这些园林则属于狭义绿地的构成部分,而当园林用地处于城市规划用地范围之外时,这些园林就不再属于狭义绿地的范畴,但它们仍然包含在广义的绿地之中。因此,广义的绿地包含了狭义的绿地,也包含了广义园林及狭义园林;而狭义的绿地则与园林形成交错状态,它不包容园林的全体,只是包含了广义和狭义园林中的一部分,即只包含了其用地在城市规划区范围内的那部分园林。此外的园林,无论是广义的(如各级国家森林公园),还是狭义的(如地处郊野的风景名胜地)就都因其地处城市规划区范围之外,而不能归入狭义的绿地。①

对"城市公共空间"(open space)的理解,首先从分解词组来看,"空间"是从古至今人类赖以生存的自然和社会生活环境,它与人类生活息息相关;"城市空间"则主要是指在城市范围内,由建筑物、构筑物、道路、广场、绿化、水体、城市小品、标志物等共同界定、围合而成的空间。因此,城市公共空间就是在城市建筑实体之间存在着的开放空间体,是城市中供居民日常生活和社会生活公共使用的外部空间,是进行各种公共交往活动的开放性空间场所,包括街道、广场、居住区户外场地、公园、绿地、商业街等。②

实际上,"城市公共空间"的概念也源自西方。英国界定为:"所有具有确定的及不受限制的公共通路并能用开敞空间等级制度加以分类而不论其所有权如何的公共公园、共有地、杂草丛生的荒地以及林地";美国界定为:"城市内一些保持着自然景观的地域,或者自然景观得到恢复的地域,也就是游憩地、保护地、风景区或者为调节城市建设而预留下来的土地,城市中尚未建设的土地并不都是开敞空间";日本界定为:"游憩活动,生活环境,保护步行者安全,及整顿市容等具有公共需要的土地、水、大气为主的非建用空间且能保证永久性的空间,不论其所有权属个人或集体"。③ 波兰界定为:"开放空间一方面指比较开阔、较少封闭和空间限定因素较少的空间,另一方面指向大众敞开的为多数民众服务的空间,不仅指公园、绿地这些园林景观,而且城市的街道、广场、巷弄、庭园等都在其内。"我国学者车生泉、王

---

① 管宁生:《绿地与园林的概念及其相互关系之探讨》,载《云南林业科技》2000年第3期。

② 周波:《城市公共空间的历史演变》,四川大学2004年博士论文,中国知网,http://www.cnki.net/,下载日期:2018年12月18日。

③ [日]高原荣重:《城市绿地规划》,杨增志、阎德藩、纪昭民等译,中国建筑工业出版社1983年版,第1~8页。

洪轮等认为,城市公共空间是为保持、恢复或建立自然景观的地域,并认为含义同我国绿地。

因此,尽管世界各国对开放空间的定义不尽相同,但都强调了城市中的自然属性,即它们都是指城市中完全或基本没有人工构筑物覆盖的空地、水域及其上面所涵盖的特性如光线和空气等。我国有学者认为开放空间就是指绿地,但并没有得到广泛的认同。城市公共空间应该包括绿地,所有城市绿地应该属于公共空间,但公共空间并不仅仅只限于绿地,它还包括体育场、停车场以及其他具有公共功能的区域,因此内涵和外延都与绿地有所不同。2013 年的《陕西省城市公共空间管理条例》规定,城市公共空间是指"城市规划区域内向社会公众开放、供公共使用和活动的场所,包括道路、公园、广场、绿地、体育场地、公共停车场、公共交通换乘站、城市滨水区域"等,因此并不完全等同于绿地。

由此可见,绿地、园林和城市公共空间三个概念在内涵和外延上均有所差别,但它们之间也有着千丝万缕的联系。绿地和园林相互交叉重叠,城市公共空间和绿地与园林也是难分难解。总体而言,绿地是一个更为普遍接受的概念,而园林则是具有特殊性的一种绿地,位于城市规划区范围外的园林不属于城市绿地的范围。城市公共空间更是一个舶来的概念,在我国使用并不普遍,但其含义更接近绿地,甚至内涵和外延更为广泛。我国绿地相关立法实践中,绿地使用最多,园林次之,而使用城市公共空间名称的仅有陕西省。

二、绿化、绿线和绿带

绿化(greening),顾名思义,就是植树、种草、栽花以及育苗等使某一地区形成绿色的地貌。因为农林牧地区常常会有大量的绿色农作物、森林或草地,不存在绿化的问题,因此绿化常常是指城市绿化(urban greening)。全国科学技术名词审定委员会审定公布的城市绿化的定义则为"栽种植物以改善城市环境的活动,一般不包括耕地和无植被的水域"。一些城市的绿化条例中给出的定义则大致为"在城市规划区内进行的植树、种草、栽花、育苗及管护等绿化活动"。这些都是狭义的城市绿化的概念。广义的城市绿化,是指充分利用城市自然条件、地貌特点和基础种植,将城市按国家标准规划设计的各级、各类园林绿地用具有地方特色和特性的园林植物最大限度地覆盖起来,并以一定的科学规律加以组织和联系,使其构成有机的系统。广义的城市绿化包含狭义的城市绿化内容,但不仅限于或停留在通常所说的"种树""养花",而是要通过种植和养护树木花草等活动,使城市绿地系统同城市以外的自然环境相沟通,形成健全的城市生态,具有自身的风貌特点。

绿线,亦即城市绿线(urban line)。《城市绿线管理办法》、2012 年《成都市园林绿化条例》以及 2012 年《郑州市城市园林绿化条例》等均规定:"绿线,是指城市各类绿地范围的控制线。"《城市绿线管理办法》还规定绿线内的土地只准用于绿化建设,除国家重点建设等特殊用地外,不得改为他用。城市绿线范围内的公共绿地、防护绿地、生产绿地、居住区绿地、单位附属绿地、道路绿地、风景林地等,必须按照《城市用地分类与规划建设用地标准》《公园设计规范》等规定,进行绿地建设。由此可见,绿线是划分应保护绿地的外部界限,绿线包围内的区域只能用于绿化建设。

绿带(green belt),也称绿化控制带,是指在城市周围建设的绿色植被带,是为防止城市盲目扩展或与近邻城市连成一片,在城市四周或在相邻城市之间设置用以限制城市建设的地带,这种地带可以是风景区、林地,也可以是牧场、农田。早期欧洲的许多大城市都建设有绿带,其主要目的是控制城市建成区的无限制蔓延、疏散市中心的人口与工业和改善城市环境。从国际上特大城市环城绿带的效果来看,环城绿带对控制城市格局,改善城市环境,提高城市居民生活质量具有显著作用。

由此可见,绿化是一个动词,是将某一区域变化为青草覆盖,树木成林的地方的一种活动,包括规划、建设、保护等各个过程。如 1995 年《银川市城市绿化管理条例》规定:"城市绿化系指在城市规划区内进行的植树、种花、种草、育苗及园林绿化设施等建设活动。"2000 年《贵州省城市绿化管理办法》规定:"城市绿化是指运用园林工程、园林建筑技术和艺术,种植和养护树木花草、改造地形、修筑园林建筑、绿化园林道路等建设和保护城市生态环境的行为。"2001 年《云南省城市绿化办法》规定:"城市绿化,是指在城市规划区内各类公园、道路、防护隔离带、居住区、办公区、生产区等地进行栽树、种花、植草等。"2004 年《曲靖市城市绿化管理办法》规定:"城市绿化,是指在城市规划区内各类公园、道路、防护隔离带、居住区、办公区、生产区等进行植树、栽花、种草等。"2009 年《贵阳市绿化管理办法》规定:"绿化是指为净化空气、减少污染、防止水土流失、改善环境而广泛地种植树木花草的活动。包括国土绿化、城市绿化、街旁绿化和道路绿化等。"2010 年《南昌市城市绿化管理规定》规定:"城市绿化,是指在城市规划区内进行的植树、种草、栽花、育苗和园林设施建设、保护及其管理等活动。"2010 年《杭州市城市绿化管理条例》规定："本条例所称城市绿化是指在城市中进行的植树、种草、栽花、育苗及管护等绿化活动。"2012 年《包头市城市绿化条例》规定："本条例所称城市绿化，是指为了改善生态环境，美化生活环境，在城市规划区范围内植树、种草、栽花、育苗，兴建和保护、管理各类绿地及其设施等活动。"2017 年《宁波市城市绿化条例》规定："本条例所称的城市绿化，是指在城市、镇规划区内进行的植树、种草、栽花、育苗及养护管理等绿化活动。"因此，绿化是一种通过植树、种草、栽花、育苗及园林绿化设施等建设，并保护和管理各类绿地及其设施等活动来美化生活环境的活动，而绿地建设、养护和管理是其重要的组成部分。绿化是一种活动，绿地是绿化的结果及客观存在的状态。

绿线是一条包围线，是城市各类绿地范围的控制线。线内包围的区域只能进行绿化。因此绿化和绿线是相互联系的两个概念。在绿线范围内，国家实行绿化政策，绿线范围之外，则没有必须绿化的义务。这里绿线是绿化活动的区域空间。在绿线范围内进行绿化活动的结果，便是绿地的建设和形成。因此，绿地和绿线是紧密联系的，绿线包围的区域是绿地或即将成为绿地，绿地通常存在于绿线范围内，是绿化的结果。2010 年《南昌市城市绿化管理规定》规定："绿线，是指根据城市规划和城市绿化的需要，对各类城市绿地以及对城市生态和景观产生积极作用的区域明确予以界定，并进行严格保护和管理的控制线。"2005 年《宜昌市城市红线、绿线、紫线、蓝线规划管制办法》规定："城市绿线，是指本市城市规划区内的公园绿地、生产绿地、防护绿地、其他绿地等绿地范围的控制线。"这些规定更加明确了绿线、绿化和绿地之间的关系。

绿带，自从欧洲作为城市外围的隔离带产生以来，其含义随时代不断演变，当前绿带还扩展到绿化带（green space）或绿色结构（green structure），即所有植被所覆盖的空间及基础设施。因此，绿带应该有两个方面的含义，一是将城市与城市分离开的隔离地带，二是所有有植被覆盖的空间。某种意义上，前者通常是风景区、林地、牧场以及农田等，属于广义的绿地范畴。后者意义应该同广义的绿地。[①]《关于加强城市绿地系统建设提高城市防灾避险

---

① 吕中诚：《城市绿化法初论：概念与立法目的》，载《中国环境管理干部学院学报》2010 年第 6 期。

能力的意见》(建城〔2008〕171号)在"科学设置各类避险绿地"中规定:"在城市中心区、老城区等人口稠密地区,要结合城市改造,按照绿地服务半径等要求,规划出紧急避险绿地和绿色疏散通道。要在城市外围、城市功能分区、城区之间、易发火源或加油站、化工厂等危险设施周围设置隔离缓冲绿带。"似乎是取前者的含义。《城市绿化规划建设指标的规定》规定:"城市道路均应根据实际情况搞好绿化。其中主干道绿带面积占道路总用地比率不低于20%,次干道绿带面积所占比率不低于15%。"2014年《天津市绿化条例》规定:"新建、改建、扩建城市道路的,绿地率应当符合国家和本市规定的标准。其中,外环线内侧包括辅道用地绿带不小于五十米,外环线外侧包括辅道用地绿带为五百米。"此两项规定应该是取后者的含义,绿带是指由树木所形成的狭长形的绿色区域。《宁夏回族自治区城市绿化管理条例》对防护绿地界定为"用于城市环境、卫生、安全、防灾等用的绿带、绿地",此处绿带和绿地并列使用,绿带也应该是指树木所形成的绿色区域,而绿带是与绿地不同的一种类型的区域,绿地应该是绿草覆盖的区域。当然这些规定对绿带并没有明确的界定,绿带与绿地夹杂使用,如《宁夏回族自治区城市绿化管理条例》在防护绿地中规定绿带是其组成部分,因此,绿地的概念界定并不是很清晰,防护绿地中包含的"绿地"应该是更狭义的理解。尽管如此,无论是绿地还是绿带,均是城市园林绿地系统的组成部分,绿带属于绿地范畴。

三、公共绿地和公园绿地

"公共绿地"一词来源于苏联,突出反映的是绿地的所有权、产权等公共属性。苏联的绿地包括:公共绿地(各类公园、花园、小游园、林荫道、街头绿地、行政和公共机关绿地)、专用绿地(主要指事业单位绿地)、绿地(企业绿地、农场绿地等)、特殊用途的绿地(各类生产、卫生、水土保持、防风、防火林带、公路和铁路的绿化、墓园、苗圃和花圃)等。新中国成立以来我国一直沿用苏联的绿地概念,用来指城市中以绿化为主的各级公园、庭园、小游园、街头绿地、道路绿化、居住区绿地、专用绿地、交通绿地、风景区绿地、生产防护绿地。但我国目前在绿地的分类上不存在私有绿地,所有的城市绿地都属于国家,为公众服务。公共绿地与国际上公园的内涵相似,与我国的公园和开放型绿地相当,因此,都属于公园绿地性质。我国自2002年起摒弃公共绿地的概念,而以公园绿地代替之。

2002年建设部《城市绿地分类标准》(CJJ/T 85—2002)中关于取消"公

共绿地"的说明指出,"公共绿地"引自苏联,新中国成立以来在我国城市规划与绿地规划、建设、管理、统计工作中曾广泛使用。但是,从长期的绿地建设和发展趋势来看,需要从以下几方面重新考虑"公共绿地"的命名。(1)准确的命名是建立科学的分类方法的基本保证。类别名称的确定,反映了不同分类方法的出发点和基本原则。命名的准确性直接关系到分类方法的科学合理性。我国现行的法规、标准及行政文件对"公共绿地"的定义及内容的规定主要有:①《城市用地分类与规划建设用地标准》规定"公共绿地"为"向公众开放,有一定游憩设施的绿化用地,包括其范围内的水域";②《城市绿化规划建设指标的规定》(城建〔1993〕784 号)指出:"公共绿地是指向公众开放的市级、区级、居住区级公园、小游园、街道广场绿地,以及植物园、动物园、特种公园等。"另外,在中华人民共和国建设部编写的《城市绿化条例释义》第三章中有这样的论述:"城市的公共绿地、风景林地、防护绿地、行道树及干道绿化带的绿化属城市公有,为全市服务,既是城市居民共享的,又是城市绿地系统中的骨干部分。"由此可见,"公共绿地"突出反映的是"公共性",与它相对应的是非公共绿地。因此,继续使用"公共绿地"将使本标准产生分类名称上的不准确。(2)充分体现绿地的功能和用途。"公共绿地"体现的是所属关系和服务对象的范围,但无论是《城市用地分类与规划建设用地标准》还是该标准,均以用地的性质和功能为主要分类依据。因此,继续使用"公共绿地"将使该标准产生分类依据上的不统一。(3)适应绿地建设与发展的需要。"公共绿地"是政府投资建设和管理的带有社会福利性质的市政公用设施。在社会主义市场经济条件下,绿地建设的投资渠道、开发方式和管理机制均发生了变化,由园林系统外建设并向公众开放的公园绿地在各地均有出现,这些公园绿地与"公共绿地"在概念上有所不同,但在功能和用途上是相同的。因此,继续使用"公共绿地"不能如实反映我国绿地建设的现状和发展趋势。(4)有利于国际横向比较。世界各国的绿地分类及绿地规划建设指标因国情不同而各异,但我国目前使用的"公共绿地"与其他国家相对于非公有绿地的"公共绿地"缺乏可比性。为此,该标准不再使用"公共绿地",而用"公园绿地"替代。

"公园绿地"是城市中向公众开放的,以游憩为主要功能,有一定的游憩设施和服务设施,同时兼有健全生态、美化景观、科普教育、应急避险等综合作用的绿化用地,包括综合公园、社区公园、专类公园、游园 4 个中类及专类公园中动物园、植物园、历史名园、遗址公园、游乐园及其他专类公园 6 个小类。公园绿地是城市绿地系统中一个重要的绿地类型和主要组成部分,其技术指标直接反映了城市绿地建设水平、环境与居民生活质量。"公园绿地"的主要功能是为居民提供绿化环境良好的户外游憩场所。它不是"公园"和"绿地"的叠加,也不是公园和其他类型绿地的并列,而是对具有公园作用的所有绿地的统称,即公园性质的绿地。

公园绿地的概念能更好地反映出公共绿地的功能特征而不是属性特征。2002 年《城市绿地分类标准》(CJJ/T 85—2002)中关于以"公园绿地"取代"公共绿地"的说明指出:(1)突出绿地的主要功能。相对于其他绿地来说,为居民提供绿化环境和良好的户外游憩场所是"公共绿地"的主要功能,但"公共绿地"从字面上看强调的是公共性,而"公园绿地"则直接体现的是这类绿地的功能性。(2)具备一定的延续性和协调性。首先,以"公园绿地"替代"公共绿地",基本保持原有的内涵,既能保证命名的科学、准确,又使绿地统计数据具有一定的延续性。其次,国家现行标准《公园设计规范》CJJ48中提出的公园类型基本上与《城市用地分类与规划建设用地标准》GBJ137中"公共绿地"的内容相吻合,只是所用名称有所不同,如将"街头绿地"表述为"带状公园"和"街旁游园",并作出相应的规定。因此,使用"公园绿地"既可以涵盖"公共绿地"的内容,又与相关标准、规范具有协调性。(3)建立国际横向比较的基础。"人均公园面积"是欧美、日本等发达国家普遍采用的一项反映绿地建设水平的指标,本标准使用"公园绿地"的名称,以"人均公园绿地面积"取代"人均公共绿地面积",有利于国际横向比较。虽然世界各国"公园"的内涵不一定完全相同,但是基本概念是相对应的,而且从发展的角度看,也有趋同的趋势。

由此可见,公共绿地和公园绿地是同一类型绿地的不同称谓,公共绿地是一个过时的概念,现在已经为公园绿地所取代。2017 年《城市绿地分类标准》(CJJ/T 85—2017)中保留了 2002 年《城市绿地分类标准》(CJJ/T 85—2002)关于公共绿地的安排,因此,2002 年以后我国已鲜有立法或文献使用该概念。

四、城市绿地、城市重点绿地和城市绿地系统

"城市绿地"(urban green space),根据《城市绿地分类标准》(CJJ/T 85—2017)的规定,是指在城市行政区域内以自然植被和人工植被为主要存在形态的用地。它包含两个层次的内容:一是城市建设用地范围内用于绿

化的土地;二是城市建设用地之外,对生态、景观和居民休闲生活具有积极作用、绿化环境较好的区域。在城乡统筹的规划建设工作中,城市建设用地之外的绿地对改善城乡生态环境、缓减城市病、约束城市无序增长、满足市民多样化的休闲需求等方面发挥着越来越重要的作用。"城市绿地"不包括城市范围的农地。

"城市重点绿地"(urban key green space)是城市绿地中被规定为具有重要地位,需要优先保护的城市绿地。毫无疑问,城市重点绿地是城市绿地的组成部分,只不过根据各个地方的具体情况和城市环境保护的需要,通过一定的标准或根据立法规定将其划入重点绿地范畴,从而采取特别的保护制度。2010 年《徐州市城市重点绿地保护条例》规定:"重点绿地,是指本市城市规划区内,以自然植被和人工植被为主要存在形态,功能突出、需要长期保留的城市用地,包括其范围内的植被、水体及相关设施。具体有以下几类:(一)公园绿地,包括综合公园、专类公园、带状公园、街旁游园和广场绿地;(二)重要的防护绿地,包括重要的卫生隔离带、防护林、城市组团隔离带以及重要道路的防护绿地;(三)主城区主干道行道树绿带;(四)云龙湖风景名胜区、吕梁山风景区内的重要绿地。"由此可见,徐州市是以功能和需要长期保留两个标准,将其城市规划区内的绿地确定为重点绿地,从而通过专门的立法进行保护。

"城市绿地系统"(urban green space system)是由一定质与量的各类绿地相互联系、相互作用而形成的绿色有机整体,并能行使绿地的各项功能,即城市中不同类型、不同性质和规模的各种绿地,共同组合构建而成的一个稳定持久的城市绿色环境体系。

各国关于城市绿地系统的组成往往有不同的观点。我国城市绿地系统多指园林绿地系统,一般由城市公园、花园、道路交通附属绿地、各类企事业单位附属绿地、居住区环境绿地、园林圃地、经济林、防护林等各种林地以及城市郊区风景名胜区游览绿地等各种城市园林绿地所组成。但城市绿地系统组成又因地区和城市不同而不完全一样,如南京、深圳、北京、上海、佛山等地有所差异,许多城市绿地系统规划中的绿地类型超出了《城市绿化条例》的范围,如深圳市提出了"旅游绿地""生态绿地"(同济大学规划),佛山市提出了"历史文化街区绿化"(中国风景园林规划设计研究中心)等。

由此可见,城市重点绿地是城市绿地的组成部分,是城市绿地中具有一定规模或特别重要性的绿地。城市绿地和城市重点绿地没有本质的区别,

指机关、部队、企业、事业单位物业管理范围内的绿地;(三)居住区绿地:指居民住宅区、庭院和屋顶的绿地;(四)防护绿地:指用于隔离、卫生、安全、水土保持、护堤、护岸、护路等的绿地;(五)生产绿地:指为城市绿化提供苗木、地被植物、花卉、种子的圃地。"

2000年《宜昌市城市公共绿地管理办法》规定:"城市公共绿地(以下称公共绿地),是指城市规划区内向公众开放的、以游憩为主要功能的公园、绿地广场、街旁游园等绿化用地。"

2001年《云南省城市绿化办法》规定:"公共绿地、居住区绿地、防护绿地、单位附属绿地、生产绿地、风景林地都属于城市绿地。"

2002年《太原市城市绿化条例》规定:"城市绿地,包括公共绿地、居住区绿地、生产绿地、防护绿地、风景林地、道路绿地及单位附属绿地。"

2003年《中山市城市绿化管理规定》规定:"城市绿地包括以下5类:(一)公园绿地:指向公众开放,以休憩为主要功能,兼具生态、美化、防灾等作用的绿地,包括综合公园、社区公园、专类公园、带状公园、街旁绿地等。(二)生产绿地:指为城市绿化提供苗木、花草、种子的苗圃、花圃、草圃等圃地。(三)防护绿地:城市中具有卫生、隔离和安全防护功能的绿地。包括卫生隔离带、道路防护绿地、城市高压走廊绿带、防风林、城市组团隔离带等。(四)附属绿地:城市建设用地中绿地之外各类用地中的附属绿化用地。包括居住用地、公共设施用地、工业用地、仓储用地、对外交通用地、道路广场用地、市政设施用地和特殊用地中的绿地。(五)其他绿地:对城市生态环境质量、居民休闲生活、城市景观和生物多样性保护有直接影响的绿地。包括风景名胜区、水源保护区、郊野公园、森林公园、自然保护区、风景林地、城市绿化隔离带、野生动植物园、湿地、垃圾填埋场恢复绿地等。"

2004年《西安市城市绿化管理条例》规定:"城市绿地包括公园绿地、生产绿地、防护绿地、附属绿地、其他绿地。公园绿地,是指向社会公众开放,以游憩为主要功能,兼具生态、美化、防灾等作用的绿地。防护绿地,是指城市中具有卫生、隔离和安全防护功能的绿地。附属绿地,是指城市建设用地中除绿地之外的其他各类用地中的绿化用地。生产绿地,是指为城市绿化提供苗木、花草、种子的苗圃、花圃、草圃等圃地。其他绿地,是指位于城市建设区之外,城市规划区范围内对城市生态环境质量、居民休闲生活、城市景观和生物多样性保护有直接影响的绿地。"

2004年《曲靖市城市绿化管理办法》规定:"公共绿地、居住区绿地、防护绿地、单位附属绿地、生产绿地、风景林地都属于城市绿地。（一）公共绿地：指向公众开放的各级各类公园、小游园和街边绿地。（二）单位附属绿地：指机关、团体、学校、医院、部队、工厂、社区等单位的绿化用地。（三）居住区绿地：指城市规划居住区内除公园和行道树以外的绿化用地。（四）生产绿地：指为城市绿化生产苗木、花卉、地被植物、草坪和种子的苗圃、草圃、花圃等。（五）防护绿地：指以隔离、卫生和安全为目的的绿带及绿地。（六）风景林地：指城市规划区内依托自然地貌、美化和改善环境的林地。（七）道路绿化：指城市所有道路的绿地，包括分车带绿地、中心绿岛、林荫道绿化和行道树。（八）城市和郊区的风景名胜区。"

2005年《苏州市市区城市绿地养护管理暂行办法》规定："城市绿地主要包括城市共有、为市区服务的城市公共绿地、风景林地、防护绿地、道路绿化和居住区绿地（仅指由街道直接负责管理的居住区）等。"

2006年《银川市城市绿化管理条例实施细则》则作了更详细的规定："城市绿地包括以下七类：（一）公共绿地：指向公众开放的市级、辖区级、居住区级公园、小游园、街道广场绿地以及植物园、动物园、特种公园等；（二）单位附属绿地：指机关团体、部队、学校、医院、厂矿等行政企事业单位庭院内以及公共设施附属的环境绿地；（三）居住区绿地是指居住区内除居住区级公园、小游园和行道树以外的庭院楼间绿地；（四）生产绿地：指为园林绿化提供苗木、花、草、种子的苗圃、花圃、草圃；（五）防护绿地：指城市中用于环境、卫生、安全、防灾的林带、绿地；（六）风景林地：指城市内依托自然地貌、美化改善环境的林地和近郊风景名胜区；（七）交通绿地：指所有道路的分车绿带、中心绿岛、林荫道绿化及行道树。"

2007年《沈阳市城市绿地保护规定》规定："城市绿地，是指城市规划区内现有和规划的公共绿地、单位附属绿地、居住区绿地、防护绿地、生产绿地、道路绿地、风景林地和风景名胜区绿地等。"

2009年《海口市城镇园林绿化条例》规定："城镇绿地，是指城镇规划区范围内的公园绿地、生产绿地、防护绿地、附属绿地和其他绿地。"

由此可见，此阶段各地方立法规定城市绿地的组成部分主要包括公共绿地、生产绿地、单位附属绿地、居住区绿地、防护绿地、风景林绿地和城市道路绿地等，另外有些地方立法中还规定有专用绿地、公园、绿地广场和街旁游园等。

（2）2010年以后绝大部分地方立法摈弃了"公共绿地"的概念，采用"公园绿地"的概念，①2002年建设部《城市绿地分类标准》（CJJ/T 85—2002）得到更多的采用，但关于各类型绿地的名称、各类型绿地的组成部分以及范围限定等均有所不同。

2010年《杭州市城市绿化管理条例》规定："城市绿地包括：各种公园、植物园、动物园、陵园、街道广场等公共绿地；居住区绿地；各单位附属绿地；花圃、苗圃等生产绿地；用于城市卫生、安全隔离等目的的防护绿地；风景名胜区。"

2010年《南昌市城市绿化管理规定》规定："城市绿地包括：公园、广场、道路绿地等公共绿地，单位附属绿地，居住区绿地，花圃、草圃、苗圃等生产绿地，防护绿地和风景林地。"

2011年《青岛市城市绿化条例》和2011年《辽源市城市绿化管理办法》均规定："城市绿地指已建成和在建的绿地，以及城市规划确定的绿地，包括：（一）公园绿地，是指向公众开放以游憩为主要功能，兼具生态、美化、防灾等作用的绿地。包括综合公园、社区公园、专类公园等。（二）生产绿地，是指为城市园林绿化提供苗木、花草、种子的苗圃、花圃等圃地。（三）防护绿地，是指具有卫生、隔离和安全防护功能的绿地。包括卫生隔离带、道路防护绿地、城市高压走廊绿带、防风林、城市组团隔离带等。（四）附属绿地，是指城市建设用地中绿地之外各类用地中的附属绿化用地。包括居住用地、公共设施用地、工业用地、仓储用地，对外交通用地、道路广场用地、市政设施用地和特殊用地中的绿地。（五）其他绿地，是指对城市生态环境质量、居民休闲生活、城市景观和生物多样性保护有直接影响的绿地。包括风景名胜区、水源保护区、郊野公园、森林公园、自然保护区、风景林地、城市绿化隔离带、野生动物园、湿地、垃圾填埋场恢复绿地等。"

2011年《河北省城市园林绿化管理办法》规定："城市绿地包括：（一）公园绿地，即向公众开放，以游憩为主要功能，兼具生态、美化、防灾等作用的绿地，包括综合公园、社区公园、专类公园及街头绿地、小游园等；（二）生产绿地，即为城市园林绿化提供苗木、花卉、草皮、种子的圃地；（三）防护绿地，即城市中具有卫生、隔离和安全防护功能的绿地，包括卫生隔离带、道路防护绿地、城市高压走廊绿带、防风林、城市组团隔离带等；（四）附属绿地，即城市建设用地中绿地之外各类用地中的附属绿化用地，包括单位用地、居住

---

① 2012年《成都市园林绿化条例》仍采用"公共绿地"概念。

用地、公共设施用地、工业用地、仓储用地、对外交通用地、道路广场用地、市政设施用地和特殊用地中的绿地;(五)其他绿地,即对城市生态环境质量、居民休闲生活、城市景观和生物多样性保护有直接影响的绿地,包括风景名胜区、水源保护区、郊野公园、森林公园、自然保护区、风景林地、城市绿化隔离带、野生动植物园、湿地、垃圾填埋场恢复绿地等。"

2011年《温州市城市绿化管理办法》规定:"城市绿地包括:(一)向公众开放,以游憩为主兼具生态、美化、防灾等功能的公园绿地(含其范围内的水域);(二)为城市绿化生产苗木、草坪、花卉和种子的苗圃、草圃、花圃、盆景基地等生产绿地;(三)城市中具有卫生、隔离和安全防护功能的防护绿地;(四)城市建设用地中绿地之外各类用地中的附属绿化用地;(五)对城市生态环境、城市景观、生物多样性保护具有直接影响的其他绿地。"

2012年《包头市城市绿化条例》规定:"城市绿地包括:(一)公园绿地:指向社会公众开放,以游憩为主要功能,兼具生态、美化、防灾等作用的绿地、广场;(二)单位附属绿地:指机关、团体、企事业单位办公区域内的绿地;(三)居住区绿地:指居民居住小区范围内的,由建设单位建设或者业主管理的绿地;(四)道路绿地:附属于城市道路、街道旁的绿地;(五)防护绿地:指城市中具有卫生、隔离和安全防护的绿地;(六)生产绿地:指为城市绿化提供苗木、花草、种子的苗圃、花圃、草圃等圃地;(七)各类开发区、工业园区绿地:指各类开发区、工业园区范围内由建设单位建设或者业主管理的绿地;(八)其他绿地:指对城市生态环境质量、居民休闲生活、城市景观和生物多样性保护有直接影响的绿地。"

2012年《郑州市城市园林绿化条例》规定:"绿地,包括公园绿地、防护绿地、附属绿地以及其他绿地。"

2012年《成都市园林绿化条例》规定:"园林绿地和绿地,是指建设用地范围内以自然植被和人工植被为主要存在形态的绿化用地。""公共绿地,是指下列国有或者集体所有的绿地:(一)供公众游憩观赏的公园、动物园、植物园、小游园、陵园、寺庙园林和文物园林内的绿地;(二)城镇公共道路的绿化用地;(三)其他属于国有或者集体所有的绿地。"

2012年《昆明市城镇绿化条例》规定:"城镇绿地包括公园绿地、生产绿地、防护绿地、附属绿地、其他绿地。公园绿地:指向社会公众开放,以游憩为主要功能,兼具生态、美化、防灾等作用的绿地。防护绿地:指城镇中具有卫生、隔离和安全防护功能的绿地。附属绿地:指城镇建设用地中除绿地之外的其他各类用地中的绿化用地。生产绿地：指为城镇绿化提供苗木、花草、种子的苗圃、花圃、草圃等圃地。其他绿地：指对城镇生态环境质量、居民休闲生活、城市景观和生物多样性保护有直接影响的绿地。"

2012年《南京市城市绿化条例》规定："城市绿地指已建成和在建的绿地，以及城市规划确定的绿地，包括：(一)公园绿地：指向公众开放，以游览休憩为主要功能兼具生态、美化、防灾等作用的绿地；(二)生产绿地：指为城市绿化生产苗木、草坪、花卉和种子的苗圃、草圃、花圃等；(三)防护绿地：指城市中具有卫生、隔离和安全防护功能的绿地；(四)附属绿地：指城市建设用地中绿地之外各类用地中的附属绿化用地；(五)其他绿地：指对城市生态环境、城市景观、生物多样性保护具有直接影响的绿地。"

2012年《邢台市城市绿化管理办法》规定："绿地和园林设施包括：(一)公园绿地，即向公众开放，以游憩为主要功能，兼具生态、美化、防灾等作用的绿地，包括综合公园、社区公园、专类公园及街头绿地、小游园等；(二)生产绿地，即为城市园林绿化提供苗木、花卉、草皮、种子的圃地；(三)防护绿地，即城市中具有卫生、隔离和安全防护功能的绿地，包括卫生隔离带、道路防护绿地、城市高压走廊绿带、防风林、城市组团隔离带等；(四)附属绿地，即城市建设用地中绿地之外各类用地中的附属绿化用地，包括单位用地、居住用地、公共设施用地、工业用地、仓储用地、对外交通用地、道路广场用地、市政设施用地和特殊用地中的绿地；(五)其他绿地，即对城市生态环境质量、居民休闲生活、城市景观和生物多样性保护有直接影响的绿地，包括风景名胜区、水源保护区、郊野公园、森林公园、自然保护区、风景林地、城市绿化隔离带、野生动植物园、湿地、垃圾填埋场恢复绿地等；(六)园林设施，包括亭、廊、花架、喷泉、假山、石桌、石凳、围栏、围墙、园林道路、雕塑、雕刻及其他景观建筑和园林服务设施。"

2013年《乌鲁木齐市城市绿化管理条例》规定："绿地包括：(一)公园绿地，是指向公众开放以游憩为主要功能，兼具生态、美化、防灾等作用的绿地。包括综合公园、社区公园、专类公园等。(二)生产绿地，是指为城市园林绿化提供苗木、花草、种子的苗圃、花圃等圃地。(三)防护绿地，是指具有卫生、隔离和安全防护功能的绿地。包括卫生隔离带、道路防护绿地、城市高压走廊绿带、防风林、城市组团隔离带等。(四)附属绿地，是指城市建设用地中绿地之外各类用地中的附属绿化用地。包括居住用地、公共设施用地、工业用地、仓储用地，对外交通用地、道路广场用地、市政设施用地和特殊用地中的绿地。(五)其他绿地,是指对城市生态环境质量、居民休闲生活、城市景观和生物多样性保护有直接影响的绿地。包括风景名胜区、水源保护区、郊野公园、森林公园、自然保护区、风景林地、城市绿化隔离带、野生动物园、湿地、垃圾填埋场恢复绿地等。"

2016年《宿迁市城市绿地保护条例》规定:"城市绿地,是指以自然植被和人工植被为主要存在形态,并赋以特定功能的城市用地,包括:(一)公园绿地:指向社会公众开放,以游憩为主要功能,兼具生态、美化、防灾等作用的绿地;(二)防护绿地:指城市中具有卫生、隔离和安全防护功能的绿地;(三)道路绿地:指道路用地内的绿地,包括行道树绿带、分车绿带、交通岛绿地、交通广场和停车场绿地等;(四)居住区绿地:指居住区用地范围内的绿地;(五)单位附属绿地:指机关、事业单位、社会团体、企业等单位用地范围内的绿地;(六)生产绿地:指提供苗木、花草、种子的苗圃、花圃、草圃等绿地;(七)其他对城市生态和景观产生积极作用的绿地。"

此阶段我国城市绿化立法得到了很大发展,各地立法关于城市绿地的界定和组成部分的规定更加完善和全面。城市绿地的主要组成部分通常包括公园绿地、生产绿地、防护绿地、附属绿地和其他绿地,公园绿地包括综合公园、社区公园、专类公园及街头绿地、小游园等,防护绿地包括卫生隔离带、道路防护绿地、城市高压走廊绿带、防风林、城市组团隔离带等。附属绿地包括单位用地、居住用地、公共设施用地、工业用地、仓储用地、对外交通用地、道路广场用地、市政设施用地和特殊用地中的绿地,其他绿地包括风景名胜区、水源保护区、郊野公园、森林公园、自然保护区、风景林地、城市绿化隔离带、野生动植物园、湿地、垃圾填埋场恢复绿地等。另外有些地方立法还特别规定城市绿地包括已建成和在建的绿地,以及城市规划确定的绿地,有些将园林设施、开发区、工业园区绿地,对城市生态环境质量、居民休闲生活、城市景观和生物多样性保护有直接影响的绿地等列入与公园绿地、防护绿地、生产绿地等并列的绿地类型。

(3)2017年之后的立法相对较少,2017年建设部颁布新的《城市绿地分类标准》(CJJ/T 85—2017),以取代2002年《城市绿地分类标准》(CJJ/T 85—2002),但我国相关立法尚没有适时调整,仍采用2002年标准的分类。如2018年《东营市城市绿化管理办法》规定:"城市绿地指已建成和在建的绿地,以及城市规划确定的绿地,包括:(一)公园绿地,是指向公众开放以游憩为主要功能,兼具生态、美化、防灾等作用的绿地。包括综合公园、社区公园、专类公园等。(二)防护绿地,是指具有卫生、隔离和安全防护功能的绿地。包括卫生隔离带、道路防护绿地、城市高压走廊绿带、防风林、城市组团隔离带等。(三)附属绿地,是指城市建设用地中绿地之外各类用地中的附属绿化用地。包括居住用地、公共设施用地、工业用地、仓储用地,对外交通用地、道路广场用地、市政设施用地和特殊用地中的绿地。"

2018年《厦门经济特区园林绿化条例》规定:"下列用语的含义:(一)绿地,包括公园绿地、生产绿地、防护绿地、附属绿地(含道路绿地、单位绿地、居住区绿地)等。(二)公园绿地,包括综合公园、社区公园、专类公园、带状公园、街旁绿地等。(三)防护绿地,是指具有卫生隔离和安全防护功能的绿地。(四)单位绿地,是指机关、企事业单位、社会团体、部队、学校等单位用地范围内的绿地。(五)居住区绿地,是指居住区用地范围内的绿地。(六)公共绿地,是指向公众开放的各类公益性公园绿地、防护绿地和道路绿地等。① (七)永久保护绿地,是指本市内,以自然植被和人工植被为主要存在形态,符合城乡规划,生态功能、服务功能突出,具有长期保护价值的绿地。(八)立体绿化,是指以建筑物、构筑物为载体,以植物为材料,以屋顶绿化、垂直绿化、棚架绿化等为绿化形式的总称。"

2.《城市绿地分类标准》(CJJ/T 85—2017,以下简称新标准)

随着各地城乡绿地规划建设和管理需求的不断发展,以及《城市用地分类与规划建设用地标准》(GB 50137—2011)[以下简称《城市用地分类标准》(2011版)]颁布实施,建设部对2002年标准部分内容进行了修订和补充。《城市用地分类标准》(2011版)设立了"城乡用地分类"和"城市建设用地分类"两部分,涵盖市域范围内所有的建设用地和非建设用地。因此,新标准提出绿地分类包括城市建设用地范围内的绿地和城市建设用地之外的"区域绿地"两部分,以利于绿地规划、设计、建设、管理、统计等各方面的需求,也以此与城乡用地统计标准保持一致。新标准以绿地的功能和用途作为分类的依据。当同一块绿地同时可以具备生态、游憩、景观、文化、防灾等多种功能时,以其主要功能为依据。

据此,新标准对城市绿地进行大、中、小三级分类,并从城市发展与环境建设互动关系的角度对绿地作了广义理解。从分类上看,同层级类目之间

---

① 此处很少见地使用了"公共绿地"概念,并赋予它不同于"公园绿地"的特别含义,与后面将阐述的《城市绿地分类标准》(CJJ/T 85—2017)显然不一致。

存在着并列关系,不同层级类目之间存在着隶属关系,即每一大类包含着若干并列的中类,每一中类包含着若干并列的小类。新标准对绿地大类、公园绿地的中类和小类、附属绿地中类、其他绿地的名称及中类内容等进行了调整,同时修改了绿地的计算原则与方法,并对相关条文进行补充修改。新标准还对其对2002年标准的修订作了如下"条文说明"。

第一,公园绿地方面。(1)关于"公园绿地"的名称。该"条文说明"指出,"公园绿地"是城市中向公众开放的,以游憩为主要功能,有一定的游憩设施和服务设施,同时兼有健全生态、美化景观、科普教育、应急避险等综合作用的绿化用地。它是城市建设用地、城市绿地系统和城市绿色基础设施的重要组成部分,是表示城市整体环境水平和居民生活质量的一项重要指标。相对于其他类型的绿地来说,为居民提供绿化环境良好的户外游憩场所是"公园绿地"的主要功能,"公园绿地"的名称直接体现的是这类绿地的功能。"公园绿地"不是"公园"和"绿地"的叠加,也不是公园和其他类型绿地的并列,而是对具有公园作用的所有绿地的统称,即公园性质的绿地。原标准以"公园绿地"替代了"公共绿地",经过14年的实践,该名称已被广泛接受和使用,《城市用地分类标准》(2011版)也采用了"公园绿地"名称,实现了城市规划行业和风景园林行业对同一类型绿地的统一命名。(2)关于"公园绿地"的分类。对"公园绿地"进一步分类,其目的是据此针对不同类型的公园绿地提出不同的规划、设计、建设及管理要求。新标准结合实际工作需求,按各种公园绿地的主要功能进行了适当调整,将"公园绿地"分为综合公园、社区公园、专类公园、游园4个中类及6个小类。①关于"综合公园"。原标准中"综合公园"下设的"全市性公园"和"区域性公园"两个小类,目的是根据公园的规模和服务对象更合理地进行各级综合公园的配置。但是,由于各地城市的人口规模和用地条件差异很大,且近年来居民的出行方式和休闲需求发生了诸多变化,在实际工作中难以区分全市性公园和区域性公园,而且在无法明确规定各级综合公园的规模和布局要求的情况下,将综合公园细分反而降低了标准的科学性和对实际工作的指导意义。因此,原标准中的两个小类被取消,并建议综合公园面积至少为10公顷,某些山地城市、中小规模城市等由于受用地条件限制,可结合实际条件下降至5公顷。②关于"社区公园"。新标准沿用了原标准中的"社区公园",但取消了该中类下设的"居住区公园"和"小区游园"两个小类。新标准"社区公园"是指"用地独立,具有基本的游憩和服务设施,主要为一定社区范围内居民就近开展日常休闲活动服务的绿地",并提出其规模应在 1 公顷以上。"用地独立"明确了"社区公园"地块的规划属性,即在城市总体规划和城市控制性详细规划中,其用地性质属于城市建设用地中的"公园绿地",而不是属于其他用地类别的附属绿地,例如住宅小区内部配建的集中绿地,在城市控制性详细规划中属于居住用地,即使其四周边界清晰,面积再大,游憩功能再丰富,也不属于"用地独立"的社区公园,而应属于"附属绿地",相当于小游园。原标准将"小区游园"列为"公园绿地",在实际工作中容易引起了混乱,最主要的是引起数据统计方面的混乱,规划部门按照国家标准将"小区游园"列为居住用地,园林绿化部门却将其纳入城市公园绿地面积进行重复统计。因此,将"小区游园"重新归入"附属绿地"可准确反映"小区游园"的规划属性,使新标准与《城市用地分类标准》(2011 版)在用地分类和分类统计上达到完全对应,避免因分类不明晰和重复计算造成统计数据的失真,能够更加准确地反映公园绿地建设的实际情况。③关于修改"历史名园"定义。原标准将"历史名园"定义为"历史悠久、知名度高,体现传统造园艺术并被审定为文物保护单位的园林"。其中"体现传统造园艺术"和"审定为文物保护单位"是评定"历史名园"的关键指标。但随着当代文化遗产理念的发展,除中国传统园林以外,近代一些代表中国造园艺术发展轨迹的园林同样具有重要的历史价值,其具有鲜明时代特征的设计理念、营造手法和空间效果,应当给予保护,而这些园林不一定是文物保护单位。因此,此次修订将"历史名园"定义修改为"体现一定历史时期代表性的造园艺术,需要特别保护的园林"。④关于增设"遗址公园"。随着对历史遗迹、遗址保护工作的高度重视,近年来出现了许多以历史遗迹、遗址或其背景为主体规划建设的公园绿地类型。因此,此次修订增设"遗址公园"小类。同时,需正确处理"遗址公园"的保护和利用的关系,将城市建设用地范围内的遗址公园的首要功能定位在重要遗址的科学保护及相关科学研究、展示及教育方面。在此基础上合理建设服务设施、活动场地等,以承担必要的景观和游憩功能。⑤关于取消"带状公园"。新标准以绿地的主要功能作为分类依据,而"带状公园"是以其形态进行命名的,根据原标准实施中反馈的情况,新标准取消了"带状公园"中类。原标准带状公园主要是沿水滨、道路、古城墙等建设的公园,"带状公园"取消后,沿古城墙等遗迹设置的公园可归入"专类公园"中的"遗址公园",其他沿水滨、道路等设置的公园中,规模较大并有足够宽度的带状公园根据其功能可归入"综合公园"或"专类公园";规模较小,不足以归入

"综合公园"或"专类公园"的,根据其功能将具备游憩功能的绿地归入"游园",不具备游憩功能可归入"防护绿地"。⑥以"游园"替代"街旁绿地"。新标准取消"街旁绿地"主要出于以下考虑:一是"街旁绿地"突出体现了用地的位置,与新标准以功能为主的分类标准不统一;二是"街旁绿地"不能准确地体现其使用功能,反而造成了"公园绿地"是"公园"与"绿地"之和的误读。城市公园绿地体系中,除"综合公园""社区公园""专类公园"之外,还有许多零星分布的小型的公园绿地。这些规模较小、形式多样、设施简单的公园绿地在市民户外游憩活动中同样发挥着重要作用。考虑到长期以来社会各界已形成的对"公园"的认知模式,新标准对这类公园绿地以"游园"命名。"游园"不同于原标准中的"小区游园",其用地独立,在城市总体规划或城市控制性详细规划中属于独立的"公园绿地"地块,而"小区游园"附属于"居住用地"。新标准对块状游园不作规模下限要求,以鼓励小型的游园建设。带状游园的宽度宜大于 12 m,因为根据相关研究表明,宽度7~12 m 是可能形成生态廊道效应的阈值。从游园的景观和服务功能需求来看,宽度 12 m 是可设置园路、休憩设施并形成宜人游憩环境的最低宽度。⑦关于"其他专类公园"。考虑到不少城市在建设用地范围内存在诸如风景名胜公园、城市湿地公园及森林公园等公园绿地类别的客观现状,新标准将其在专类公园中列出。此类专类公园与区域绿地中的风景游憩绿地中风景名胜区、湿地公园、森林公园及遗址公园等主要的差别在于:其一,其他专类公园是城市公园绿地体系的重要组成部分,位于城市建设用地之内,可参与城市建设用地的平衡。其二,其他专类公园因其位于城市建设用地范围内,其首要功能定位是服务于本地居民,主要承担休闲游憩、康体娱乐等功能,兼顾生态、科普、文化等功能。

第二,防护绿地方面。"防护绿地"是为了满足城市对卫生、隔离及安全的要求而设置的,其功能是对自然灾害或城市公害起到一定的防护或减弱作用,因受安全性、健康性等因素的影响,防护绿地不宜兼作公园绿地使用。因所在位置和防护对象不同,对防护绿地的宽度和种植方式的要求各异,目前较多省市的相关法规针对当地情况有相应的规定。随着对城市环境质量关注度的提高,防护绿地的功能正在向功能复合化的方向转变,即城市中同一防护绿地可能需同时承担诸如生态、卫生、隔离、甚至安全等一种或多种功能。因此,新标准对防护绿地不再进行中类的强行划分,在标准的实际运用中各城市可根据具体情况由专业人员分析判断,需要时再进行防护绿地的中类划分。对于一些在分类上容易混淆的绿地类型,如城市道路两侧绿地,在道路红线内的,应纳入"附属绿地"类别;在道路红线以外,具有防护功能、游人不宜进入的绿地纳入"防护绿地";具有一定游憩功能、游人可进的绿地纳入"公园绿地"。

第三,关于增设"广场用地"方面。《城市用地分类标准》(2011 版)因"满足市民日常公共活动需求的广场与公园绿地的功能相近",将"广场用地"划归公园绿地,命名为"绿地与广场用地",并以强制性条文规定:"规划人均绿地与广场用地面积不应小于 10.0 平方米/人,其中人均公园绿地面积不应小于 8.0 平方米/人"。该人均公园绿地规划指标的要求,保证了公园绿地指标不会因广场用地的归入而降低,同时有利于将绿地与城市公共活动空间进一步契合。因此,新标准相应增设"广场用地"大类。《城市用地分类标准》(2011 版)规定:"广场用地"是指以游憩、纪念、集会和避险等功能为主的城市公共活动场地,"不包括以交通集散为主的广场用地,该用地应划入'交通枢纽用地'"。将"广场用地"设为大类,有利于单独计算,保证原有绿地指标统计的延续性。同时,根据全国 153 个城市的调查资料、33位专家的意见以及相关文献,新标准提出"广场用地"的绿化占地比例应大于 35%,这也是考虑到市民户外活动场所的环境质量水平以及遮阴对绿化覆盖率的要求。

第四,附属绿地方面。"附属绿地"是指附属于各类城市建设用地(除"绿地与广场用地")的绿化用地,"附属绿地"不能单独参与城市建设用地平衡。"附属绿地"中类的划定与命名是与城市建设用地的分类相对应的。《城市用地分类标准》(2011 版)对原有的城市建设用地分类进行了调整,新标准也相应作出调整。因所附属的用地性质不同,在功能用途、规划设计与建设管理上有较大差异,附属绿地应同时符合城市规划和相关规范规定的要求。

第五,区域绿地方面。新标准对原标准的"其他绿地"进行了重新命名和细分,其主要目的是适应中国城镇化发展由"城市"向"城乡一体化"转变,加强对城镇周边和外围生态环境的保护与控制,健全城乡生态景观格局,并综合统筹利用城乡生态游憩资源,推进生态宜居城市建设,以及衔接城乡绿地规划建设管理实践,促进城乡生态资源统一管理等方面的需要。(1)关于"区域绿地"的名称。"区域绿地"指市(县)域范围以内、城市建设用地之外,对于保障城乡生态和景观格局完整、居民休闲游憩、设施安全与防护隔离等具有重要作用的各类绿地,不包括耕地。"区域绿地"命名的目的,主要是为了与城市建设用地内的绿地进行对应和区分,突出该类绿地对城乡整体区域生态、景观、游憩各方面的综合效益。"区域绿地"不包含耕地,因耕地的主要功能为农业生产,同时,为了保护耕地,土地管理部门对基本农田和一般农田已经有明确的管理要求。因此,虽然耕地对于限定城市空间、构建城市生态格局有一定作用,但在具体绿地分类中不计入"区域绿地"。"区域绿地"的名称还便于在计算中进行城市建设用地内外的绿地统计,对列入"区域绿地"的绿地,不参与城市建设用地的绿地指标进行统计。(2)关于"区域绿地"的分类。"区域绿地"依据绿地主要功能分为四个中类:风景游憩绿地、生态保育绿地、区域设施防护绿地、生产绿地。该分类突出了各类区域绿地在游憩、生态、防护、园林生产等不同方面的主要功能。①关于"风景游憩绿地"。该类绿地是指城乡居民可以进入并参与各类休闲游憩活动的城市外围绿地,"风景游憩绿地"和城市建设用地内的"公园绿地"共同构建城乡一体的绿地游憩体系。新标准从促进风景资源保护与合理利用的角度出发,基于现实发展状况,进行分类梳理,同时考虑未来发展需求,根据游览景观、活动类型和保护建设管理的差异,将风景游憩绿地分为风景名胜区、森林公园、湿地公园、郊野公园和其他风景游憩绿地五个小类。① ②关于"生态保育绿地"。该绿地是指对于城乡生态保护和恢复具有重要作用,通常不

① "风景名胜区"是指风景名胜资源集中、自然环境优美、具有一定规模和游览条件,供人们游览、观赏、休息和进行科学文化活动的地域,主要包括经省级以上人民政府审定命名、划定范围的各级风景名胜区。但该分类不包含风景名胜区位于城市建设用地以内的区域,位于建设用地范围内的应归类于公园绿地中"其他专类公园"。"森林公园"是指位于城市建设用地范围以外,多为自然状态和半自然状态的森林生态系统,其功能定位首先是资源保护和科学研究,兼顾一定的旅游、休闲、娱乐等服务功能。"湿地公园"是指位于城市建设用地范围以外,以保护湿地生态系统,开展湿地保护、恢复、宣传、教育、科研、监测等为主要目的,兼顾湿地资源合理利用,适度开展不损害湿地生态系统功能的生态旅游活动的区域。"郊野公园"是以较大规模的原生自然风貌和野趣景观为特色,具有风景游憩、科普教育等功能的区域。根据国内主要城市实践,并参考日本和英国同类公园面积要求情况,郊野公园应具有一定面积规模,才能保持和发挥自然郊野特色。"其他风景游憩绿地"是指在城市建设用地以外、尚未列入上述类别的风景游憩绿地,主要包括野生动植物园、遗址公园、地质公园等。其中"地质公园"是以具有特殊地质科学意义、稀有的自然属性、较高的美学观赏价值,以及具有一定规模和分布范围的地质遗迹景观为主体,并融合其他自然景观与人文景观而构成的一种独特的自然区域,可开展地质遗迹展示、科普教育宣传、地质科研、监测、旅游、探险等休闲娱乐等活动。

宜开展游憩活动的绿地,主要包括各类自然保护区、水源保护地、湿地保护区、需要进行生态修复的区域以及生态作用突出的林地、草原等。③关于"区域设施防护绿地"。该绿地是指对区域交通设施、区域公用设施进行防护隔离的绿地,包括各级公路、铁路、港口、机场、管道运输等交通设施周边的防护隔离绿化用地,以及能源、水工、通信、环卫等为区域服务的公用设施周边的防护隔离绿化用地。这类绿地的主要功能是保护区域交通设施、公用设施或减少设施本身对人类活动的危害。区域设施防护绿地在穿越城市建设用地范围时,因区域交通设施、区域公用设施本身不属于城市建设用地类型,所以此种情况区域设施防护绿地仍不计入城市建设用地的绿地指标统计。④关于"生产绿地"。该绿地是指为城乡绿化服务的各类苗圃、花圃、草圃等,不包括农业生产园地。随着城市建设的发展,"生产绿地"逐步向城市建设用地外转移,城市建设用地中已经不再包括生产绿地;但由于生产绿地作为园林苗木生产、培育、引种、科研保障基地,对城乡园林绿化具有重要作用,此类绿地分类不宜消失,因此作为单独的绿地类型保留下来,将其列为区域绿地下的一个中类。

综上所述,新标准对城市绿地作了详细而适应当前城市建设和环境保护发展需要的分类,较之2002年标准更为科学合理。根据新标准可知,城市绿地包括公园绿地、防护绿地、广场用地、附属绿地和区域绿地等五个大类。公园绿地又包括综合公园、社区公园、专类公园、游园四个中类及动物园、植物园、历史名园、遗址公园、游乐公园及其他专类公园六个专类公园小类。防护绿地和广场用地不作中类的划分。附属绿地分为居住用地附属绿地和公共管理和公共服务设施附属绿地两个中类。区域绿地则包括风景游憩绿地、生态保育绿地、区域设施防护绿地和生产绿地等四个中类,其中风景游憩绿地又包括风景名胜区、森林公园、湿地公园、郊野公园和其他风景游憩绿地,区域设施防护绿地包括各级公路、铁路、港口、机场、管道运输等交通设施周边的防护隔离绿化用地,以及能源、水工、通信、环卫等为区域服务的公用设施周边的防护隔离绿化用地等。

二、城市重点绿地与永久性绿地

城市重点绿地是城市绿地的组成部分。二者的区别仅仅在于各地方根据当地绿地发展的实际情况,将城市绿地中的某些部分确定为重点绿地。相同面积或相似功能的城市绿地在某一地区被规定为重点绿地,而在另一个地区则不被接受为重点绿地。因此,各个地区应制定城市重点绿地的标准,或通过立法规定某些绿地或某些类型的绿地为重点绿地。

1999 年《兰州市保护城市重点公共绿地的规定》规定其调整的城市重点公共绿地为:"本市市区形成一定规模或占据重要位置,需要重点保护的城市公共绿地(合相关设施)。具体包括:(一)黄河两岸的滨河绿化带;(二)东方红广场绿地;(三)文明示范街和标志性道路按规划配置的植物景观;(四)其他广场、桥头或重要地段超过 500 平方米的绿地和游园。前款第(三)、(四)项需要明确具体地点的和以后增加列入本规定保护的城市重点公共绿地,由市人民政府确定并向社会公布。"

2015 年《徐州市城市重点绿地标准》(徐政办发〔2015〕69 号)规定:"徐州市城市重点绿地包括公园绿地、重要防护绿地、主干道行道树绿带、风景区内重要绿地四种类型。本标准适用于公园绿地、重要防护绿地和风景区内重要绿地。""公园绿地包括综合性公园、专类公园、带状公园、街旁游园和广场绿地等,满足下列条件的,可列入城市重点绿地:(1)面积 5000 平方米以上,用地性质为国有建设用地,绿地四至界限明确。(2)绿地位置重要,是城市重要开放空间,或区域内市民集散、日常休闲的主要绿地。在改善城市生态、美化城市环境、公众休闲游览等方面具有重要作用。(3)绿地率符合国家有关标准规定,综合性公园、专类公园、带状公园的绿地率不低于65%,街旁游园和广场绿地的绿地率不低于 50%。(4)绿地内落叶植物和常绿植物配置合理、品种丰富、长势良好,生态景观效果较好。(5)综合性公园、区域性公园和面积较大的专类公园要求管理用房、厕所等配套设施健全。其他绿地的休闲活动设施及基础设施基本完备。(6)绿地已建成或改造完成 2 年以上,绿地管理机构或监管机构健全,养护管理经费有保障,已纳入市场化养护管理体系。""重要防护绿地包括城市重要的卫生隔离带、防护林、城市组团隔离带,以及重要道路防护绿地,满足下列条件的,可列入城市重点绿地:(1)面积 10 公顷以上,用地性质为国有建设用地或国有林地,绿地四至界限明确。(2)在城市卫生隔离、生态环境改善以及促进可持续发展等方面具有重要作用。(3)防护绿地林木郁闭度,建成投入使用当年标准为 0.3~0.7,成年期标准大于 0.7。(4)防护绿地植物长势良好,防护功能稳定、显著。(5)防护绿地已建成或改造完成 2 年以上,管理责任主体明确,已落实日常养护管理,养护管理经费有保障。""风景区内重要绿地包括云龙湖风景名胜区、吕梁山风景区内的重要绿地,满足下列条件的,可列入城市重点绿地:(1)风景区内历史文化或景观价值高的景区(景点)、休闲游览绿地、重要的节点绿地、生态保护绿地等,根据实际需要进行重点保护,面积不作具体要求。(2)绿地内植物配置合理、品种丰富、长势良好,生态景观效果较好。(3)绿地的休闲游览设施健全,基础设施基本完备。(4)绿地已建成或改造完成2年以上,管理机构或监管机构健全,养护管理经费有保障,已纳入市场化养护管理体系。"

2017年《宜昌市城区重点绿地保护条例》第3条规定:"城区重点绿地,是指以自然植被和人工植被为主要存在形态,生态、游憩、景观以及防灾等功能突出、需要长期保留的城市用地。"

少数城市采用"永久性绿地"概念,虽然其与重点绿地有些许的差别,永久性绿地主要从绿地保护的时间上考虑,不得因为政策或城市建设需要而变化用途。而重点绿地往往在面积、绿化率以及重要性等方面有一些特定的标准。但是决定对某一绿地进行永久性保护,是基于这些绿地的重要性所作出的,通常由立法予以确定。因此,永久性绿地和重点绿地在性质上有相似之处,在立法上可作为同样是城市绿地中需要特殊保护的部分对待。2016年《淮安市永久性绿地保护条例》规定:"永久性绿地,是指本市行政区域内,符合城乡规划,生态功能、服务功能突出,具有长期保护价值,经市、县人民代表大会常务委员会审议决定,列为永久保护的绿化区域。""永久性绿地主要在以下区域中确定:(一)风景名胜区、综合公园、专类公园;(二)游园、广场、社区公园;(三)山体、河(湖)堤绿地和湿地;(四)城市中具有一定规模和较长树龄的成片林;(五)其他需要永久保护的绿地。"

2016年《宿迁市城市绿地保护条例》将城市绿地分为永久保护绿地、重点保护绿地和一般保护绿地三种,就前二者而言,其区别仅在两个字。永久性保护绿地是"对生态环境和居民休憩有突出影响",重点保护绿地为"对生态环境和居民休憩有重要影响"。该条例第12条规定:"城市绿线范围内已建成的绿地分为永久保护绿地、重点保护绿地和一般保护绿地。具有重要历史文化遗存遗迹的公园、纪念性公园、湿地公园、风景名胜区、稀有地质地貌绿地以及其他对生态环境和居民休憩有突出影响的绿地为永久保护绿地。森林公园、防护绿地以及其他对生态环境和居民休憩有重要影响的绿地为重点保护绿地。永久保护绿地和重点保护绿地以外的绿地为一般保护绿地。"

由此可见,城市重点绿地的划分依然以前述城市绿地分类标准为基础,根据各类绿地在所处类型中的功能、面积以及价值等分别将其归入重点绿地或一般绿地,从而适用不同的法律保护。

总之,前述概念的界定和辨析,主要是规定在地方各级"绿化条例"中。对这些概念的界定和辨析有利于城市绿地保护对象的确定。我国地方各级"绿化条例"均保护城市绿地或城市重点绿地,但是立法各有差异,立法所调整的"绿地"与前述技术规范阐述的"绿地"并非完全重合。总而言之,立法调整的"绿地"的内容等于或小于前述技术规范规定的"绿地",其科学性值得进一步讨论。同时一些立法仍援用已经被技术规范废止的概念。因此,现有立法应结合我国相关技术性规范,并结合相关理论,进行适当的调整,从而实现调整范围的准确性和法律规范之间的一致性。

第三节　城市绿地的发展历史

城市绿地的发展和研究状况,与社会经济的发展和人类的文明进步密切相关,它随城市的产生而产生,是城市中各种因素相互作用和矛盾冲突的结果,城市绿地体现了人类对生存环境的认知水平,它的发展在历史的长河中呈蜿蜒向前的趋势。[①]

一、中国绿地发展史

(一)中国古代绿地保护发展史[②]

中国大约在5000年以前就已出现了城市[③],当时的城市都选择在水草丰美、森林葱郁之处营建。随着城市的逐步成型,由于伐木建屋而使当地的森林不断减少,但由于人口稀少,城市内保留的天然林仍足以庇护当地居民。也就是说有可能当时城市绿化的主要成因是"留树"而不是"植树"。除了天然林外,城市居民的房前屋后也有一些种植场地,其主要目的是提供果

---

①　车生泉、王洪轮:《城市绿地研究综述》,载《上海交通大学学报(农业科学版)》2001年第3期。

②　马军山、张万荣、宋钰红:《中国古代城市绿化概况及手法初探》,载《林业资源管理》2002年第3期。

③　吴良镛等:《中国大百科全书——建筑·园林·城市规划》,大百科全书出版社1988年版。

品药蔬,客观上则成了城市中最接近人的居民区绿化,其部分后来则演变成园林。①

从甲骨文卜辞看,早在殷周时期就已开始种植桑、柏、栗等树木了,虽然文献没有明确表述是种于城市还是乡村,但实际上当地城乡一体化还十分浓厚,据推测城市中应已局部栽植这些树木了。《诗经·郑风·将仲子》提到"无逾我园"毛传:"园,所以树木也。"可见当时的园中已栽有树木了。

秦汉时期,据西汉政论家贾山上书给汉文帝的《至言》中记载:"秦为驰道于天下,道广五十步,树以青松。"可见秦时已有行道树了。另据史书记载秦代甘泉苑周围五百多里,广种各类奇树花草。② 前秦皇帝符坚曾在都城长安大种槐树,有歌为证"长安大街,两边树槐"。汉以后各朝都建设了规模宏大的都城,汉长安、北魏洛阳、唐长安和洛阳、宋东京、元大都、明南京和北京等,都是当时世界上十分宏伟壮丽的城市。一般的地方行政中心如州(那)、县的治所,在城市建设上都讲究一定的布局原则。③ 西汉上林苑内有大量人工栽植的树木,见于记载的有松、柏、桐、梓等乔木和桃、李、杏、枣等花木,据说树木种类逾三千。④

魏晋南北朝时期的园林植树已成了必需内容。《洛阳伽蓝记》载:"帝族王侯、外戚公主……争修园宅……花林曲池,园园而有,莫不桃李夏绿,竹柏冬青。"并载某住宅绿化:"树响飞嘤,阶丛花药"⑤,可见当时绿化已很普遍且构思奇妙。晋代文学家左思《吴都赋》载:"驰道如砥,树以青槐,亘以渌水。"可见晋代不仅在道旁植槐,还附以水渠供灌溉,这比秦汉又进了一步。随着佛教和道教的发展,宗教建筑盛行,有的直接将寺庙营建于风景优美之地,其成为百姓借以游览山水和社交玩乐的胜地。

南朝建康(今南京)还"积石种树为山",即已开始堆土山种树了,这就使城市园林景观更加丰富多彩。据《开河记》所述,公元605年隋炀帝(杨广)下令在大运河两岸植柳,并赐柳姓杨,以提倡种树。可以想见当时城市滨河区绿荫遍地的迷人景象。

唐代经济繁荣,国家昌盛,极重视城市绿化工作。唐代长安大街两侧和

---

① 周维权:《中国古典园林史》,清华大学出版社1999年版,第13~14页。
② 周维权:《中国古典园林史》,清华大学出版社1999年版,第16页。
③ 潘谷西:《中国古代城市绿化的探讨》,载《南工学报》1964年第1期。
④ 周维权:《中国古典园林史》,清华大学出版社1999年版,第16页。
⑤ 周维权:《中国古典园林史》,清华大学出版社1999年版,第18~24页。

排水沟边都栽榆、槐等树木，长安城东南的曲江池，林木茂盛，烟水明媚，风景独好。长安的水道边遍植柳树，真有"宫松叶叶墙头出，渠柳条条水面齐"的景致。曲江是长安城中最吸引人的游览胜地，它和北面的乐游原、西面的慈恩寺和杏园连成一个广大的风景区。曲江之游以二月初一（中和节）和三月初三（上巳节）为最盛，平时也有不少游人，唐康骈《剧谈录》云："曲江……都人游赏盛于中和上巳之节……每岁倾动皇州，以为盛观。入夏孤蒲葱翠，柳荫四合，碧波红蕖，湛然可爱，好事者赏芳辰，玩清景，联骑携斛，叠叠不绝。"长安城中有一种习俗：凡新进士考取后，由皇帝赐宴于曲江，并在慈恩寺大雁塔上题名留念。这种"赐宴"极其热闹，轰动整个长安城。[①] 可见，当时的园林绿地已经兼具当代绿地的诸多功能。

宋代对城市绿化也相当重视。北宋东京市中心天街中为御道，侧为行道，之间有御沟分隔，沟内"尽植莲荷，近岸植桃、李、梨、杏，杂花相间"。一般街道则柳、槐、榆、椿行列路侧。苏东坡曾"少年颇知种树，手植数万株"。[②] 1089—1091 年他任职杭州时曾动员民众筑堤植树，为志纪念，今杭州有"苏堤春晓景"。宋代西湖风景区的建设达到了最高潮，著名的西湖十景由此形成。从宋人所画的西湖图中可以看出当时的盛况：湖的周围亭馆殿阁环绕，佛塔高耸，堤岸桥梁已略似今日西湖。每当春日，湖上游艇栉比如鱼鳞，几于无行舟之路。当时的西湖与城市生活有着极其密切的关系。

北宋的首都东京开封府位于平陆，城内缺少湖山之美，但每年春天城中居民可至城西的金明池、琼林苑，城东的东御苑等地游览，其中尤以金明池为盛，每年三月一日至四月初八向一般市民开放，虽遇风雨之日，游人仍是不绝于道。北宋东京的皇家苑囿向一般市民开放的办法是历史上罕见的现象，是当时城市经济发展和市民政治地位相对提高的反映。除了上述苑囿划外，城中居民还可至下列地点"探春"：一为园馆：城南有玉津园外学方池亭榭、一丈佛园子、王太尉园、孟景初园等。城东有麦家园、王家园等。城北有王驸马园。城西有王太宰园、蔡京园、董太师园等。二为风景区：快活林、勃脐坡、杏花园、柏榆树、摸天坡、流杯亭榭等。三为寺庙：剑客庙、玉仙观、华严尼寺、十八寿圣尼寺等。四为酒楼亭榭：如宴宾亭榭，有曲池画舫，酒客可租船游霓。这些虽然不能和城市公园相比，但在一定程度上承担了公共

---

① 潘谷西：《中国古代城市绿化的探讨》，载《南工学报》1964 年第 1 期。

② 周维权：《中国古典园林史》，清华大学出版社 1999 年版，第 28～35 页。

游览区的职责。

南宋的建康(今南京)是当时的陪都。城中著名的青溪原是六朝时"青溪九曲"的一部分,经过郡守马光祖修饰后成为市民经常游览的胜地。根据志书图文记载,宋时青溪以水景为主,河中遍植荷蕖,环绕水面散布着各种亭榭,中心建筑是"先贤祠",这是和祠庙相结合的风景点。

明太祖朱元璋曾在南京设漆园、桐园,以示提倡植树。[①] 明代北京城北的积水潭一带是城内优美的风景区。潭周围约三四里,当时的情景是:"沿水而刹者、墅者、亭者,因水也;水亦因之。梵各钟磬,亭墅各歌声,而致乃在遥见遥闻,隔水相赏。"水面上则是:"其深矣鱼之,其浅矣莲之、菱之,即不莲且菱也,水则自蒲苇之……水鸟乘集焉。"景色是相当自然而丰富。夏季,潭内荷花盛发,有花灯之会,在水上放灯火,做水嬉,成为一时盛观。

清代不仅在城内植树,还要求两城之间注意绿化带连接,其园林花木更是布局合理,意趣无穷。清中叶扬州瘦西湖的发展和盐商的经济有着密切的关系。盐商们为了取宠乾隆的"临幸",从而取得他们所缺少的政治地位,不惜付出巨大的财力物力,争奇斗艳地在瘦西湖两岸建造量和二十四景,并堆小金山,造白塔……使瘦西湖在乾隆四五十年间形成了畸形的繁荣。

总之,中国自两千多年前的秦汉时代出现大型城市以来,这些大型城市虽然包容了许多自然环境因素,但城市中生活毕竟与大自然有一定隔离,尤其是难以欣赏到名山大川的优美和壮丽景色,于是,园林这种浓缩了山水景观的"人造自然"走向了城市,从商殷的苑,到后来兴起的皇家宫苑和贵族宅院,这些园林里都有大量的绿地。自东晋以来,私家园林逐渐从模拟自然的"自然山水园"向抽象自然的"写意山水园"过渡,人工成分越来越多,自然成分越来越少,虽然园林中的池泉、树木、花卉仍占相当比例,但绿地的比例占主要地位。[②] 这个阶段,无论是大量的私家园林还是少量的公共园林,其营造的目的和用途都是以游憩为主的,绿地的功能较单一。

(二)新中国成立前我国城市绿地状况

我国古代绿地主要是以交通绿地和园林的形式发展起来的,但是在现代绿地中占重要地位的公园则是近代随着西方列强的入侵才逐步建立起来的。

---

① 黄荣忠:《绿化纵横谈》,中国林业出版社 1984 年版,第 1~8 页。
② 李敏:《中国现代公园》,北京科学技术出版社 1987 年版,第 29~37 页。

1. 1840 年鸦片战争之后

清朝末年,西方列强用坚船利炮打开了中国的大门,闭关锁国的清政府被迫接受殖民者提出的一系列不平等条约,赋予殖民者以各种特权,包括同意殖民者在中国设立被称为"国中之国"的租界。外国在位于中国领土上的租界内享有行政自治权和治外法权,这是对中国领土主权的严重侵犯。这些在中国领土上的外国人向往他们本国的生活方式,于 1868 年在上海租界建成一个开放的外滩公园,即租界公园,这也是我国第一个城市公园,后改名为黄浦公园。类似的还有虹口公园(1902 年)、法国公园(1908 年)和天津的法国公园(今中心公园,1918 年)。由此,开启了中国建造公园的活动,清政府相继建立了如下公园:齐齐哈尔的仓西公园(今龙沙公园,1897 年)、无锡的城中公园(1906 年)、北京的农事试验场附设公园(1906 年,现归入北京动物园)以及成都的少城公园(1911 年)等。这些公园多为地方当局开辟,少数为乡绅集资筹建。其间,在日本统治的殖民地哈尔滨也建立了公园,即哈尔滨董事会花园,今兆麟公园(1906 年)。

2. 20 世纪 20—30 年代至抗日战争前夕

这一时期,我国一些主要城市陆续开放和建设了一批城市公园,如北京的先农坛公园、中央公园(今中山公园)、颐和园、北海公园和中南海公园;南京的秦淮公园、白鹭洲公园、莫愁湖公园、五洲公园(今玄武湖公园)、鼓楼公园和秀山公园;上海的梵黄航渡公园(19.3 hm²,今中山公园)、虹口公园(17.7 hm²);广州的中央公园(10 hm²)、黄花岗公园、越秀公园、东山公园(0.2 hm²)、河南公园(1.3 hm²)等。这些公园的建立,表明我国初步接受了西方"公园运动"的思潮,力图建立我国的绿地系统。

尽管如此,这一时期的公园建设发展并不平衡,主要集中在殖民者集中的大中城市,主要是满足统治者或殖民者的需要,和普通民众的生活关系不是很大,但是这些公园的建成从客观上促进了我国现代公园绿地的发展。

二、世界其他国家绿地发展史

19 世纪,世界上并没有绿地这个概念,在 19 世纪末 20 世纪初,英国出现了开放空间一词后,通过施行的 1877 年《开放空间法》首次以法律的形式确定了开放空间的概念和特点。当前西方城市规划概念中一般仍不提城市绿地，而采用开放空间的概念。[①] 我国学者认为绿地具有开放空间的性质。[②]

外国城市绿地的发展和一般事物的发展规律相似，经历了起源时期、初步形成时期、系统发展时期、反思时期、战后大发展时期和生态保护理论发展时期六个阶段。[③]

1.起源时期

城市公共绿地的起源无论是旧约全书中的"伊甸园"，还是可考的巴比伦空中花园（Hanging Gardens，BC. 604—562），均与公众的现实生活无关。但是，这并不能阻止古代城市中普通市民的游憩活动。在古希腊、古罗马城市中，公众的户外游憩活动常常利用集市、墓园、军事营地等城市空间。

公元前 2 世纪末，古罗马人在征服希腊之后，全盘接受了希腊文化，在文化、艺术方面表现出明显的希腊化倾向。罗马人不像希腊人那样爱好体育运动和体育竞赛，也没有大造运动场和体育场的嗜好，仅继承希腊竞技场的外形打造公共游憩场地。但罗马人在城市规划方面创造了前所未有的业绩。被视为后世广场的前身——罗马公共集会广场（forum）也是城市规划的产物。此外还有市场，它与广场是迥然相异之物。据亚里士多德描述，广场是公共集会场所及美术品陈列所，不许奴隶、工匠、工人进入其间，而市场则是交易场所，一般的人都可以自由出入。此外，还有浴场、剧场等公共活动场地均是古罗马人进行活动的公共场所空间。

中世纪的欧洲城市多呈封闭型，城市通过城墙、护城河及自然地形基本上与郊野隔绝，城内布局十分紧凑密实。城市公共游憩场所除了教堂广场、市场、街道，常转向城墙以外。文艺复兴时期，欧洲各国的不少皇家园林开始定期向公众开放，如伦敦的皇家花园（Royal Park）、巴黎的蒙古花园（Parc Monceau）等。1810 年，伦敦的皇家花园摄政公园（Regent Park）一部

---

① 李仲信编著：《城市绿地系统规划与景观设计》，山东大学出版社 2009 年版，第 10～25 页。

② 车生泉、王洪轮：《城市绿地研究综述》，载《上海交通大学学报（农业科学版）》2001 年 9 月。

③ 吴人韦认为，城市绿地发展经历了起源、公园运动（1843—1887 年）、公园体系（1880—1898 年）、重塑城市（1898—1946 年）、战后大发展（1945—1970 年）、生物圈意识（1970 年以后）以及 21 世纪等七个阶段。参见吴人韦：《国外城市绿地的发展历程》，载《城市规划》1998 年第 6 期。

分被用于房地产开发,其余部分正式向公众开放。

中世纪时期,公元 395 年罗马帝国崩溃到 15 世纪初叶资本主义萌芽之前,整个欧洲处于封建领主割据的混乱之中,宗教世界观统治着一切,所以,中世纪的欧洲城市里只有一些封建领主城堡式的庄园和教会僧侣的寺院庭院,几乎没有公共园林。12—13 世纪,城镇里才开始设有公共场地供市民们闲暇时社交和娱乐。14—15 世纪,在意大利佛罗伦萨兴起的文艺复兴运动,该时期的城市建设方面,向往古代文化的意大利文艺复兴建筑师阿尔贝蒂、费拉瑞特、斯卡莫齐等人师承罗马维特鲁威,发展了"理想城市"理论。

文艺复兴时期,城市的改造追求庄严宏伟的效果,显示资产阶级的权势。城市建设的主要力量,集中在市中心与广场的建设上。早期广场继承中世纪传统,广场周围建筑布置比较自由,空间多封闭,雕像多在广场的一侧,如佛罗伦萨的西格诺利亚广场。到文艺复兴的盛期与后期,广场就变得比较严整了,并经常采用柱廊形式,空间较开敞,雕塑往往放在广场中央,比较有代表性的有罗马市政广场与威尼斯的圣马可广场。这类广场应该说是城市早期的公共活动空间。

由此可见,今天我们通称的"公园"这种园林形式,是从西方古代的城市公共园林逐步演变而来的。而古希腊、古罗马则是西方文明的两个源头。古希腊是由众多的城邦组成的,采取联邦制。每个城邦都有自己的国王,著名的城邦有斯巴达(Sparta)和雅典(Atfens)。尽管如此,却创造了统一的希腊文明,是西方文明的摇篮。

(1)庄园:由统治阶级、贵族所私有,包括宫苑、贵族庄园和宅园——柱廊园,偶尔开放供市民游赏。哈德良宫苑建于公元 118—138 年,位于罗马东面的替沃里,是哈德里爱纳斯皇帝周游列国后,将希腊、埃及名胜建筑与园林的做法、名称搬来组合的一个实例。克诺索斯王宫是一组围绕中央庭院的多层楼房建筑群,面积达 2.2 万平方米,王宫内厅堂房间总数在 1500 间以上,楼层密接,梯道走廊曲折复杂,厅堂错落,天井众多,布置不求对称,出奇制巧,外人难觅其究竟,因此希腊神话中誉之为"迷宫"。洛朗丹别墅园是罗马贵族富翁小普林尼于 1 世纪在离罗马 17 英里的洛朗丹海边建造的别墅。

(2)公共园林:因民主思想发达,公共集会及各种集体活动频繁,为此建造的众多的公共建筑物及公共活动场地,其包括以下三种类型:①圣林:早在古埃及时代就已流行的一种依附于神庙的树林,即在神庙四周植树造林形成的神苑,是人们祭祀的场所,又是祭奠活动之余人们休憩活动的地方。②竞技场:由于古希腊战乱频繁,要求士兵有强壮的体魄,为促进青年们健身运动热情的高涨,经常组织运动竞赛,推动了希腊体育运动的发展和运动场地的建设。如柏拉图兴建的阿卡德米(Academy)竞技场。③文人园:古希腊哲学家,如柏拉图和亚里士多德等人,常在露天场所公开讲学,尤其喜爱在优美的公园里聚众演讲,如竞技体育场等。随着体育场逐步发展成人声鼎沸、喧闹非常的场所,哲学家便将宣讲的场地移至自己的庭院中,即形成了文人聚集的学园,又称文人园。德尔斐考古遗址(阿波罗神庙)为希腊古典时期宗教遗址,1987年被列入世界遗产名录。遗址位于雅典西北方帕尔纳索斯山麓,系阿波罗神庙所在地,以该庙的女祭司皮提亚宣示的神谕著称。遗址的阿波罗神庙区略呈方形,四周有墙。德尔菲考古遗址全景由神庙区东部偏南的大门进入圣地,有"之"字形大道沿山而上,可达于阿波罗神庙和露天剧场,此即古时所称之"圣路",路两旁有希腊各邦为供神而兴建的"礼物库"、祭坛、纪念碑、柱廊等,包括从公元前6世纪到公元前2世纪的希腊各时代建筑代表作,其中已部分修复的有雅典、锡夫诺斯、尼多斯等城邦的礼物库。

2. 初步形成时期

随着西方18世纪末工业革命的开始,城市的性质和功能及其规模结构都发生了极大的变化,城市规模逐步扩大,自然状况趋于恶化,环境污染加剧,大工业城市外围的森林和林间空地以惊人的速度消失,代替它的是发出恶臭的垃圾堆和污水灌溉的农田,迫使人类重新思考城市发展与城市生存空间的环境质量问题。

在英国,19世纪之前,由于民主思想的发展,已经出现了若干面向市民开放的公园。这些公园包括海德公园(Hyde Park)、肯辛顿公园(Kensington Garden)、绿色公园(Green Park)、圣·詹姆斯公园(St. James Park)。这些公园原本为连续的狩猎场地,大都建在市区外围,形成了绿色空地,成为英国城市早期开放空间系统的雏形。

19世纪,工业革命使英国的城市工业快速发展,同时也带来一系列城市问题,促进了包括公园运动在内的各种城市改革运动,并于1838年建立了开放的摄政公园,首次考虑了周边和伦敦市区环境的改造,使人们认识到将公园与居住区联合开发不仅可以提高环境质量与居住品质,还能够取得经济效益。1843年,英国利物浦市动用税收建造了公众可免费使用的伯肯海德公园(Birkinhead Park),标志着第一个城市公园的正式诞生。它采用与前者同样的开发手法,通过连带的住宅开发取得公园建设资金,成为英国早期城市公园开发的典范。

当时在英国存在传统的园林和城市公园两种不同的绿地系统。(1)开发者不同:传统的园林由皇室与贵族所建;城市公园大部分是由各个自治体自主开发。(2)使用者不同:传统园林仅供皇室贵族使用;城市公园向社会全体大众开放,具现实意义上的公共性。(3)功能不同:传统园林功能在于提供贵族阶级娱乐的场所,公园则是顺应社会上改善城市卫生环境的要求而建造,因此具生态、休闲娱乐、创造良好居住与工作环境的功能。(4)交通形式不同:由于交通量的增加,部分公园在设计上采用了当时罕见的马车道与人行道分离的手法——人车分流手法,较好地解决了交通矛盾,成为后来城市规划与设计中普遍采用的方法。

在法国,1853—1870年间,拿破仑三世执政时,由赛纳区行政长官奥斯曼主持,进行了大规模的城市改建工作,既有功能要求,又有改造市容、装点首都的艺术要求。独具匠心地对巴黎进行改造,把市中心分散成几个区中心,改变了巴黎原来作为一座封建城市的结构,为近代城市的形成奠定了基础。巴黎改造包括建设更宽广的大道和公园等,并采用新的行政管理方式与结构,取消了18世纪开始形成的关税区边界,扩大了巴黎市界,使其面积达到8750 hm²,将道路、广场、绿地、水面、林荫带和大型纪念性建筑物组成一个完整的统一体。在大刀阔斧改建巴黎城区的同时,也开辟出了供市民使用的绿色空间,还产生了两类新的绿地,一类是塞纳河沿岸的滨河绿地,另一类是宽阔的花园式林荫大道。

美国的公园系统是指公园(包括公园以外的开放绿地)和公园路所组成的系统。通过将公园绿地与公园系统连接,达到保护城市生态系统,引导城市开发向良性发展,增强城市舒适性的目的。1868年,奥姆斯特德继布鲁克林市伊斯顿公园路建设之后,提出了公园路的概念,并在布法罗(Buffalo)道路形态的基础上,规划了公园路连接三个功能与面积不一样的公园,建成了一个具有真正意义的较完整的公园系统。自此,公园系统的建设波及芝加哥、波士顿、肯萨斯、明尼阿波利斯等多个城市。其中,肯萨斯城通过格子状的林荫道形成公园系统;明尼阿波利斯城其建设基础就是以自然水系为基调的公园系统;芝加哥通过公园系统的建设和城市美化运动的开展,逐步建立起独自的城市规划体系;而波士顿则通过奥姆斯特德公园系统的建设,形成了跨区域范围的广域公园系统。

美国公园系统中最重要的有:(1)纽约中央公园。奥姆斯特德与沃克斯共同设计,既是纽约市民休闲娱乐的场所,同时作为面向社会公众开放的场所,于1858年在曼哈顿岛诞生,是美国的第一个城市公园。其成就如下:①使美国公园绿地的建设走上了法律的轨道。②通过政府发行"公园债券"筹集建设资金,为公园建设提供新模式。③公园建设与城市化同步,说明只有公园与城市平和发展,才能促进城市面貌改观。纽约中央公园的成功,极大地推动了全美各地的公园建设,如布鲁克林的希望公园(Prospect Park)、波士顿的富兰克林公园、芝加哥的杰克公园等,成为大公园建设的开端。(2)波士顿"翡翠项链"。该系统从波士顿公园出发,通过联邦大道、河道连接沼泽地公园、动物园、阿诺德植物园、石溪国家保留地和富兰克林公园,总长16 km,面积达800 hm²。公园的选址和建设与水系保护相联系,形成了一个以自然水体保护为核心,将河边湿地、综合公园、植物园、公共绿地、公园路等多种功能的绿地连接起来的网络系统。各类公园绿地的设计充分考虑了土地的特性,功能分离的规划思想与手法使其成为美国历史上第一个比较完整的城市绿地系统。波士顿公园体系的成功,对城市绿地的发展产生了深远的影响。如1883年的双子城(Minneapolis,H.Cleveland)公园体系规划等。受此影响,1900年的华盛顿城市规划、1903年的西雅图城市规划,以城市中的河谷、台地、山脊为依托,形成了城市绿地的自然框架体系。该规划思想在美国发展成为城市绿地系统规划的一项主要原则。

19世纪下半叶,欧洲、北美掀起了城市公园建设的第一次高潮,即"公园运动"(Park Movement)。有学者对1880年美国统计资料的研究显示,当时美国的210个城市,九成以上已经记载建有城市公园。其中,美国20个主要城市的城市公园尺度在150～4000英亩。

公园运动时期,各国普遍认同城市公园具有五个方面的价值,即保障公众健康、滋养道德精神、体现浪漫主义(社会思潮)、提高劳动者工作效率并促使城市地价增值。"公园运动"为城市居民带来了出入便利、安全清新的集中绿地。但它们还只是由建筑群密集包围着的一块块十分脆弱的沙漠绿洲。1880年,美国设计师奥姆斯特(F.L.Oimsted)等人设计的波士顿公园体系,突破了美国城市方格网格局的限制。该公园体系以河流、泥滩、荒草地所限定的自然空间为定界依据,利用200～1500英尺宽的带状绿化,将数个公园连成一体,在波士顿中心地区形成了景观优美、环境宜人的公园体系

(park system)。如今该公园体系两侧分布着世界著名的学校、研究机构、学术馆和富有特色的居住区。

3. 系统发展时期

19 世纪末 20 世纪初,欧洲和北美的城市绿地发展进入大规模有序的发展时期,形成了诸多具有一定特色的城市类型,如田园城市、带状城市以及光明城和广亩城市等。

(1)田园城市。由英国社会活动家霍华德(Hbenezer Howard)提出解决城市化带来的城市问题的概念,即城乡一体化的"田园城市"《明日的田园城市》中从以下三个层面阐述了"田园城市"理论:①区域层面,田园城市是一系列围绕着中心城市的小城市。中心城市发展到一定规模(58000 人,12000 hm^2)就不再发展,而是向田园城市发展,每个田园城市有 32000 人,占地 2400 hm^2。这种多中心的组合被霍华德称为"社会城市"。②市域层面,田园城市是一个城乡结合、共同发展的城市,中心城区为 400 hm^2,容纳 30000 人,被容纳 2000 人的外围郊区的 2000 hm^2 永久性农业用地所环绕,如耕地、牧场、菜园、森林等。此外,在农业用地中还布置了农业学院、疗养院等福利机构。③市区层面,田园城市由一系列的同心圆组成,中央是一个占地 58 hm^2 的公园,其中包括中心广场和位于其周边的市政厅、音乐演讲厅、剧院等,有 6 条主干道由中心向外辐射,把城市分为 6 个区,5 条环路的中间一条是宽 130m 的林荫大道,学校、教堂等为居住区服务的公共设施都建在林荫大道的绿化中。特点:①土地不被个人所有所分割,是公有的、低密度的;②有控制地发展;③"田园城市"是田园和田园城市内部的家庭、工业、市场以及行政、社会福利设施等各种功能结合的组合概念。

(2)带状城市。西班牙工程师索里亚·伊·马塔在马德里《进步》杂志上发表了关于带状城市的设想:城市应有一条宽阔的道路作为脊椎,城市宽度应有限制,但城市长度可以无限,沿道路脊椎可布置一条或多条电气铁路运输线,可铺设供水、供电等各种地下工程管线,即城市沿一条高速度、高运量的轴线向前发展。实践:1882 年,马塔在西班牙马德里外围建设了一个 4.8km 长的带状城市;苏联在 20 世纪 20 年代建设斯大林格勒时,采用了带状城市规划方案。

(3)光明城和广亩城市。光明城——1922 年,柯布西耶发表的《明日城市》中阐述了他对未来城市的设想:在一个人口为 300 万的城市里,中央是商业区,有 24 座 60 层的摩天楼提供商业商务空间,并容纳 40 万人居住;60

万人居住在外围的多层连续板式住宅中,最外围是供 200 万人居住的花园住宅。整个城市尺度巨大,高层建筑之间留有大面积的绿地,城市外围还设有大面积的公园,采用高容积率、低建筑密度来达到疏散城市中心、改善交通、为市民提供绿化活动场地的目的。整个城市平面呈现出严格的几何形构图特征并交织在一起,犹如机器部件一样规整而有序。广亩城市——1932 年,美国建筑师赖特的著作《正在消灭中的城市》以及《宽阔的田地》中的"广亩城市"是城市分散主义思想的总结。赖特论证:随着汽车和廉价的电力遍布各处,那种把一切活动集中于城市的需要已经终结,分散住所和分散就业岗位将成为未来的趋势。他建议发展一种完全分散的、低密度的城市来促进这种趋势。这就是他规划设想的"广亩城市"。

4. 反思时期(1898—1946 年)

在 19、20 世纪之交,人们对城市普遍提出了质疑,一些有识之士对城市与自然的关系开始作系统性反思。这一时期的城市绿地建设,从局部的城市调整转向了重塑城市的新阶段。1898 年,霍华德(E.Howard)出版了《明日的城市》(*Tomorrow of City*),1915 年,盖兹(P.Geddes)出版了《进化的城市》(*Citys in Evolution*),书写了人类重新审视城市与自然关系的新篇章。霍华德认为大城市是远离自然、灾害肆虐的重病号,"田园城市"(garden city)是解决这一社会问题的方法。"田园城市"直径不超过 2 公里,人们可以步行到达外围绿化带和农田。城市中心是由公共建筑环抱的中央花园,外围是宽阔的林荫大道(内设学校、教堂等),加上放射状的林间小径,整个城市鲜花盛开、绿树成荫,形成一种城市与乡村田园相融的健康环境。在这一思想指导下,英国于 1908 年建造了第一座田园城市莱契华斯(Letchworth),于 1924 年建造了第二座田园城市维列恩(Wellwyn)。

在欧洲大陆,受《进化的城市》影响,芬兰建筑师沙里宁(E.Saarinen)的"有机疏散"(organic decentralization)理论认为,城市只能发展到一定的限度。老城周围会生长出独立的新城,老城则会衰落并需要彻底改造。他在大赫尔辛基规划方案(1918)中表达了这一思想。这是一种城区联合体,城市一改集中布局而变为既分散又联系的城市有机体。绿带网络提供城区间的隔离、交通通道,并为城市提供新鲜空气。"有机疏散"理论中的城市与自然的有机结合原则,对以后的城市绿化建设具有深远的影响。

1938 年,英国议会通过了绿带法案(*Green Belt Act*)。1944 年的大伦敦规划,环绕伦敦形成一道宽达 5 英里的绿带。1955 年,又将该绿带宽度增加到 6～10 英里。英国"绿带政策"的主要目的是控制大城市无限蔓延、鼓励新城发展、阻止城市连体、改善大城市环境质量。

5. 战后大发展时期（1945—1970 年）

第二次世界大战以后，欧、亚各国在废墟上开始重建城市家园。一方面，许多城市开始在老城区内大力拓建绿地，如伦敦议会决定建造的 13 个居住小区，绿化指标由 0.2 公顷/千人猛增到 1.4 公顷/千人。另一方面，以英国的《新城法案》（*The New Town Act*，1946）为标志，许多国家开始采取措施疏解大城市人口、创建新城。无论是大城市还是小城市，面对空前的发展机遇，城市绿地建设迈入了继"公园运动"之后的第二次历史高潮。

1946 年，吉伯德（F.Gibberd）规划的英国哈罗（Harlow）新城，保留和利用原有的地形和植被条件，采用与地形相结合的自然曲线。经过后期建设的补充完善，造就了一种绿地与城市交织的宜人环境。1945 年的"华沙重建计划"，决定限制城市工业，扩大绿地面积。其中，拓展绿化走廊产生了明显作用。经过一段时间的建设与改造，形成了完善的城市绿地系统，成为城市中保持优美环境的佳例。1954 年的平壤重建规划，绿地系统以河流等自然条件为骨架，把城市分隔为几个组团，绿地系统与城市组团形成了互相交织的有机整体。

莫斯科绿地系统规划较全面地吸取了世界城市的发展经验。早在1935 年，政府批准了莫斯科第一个市政建设总体规划，规划在城市用地外围建立 10 公里宽的"森林公园带"；1960 年调整城市边界时，"森林公园带"进一步扩大为 10～15 公里宽，北部最宽处达 28 公里；1971 年，莫斯科总体规划采用环状、楔状相结合的绿地系统布局模式，将城市分隔为多中心结构。

6. 生态保护理论发展时期（1970 年以后）

70 年代初，全球兴起了保护生态环境的高潮。在日本，1970 年 6 月的一项调查表明，市民开始把城市绿化与环境视作与物价、住宅同等地重要。在美国，麦克哈格（I.L.Mcharg）出版了《设计结合自然》（*Design With Nature*，1971），该书提出在尊重自然规律的基础上，建造与人共享的人造生态系统的思想。在欧洲，1970 年被定为欧洲环境保护年。联合国在 1971 年11 月召开了人类与生物圈计划（MAB）国际协调会，并于 1972 年 6 月在斯德哥尔摩召开了第一次世界环境会议，会议通过了《人类环境宣言》。同年，美国国会通过了城市森林法。70 年代以后，城市绿地建设开始呈现出新的特点。美国麻理兰州的圣查理（ST.Charles,1970）新城,北距华盛顿30公里,规划人口7.5万,由15个邻里组成5个村,每村都有自己的绿带,且相互联系形成网状绿地系统。

澳大利亚的城市依托优越的土地资源条件,在生态思想的影响下,规划并建成了"自然中的城市"。城市绿地系统规划（1971年规划,1978年批准实施）,以河流、湿地为骨架,形成了"楔向网状"布局结构。80年代初,城市绿地建设进入了生态园林的理论探讨与实践摸索阶段。这一领域的主要专家有Ruff(1982)、Bradshawhethal(1986)、Buckley(1989)等。在英国,伦敦中心城区进行了较成功的实践,如在海德公园湖滨建立禁猎区,在摄政公园（Regent Park）建立苍鹭栖息区等。现在,伦敦中心区有40～50种鸟类自然栖息、繁衍（而伦敦市边缘只有12～15种）。

澳大利亚墨尔本,于80年代初全面展开了以生态保护为重点的公园整治工作。其中雅拉河谷公园,占地1700公顷,河流贯穿,其间有灌木丛、保护地、林地、沼泽地等等生境。为培育生物多样性、保护本地生物免受外来干扰,有关部门采取了一系列具体措施,如搭建篱笆、禁止放牛、限定牧区、设定游客免入区等等。据观测,目前公园内至少有植物841种,哺乳类动物36种,鸟类226种,爬行动物21种,两栖动物12种,鱼8种。生物多样性十分丰富,其中本地种质资源占80％以上。

此一时期,出现了诸多与生态保护相关的思想。(1)生态规划思想。1969年,美国麦克哈格出版的《设计结合自然》中提出了在对区域环境综合评价的基础上进行城市和区域开发,他还提出了自然价值的概念和运用叠加法分析评价环境状况。生态规划分析法,指规划应在充分掌握各种自然条件和相关关系的基础上制定,规划的结果和产生的开发活动不应当对环境和生态系统产生严重破坏。(2)生态城市。20世纪70年代,联合国教育科学即文化组织发起的"人与生物圈"（MAB）计划研究过程中提出的生态城市的创建标准,要从社会生态、经济生态、自然生态三个方面来确定,并确定了生态城市八项标准:①广泛应用生态学原理规划建设城市,城市结构合理、功能协调。②保护并高效利用一切自然资源与能源,产业结构合理,实现清洁生产。③采用可持续的消费发展模式,物质、能量循环利用率高。④有完善的社会设施和基础设施,生活质量高。⑤人工环境与自然环境有机结合,环境质量高。⑥保护和继承文化遗产,尊重居民的各种文化和生活特性。⑦居民的身心健康,有自觉的生态意识和环境道德观念。⑧建立完善的、动态的生态调控管理与决策系统。[①]

　　生态保护理论的实践有利于保护城市生态环境,促进绿地科学合理有序的发展。城市绿地发展进入一个质和量迅速提升的时期,也标志着现代国家在城市绿地保护水平上的不断提高,城市生存环境有希望得到更好的改善。

三、城市绿地发展趋势评析

　　生产力的发展是城市发展的动力,人对自然的需求及社会的发展,是城市绿地系统发展的动力。农业生产导致了第一次社会大分工和居住群落,手工业的发展导致了第二次社会大分工和城镇,工业大生产的发展促成了第三次社会大分工和城市化浪潮。信息产业与知识经济的发展将使城市格局再一次产生深刻的变化。随着国际社会对环境问题的关注和国际合作的加强,人类又掀开了人与自然关系的新的一页。城市绿地系统在 21 世纪呈现出新的发展趋势。

　　第一,城市绿地系统的要素趋于多元化。城市绿地系统规划、建设与管理的对象正从土地、植物两大要素扩展到水文、大气、动物、细菌、真菌、能源、城市废弃物等要素。21 世纪的城市绿地系统将走向要素多元化。

　　第二,城市绿地系统的结构趋向网络化。国外城市绿地系统的发展历程与趋势可概括为:城市绿地系统由集中到分散,由分散到联系,由联系到融合,呈现出逐步走向网络连接、城郊融合的发展趋势。城市中的人与自然的关系在日趋密切的同时,城市中生物与环境的关系渠道也将日趋畅通或逐步恢复。概言之,城市绿地系统的结构在总体上将趋于网络化。

　　第三,城市绿地系统的功能趋近生态合理化。以生物与环境的良性关系为基础,以人与自然环境的良性关系为目的,城市绿地系统的功能在 21 世纪将走向生态合理化。其中包括:城市绿地系统的生产力(自然与社会生产力)将进一步提高;消费功能(人及生物间的营养关系)进一步优化;还原功能(自维持、降解能力)将得到全面加强。

　　人类走出森林向城市集聚,现代人们又逃避城市希望回归自然,这是一种双向的历史趋势。城市与自然的关系是一个动态的发展过程,但是它们将趋近于同一个大目标,即城市绿地系统将更有力地支持城市物流、能流、

---

　　① 　吴人韦:《国外城市绿地的发展历程》,载《城市规划》1998 年第 6 期。

信息流、价值流、人流，使之更为通畅，它与城市各组成部分之间的功能耦合关系将更为细密，生态合理的城市绿地系统将使城市系统运行更加高效和谐。21世纪，将是人类重整城市与自然的关系、寻求人类与大自然共生的新纪元。[①]

第四节　绿地在城市中的功能和作用

人们对城市绿地的功能和作用的认识，反映了城市绿地研究和发展的水平，在人类建城之初和此后很长的历史时期中，城市绿地一直被作为游憩和观赏的对象，城市绿地的功能是单一的，随着科学化的进步和人类认识上的提高，到目前，城市绿地的功能和作用已经远远超出了上述限定。但在我国，由于经济发展水平和国民科学素养的限制，在许多城市，绿地仍然局限在游憩和观赏的水平上，制约了城市的发展。[②] 随着经济社会的发展和生态环境保护理念的普及，我国绿地在城市生活中的功能应该更全面，在促进生态城市发展中发挥更大作用。

一、组织城市空间的功能

城市空间格局是城市规划和设计研究的重要内容，在城市空间格局和城市形态研究中，专家学者以经济、交通、人口、工农业布局等形成了不同的城市布局理论和规划设计研究的方法。城市空间结构的形成发展是历史、物质和自然发展过程的总和，如同物种演替进化一样，有其必然的生态作用的表现和规律。城市空间结构是否合理，取决于组成城市各要素之间的矛盾的调和是否达到平衡。在城市空间形态形成、发展、演变和调整过程中，城市绿地发挥着重要的功能和作用。城市规划者和设计者，越来越重视城市中人工环境和自然环境之间的关系，在城市布局结构上，将城市绿地纳入其中加以综合考虑。在城市生态环境日趋严峻的今天，城市绿地在构建城市形态方面的作用越来越被人们重视。

---

① 吴人韦：《国外城市绿地的发展历程》，载《城市规划》1998年第6期。
② 车生泉、王洪轮：《城市绿地研究综述》，载《上海交通大学学报（农业科学版）》2001年9月。

二、生态功能

城市绿地是城市中自然环境的重要组成部分,在维持城市生态平衡、改善城市生活质量、提高城市自净能力、提高城市景观和生物多样性上发挥着重要的作用。

1. 改善生态环境的功能主要体现在净化空气、水体、土壤、保持水土和改善城市小气候两个方面。

(1)净化空气、水体、土壤、保持水土。人们生活存在城市当中,来自厂矿企业和日常生活以及交通运输等方面的污染源影响人们的生活质量。a.根据生态学理论,环境中特定含量的绿色植物,既能净化空气土壤,改善通风,还能调节温度,减低噪音,改善碳循环维持各有益气体的浓度,美化环境。科学实验证明,在一定浓度范围内,植物对氯气等有害气体有一定的吸收和净化作用。据统计,许多二氧化硫等主要污染物能被绿色植物的叶片有效过滤,还有很多其他绿色植物如刺槐有很强吸氟力的,紫荆有较强吸氯能力,加杨有吸收醛的能力等。总之植物对空气中的粉尘有较强的吸附、过滤和阻挡作用。特别是那些叶面粗糙、有刺和线毛、能分泌黏液的植物对粉尘的滞留和吸附作用更大,如悬铃木、刺槐林可使粉尘减少。还有许多能杀死细菌、真菌的,如冷杉、臭椿等。据研究,一般城市中每人平均拥有 10 m 的树林或 25 m 的草坪才能保持空气中二氧化碳和氧气的比例平衡,使空气保持新鲜。因此,绿色植物具有过滤尘埃、吸滞烟尘和粉尘、吸收有害气体、杀菌或抑菌的作用,促进了空气质量的净化。b.工业废水、居民生活污水等城市水污染给环境带来很大压力。树木可以有效吸收中水体中的溶解物质,减少水中含菌数量。许多水生植物能吸收水中悬浮物、氯化物;还有水生植物如水葫芦能吸取苯、铅等重金属,从而在净化水体中发挥了重要作用,也起到了涵养水分、保持水土的作用。c.植物的根系在净化土壤方面也发挥着重要作用。它们通过一定的作用能降解土壤中的有毒物质,比如有些植物的根系具有根瘤菌,能吸收空气中游离的氮;有些植物的根系分泌物能杀死土壤中的大肠杆菌;有些植物还能吸收大气中的一氧化碳,加速有机物的转化,促使土壤的中性化,改善土壤的物理和化学结构,起到净化土壤、提高土壤肥力的作用。

(2)改善城市小气候。小气候是指由于地形、植被、水面等地层表面属性差异造成的局部地区气候,其中植物对地表温湿度和局部气候的影响最大。城市绿地中的树木能阻挡直射阳光,在夏季为人们提供遮阳乘凉的场所。植物的蒸腾作用需要吸收大量的热量,蒸腾大量的水分。研究资料表明,夏季城市中草坪表面温度比裸地低6℃～7℃,林地树荫下气温较无绿地低3℃～5℃,一公顷阔叶林能蒸发2500吨水,比同等面积的裸地高20倍,可有效地提高空气中的湿度。一般森林的湿度比城市高36%,公园的湿度比城市其他地区高27%。从而绿色植物可以降低周围空气的温度,增加空气湿度,大大改善城市小气候,提高城市居住环境的舒适度。另外,绿化林带能够有效降低风速,降低冬季寒风和风沙对市区的危害。

2. 生物多样性保护功能。生物多样性高低是反映一个城市环境质量的重要标志,生物多样性的丧失主要由栖息地丧失,栖息地破碎化,外来种入侵和疾病的扩散,过多地开发利用,水、空气、土壤的污染以及气候改变等原因引起。其中,栖息地的丧失和破碎化是生物多样性降低的最主要的原因之一。在城市中,通过建设绿色网络系统,通过增加绿地量和将绿地有机地联系在一起形成一个有利于动植物生存、繁殖、迁移、传播的场所,是城市绿地的重要功能,在维护生物多样性上发挥着重要作用。

三、社会功能

1. 游憩休闲功能

城市绿地产生的一个重要目的便是实现游憩功能。城市绿地主要由公园、游园和风景名胜等组成,为城市居民提供游憩休闲、健康舒适的环境。城市生活的繁忙和与自然的隔离,使城市居民在客观上和主观上均需要体现自然景观的绿地。在喧嚣的城市硬质景观中,绿地为人们提供一个放松身心、缓解生活压力、安静的休息场所。在人们紧张工作之余,人们可以进行各种娱乐活动,放松心情,陶冶情操。除了观赏、散步外,还可设立各种比赛,如卡拉、攀岩等,从而增加了生活的快乐,缓解城市生活的各种焦虑和不适。因此,游憩休闲功能是城市绿地建设最基本的动机。通常城市规划设计中一定会为绿地留下一定的空间。日本、苏联早期的城市公园规划和设计,都是依据该功能来制定公园绿地的定额,并作为园内各种设施及用地平衡指标。

2. 文化(历史)功能

城市的文化特色是城市历史发展积累、沉淀、更新的表现,同时,也是人类居住活动不断适应和改造自然特征的反映。它是城市景观,城市社会行为、观念、城市性质的总体反映。在城市文化特色(或文化个性)中,城市绿地是城市文化特色展现的重要场地,是塑造城市文化特色的基础。在城市绿地,可以开展各种科普活动,传播科学思想,弘扬科学知识,营造浓厚科技重新氛围等;也可以展现自己城市特定的历史事件及文化底蕴,使人们在游览中提高了艺术修养;也可以在这些场所开展对青少年进行思想政治教育的活动,普及历史知识,不断丰富他们的知识,陶冶他们的情操。另外,城市绿地是人为干预的自然系统,其中必然包含了社会文化因素,具体体现在参与形成历史景观地带(古树名木、外来树种)、建立城市景观特色(乡土树种和地带性植被)、营建纪念性场所(植物的拟人化、人格化)、体现城市文化个性等(园林设计特色和植物造型等)。

3. 和谐人际关系功能

城市绿地为人们提供了一个非常重要的社会交往的机会,城市绿地对促进社会交往和社区健康发展发挥着相当重要的职能。主要体现在:(1)开展有组织的社会性或社区性活动,包括娱乐活动、体育活动,在各种活动中加强了社会交往,对消除心理隔阂、解除心理烦忧起着潜在的作用。(2)开展家庭或社团活动:公园绿地为家庭或社团在一起休憩、散步、交游、野炊等提供了可能性,可以消除代沟、增进理解和沟通。(3)为朋友或熟人约会提供场所,增进人与人之间的理解和沟通。(4)为青少年提供活动场所:可减少青少年的社会犯罪。

4. 教育功能

在城市中,特别是大型城市中,人们真正与大自然接触的机会较少,尤其在对青少年的教育中,绿地是进行生命科学、环境科学知识教育的良好、方便的室外课堂,绿地里的花草树木、水体、土壤等可以生动地演示自然的奥秘和自然规律,激发人们热爱自然、致力于保护环境的自觉行动,开展有效的生态教育。同时,公园内举办的各种科学普及宣传,更加生动活泼,可以收到积极的教育效果。

四、城市防护和减灾功能

城市绿地中各种防护林可有效地消除大风、海浪等对城市的袭击,增强城市抵御自然灾害的能力。同时城市绿地空间还是城市灾害如地震等发生后,人们暂时避难的场所,是城市防御体系中不可或缺的一部分。

五、经济效益

作为第三产业,城市绿地带来的门票等服务性收入是直接效益,生态环境效益是间接效益,二者相比,后者的意义深远得多。随着社会的进步,人们越来越重视绿地的间接经济效益,特别是它的生态价值日益被人们所关注。[①]

城市绿化是城市重要的生态基础设施之一,是城市居民和城市自然生态保持和谐的基本保障,城市绿化改善空气质量,吸收有害气体和灰尘,降低噪音,调整市区温度与湿度,减轻城市"热岛效应",调整人们的身心健康。城市绿化所创造的人与自然和谐也推动了人与社会的和谐发展。城市绿化作为城市形象的标志之一和设计精美的名片成为资源、资本和人才聚集的重要环境条件,对提高城市竞争力,促进城市可持续发展具有十分重要的战略意义。

第五节 城市绿地管理现状及存在的问题

城市绿地法律保护是通过法律手段对政府主管部门对绿地的规划、建设、养护和管理行为进行规范,同时规定公民、企事业单位以及其他相关政府部门在绿地保护中的权利义务。因此,政府部门对城市绿地的规范化管理是绿地保护的重要内容。通常,城市绿地属于城市公共资源范畴。作为公共管理部门的政府机构,通过行使公权力,运用科学而规范的手段和方法,统筹考虑城市绿地系统的社会效益、经济效益和环境效益,对城市绿地进行有效管理,是实现绿地保护的重要内容。[②] 当然,城市绿地的管理还包括对绿地的合理利用等方面的管理,但是,在当前生态环境保护的重要性日益突出的形势下,以及城市绿地的功能和价值的实现方面看,绿地保护是城市绿地管理的最重要目标。

---

① 郑永革:《包头城市绿化管理现状及发展对策研究》,华中师范大学 2012 年硕士论文。

② 凌张军:《城市绿地生态管理概念、理论与应用——以马鞍山市园林绿化养护管理为例》,载《中国城市林业》2012 年第 2 期。

一、城市绿地管理的内容

城市绿地管理是贯穿于城市发展全过程的一种活动,包括城市绿地生态规划管理、城市绿地生态工程管理、城市绿地生态资源管理、城市绿地设施管理、城市绿地游人管理以及城市绿地公共安全管理等六个方面。[①]

1. 城市绿地生态规划管理

城市绿地系统规划是城市总体规划的有机组成部分,是城市绿地管理的重要内容。城市绿地系统规划主要包括如下工作:(1)根据城市的自然条件、社会经济条件、城市性质、发展目标、用地布局等要求,确定城市绿化建设的发展目标和规划指标。(2)研究城市地区与乡村地区的相互关系,结合城市自然地貌,统筹安排市域大环境绿化的空间布局。(3)确定城市绿地系统的规划结构,合理确定各类城市绿地的总体关系。(4)统筹安排各类城市绿地,分别确定其位置、性质、范围和发展指标。(5)城市绿化树种规划。(6)城市生物多样性保护与建设规划。(7)城市古树名木的保护与现状的统筹安排。(8)制定分期建设规划,确定近期规划的具体项目和重点项目,确定建设规模和投资估算。(9)从政策、法规、行政、技术经济等方面,提出城市绿地系统规划的实施措施。(10)编制城市绿地系统规划的图纸和文件。

规划管理包括规划编制技术管理和规划实施管理。绿地系统规划工作一般要包含以下基本内容:(1)城市绿地现状调研。绿地现状调研,是编制城市绿地系统规划十分重要的基础工作。通常要组织专业队伍,依据最近的城市用地地形图、航测或遥感照片进行外业现场踏勘,在地形图上复核、标注出现有各类城市绿地的性质、范围、植被状况与权属关系等绿地要素。(2)城市绿地规划指标制定。各类城市绿地的规划建设指标,是绿地系统规划的主要工作环节。有关研究表明,衡量城市绿地系统规划的科学、合理与否,须有多项综合指标体现其可持续发展能力。1992 年以来,随着创建园林城市的活动在全国普遍开展,出现了参照国家园林城市评选标准进行绿地系统规划指标定位的趋势。(3)绿地系统空间布局。城市绿地系统规划,要按照生态优化、因地制宜、均衡分布与就近服务等原则,对各类城市绿地进行空间布局,并结合城市其他部分的专业规划综合考虑,全面安排。完善的城市绿地系统,应当做到布局合理、指标先进、质量良好、环境改善,有利

---

① 凌张军:《城市绿地生态管理研究》,安徽农业大学 2012 年硕士论文。

于城市生态系统的平衡运行。(4)园林绿化树种规划。园林绿化树种规划，是城市绿地系统规划的一个重要内容，一般是由园林、园艺、林业、城市规划及植物科学工作者共同承担。若树种选择恰当，能保证植物生长健壮，使绿地发挥较好的效益。反之，树木生长不良，就需要多次变更树种，城市绿化面貌长时间得不到改善，苗圃的育苗生产和经营也会受到损失。(5)古树名木保护规划。古树名木是一个国家或地区悠久历史文化的象征，具有重要的人文与科学价值。古树名木保护规划，要充分体现市区现存古树名木的历史价值、文化价值、科学价值和生态价值，完善相关的法规条例，促进形成依法保护的工作局面。同时，制定相应的技术规程规范，建立科学、系统的古树名木保护管理体系，使之与城市的生态建设目标相适应。(6)防震减灾绿地规划。城市绿地是具有防震减灾功能的隐性"韧"环境。它在灾害发生的非常时期，是城市重要的"柔性"空间。一定面积规模的公园绿地，能够切断火灾的蔓延，防止飞火延烧，在熄灭火灾、控制火势、减少火灾损失方面有显著效果。公园内的园林、游戏设施、树木等，为居民的避难生活提供了方便。防震减灾绿地规划，应当着重规划好城市滨水地区的减灾绿带和市区中的一、二级避灾据点与避灾通道，建立起城市的避灾体系。(7)绿地建设分期规划。为使城市绿地系统规划在实施过程中便于政府相关部门操作，在人力、物力、财力及技术力量的调集、筹措方面能有序运行，一般要按城市发展的需要，分近、中、远期三个阶段作出分期建设规划。(8)绿化养护管理规划。养护管理是城市绿地建设的后续环节，十分重要。俗话说"三分种、七分管"，表明了园林绿地与建筑、道路等工程建设的不同特点。在绿地系统规划中，要明确划定各类绿地范围控制线；规划确定的绿化用地，必须逐步建设成为城市绿地，不得改作他用，更不能进行经营性开发建设。特别要严格保护城市古典园林、古树名木、风景名胜区和重点公园，在城市开发建设中决不能破坏。

我国目前城市绿地系统规划编制往往集中在城市绿地系统总体规划阶段，或强调修建性、详细规划与设计，忽视控制性规划。绿化规划的编制办法、规划指标及管理体系不能与城市规划相对应，直接影响到绿地系统规划，使其不能在逐层实施中将总体规划落实到详细规划的可操作层面，影响到绿化规划实施的有效性。

我国许多城市规划区内绿地与城外绿地属不同的部门管理，人为造成城市绿地管理脱节，使规划的目标与规划的管理严重失调。城市绿地生态管理应该树立城乡一体化的绿化管理理念，从整体性、系统观入手，进一步研究城市规划不同阶段与城市绿地系统规划的各个层次的协调与衔接。健全规范性文件与技术型标准，细化绿地规划内容。市域绿地系统规划侧重于市域范围内重要生态敏感区域和生态资源的恢复和保护，中心城区绿地系统规划应满足绿地均匀分布的原则与城市形态布局密切结合，重点解决各级城市园林绿地指标的落实与合理布置。按照《城市绿线管理办法》做好城市绿地绿线规划，是城市绿地系统控制性的重要内容。

2. 城市绿地生态工程管理

城市绿地系统是由城市中不同性质、类型和规模的各种绿地共同构成的一个持久稳定的城市绿色环境体系，具有整体性、连续性、系统性、多功能性、动态稳定性、地域性等特征。生态工程是运用生态学原理以资源综合利用为宗旨，把自然生态与社会经济文化发展相结合，寻求耗能少、费用低、产出全面的发展模式，具体解决发展与环境间的矛盾，在生态系统范围内实现结构和谐、功能优化、过程高效，促进系统的可持续发展的技术科学。通过对绿地工程项目的生态设计，绿色材料以及生态技术的运用，按照生态文化与艺术美学法则，以及生态政策与法规的要求，设计建设管理城市各类绿地。城市绿地生态工程是实现生态绿地、生态园林、生态公园、节约型绿地的唯一途径。

城市绿地生态工程理论在实践中出现三种具有代表性的典型应用类型：(1)生态园林。生态园林的中心思想是向大自然学习，以自然景观为设计的模型，即遵循"自然构景"原则。遵循生态学的原理，建立动物、植物与人类相联系的新秩序，建设多结构、多功能、多层次、科学的植物群落，达到文化美、科学美、艺术美和生态美。以经济学为指导，强调直接经济效益和间接经济效益并重，使生态、经济和社会效益同步发展，应用系统工程发展园林，创造文明、优美、清洁的生态环境并实现良性循环。(2)生态公园。生态公园注重抗逆性强的地域性植物和乡土植物应用，构建生物多样性，依靠自然植被拓展建立多生境的植物群落达到接近自然演替的生态系统。在管理中，充分发挥自然过程力量，最大限度地减少水、农药和化肥的应用以及人工的管理。自然化和乡土化是生态公园的特点，是城市中自然化的公园。(3)建设部在全国范围开展建设节约型城市园林绿化活动，大力倡导节约型园林绿化模式，主要包括七大措施：①严格保护现有绿地；②合理利用土地资源；③植物配置科学合理，增加绿量，实现生态效益最大化；④加大科技研究和应用;⑤突出乡土植物的应用;⑥推广节水型绿化技术;⑦实施自然生态建设,推进河流水系护岸驳岸绿地的生态化。

3. 城市绿地生态资源管理

城市绿地,实际上就是利用城市原有的地形、地貌、水体和基础种植,以及历史文化遗址等自然和人文条件,将城市按国家标准规划设计的各级、各类园林绿地,用具有地方特色和特性的园林植物最大限度地覆盖起来,并以一定的科学规律加以组织和联系,使其构成有机的系统,是人们利用自然条件,精心加工而形成的人工特殊景观。既可为人们提供游览、休息、文化娱乐活动的场所,又起着净化空气、美化环境、维护城市生态平衡的作用。城市园林绿化关系到每一个居民,渗透到各行各业,覆盖城市社会的各个方面。城市绿地资源与环境管理是保证城市绿地可持续发展的重要内容,资源管理是指通过法律、教育、规划、行政、经济、科技等手段,协调好城市发展与资源保护之间的关系,杜绝一切可能损害城市绿地资源的活动和行为,处理好国民经济中与企事业单位、社会集团及个人等在资源环境方面的相互关系,促使城市发展既能保护城市绿地的资源,又能满足市民的需求,防止环境污染和破坏,实现生态环境效益、经济效益和社会效益的有机统一。

绿地资源与环境的管理主要包括:(1)绿地资源的定期调查与环境的动态检测;(2)绿地资源环境管理信息系统的建立;(3)绿地资源状况综合评价与环境质量评价;(4)绿地资源环境开发与高效利用的具体方案、技术模式与具体措施;(5)绿地资源和环境保护与建设项目的监督实施与跟踪管理;(6)资源与环境变化的预测地与预警;(7)不同社会团体在绿地资源与环境开发利用过程中的利益与矛盾的协调。

4. 城市绿地设施管理

城市绿地公用设施是城市园林重要的环境要素之一,是指城市绿地内配置的各种设置。主要包括:甬路、围墙、桥梁、亭台楼榭、雕塑小品、路椅、果皮箱、标识牌、警示牌、护栏、花池、灯具、电力设施、地下管线、泵站、喷灌、水栓、井盖等设施。城市绿地不仅要满足城市居民的休闲娱乐,更是一个城市的"门面",是外地游客对整个城市的阅读,城市绿地和其中的环境要素担当着对一个城市性格表达的角色。但是目前城市绿地公用设施种类多、体量小、数量大,其无论造型、色彩还是质感都显得过于简陋,缺少与环境的关联性,缺乏艺术性,不能与优美的园林环境相协调,一些公用设施和其他城市无异,不具有任何地域文化特色,不能体现地方文化底蕴。在实地调研中发现,城市园林绿地普遍存在此类现象,尤其是垃圾箱、标识设施等小体量设施,形式多样,新旧并存,无论从材料上还是风格上都显得杂乱无章,严重损坏环境的整体性。城市园林绿地公用设施的建设涉及经济、社会、文化、自然等诸多要素,内容纷繁复杂,因此其建设是一项非常浩大的系统工程。公用设施作为园林绿地环境的一部分,应该与园林之间有着相同的文化内涵,在追求艺术性、装饰性之时,尽可能减少公用设施对环境的干扰,注重整体环境质量。材料的选择要坚固、无毒、无污染,应减少污染、噪音、眩光等干扰和不适的影响。城市绿地设施管理包含以下几点:(1)整体性。公用设施的设计要与城市园林绿地景观环境设计同步进行,将其纳入环境整体设计。使设施设计的表现形式,与周围环境协调,完美地融入环境当中,而不是生硬地添加。(2)开放性。设计师在设计中不只是提出构想、选择设计方案,还应对设计思想进行宣传、交流和贯彻实施,向公众敞开的参与性和具有反馈机制的设计过程。(3)装饰性。在园林绿地景观中,游人对设施的装饰性有着更高需求和期待,不仅要求能用、好用、耐用,更要美观、要艺术。(4)科学性。要考虑材料、工艺技术水平因素,以及施工、制作和后期管理维护等方面的经济效益因素,以确保设计实施的可行性。(5)日常维护。城市绿地公用设施的日常维护工作十分重要,它是绿地公用设施更好地为游人提供服务和良好城市园林绿地环境的保障。

5. 城市绿地游人管理

游人管理是一种提供游人享受的同时保护生态环境的管理方法。游憩功能是公园绿地等的重要功能,游人在绿地活动必然对绿地产生一定影响,游人管理是各个地方立法必须面临的问题。游人管理应针对景点区的不同类型,分别采取不同的管理方法。有关游人管理的战略性决策必须考虑到当地环境的承载力。游人管理可采取以下三个方面的策略:一是控制数量,如限制游人数量,鼓励定点、定时的可替代型旅游;二是规范行为,如行为公约、示范路标等;三是优化资源,如加固路面,修建以吸引游人为目的的设施等。

游人管理还存在两种管理形式:(1)硬性措施。这类措施涉及对旅游通道的经济限制和物理限制。比如,门票、收取停车费、限制车辆型号、封路、栅栏以及划分区域等。(2)软性措施。鼓励游人采取管理者所希望的行为,而不是限制他们的行为。如标志、导游人行道、提供信息、解释等。在一般情况下,硬性措施在某种程度上比较容易实施,而且见效快,但是它常常无法单独解决问题,必须把硬性措施和软性措施结合使用才是最为有效的。

6. 城市绿地公共安全管理

公共安全是指公民全体及个人和社会的安全,是个人从事和进行正常的聚会、学习、工作、娱乐、交往所必需的稳定的外部环境和秩序。它包括经济安全、学习、生产和工作场所的安全、环境安全、公共卫生安全等。随着城市地质灾害危害性的日益显现,建设安全的城市、防治地质灾害、保护生态环境、促进可持续发展,已成为城市建设不可回避的内容。城市绿地防灾减灾的措施,在宏观上我们要提出要建立完善的管理体制。第一,完善防灾减灾法律法规和管理机制,同时要完成它的管理机制要专门设立一套机制,从平时抓起,这样到时候才不慌。所有的文档一定要存全,而且要落到实处。第二,建立地区防灾避灾绿地评价与反馈机制。第三,平常和灾害时期相结合发挥各个时期的适宜功能。我们不但应因地制宜制定避灾绿地,而且要加强分级分期防灾规划措施。从微观层次上来说应该有技术的标准化与导则的出台。第一,防灾绿地规划必须确保避灾疏散途中和避灾疏散场所内避灾疏散人员的安全。第二,根据灾情的严重程度,提出就近疏散、集中疏散和远程疏散的适用原则和要求。第三,防灾绿地应实施平灾结合的原则,平时由产权单位建设、维护与管理,临灾预报发布后或灾害发生时转换为避灾疏散场所。第四,防灾绿地规划必须适应城市的发展,防灾公园的规划必须适应城市的人口增长及其对避灾疏散场所的建设。

公共安全风险管理工作,着重在认真落实风险识别、风险评估、动态监测、风险控制、应急准备及处置措施的基础上,积极探索绿地系统风险管理运行机制。

二、城市绿地管理的方法

城市绿地生态管理是一项复杂的系统工程,必须运用多种管理方式和多种方法协调配合,确保城市绿地生态系统的可持续发展。我国绿地管理经过几十年的发展,已经形成了一套成型的管理手段,其中主要包括法律手段、经济手段、行政手段、宣传教育手段、科学技术手段等。法律手段是最重要的手段,其中的很多内容我们将在第三章进行详细阐述。除此之外还有:

1. 经济手段,即按照客观规律要求,运用价格、税收、补贴、押金、补偿费以及有关金融的手段,引导和激励社会经济活动的主体主动做好生态管理的措施,是以利益诱导为手段的间接管理方式。从目前情况看,我国对绿地投资的比例及增长速度都低于其他公用事业。因为城市绿地系统的自然服务在市场经济中不能得到体现,将导致绿地资源的过度消耗,因此必须运用一些经济手段加以调整,以促进对城市绿地生态系统的合理利用,从而提高城市绿地复合生态系统的工作效率,促进城市绿地的可持续发展。

2. 行政方法,即城市行政机关根据国家法律和行政法规所赋予的权力,运用规章、制度、决议、命令、指示、纪律等强制方式,直接监督、指挥、组织各种社会经济活动和城市内各部门的管理手段。通过行政手段,有利于组织内部统一目标、统一意志、统一行动,有助于法律、经济、科技和教育方法的发挥。行政方法是城市管理的基本方法,也是城市绿地生态管理采取的基本管理手段。

3. 宣传教育方法。城市绿地要保持可持续的发展方式,必须要在管理过程中加强内在控制,如提高居民素质,加强宣传教育,在城市树立起生态文明的价值观。宣传教育方法是指依靠宣传、沟通、说服、精神鼓励等手段,提高人们的认识,激发人们的积极性,使人们自愿、自觉地把保护生态环境和大自然变为公众的自觉行动。

4. 科学技术方法,即依靠生态学、生物学、园林学、城市学、管理学等一系列学科的发展研究,提高绿地生态系统效益,为绿地系统的可持续发展提供技术支持。处于城市环境中的绿地系统是受人类活动干扰最强的自然生态系统,只有依靠科技的不断进步,提高环境保护的科学和技术水平,优化管理结构,才有可能建立起城市绿地系统可持续发展的技术支持系统,才可能提高绿地管理水平,提高绿地建设的综合效益。

三、城市绿地管理的创新方法

随着科技的发展和管理学理论在当代的发展,传统绿地管理中延伸出生态管理方法,主要包括以下内容。

1. 信息化管理,即当前以"3S"(GIS、RS、GPS)技术为基础的绿地生态管理信息网络,充分运用"3S"技术积极开展城市绿地生态环境监测和管理研究,及时准确掌握城市绿地生态环境变化状况,促进城市绿地生态资源的合理利用,为自然灾害防治和灾情评估、生态环境研究、资源利用和管理、生态环境监测和预警等工作,提供快速、准确、动态的信息服务和决策咨询。

2. 文化管理。随着生态文明的树立和社会的进步,城市绿地管理正逐步向人性化与规范化相结合的方向发展,进入文化管理阶段。文化管理是在研究人们心理和行为规律的基础上,采用非强制方式,在人们心目中产生一种潜在的说服力,从而把组织意志变成人们的自觉行动。以人为本是构建城市绿地生态管理系统的重要原则,因此城市绿地的生态管理要体现对人的关怀。由于文化管理提出了以人为本,把行政管理相对方当作服务对象,充分尊重人的意志和思想,依靠思想文化的灌输、价值观的认同、感情的互动和热爱绿地的人文环境来实现城市绿地生态管理目的。这种管理必然受到公众的广迎,具有强大的生命力。

3. 网络式管理。城市绿地管理牵涉多个部门,尽管在城市绿地管理中它们所承担的主要职能不同,但同样是为城市绿地的建设发展提供更好的环境服务。故城市绿地主管部门应当积极做好与其他职能机构协调,理顺城市绿地管理系统内的各组织机关及其职能机关的关系网络,克服机构重叠、职能交叉、分散管理的弊端。加强综合管理职能,力求建立一个有弹性的有机结构,这就决定了城市绿地生态管理必须要打破传统条块分割的状况,建立起网络组织管理结构。

4. 社会化管理。相对于部门管理、专业化管理而言,它是生产社会化和社会现代化的内生制度,它的根本属性是开放性。随着现代社会居民文明程度的提高和信息技术的发展,城市绿地管理中不适宜管理部门直接管理的事物越来越多。我们要弱化政府机构的力量,充分发挥城市居民和中介组织的作用,提高城市绿地管理的运行效率,节省城市绿地管理中的成本费用。

5. 参与式管理。依靠市民、发动市民参与城市管理是城市绿地生态管理的基本方式。城市绿地生态管理的根本目的是实现人与自然的和谐可持续发展。公众是城市绿地管理的直接受益者,在城市绿地生态管理系统中,公众不再只是被动的接受者,而是主动的参与者,他们分别以不同的身份和形式参与政府、企事业单位的社会行为,使全社会懂得保护生态环境需要每一个社会成员的广泛参与,只有全体社会成员共同参与,才能从根本上保证生态环境得到保护。

新的绿地管理方法适应城市绿地在当代社会的功能和作用的新发展,有利于绿地的更好保护。尽管如此,绿地管理的传统方法依然是城市绿地生态管理的主要方法。在传统方法的基础上,加强创新,才能保障绿地保护适应社会经济发展的需要。

四、我国城市绿地管理现状及存在的问题

（一）我国城市绿地管理现状

1. 绿化管理体系有待进一步理顺

城市绿化是一项条块结合的系统工程，相关职能部门对于外系统的绿化（如住建部门管理的居住区绿化，市政部门管理的道路绿化，水务部门管理的河道绿化，企业投资建设和自主管理的公园绿化），行业管理力度不够，也缺乏有效的激励和约束手段，造成一些绿地设计和建设起点低，日常养护管理薄弱，绿化面貌差，市民反响强烈。另外，各级职能部门之间的管理职能、职责、分工有待进一步明确。

2. 绿化管理理念相对滞后

生态城市环境建设注重突出以人为本的理念，城市绿化要从满足人们对绿化空间的需求上升为对生活质量的需求。目前，上海的绿化管理在人性化服务方面还有欠缺之处，如公园绿地的布局、基础服务设施的配置、文化内涵的挖掘与建设、健身休闲功能的开放，与市民的需求还有一定的差距。另外，生态城市环境建设推崇依法管理、公共管理的理念，绿化管理基本上采用的是政府行政管理与社会公众参与互为补充的管理方式。

当前各地依法治绿、公众参与的理念尚未深入人心，政府包揽过多，造成社会机制的缺位。绿化管理的法治化水平还不高，特别对绿化失管失养等现象缺乏有效的法律制约。政府部门设计的社会公众参与绿化管理的平台较为狭窄，停留于运动式、突击性活动，而且基本上是"我说你听，我组织你参加"，难以形成规范化、制度化的机制。

3. 绿化管理方式单一

目前我国绿化管理模式基本上还是政府主导型管理方式，市场化机制不完善，社会化机制不健全。政府管理职能转变还需要进一步深化。政府既是管理的决策者，是相关政策法规、规划计划的制定者，又往往是具体的操作者。大规模的绿地调整、景观改造，往往来自于"运动式"的行政行为。绿化行业"管养分开"改革取得了一定成效，但还亟待完善，区县绿化行业内部的施工、养护企业大多内生于绿化主管机构，导致政企不分现象难以克服，也使得绿化养护市场分割严重，绿化行业的市场化程度仍然较低。社会化管理方式、方法和运作机制亟待创新，目前推行的"绿化门前责任制"，以及通过"评比先进"推进管理的方式，由于缺少可操作性的制约手段，难以取

得整体效果,有的已经流于形式。

4. 绿化管理手段较为落后

管理的技术手段既包括绿化养护专业技术,同时也包括绿化管理的制度、规则和调控手段。从技术层面看,目前的绿化养护基本停留在维持绿地基本的面貌层次,如保洁、除草、常规的修剪等等,属于手工作业、经验性管理水平,缺少定量的技术理论支撑,远未达到综合运用多学科技术手段,从生态学的角度对绿地进行功能性培育和维护的层次,绿地养护科技含量低的状况没有根本性改变。从管理层面看,政府管理方式主要还是依赖直接管理,养护管理的法治化亟待深化,对绿化失管失养的责任追究还缺少可操作的办法。养护作业领域的管理定额、技术标准及规程短缺或者不够完善,现有的技术标准和规程由于缺少有效的制约机制,也较难在实践中得到贯彻。

5. 绿化管理部门的公共管理水平有待提升

对照建设责任型政府、法治型政府和服务型政府的要求,我国地方各级绿化管理部门尚需进一步转变政府职能,提高公共管理和公共服务的水平。当前,绿化规划、绿化法治建设、绿化人性化服务方面的职能尚未得到强化;而绿化各类先进的评比、公园绿地设计方案的评审等职能尚未得到转化或被弱化。绿化管理部门在严格依法行政、提高行政效率、优化服务质量方面尚需进一步加强。

(二)存在的问题

在我们享受着城市园林绿地所带来的舒适、宜人环境的同时,却常常看到这样一种现象:有的人在有意或无意之中破坏着城市园林绿地中的公共设施,摘花折枝,乱涂乱抹,随意丢弃果皮纸屑;公园里美丽的草坪被抄近路的行人开辟新径;墙隅拐角等僻静处成为某些人的露天卫生间;更有甚者砸坏报栏、路灯、垃圾箱,把本来固定较为结实的健身器材、石凳石桌、钢筋护栏等等园林小品破坏得面目全非。城市园林绿地被人为破坏现象屡见不鲜,造成了不必要的经济损失,影响城市绿地景观。同时,城市园林绿化管理部门往往需要花费大量的人力物力进行防范、保护、维修,更增加了不少绿化养护的费用。因此,城市园林绿地的保护中仍存在许多问题,需要加强管理。

1. 信手涂鸦,张贴违法广告。我国城市公共园林绿地,依然可以在园亭立柱、置石等小品上发现许多信手涂鸦、违法广告等现象,虽说只是随手所写,但反映出的是部分居民对园林绿化设施保护重要性的认识不够,从而需要加强素质教育和绿地保护宣传。

2. 不走园路,另辟捷径。此类人为破坏现象在呼和浩特市区园林绿地中也较为常见。园路设计过程中没有仔细地考虑游人需求和习惯,材料使用的不合理,园路过于弯曲或者步石不符合行人的步幅,抑或是游人的便捷心理作用,使得行人只好在园路旁边的草坪上踩出一条路,破坏了园林绿地的观赏性和整体性,同时,由于开辟捷径导致的土壤结构的变化,使得修整和补植十分困难。

3. 墙隅拐角等僻静处成为露天卫生间。不仅是呼和浩特市区园林绿地中存在随地大小便的现象,经过了解,多数城市的绿地中也都存在着这样的问题。在园林绿地景观中随地大小便的现象,不但破坏了园林景观,而且存在卫生隐患。

4. 园林绿地中植物元素的破坏。在园林绿地中植物破坏的现象也很常见,虽然这种破坏对园林植物的生命来说不是毁灭性的,但也明显地影响了园林绿地的美观。这些破坏有些是因为某些市民锻炼身体时不正当或过于猛烈的应用所致,有些则是园林绿地后期施工的机械损伤,导致树木枝干折损和树皮剥落,还有的则是因为路人的信手折枝或人为踩踏或是穿梭绿篱导致的树木的损伤。

5. 健身器材、石凳石桌、垃圾桶、钢筋护栏、雕塑等园林小品的破坏。在已调查的绿地中,存在的对园林小品的破坏也是屡见不鲜的,健身器材残缺不全,园桥栏杆惨遭破坏,石桌边缘被打碎,石凳不翼而飞或者出现在了其他地方,垃圾桶被破坏,钢筋护栏的柱头全部消失,雕塑缺胳膊少腿,景观灯、地灯被打碎、破坏。

上述问题的存在除了居民素质有待提高之外,管理方面的原因仍是最应该引起关注的。首先,我国相关法律法规不健全,主要是政府监督及维护和惩罚力度不足。这点我们将在后面予以阐述。其次,我国公民园林绿地保护教育不足,绿地保护意识缺乏仍是管理方面的工作的欠缺所致。最后,也是因为管理方面的问题,我国一些园林绿地设计缺乏人性化要求,没有同时考虑美化作用和实用功能,在布局和设计上还存在因人性化关怀不够而不能满足游人需求的细节问题等。[①]

我国城市绿地管理上存在的问题必然影响到绿地保护。在强调我国政府部门、绿地主管机构以及相关部门在提高管理水平、提高管理质量的同时,加强我国城市绿地保护立法,通过法治手段保障绿地管理的有效进行,正是是本书研究的主题内容。因此,本书对城市绿地保护的法律研究,主要从绿地管理部门、绿地规划、建设、管理和养护等方面进行,并辅之以监督措施以及法律责任等制度。绿地管理的传统和新的方法也必然在立法中体现出来。尽管管理学和法学是两个不同的方面,但是在城市绿地保护方面,它们有着紧密的联系。无论是绿地管理还是绿地法律保护,它们的目的均是促进城市绿地的建设与发展,有效保护城市绿地,保障城市绿地在促进城市生态环境和提高人民生活方面发挥重要作用。毫无疑问,关于绿地保护立法的研究会参考和借鉴管理的相关成果。

---

① 王楚成:《浅谈城市园林绿地人为破坏原因及保护对策——以呼和浩特市区园林绿地为例》,载《内蒙古科技与经济》2014 年第 9 期。

第三章 中国城市绿地保护立法研究

城市绿地是城市生态系统的重要组成部分,是城市宜居的重要评价标准。如前所述,因为"城市绿地"的含义在我国乃至世界范围内的多样性与复杂性,即园林、开放空间、绿化、绿线以及绿带等概念与城市绿地概念往往相互交织,密切关联,难以分解;实践中我国"城市绿地"抑或"城市重点绿地"的组成部分主要是"公园"或"公园绿地",因此,本章研究主题"城市绿地保护立法",当然也会将与前述对象相关的立法纳入其中,即我国有关公园绿地、园林、开放空间、绿化、绿线以及绿带等立法中关于城市绿地的规定也是本章的研究范围。这首先基于我国专门以"城市绿地"名称立法的不是很多,其次是因为这些相关立法也涉及许多关于城市绿地保护的重要制度,最后是因为相关规定都对城市绿地及生态环境的保护发挥着重要作用。因此,本章研究没有特别区分专门针对城市绿地的立法和关于园林、开放空间、绿化、绿线以及绿带等相关立法。本章所指城市绿地保护立法既包括城市绿地保护专门立法,也包括有关园林、开放空间、绿化、绿线以及绿带等方面的相关立法;它们均是我国城市绿地保护立法的重要组成部分。

第一节 中国城市绿地保护立法的发展历史

一、中国古代城市绿地保护相关立法

我国古代注重环境保护,并通过统治者的立法规范环境活动。我国古代环境立法涉及道路交通、山林、绿地以及耕地等方面。

最早关于城市道路的法律规定恐怕可上溯至殷商,"殷之法,弃灰于道者,断其手"。《三辅黄图》引汉令:"诸使有制得行驰道中者,行旁路,不得行中央三丈也,不如令,没人其车马。"这反映了汉代当时森严的等级制度。唐代开始,随着城市规模的日趋扩大和城市经济的日渐繁荣,与城市道路有关的法规也相应多了起来。唐律规定:"诸侵巷街、阡陌者,杖七十。"又规定:"其穿垣出秽污者,杖六十。"

同条疏议曰:"其有穿穴垣墙,以出秽污之物于街巷,杖六十。"这一法律规定为后世沿用,除量刑轻重有所差别之外,基本上没有大的变化。中唐以后,坊里制度开始逐步瓦解,出现了占街盖房、掘土建屋,乃至占用规划道路用地以事农桑的现象,对此,国家多次以诏书的形式予以制止,试举一例加以说明,唐广德元年八月敕:"如闻诸军及诸府,皆于道路开凿营种,衢路隘窄,行李有妨,苟循所私,颇乖法理,宜令诸道诸使,及州府长吏,即差官巡检,各依旧路,不得辄有耕种,并所在桥路,亦令随要修葺。"中国古代国家还将道路、桥梁、津渡等公共设施的建设作为地方官员的要务,并作为考核其政绩的依据之一。例如《大明律》和《大清律》都有如下规定:"凡桥梁、道路,府州县佐二官员提调,于农隙之时,常加点视修理。务要坚完平坦,若损坏失于修理阻碍经行者,提调官吏笞三十。"

在山林的保护方面,先秦时期上山砍柴下河捕鱼要受季节的限制。据史书记载,早在大禹的时候就颁发了保护自然资源的禁令,具体内容包括:春天三个月不能到山中砍伐树木;夏天三个月不能到水中捕鱼,因为这样不利于树木和鱼类生长。对自然万物的采伐利用应该符合它们生长的规律,这条禁令距今已有三四千年。

西周时已经设立了专门管理山川林泽的官员,那时人们只能按照法定的时间砍伐林木。捕鱼和打猎同样也要受到规定时间的限制,否则要"执而诛罚之",而且要根据山川林泽等自然资源的受保护情况对主管官员施以奖惩。春秋时期基本沿用了前代的规定,在鸟兽鱼虫产卵、繁殖的季节不准捕捉。秦朝奉行重农抑商,与先秦法律接近。秦代法典中有一篇《田律》,内容跟先秦时期的法律规定很接近,要求在春天二月,不准到山林中砍伐木材,不准堵塞水道;只有到了夏天才能焚烧野草作为肥料;不准采伐刚发芽的植物,或者捕捉幼兽、幼鸟,掏取鸟卵;不准以下毒的方法捕捞鱼类;不准设置捕捉鸟兽的陷阱和网罟(音同"古")。这些禁令要到七月才能解除,只有遇到特殊情况如有人亡故需要伐木打造棺椁的时候,才可以不受禁令有关时间的约束。我国自古奉行重农抑商的政策,百姓靠天吃饭,这可能就是我国很早就出现保护环境和资源立法的原因。①

关于城市绿化方面,汉朝主动保护资源,绿化面积成官员考核标准。汉朝有关保护环境资源的立法既有对前代的继承又有自己的发展,它的《田

---

① 高峰:《我国古代对环境资源的立法保护》,载《防灾博览》2014年第2期。

律》和秦朝《田律》在内容上相差无几。与此同时,汉代的皇帝不断通过颁发诏令的形式告谕百姓要保护环境,勉励百姓多多植树。汉代以前只是被动地保护资源,强调对有限的资源进行合理有度的利用开发。而自汉代起,开始通过皇帝诏令这种法律形式来积极主动地创造资源,这不能不说是一个进步。汉宣帝的时候,渤海郡守要求他的属民每人每年种一棵榆树。此后不仅渤海郡内延续了这一传统,还作为一项政策被推广到其他地区,以至于辖区内植树绿化的面积成为考核地方官员政绩的标准之一。更有意思的是,一些地方官员会将种植树木作为惩罚手段来处罚那些犯有小过错的属民。汉代的这种转变大大影响了后世立法,唐、宋、明、清各朝有关保护环境和资源的立法几乎都体现在对田地的开发管理和劝民植树方面。

唐朝法律规定田地荒芜无人耕种,官员要受荆条抽打。唐朝对土地、树木等资源的管理是与均田制的推行联系在一起的,强调对田地的充分利用,也强调地方官吏的督导责任。例如唐律规定,如果某地区田地荒芜,没人耕种,亩数达到规定总数的,该地区各级官员都要被笞(用荆条抽打臀部数下,每多荒芜一分就加重一等刑罚。同时领取了土地的户主如果让自己的田地荒芜也依同样的规定受罚)。

此外,按照法律规定,以均田制分得的土地每亩应该至少种50棵桑树、10棵榆树和10棵枣树,某些地区的土质不适宜种上面三种树的,可以改种其他树种,这一任务要在分到土地后年内完成,并由地方官督促、统计。如果在规定年限内,土地户主种植的树木棵数没有达到法定要求,那么该地方官就要被笞40下。

五代十国时期,后周显德三年颁发的诏书最有代表性,内容如下:"華毂之下,谓之浩穰,万国骏奔,四方繁会,此地比为藩翰。近建京都,人物喧阗,闾巷隘狭,雨雪则有泥泞之患,风旱则有火烛之忧。每遇炎热相蒸,易生疾疹。近者开广都邑,展引街坊,虽然暂劳,终获大利,联自淮上,回及京师,周览康衢,更思通济,千门万户,靡存安逸之心,盛暑隆冬,倍减寒燠之苦。其京城内街道阔五十步者,许两边人户,各于五步之内,取便种树掘井、修盖凉棚。其三十步以下至二十五步者,各与三步,其次有差。"此外,从唐代开始,关于道路绿化及皇城内绿化管理的法律逐渐增多,例如:唐广德元年九月:"禁城内之六街种树";开元十八年正月十八日,"令两京道路并种果树";太和九年八月敕曰:"诸街添补树,并委左右街使栽种,价折领于京兆府,仍限八月栽毕,其分析闻奏"。①

宋朝法律规定谎报灾情要挨板子,砍树最高可判死刑。经过五代十国的长期战乱,对于宋代统治者来说,尽快恢复农业生产,广植桑麻意义重大,如此一来就可以积累财富增强国力。所以,与唐朝相比,宋朝加强了对自然资源的保护,一方面继承唐律的规定,对造成农田荒芜和植树不达标负有责任的官员处以刑罚;另一方面又出现了一些新的立法。例如管辖地区遇到旱涝、霜雹、蝗虫等自然灾害的,主管官员如果没有及时上报灾情或者上报虚假受灾情况的,杖70,如果派到灾区的中央官员也谎报灾情,同样杖70,百姓有砍伐桑树枣树做柴薪的也要处以刑罚,如果砍伐的数量很多,为首的可以判处死刑,从犯也要流放三千里。砍树可能被判死刑,可见宋朝统治者对保护环境保护的重视。②

元代没有找到类似环境保护的条文。明清时期官吏若未尽督导责任,处罚比前代减轻。明清两朝的律典中都设有"荒芜田地"条,但明清律条对没有尽到督导责任的官吏从唐宋笞30改为笞20。③

二、中国近代城市绿地保护相关立法

(一)中国近代环境状况

清朝末年,由于腐朽的封建制度及帝国主义侵略,中国经济和社会发展落后,现代工业化水平很低,除局部地区外,环境污染并不像发达国家那么严重。但是,由于人口增长过快,农田开垦范围不断扩大,到雍正后期(1723年后)发展到川、陕、鄂三省交界的老林,湖南、湖北、河南、甘肃及四川等省无业贫民移入陕西省汉中、兴安(今安康)、商州各府州开垦荒山。到嘉庆末年(1820年)已经过百年的垦殖。此后,封建地主肆意掠夺土地,砍伐森林,加上封建军阀间的连年混战,自然环境遭到严重破坏,水土流失日益严重。至新中国成立前夕,黄河中游地区58万公里,水土流失区域达到43万公里。到处沟壑纵横,农牧业面积不断减少,土壤也越来越贫瘠,水旱灾害频繁。据记载,1644年至1906年的262年间,甘肃省发生过114次旱灾,平均

---

① 冯尚:《论中国古代城市规划建设法》,载《广西政法管理干部学院学报》2006年1月。

② 高峰:《我国古代对环境资源的立法保护》,载《防灾博览》2014年第2期。

③ 高峰:《我国古代对环境资源的立法保护》,载《防灾博览》2014年第2期。

每两年一次。中国西部和内蒙古产生许多荒漠地区,河西走廊一带经常发生尘暴,被风卷起来的尘土呈乌云状,常把阳光遮蔽,顿时天昏地暗。这是和几千年来的过度放牧、破坏植被有关的。中国辽宁省西北部的章古台沙荒地,100多年前是草林茂盛的草原,后来由于封建地主过度砍伐杏树烧炭,再加上滥垦滥牧,破坏植被,使地面裸露,日久天长在风的作用下,茂盛的草原变成了黄沙漫漫此起彼伏的流动沙丘群。四川省凉山彝族自治州原为青山绿水的林木区,由于长期刀耕火种,到新中国成立前,大多变成荒山秃岭,农田多半被石洪淹没。[①]

但总体而言,鉴于中国当时的生产力水平,环境污染问题尚不是很突出。中国封建土地所有制决定了农业经济特征,所以近代中国的环境问题大部分是生态问题。近代史上制定和实施的环保政策基本是一些单行法令,还没有产生环境保护的概念,这些法令法规有很多是出于农业、水利的目的,有少部分是关于保护森林、珍稀动植物等自然保护的法令,没有专门的绿地保护立法。

(二)中国近代环境立法

1. 中华民国早期(北洋时期)的一些保护森林资源的法规

北洋政府时期,鉴于保障中国民族资本主义发展的需要,颁布了有关工商矿业、农林业、渔牧业等法规条例二十余种。

民国建立后,鉴于当时林政缺乏管理,培养不利,滥采滥伐,荒山满目,时任农林总长的宋教仁于1912年5月拟订山林局官制草案,提交国务会议,派员赴东三省调查山林。农商部长张謇于1914年1月颁布《森林法》,并公布施行细则。该法规定了国有森林的范围和权利,规划在黄河、良江、珠江上游地区营造保安林,预防水患,保养水源,防风蔽沙,便于渔业与航运目标,还奖励造林,并对开垦滥伐、荒废、毁林、盗窃、放牧等,规定了刑事处分和罚款。1914年9月张謇又颁布《狩猎法》14条,规定捕猎的武器,并规定捕猎要经过当地警察官署核准,才能使用,禁止使用剧毒炸药和陷阱捕猎鸟兽,禁止狩猎保护的鸟兽(经批准供学术研究等在外)等。张謇在任时还颁布了《规划全国山林办法给大总统呈文》(1914年5月3日)、《森林法实施细则》(1915年6月30日)、《造林奖励条例》(1915年6月30日)。此外,

---

① 石丽华:《简论中国近现代环境保护政策的发展》,内蒙古师范大学2007年硕士论文。

还有一系列地方政策和制度出台,如1918年《直隶劝办森林的简明教程》中规定造林成活的调查制度,设立森林警类职务,奖励造林;1921年10月《秋季造林令》规定了季节性植树造林的措施;1928年《森林条例》规定了很多管理森林、保护森林的措施制度。其他还有:1924年的《吉林省农会关于开辟水田植树造林议案》《苏诚等关于各省地方筹设林务机关及苗圃建议》,1925年的《浙江省长关于伐木烧炭易致水患查禁柴炭出口禁令未变取消咨》等。

2. 国民党统治时期关于自然资源保护的法规

国民党政府统治时期制定的有关自然资源保护的法律有:1930年国民政府公布的《矿业法》,1932年8月20日修正通过的《森林法》。另外,国民政府还颁布了《渔业法》(1929年)、《土地法》(1930年)、《狩猎法》(1932年)以及《水利法》(1942年)等。这些法规中对于森林、动物、鱼类等自然资源保护作了规定,对于河川、农田水利等方面也进行了比较系统的立法。这些法规比封建社会的法规更加系统、规范,有了很大进步。但是由于国民党统治腐败,这些法规并没有得到很好的实施。绿地保护方面没有专门的规定,森林仍被破坏,环境继续恶化。

三、新中国成立前共产党的环境保护政策

1932年,中央工农民主政府颁布的《经济财政问题决策》提出:"苏维埃须鼓励群众去办理开通水圳、修筑堤岸的种种水利建设事业……要宣传群众保护森林、栽植森林以调节气候,保持水气而利生产。"这初步体现了保护森林的思想。1943年2月晋察冀抗日根据地颁布《晋察冀兴修农田水利条例》,强调对环境保护,对储水、灌溉以及耕地等进行了规定。1948年3月晋察冀解放区颁布了《北岳区护林植树奖励办法》,规定立法目的为培植、保护公私林木,供应建设木材,增加人民收入,并防止风沙、水旱灾害。该办法还规定了公家可自由植树造林的地方,以及林木和林地的归属、对植树造林予以奖励等,并规定了禁山护林、损害林木的处罚办法等。

1949年4月陕甘宁边区政府颁布《陕甘宁边区森林砍伐税征收办规定》,规定砍伐森林均应依法纳税、取得砍伐证并遵守相关规定。砍伐人只得按指定地区进行砍伐,量材砍用,砍大者遗小者,烧木炭不得砍成材木料,砍柴时须砍稠留稀不得一扫而光等。陕甘宁边区政府还发布告:切实保护农场、苗圃、名胜古迹、公共场所(1949年7月),调查各地农场、苗圃,以及

名胜古迹、公共场所状况,保障它们均为有利于人民之建设,应切实保护,禁少数人不明利害,任意破坏、毁损林木、建筑等。同时,地方性法规也有保护环境的规定,如《闽西苏区山林法令》(1930)、《晋察冀边区垦荒单行条例》(1938)、《晋察冀边区禁山办法》(1939)、《陕甘宁边区森林保护条例》(1941)以及《东北解放区森林保护暂行条例》(1949)等。在战争很频繁的时期,这些法规有效地保护了当时革命根据地的自然资源,对于根据地的经济建设起了积极作用。

四、新中国绿地保护立法的发展

(一)新中国成立后至改革开放初期的环境保护政策

1949年新中国成立后,大力发展生产,以恢复国民经济,取得了显著成效。1953—1956年,工业总产值平均每年递增19.6%,农业总产值平均每年递增4.8%。刚从战争中解脱出来,国家的首要目标是发展经济,并没有形成现代环境意识。由于大规模开发资源,兴建工矿企业,以及农、林、渔、牧业生产的不断扩大,而且当时科学技术落后,缺乏相关的环保措施,为以后的环境问题埋下了隐患。

1958年"左"倾错误严重泛滥,推行急于求成的冒进战略,出现高指标、瞎指挥、浮夸风以及"共产风"等,不仅使经济发展遭受重大损失,也造成了一定程度的环境污染和较严重的生态破坏。在"大炼钢铁"和"大搞群众运动"方针指导下,小钢厂和其他"小土群"遍地开花,仅1958年下半年,各地就动员了数千万社员大炼钢铁和大办工业,建成了简陋的炼铁、炼钢炉60多万个,小煤窑59000多个,小电站4000多个,小水泥厂9000多个,农具修造厂80000多个。工业企业由1957年的7万个猛增到1959年的31万多个。与此同时,城镇人口由1957年的9000多万增至1960年的13000万。在工业布局上,几乎冲破一切规章制度和禁忌,随心所欲,不顾环境保护的要求,任意布点,也没有采取控制污染的工程措施,加之管理混乱,工业"三废"的排放处于放任自流状态,环境污染迅速扩大,许多地方出现了烟雾弥漫、污水横流、渣滓遍地的局面。对矿产资源的滥挖滥采,不仅造成了惊人的浪费,还严重地破坏了生物资源,许多重要的林区迅速缩小,生态环境恶化。

1966年至1972年,由于"文化大革命"的影响,工业布局不合理,造成局部环境污染。例如在城市中心建立重污染企业,而且基础建设跟不上,城市环境污染问题严重;农业以粮为纲,提出"种田种到山顶,插秧插到湖心"的错误口号,大量开荒,围湖造田,毁林毁牧,严重破坏了生态平衡。同时,因为自1957年以来实行错误的人口政策,我国人口迅速增加,人均资源占有量急剧降低。随着资源需求的迅速加大,环境资源的平均开发速度不断加大,加上不合理的开发及严重浪费现象,整个环境形势日渐恶化,产生了很大的环境压力。

在这样的社会背景下,包括绿地保护立法在内的我国环境保护相关立法并没有受到应有的重视,环境保护立法体系没有形成。但是,国家仍然努力采取相关措施,在一定限度内对环境进行保护。

1952年9月,为使城市建设工作适应国家经济由"恢复向发展"的转变,为大规模经济建设做好准备,中央财政经济委员会召开了新中国成立以来第一次城市建设座谈会,提出城市建设要根据国家长期计划,有计划、有步骤地进行新建或改造,加强规划设计工作,加强统一领导,克服盲目性。会议划定了城市建设的范围,包括11种项目,其中第5项就是关于城市公园和绿地。此后,我国城市建设开始实行统一领导,按规划进行。[①] 1956年全国城市建设工作会议召开,将城市绿化工作重点放在普遍植树上,以增加城市的绿色,逐渐改变城市的气候条件,重点进行街坊绿化。[②] 1958年2月建筑工程部在北京召开第一次全国园林绿化工作会议,强调"植树造林包干到户""城市绿化必须与生产相结合",并提出了绿化与建筑物、构筑物的协调以及苗圃的苗木保障等问题,为我国城市园林绿化工作的开展奠定了基础。1959年12月,建筑工程部在无锡召开第二次全国城市园林绿化工作会议,总结了新中国成立十年来城市绿化工作取得的成绩以及积累的工作经验,并提出对下一步绿化建设的要求。1962年10月6日,中共中央、国务院召开第一次全国城市工作会议,发出《关于当前城市工作若干问题的指示》,决定大中城市的工商业附加税、公用事业附加税和城市房地产税,统一划给市财政保证用于城市共用事业、公共设施以及房屋的维修和保养。规定"公共设施"所包括的项目中,其中第二项就是规定园林绿化设施,并指出"园林绿化设施系指城市公共绿地、公园、动物园、植物园、苗圃,风景区绿地

---

① 中国城市规划执业制度管理委员会编:《城市规划管理与法规》,中国计划出版社2002年版,第88页。

② 韩笑:《我国园林法律规范初探》,河北大学2004年硕士论文。

等设施",有效保障了城市园林绿化建设与养护资金。

　　1963年3月26日,建筑工程部发布《关于城市园林绿化工作的若干规定》。这是新中国成立后第一部对园林绿化工作进行总结和展望的法律文件,对于城市绿化工作的各个环节进行了限制和阐释,并提出了新的观点。该文件属于部门规章性质,是当时指导园林绿化工作的重要法律文件。该《规定》将园林绿化工作分为园林绿地建设与管理、养护维修、园林植物的培育、园林部门的组织管理等几部分,提出"城市园林绿地系统"的概念,并规定"城市的园林部门,应当配合城市规划部门,编好城市绿化规划",建设大型公园要进行功能分区,并强调行政主管部门对于工矿企业和居住区绿化的监督指导作用以及对设计、审批工作的重视。该《规定》要求加强对园林绿地的养护管理及其责任认定,提出应积极使用地被植物以达到"园林绿地的土壤不露天",砍伐树木要经过"一定的审批手续",各城市应制定"树木管理办法";要求设置绿化工程队和修缮队定期对公共绿地及其建筑物和设施进行养护维修,并提出"古树名木"的概念以及重视对名胜古迹和古树名木档案的建设管理;指出"园林部门的组织管理"应重视技术管理、法规建设和科学研究。该《规定》的颁布标志着我国园林绿化工作开始进入规范化轨道,其中的许多制度成为后来我国园林绿化工作法制化的重要内容。

　　1966年下半年至1971年,我国城市建设遭受最严重的破坏。改革开放以后,随着国民经济的恢复与发展,我国的城市建设也步入正轨,城市数量和城市人口不断增加,城市化水平快速增长。1978年3月国务院召开第三次城市工作会议,中共中央批准下发《关于加强城市建设工作的意见》,制定了一系列方针政策,强调了城市在国民经济发展中的重要地位和作用、城市规划工作的重要性以及城市维护和建设资金的保障。1978年12月4日国家建设委员会第三次全国城市园林绿化工作会议在济南召开,并于1979年6月28日由国家城建总局转发了会议通过的《关于加强城市园林绿化工作的意见》。该《意见》赋予城市规划确定的绿化用地以法律效力,并明确规定绿化用地改作他用的申报审批程序,第一次提出了"绿化指标"的概念,以作为评价城市绿化水平的依据;明确指出了园林绿化规划的编制及执行责任以及城市绿化建设和养护维修所需资金的来源;还针对各种破坏行为,提出各城市需制定园林绿化的保护管理办法。此外,此次会议还将全国动物园进行了级别划分,规定各城市在1985年前都要实现苗木自给,敦促各地设立园林科研机构等。该《意见》的通过与实施进一步促进了我国城市绿化工作的法治化进程。

1981年,全国人大五届四次会议决定开展全民义务植树运动,随后五届人大常委会通过决议,确定每年的3月12日为我国植树节,绿化运动开始成为我国重要的群众运动。随着全民义务植树运动的开展,不少城市在整治市容环境的过程中开辟绿地、建设公园;但是随着市场经济的发展,许多商家和个体摊贩都瞄准了人流旺盛的公园、绿地,致使我国原本数量、面积就不能满足需求的公园出现了因片面追求经济收入而忽视自身基本功能发挥的情况。同时,绿地被侵占,造园艺术水平因不能适应社会需求而急需提高。

80年代开始,结合新建、扩建的道路进行绿化,使得各城市的道路绿化水平都得到了提高,并增加了新中国成立初期很少用到的慢长树种、灌木和草坪,同时开始注重美化效果。这一阶段,居住区的绿化也得到迅速发展。

1981年,国家城建总局发出《关于大力开展城市绿化工作的通知》,要求各城市制订"城市绿化建设的近期规划和1981年的实施计划",并提出"城市公共绿地面积1985年争取达到每人平均$4m^2$、城市绿化覆盖率达到30%"的绿化指标发展目标,还要求"对于破坏园林绿化、非法侵占园林绿地的,要按照中央(1978)十三号文件及《中华人民共和国森林法》有关条款,进行严判处理"。

1982年12月3日,城乡建设环境保护部颁发《城市园林绿化管理暂行条例》。该《暂行条例》对园林绿化行政主管部门和人民群众的权利与义务及相关法律责任进行了详细规定。作为园林行业综合性的法律文件,还明确了园林绿化建设的规程及绿地系统的合理结构特征,并在园林绿地的经营管理方面,明确了城市中树木的所有权及所有权人应承担的义务,提出了砍伐树木后缴纳"补偿绿化费"和进行"补植"的办法等方面的规定。

随着旅游事业的开展,许多文物古迹、风景名胜、古典园林陆续修缮开放,国内外游人剧增,但是某些单位不顾实际情况在开放中片面追求经济利益,致使一些文物古迹、风景园林过分拥挤而造成重大人身伤亡事故。为了确保游人安全,保护好文物古迹,古建筑、古树名木等国家财产,国家文物局、城建总局、公安部于1981年2月28日联合发出了《关于认真做好文物古迹、风景园林游览安全的通知》,强调了园林中安全检查的实施,以及严格限制门票售出量的做法。

1982年2月,第四次全国城市园林绿化工作会议在北京召开,通过了

《关于加强城市园林苗圃建设的意见》和《关于加强城市和风景名胜区古树名木保护管理的意见》，并作出《关于全国城市绿化工作会议报告》。《关于加强城市园林苗圃建设的意见》针对城市绿化的苗木供应不足、质量低下问题，对城市园林苗圃的性质进行了限定，即"既是苗木生产基地，又是苗木繁殖、栽培的科学实验和教学实习场所。有条件的苗圃还可以开放，供群众参观"；并首次提出"城市园林苗圃的面积应大体相当于城市建区的 2％～3％，且生产用地不小于苗圃总面积的 80％"，并指出苗圃用地不得侵占。《关于加强城市和风景名胜区古树名木保护管理的意见》分别定义了"古树"和"名木"的保护范围，强调了古树名木的重要文化、科研意义，明确了古树名木的保护规程，以减少施工等对风景名胜区古树名木产生的各种影响。《关于全国城市绿化作会议的报告》首次提出了绿地维护城市"生态平衡"的作用。

1984 年 10 月，城乡建设环境保护部市容园林局在大连召开全国城市草坪及地被植物工作座谈会，形成了《全国城市草坪及地被植被工作座谈会纪要》，充分肯定了草坪的生态、景观功能。1984 年 11 月，国家科学技术委员会通过并发布由城乡建设环境保护部起草的《城市建设技术政策》，其中第十一项为"大力发展城市绿化、建设城市公园"，涉及园林绿化的功能、规划、建设、植物材料以及技术等方方面面的内容，总结了新中国成立以来园林行业的各种经验，针对实际问题提出了相应的建设技术政策。

随着园林事业的复苏，城市动物园的建设步伐也加快了，许多城市都相继建成了动物园，但是鉴于野生动物来源困难、动物的饲养管理和收集等需要的人力、物力、财力比较大，而当时国家还不能提供更多的资金进行动物园建设，因此只能有重点地发展。但是有些城市的动物园出现了盲目追求动物种类齐全的现象，为了加强对动物园的管理，提高技术水平，1985 年 5 月，城乡环境保护部城市建设管理局在成都召开了动物园工作座谈会，形成了《动物园工作座谈会纪要》，指出盲目建设的情况已影响到了动物园的正常工作开展。随后，城乡建设环境保护部发出了《关于动物园申请补充动物及对外交换、出展动物等呈报手续的通知》，针对当时动物园对外交换、赠送、借展动物以及技术交流等活动逐渐增多的情况，为了使各项交流活动有秩序地进行，对有关呈报手续进行了规定。1986 年 11 月，城乡建设环境保护部颁发了第一部园林行业的技术标准，《动物园动物管理技术规程》（CJ12—18），对动物园动物管理中的饲养、卫生、防疫治疗、安全和技术资料档案五部分进行了详细的规定。

1986年10月,城乡建设环境保护部城市建设管理局在湖南省衡阳市召开了全国城市公园工作会议,并颁发《全国城市公园工作会议纪要》,放弃将"以园养园、园林结合生产"等口号作为园林工作的指导方针。同时,针对园林建设中重建筑物和硬质景观而忽视植物造景的状况,规定了公园中主要用地的占地比例。

我国城市建设恢复初期,面临诸多问题,如植树存活率较低、园林绿地被挤占以及资金分配和公园风景区建设中重建筑工程而轻植物造景等,园林绿化建设举步维艰,资金短缺、政出多门等导致不规范行为屡禁不止,在这种情况下,主要通过政策指导园林绿化工作的做法已经难以满足现实的需要,对行业法规的需求日益迫切。

(二)改革开放全面开展后我国城市绿地法规的发展

1. 一般性城市绿地立法的发展

改革开放以来,随着全民义务植树运动的开展、市容环境的整治以及绿地、公园的开辟建设,我国园林绿化工作取得了显著的成就。但是因为以前遗留下来的一些问题,以及市场经济的发展,我国园林绿化工作中的许多问题也显现出来,主要体现在四个方面。

(1)公园绿地被侵占破坏的情况增多。随着市场经济的发展,许多商家和个体摊贩为了追求经济利益,将经营场所渗入人流旺盛的公园、绿地,使我国原本数量、面积就不能满足需求的公园出现了片面追求经济收入而忽视自身基本功能发挥的情况。同时,绿地被侵占,造园艺术水平因不能适应社会需求而急需提高。同时,随着改革开放的深入,城市旧区的基础设施不健全、土地利用率底下、布局混乱、环境恶化等问题日益突出,出现了旧城区功能与环境急剧衰落的现象。经济转轨带动城市的高速发展,在房地产短期高额利润的驱动下,旧城更新对现状的混乱无序多进行彻底否定,而采取一次性大规模推倒重建的方式。部分公园、风景区的安全设施依旧简陋,安全制度不能落实;偷盗扒窃、强买强卖等问题严重;交通事故、火灾等危害游客人身财产安全的事故屡有发生。

(2)动物园出现盲目无序的发展状况。随着园林事业的复苏,城市动物园的建设步伐也加快了,许多城市都相继建成了动物园;但是鉴于野生动物来源困难、动物的饲养管理和收集等需要的人力、物力、财力比较大,而当时国家还不能提供更多的资金进行动物园建设,因此只能有重点地发展。但是有些城市的动物园出现了盲目追求动物种类齐全的现象,为了加强对动物园的管理,提高技术水平,建设部召开了动物园工作会议。

(3)园林管理与技术规范。1982年,城乡建设环境保护部《城市园林绿化管理暂行条例》规定了园林管理行业的某些指标和技术规范,发挥了显著的作用。但是,随着城市企业体制改革的全面铺开,园林行业也开始实行以承包为主要形式的多种经营,某些单位因片面追求经济利益而影响了正常工作的开展,更具体规范的园林管理与技术规范亟待完善。

(4)园林绿化需要进一步规范。空前的城市化进程及城市环境的恶化,使得我国大多数城市已为环境污染、空间拥挤、绿化率低、秩序混乱等严重的城市问题所困扰,城市发展日益面临严峻的生态危机,园林绿地对改善城市环境的重要作用愈来愈为人们所认识。自90年代初开始,我国出现了过度的"城市美化运动",其典型特征是唯视觉形式美而设计,为参观者或观众而美化,唯城市建设决策者或设计者的审美取向为美,强调纪念性与展示性;表现为轴线式的景观大道,大型广场,华丽的装饰,纪念性、符号性建筑,等等。

80年代开始,结合新建、扩建的道路进行绿化,使得各城市的道路绿化水平都得到了提高,并增加了新中国成立初期很少用到的慢长树种、灌木和草坪,同时开始注重美化效果。这一阶段,居住区的绿化也得到迅速发展。

针对前述问题的解决,我国园林政策法规也进入一个新的发展阶段。

第一,针对公园绿地被侵占破坏的情况。城乡建设环境保护部城市建设管理局于1986年10月在湖南省衡阳市召开了全国城市公园工作会议,并颁发《全国城市公园工作会议纪要》。该《会议纪要》指出,随着社会经济的发展和人们物质、文化需求的提高,"以园养园、园林结合生产"等口号不再适合作为园林工作的指导方针。同时,针对园林建设中重建筑物和硬质景观而忽视植物造景的状况,规定了公园中主要用地的占地比例。1990年7月28日,建设部发出《关于进一步加强城建管理监察工作的通知》,指出城市园林行政主管部门可根据执法工作需要,设立监察中队或分队,作为城市园林绿化监察管理的行政执法队伍,以此来监督园林绿化建设活动并保护其成果。1992年5月,国务院办公厅转发了由国家环保局和建设部联合发出的《关于进一步加强城市环境综合整治工作的若干意见》,提出了实现城市环境保护的目标:城市绿化覆盖率提高5%,人均公共绿地面积达到5m²,经济开发区和住宅小区的建设与地面绿化等市政公用配套设施的建设同步进行,建设楼顶花园示范工程,提高城市绿化覆盖率。1993年6月,公安部、建设部联合发出了《关于加强公园、风景区旅游安全管理工作的通知》,指出各公园、风景区应提倡安全、文明旅游;落实各项安全制度,严厉打击违犯罪活动。1994年,建设部发出了《关于检查城市绿化条例执行情况的通知》,指出在经济高速发展的时期忽视、损害环境、侵占城市绿地的情况时有发生,应加强行业管理,严肃违法处罚,严禁侵占绿地,加强占用绿地的审批管理,并按规定办理征用手续。1994年年底,建设部又发布了《关于加强城市绿地和绿化种植保护的规定》,指出一些地方擅自占用绿地、破坏绿化种植的现象屡禁不止,要求"一次占用城市绿地1公顷以上""城市树木大规模更新"应通过一定的审批手续。1994年4月13日,国家技术监督局、建设部、国家旅游局、公安部、劳动部、国家工商行政管理局联合发出《关于发布〈游艺机和游乐设施安全监督管理规定〉的通知》,通知责成各地前述六个管理部门在职责范围内加强"高空、高速以及可能危及人身安全的游艺机和游乐设施"安全监督检查,以杜绝事故的发生,对其设计、生产、销售、采购、安装、验收以及运营和管理等各个环节进行了规范。

除此之外,1989年12月,全国人大通过《中华人民共和国规划法》,与《城市规划法》相对应,国家还颁布实施了一系列相关立法,如《土地管理法》《环境保护法》《房地产管理法》《文物保护法》《城市规划法》等,形成了规范城市土地利用、保护和改善生态环境以及保护历史文化遗产等各方面任务、与园林法规体系关系密切的相关法律。这些法律内容互为补充,相互联系,形成一个严密的法律体系。

第二,针对动物园盲目无序发展的情况,1985年5月,城乡环境保护部城市建设管理局在成都召开了动物园工作座谈会,形成了《动物园工作座谈会纪要》,指出盲目建设的情况已影响到了动物园的正常工作开展。随后,城乡建设环境保护部发出了《关于动物园申请补充动物及对外交换、出展动物等呈报手续的通知》,针对当时动物园对外交换、赠送、借展动物以及技术交流等活动的逐渐增多,为了使各项交流活动有秩序地进行,对有关呈报手续进行了规定。1986年11月,城乡建设环境保护部颁发了第一部园林行业的技术标准,《动物园动物管理技术规程》(CJ12—18)对动物园动物管理中的饲养、卫生、防疫治疗、安全和技术资料档案五部分进行了详细的规定。1992年9月,建设部发布了《关于动物园饲养动物调出管理问题的通知》,针对一些动物园随意向系统外,特别是向某些以盈利为目的单位或个人调出、借出饲养动物,从而影响动物园管理和动物正常展出的现象,明确规定了动物园饲养动物调出的审批程序及原则,防止此种不良现象的发展。1993年,建设部发出了《关于加强动物园野生动物移地保护工作的通知》,指出我国动物园应发展成为具有多种功能的野生动物保护基地,并提出了相应建设措施。1994年8月,建设部颁布了《城市动物园管理规定》,统筹规范动物园的规划、建设、管理和动物保护等项事宜,为动物园的管理工作提供了法律依据。

第三,在园林管理与技术规范方面,尽管《城市园林绿化管理暂行条例》发挥了重要作用,但是由于其中规定的园林管理的许多环节尚没有全国统一的法规规章、标准规范的约束,以及各地法律观念、意识发展的不平衡,授权制定"实施办法"并不能很好地执行该条例,需要园林管理相关配套法规的出台。这些法规包括:①1992年6月建设部发出了《关于发布行业标准〈公园设计规范〉的通知》,通知《公园设计规范》(CJJ48—1992)于1993年1月1日开始施行。《公园设计规范》对于公园设计的内容与公园的规模、公园内各主要用地的比例以及常规设施项目的设置都进行了规定,对于总体设计、地形设计、园路与铺装场地设计、种植设计、建筑物及其他设施设计的程序等内容进行了规范,几乎涉及公园设计中解决的各种问题,填补了园林行业在规划设计编制领域无章可循的空白,为确保园林设计质量提供了依据,在园林绿化规划设计的审批与管理领域尚无相应规章进行规范的阶段,也可作为设计审批的一个依据,以规范园林设计成果。此外,该规范还明确了与相关法律、法规的衔接问题。

②1992年6月《城市绿化条例》颁布,1993年11月,建设部据此颁布《城市绿化规划建设指标的规定》,确定了城市绿化规划指标及其计算公式和发展目标,以及各类用地的绿地率单项指标。其中,"说明"部分指出各城市还应关注绿化的综合生态效益,及其抗污染、抗灾害、抗盐碱、抗风沙等特殊功能等,并将绿地系统综合效益评估作为园林行业法规的一部分确定下来。该规定的制定为构建合理的城市绿地系统提供了科学的数据指标,也为各地的园林绿化行政主管部门审批绿地规划、审定规划指标和建设计划、监督城市绿化各项规划指标的实施等提供了法律保障。

③1995年7月,建设部发出《关于发布行业标准〈风景园林图例图示标准〉的通知》。《风景园林图例图示标准》(CJJ/67—1995)是使园林制图的常用图例图示规范化、提高园林规划设计图的质量和效率的技术规范文件,明

确了风景名胜区与城市绿地系统规划图例、园林绿地规划设计图例、树木形态图示等若干种常用图例图示的表示方法。

④1997年3月,建设部城建司在深圳召开了"全国城市绿地系统生物多样性保护行动计划编制第二次会议",发布了《会议纪要》及《城市绿地系统生物多样性保护行动计划编制提纲》。1997年10月,建设部发出《关于发布行业标准〈城市道路绿化规划与设计规范〉的通知》,通知《城市道路绿化规划与设计规范》(CJJ75—1997)于1998年5月1日开始施行。该规范就道路绿化规划、道路绿带设计、交通岛、广场和停车场绿地设计以及道路绿化与有关设施的协调等问题进行了规定,对进一步发挥道路绿化在改善城市生态环境、丰富城市景观中的作用,避免绿化影响交通的同时保证植物的生存环境,以及提高道路绿化规划设计的水平和规范化方面发挥了重要作用。

⑤根据1992年《城市绿化条例》的规定,城市绿化工程的设计应当委托持有相应资格证书的设计单位承担,城市绿化工程的施工应当委托持有相应资格证书的单位承担。建设部于1995年制定了《城市园林绿化企业资质管理办法》和《城市园林绿化企业资质标准》,明确规定了"城市园林绿化企业"的范围、"资质"审查的内容和程序、对通过审查的企业进行的管理以及一、二、三级企业的划分和各级企业的营业范围,对于加强城市园林绿化市场的管理,保障园林绿化规划设计、建设和管理的质量都起着十分重要的作用。根据上述的部门规章和行业标准,建设部于1997年开始进行首批城市园林绿化一级企业的评定工作,1997年8月发出《建设部关于批准首批城市园林绿化一级企业的通知》,通报了中外园林建设总公司等三个一级企业和上海园林集团公司等七个一级(试行)企业,标志着园林绿化行业的企业资质认定正式走上规范化的道路。

⑥1999年2月,建设部发出《关于发布行业标准〈城市绿化工程施工及验收规范〉的通知》,通知《城市绿化工程施工及验收规范》(CJJ/T82—1999)于1999年8月1日开始施行。该规范规定了绿化施工中具体的工程技术做法和程序,对完善园林绿化行政主管部门行业管理、有效提高绿化工程的水平并保证绿化效益的实现发挥了重要作用。

⑦根据科技进步和园林行业的发展状况,2000年5月,对1989年关于绿化工等六个工种的《工人技术等级标准》按岗位要求进行了修订,并更名为《职业技能岗位标准》。根据修订后的《职业技能岗位标准》,编制了《职业

技能岗位鉴定规范》和《职业技能岗位鉴定试题库》。该标准的出台为园林行业劳动力市场的规范与管理提供了依据,有利于保证园林绿化建设施工的质量。

⑧2002 年 3 月 26 日,建设部发出《关于对城市园林绿化一级资质企业进行年检的通知》,明确了年检范围、内容、时间安排、年检结果及处理意见。年检制度有利于各级城市园林绿化行政主管部门加强对本地企业资质的日常管理。据此,同年 8 月,建设部发出《关于 2002 年度城市园林绿化一级(含试一级)企业资质年检结果的公告》。

⑨2002 年 6 月,建设部发出《关于发布行业标准〈城市绿地分类标准〉的通知》。《城市绿地分类标准》(CJJT/85—2002)明确地将城市绿地划分为五大类,即公园绿地、生产绿地、防护绿地、附属绿地和其他绿地,并将位于"城市建设用地之外,对城市生态、景观和居民休闲生活具有积极作用、绿化环境较好的区域"也纳入"城市绿地"的范畴,对于城郊绿化的广泛开展,建立科学的城市绿地系统起到了引导作用。

⑩2002 年 10 月,建设部发布《建设部关于发布行业标准〈园林基本术语标准〉的公告》,宣布《园林基本术语标准》(CJJ/Tgl—2002),将园林术语分为"基本术语、城市绿地系统、园林规划与设计、园林工程、风景名胜区"五类进行统一并规范其含义。

⑪2002 年 10 月,建设部发布《关于印发〈城市绿地系统规划编制纲要(试行)〉的通知》。该《编制纲要》明确规定了城市绿地系统规划的文本、规划说明书、规划图则、基础资料汇编的内容和深度,有利于加强我国城市绿地系统规划编制的制度化和规范化,确保规划质量。其中的"市域绿地系统规划"和"生物多样性保护与建设规划"章节体现了近年来我国园林绿化事业发展的新趋向、新动态。

⑫2003 年 10 月,建设部发布了国家标准《城市绿地设计通则(试行)》,较之《公园设计规范》(CJJ48—1992)而言,该《通则》中的许多条款内容反映了近年来我国的社会经济发展对园林行业提出的新要求,如尽可能保留、利用绿地范围内原有树木,尽量保留基地原有的天然地形地貌,屋顶绿化应遵循的原则,园林建筑设计要提倡生态化、节能化,不同深度的绿地设计与城市规划的各阶段相衔接,等等。

⑬2017 年,建设部发布《城市绿地分类标准》(CJJT/85—2017)、《园林基本术语标准》(CJJ/Tgl—2017)等技术标准,对 2002 年的技术规范进行了

修订。

这些系统的技术规范的颁布,标志着我国园林绿化工作朝着科学化的道路快速发展,有利于我国园林绿化工作的规范化和科学化发展。

第四,在园林绿化活动的规范化方面,1991年3月,针对北京市一株古树因管理不善而致死亡的情况,建设部发出《关于加强古树名木保护和管理的通知》,提高各地对古树名木保护管理的重视。

随着全民义务植树活动的深入,许多地区自发评选"园林式单位""花园城市"等,与此相适应,1992年12月,建设部发布《建设部关于命名"园林城市"的通知》,表彰了第一批"国家园林城市",1997年8月发布了《园林城市评选标准》,对绿地系统规划的编制与实施情况、绿化指标的实现、各类绿地的建设情况、义务植树任务的完成情况和行政主管部门的工作情况均作出规定,也反映了园林绿化建设新发展,如城市绿地系统同国土绿化紧密联系,园林绿地应促成城市气流的良性循环,促使物种多样性趋于丰富,使用遥感技术鉴定核实各项园林绿化指标的逐年变化,逐步推行按绿地生物量考核绿地质量的方法,园林绿地应使城市热岛效应得到缓解,等等。1992年我国签署《生物多样性公约》,1994年我国根据联合国环境与发展大会要求颁布《中国21世纪议程》,对我国的建设和发展提出了实现生物多样性保护、环境保护、可持续发展等目标。

1992年5月,建设部发布《城市绿化当前产业政策实施办法》,将园林行业纳入国民经济和社会发展计划,作为重要产业引导和全面发展,以扭转个别园林部门片面重视经济效益的状况,全面发挥园林行业的综合效益。该《办法》强调了我国《宪法》《森林法》《环境保护法》《城市规划法》和其他法律法规关于城市园林绿化建设、保护绿地和树木等方面的规定,强调了城市园林绿化在国民经济和社会发展中的重要法律地位。

1992年6月国务院颁布《城市绿化条例》。这是我国第一部直接对城市绿化事业进行全面规定和管理的行政法规。该《条例》针对我国城市绿化管理的实际情况,对规划、建设、养护、管理等各个方面作出较为详细的规定,将城市绿化工作纳入法制化的轨道。

2000年9月,建设部发出《关于印发城市古树名木保护管理办法的通知》,作为对1991年发出《关于加强古树名木保护和管理的通知》的补充,明确规定了古树名木的等级确认、养护管理责任人、养护管理等费用的来源、死亡确认和登记以及一些具体的保护管理措施和违反规定应承担的责任,也是对《城市绿化条例》第 25 条和第 27 条的必要补充。

2001 年 5 月国务院（国发［2001 2J0］号）文件《关于加强城市绿化建设的通知》指出城市绿化工作应以加强城市生态环境建设、创造良好的人居环境、促进城市可持续发展为指导思想，坚持政府组织、群众参与、统一规划、因地制宜、讲求实效的原则，建立以种植树木为主、努力建成总量适宜、分布合理、植物多样、景观优美的城市绿地系统。该《通知》同时提出，要大力推进城郊绿化，特别是在特大城市和风沙侵害严重的城市周围形成较大的绿化隔离林带，在城市功能分区的交界处建设绿化隔离带，初步形成城郊一体的城市绿化体系。该《通知》还指出，为保证城市绿化用地，在城市规划区周围根据城市总体规划和土地利用规划建设绿化隔离林带，其用地涉及的耕地，可以视作农业生产结构调整用地，不作为耕地减少进行考核。为加快城郊绿化，应鼓励和支持农民调整农业结构，也可采取地方政府补助的办法建设苗圃、公园、运动绿地、经济林和生态林等。切实搞好城市建成区的绿化，要结合产业结构调整和城市环境综合整治，迁出有污染的企业，增加绿化用地；建成区内闲置的土地要限期绿化；对依法收回的土地要优先用于城市绿化；地方各级人民政府要对城市内的违章建筑进行集中清理整顿，限期拆除，拆除建筑物后腾出的土地尽可能用于绿化。[①]

2002 年 9 月，建设部第 112 号令发布了《城市绿线管理办法》，明确了绿线的含义，规定了城市规划的总体规划、控制性详细规划、修建性详细规划阶段城市绿地系统规划应达到的深度以及绿线的划定，第一次明确了城市绿地系统规划与城市规划的衔接，将城市绿线的审批、调整纳入法律化、制度化的轨道，强化了对绿线范围内城市绿化用地的法律保护，真正将城市绿地与其他类型的城市建设用地放到了同等重要的位置上，使它们受到同样的法律保护，结束了城市绿化建设只能见缝插针、查漏补缺的局面，标志着我国园林绿化行业的法治化建设向前迈进了一大步。

2. 地方性园林绿化立法的发展（以北京市为例）

北京市于 1990 年 4 月发布《北京市城市绿化条例》，2002 年 5 月发布《〈北京市城市绿化条例〉罚款处罚办法》。《北京市城市绿化条例》较之我国的《城市绿化条例》早一年颁布实施，其内容条款和基本框架与后者基本相符，只是在条文中明确了一些具体园林行为规范的制定责任，如第 13 条指

---

① 　韩笑：《我国园林法律规范初探》，河北大学 2004 年硕士论文。

出,各项建设工程的绿化用地所占比例,由市城市规划管理局和市园林局制定,报市人民政府批准执行。第 16 条规定绿化补偿费标准和收缴办法,由市人民政府制定。第 19 条规定城市绿化建设工程的设计方案,由城市规划管理部门审批。其他公共绿地和城市道路绿化的设计方案,由城市绿化管理部门审批。此外,该条例制定的时候,对城市大规模的改造以及迅速发展的城市商业、旅游业带给城市正负两方面的影响有所估计,对可能出现的问题有一定预见,从而较为全面地制定了各类建设工程的绿化用地比例。

1998 年 12 月,北京市人民政府第 19 号令根据《北京市城市绿化条例》,授权颁布了《北京市绿化补偿费缴纳办法》,规定绿化补偿费缴纳办法和标准。1999 年 1 月,北京市城市规划管理局、北京市园林局共同发布了《北京市建设工程绿化用地面积比例实施办法》,根据《城市绿化规划建设指标的规定》《北京市城市绿化条例》的规定,明确了各类建设工程绿化用地的比例及计算方式,对于附属绿地的建设、绿地系统规划的编制与管理都提供了地方法律依据。作为对于绿化用地面积达不到标准又确需进行建设的工程的一种补救措施,以督促各建设工程绿化标准的实现。

2002 年 4 月,北京市园林局公布了《北京市城市绿化建设工程规划设计方案审批(审核)申报办法》,明确规定各级别城市绿化建设工程规划设计方案的送审单位、申报材料的报送,以及各类设计图纸应符合《风景园林图例图示标准》。这一规章有助于园林行政主管部门对绿化工程在设计环节进行监督管理,以便使相关的法规落到实处,但遗憾的是并没有规定具体的审批程序和审批所依据的标准。

居住区的环境质量与城市居民关系密切,居住区绿地与其他类型的绿地有着功能上的明显差异,为加强对北京地区居住区绿地设计质量技术指导和监督,提高北京地区城市居住区绿化设计质量和水平,2003 年 9 月北京市发布地方标准《居住区绿地设计规范》(DB11fr214—2003),规定了居住区绿地规划原则,居住区绿地设计一般要求,开放式绿地设计、封闭式绿地设计、居住区道路和停车场绿化设计的方法,同时为居住区绿地设计的审批提供了依据。针对北京地区城市绿地内地下设施覆土绿化日益增多的情况,为减少地下设施对绿地功能、效益的影响,北京市园林局、北京市质量技术监督局于 2003 年 12 月印发了《北京地区地下设施覆土绿化指导书》,对地下设施覆土绿化提出了一些技术指导措施,以保障绿化的效果,应作为设计、施工和工程验收环节的标准来遵循。与此相关,北京市园林局、北京市规划委员会于 2002 年 9 月发布了《关于贯彻北京市建设工程绿化用地面积比例实施办法的补充规定的通知》，就建设工程中地下设施覆土绿化、屋顶绿化的绿地面积计算原则等问题进行了规定。随着绿化形式的逐渐增多，地方性法规往往率先提出相应的管理办法。

　　具体而言，北京市园林绿化法规涉及的内容主要包括如下方面：

　　（1）园林绿化施工与养护环节的相关规定

　　2003 年 9 月 20 日北京市颁布了一系列相关地方标准，这些标准包括：①《城市园林绿化养护管理标准》北京市地方标准（DlBlT/213－2003），规定了园林绿化中植物的养护管理规范以及检查验收标准，为检查和监督园林绿化的实施水平和维护水平提供了依据。②《城市园林绿化工程施工及验收规范》北京市地方标准（DB11/T212－2003）。该标准是依据《城市绿化工程施工及验收规范》编制的，参照了《北京地区城市屋顶绿化指导书》《北京地区地下设施覆土绿化指导书》的有关内容。③《城市园林绿化用植物材料木本苗》北京市地方标准（DB11/T211－2003）。该标准是依据《城市绿化和园林绿化用植物材料木本苗》编制的，规定了北京市用于城市园林绿化露地栽植苗木的规格、质量、检验、验收以及标志、掘苗、包装、运输与假植等基本技术要求，并指出北京城市园林绿化露地栽植苗木树种应参照《北京市区城市绿地植物规划》的具体要求选择应用。另外，2003 年 4 月《北京市园林局关于加强批后移伐树木工作的有关规定的通知》规定为加强园林行政主管部门对树木移植的管理，实行树木移植许可证制度，要求移伐树木工作的施工现场公示许可证。2004 年 3 月《北京市园林局关于进一步抓好树木移伐管理工作的紧急通知》为加强在各项城市建设中对移伐树木的严格控制和科学管理，明确规定了移伐树木的准许作业时间和审批程序。

　　（2）园林绿化管理与维护环节的相关规定

　　公园作为城市绿地系统的重要组成部分，其建设和管理水平在很大程度上决定了城市绿地整体效益的发挥。2002 年 10 月 17 日发布的《北京市公园条例》规定了公园事业发展、公园的建设与保护、管理与服务、法律责任等各项事宜。其中第 32 条和第 39 条分别就历史名园内文物建筑的维护、修缮工作及其周边建设控制地带内的建筑控制标准进行了规定。2003 年 4 月颁发的《北京市园林局关于本市公园分级分类管理办法（暂行）》指出园林行政主管部门将通过"北京市公园注册登记申请书"制度，实施对公园的管理。

1995年1月,北京市园林局发出《古树移植管理工作通知》,明确了古树移植管理的法定程序,以及移植古树前需报园林局审核备案的文件资料。1998年8月颁布的《北京市古树名木保护管理条例》明确了古树名木的责任人,以及在城市规划、建设各阶段应采取的关注、保护措施及保护规程。

1995年1月,由于尚处于园林绿化行政主管部门负责统一进行绿化建设的阶段,北京市市政管理委员会颁布《新建住宅区绿化建设费征收使用管理规定》,指出新建住宅区均应按照《北京市人民政府办公厅转发市市政管委关于修改新建住宅区绿化建设费标准请示的通知》的要求和标准交纳新建住宅区绿化建设费。到2003年3月颁布《居住小区绿化管理标准》时,北京市的园林行业已经贯彻实施"管养分离、作业开放"等经营管理模式,园林行政主管部门的职能也由经营向管理转化。该《标准》提出应按《北京市城市绿化条例》的规定配建绿地、按《居住小区绿化美化标准》施工、按《北京市人民政府关于新建居住区公共设施配套建设的规定》进行养护管理,统一规范居住小区绿化管理标准。

为了解决绿地养护管理资金不足的问题,提高社会各界的爱绿、护绿意识,园林绿化行政主管部门决定面向社会开展绿地认养活动。在认养初期,管理部门将绿地认养的动力归结于朴素的社会公益意识。1998年10月在《关于在全市开展绿地认养活动的意见》中指出,认养单位和个人不得以任何理由在其认养的绿地内增加建筑物、构筑物,不得改变绿地性质和功能,也不能进行任何形式的广告宣传。但到1999年1月颁布《关于绿地认养工作中几个具体问题处理意见的通知》时,对广告宣传等行为进行了限定,而不是禁止,成为对各方利益权衡下,不影响绿地主要效益发挥的选择。

2001年9月,北京市人民政府办公厅发出《关于在本市城市建设中加强树木保护的紧急通知》。以此对在城市建设中,特别是在市政道路建设和成片危旧房改造中,一些单位擅自伐移、少报多伐树木或未对古树、大树采取严格保护措施的行为进行处罚。

(3)园林绿化行业管理领域颁布的地方性法规、规章

1999年1月,北京市颁布实施《城市园林绿化施工企业资质管理办法》细则,以及《城市园林绿化企业资质管理办法》的实施细则。该《细则》明确了城市园林绿化行政主管部门对各级资质企业进行的管理,以及各级企业应履行的义务、承担的责任。

（4）园林绿化行政主管部门负责的行政审批、审核事项

此外，目前北京市园林局负责管理的有：移伐树木审批、建设项目绿地率审核、园林技术职称申报、园林绿化企业资质申请。其中审批项目为"10株（含10株）以内城市树木砍伐或移植审批""城市绿化建设工程规划设计方案审批"；核准项目有"城市园林绿化二级以下（含二级）企业资质核准"；审核项目有"绿化补偿费审核""城市园林绿化一级企业资质审核""权限内古树名木移植审核""单位（或项目）建设需占用公共绿地、单位专用绿地，因建筑或市政工程需砍伐（移植）树木10株以上事项审核""风景林工程专业设计资质审核""审查建设项目绿地规划方案审核"。

上述北京市园林法规均是对国家园林法规的深化和具体化，由于地方性法规和规章针对性较强，更有利于分析解决实际问题，因而成为对国家园林法规体系的有力补充。

（三）园林绿化配套性法律的发展

《环境保护法》中的"环境"定义涵盖面非常广，与建设行业相关的条款主要有以下规定，即第2条：本法所称环境，是指影响人类生存和发展的各种天然的和经过人工改造的自然因素的总体，包括大气、水、海洋、土地、矿藏、森林、草原、野生生物、自然遗迹、人文遗迹、自然保护区、风景名胜区、城市和乡村等。第17条：各级人民政府对具有代表性的各种类型的自然生态系统区域，珍惜、濒危的野生动植物分布区域，重要的水源涵养区域，具有重大科学文化价值的地质构造、著名的溶洞和化石分布区、冰川、火山、温泉等自然遗迹，以及人文遗迹、古树名木，应当采取措施加以保护，严禁破坏。第18条：在国务院、国务院有关主管部门和省、自治区、直辖市人民政府划定的风景名胜区、自然保护区和其他需要特别保护的区域内，不得建设污染环境的工业生产设施；建设其他设施，其污染物排放不得超过规定的排放标准。已经建成的设施，其污染物排放超过规定的排放标准的，限期治理。第22条：规定城市规划，应当确定保护和改善环境的目标。第23条：城乡建设应当结合当地自然环境的特点，保护植被、水域和自然景观，加强城市园林、绿地和风景名胜区的建立。

可见，城乡建设中受保护的"环境"多以城市园林绿地为载体，植被、水域、自然景观等自然环境，自然生态系统区域，自然遗迹，人文遗迹和古树名木等等，随着园林事业的发展，都将成为绿地系统应囊括并加以保护的区域。城市的园林绿化建设始终倡导对自然环境的保护与利用，对城市生态

环境的改善;随着城乡一体化的发展,城市绿地系统规划的范围由城市建设区扩大到郊区,并以此带动乡镇的绿化美化,以及更大区域范围内的环境保护。《城市绿化条例》第1条明确了城市园林绿化的宗旨:"促进城市绿化事业的发展,改善生态环境,美化生活环境,增进人民身心的健康。"第10条指出了"城市绿化规划"的原则,即"应当依据当地的特点,利用原有的地形、地貌、水体、植被和历史文化遗址等自然、人文条件,以方便群众为原则",合理设置各类绿地。

随着园林绿化事业的发展,公园绿地成为生物多样性保护的媒介和对象,绿线的控制使这些"环境"得以存留下来而免受开发建设的干扰和影响,纳入绿地系统规划成为保护环境的一个重要手段,而绿地系统的建设也肩负起保护环境的重任。因此,园林绿化以"保护和改善生活、生态环境"为立法的原则,将这一价值观引入建设领域,与其他利益关系进行协调,将建设引向更理智的发展方向,为绿化留下最富有生态价值的空间,以便更有力地保护环境。

综上可见,我国城市绿地保护立法历史悠久。中国古代自然保护思想及立法与我国当代生态环境保护相关立法一脉相承,对我国当代立法具有启发和借鉴意义。我国近代绿地保护立法受时代限制,并未对我国生态环境保护发挥真正的作用,但也表明了我国近代已经学习西方生态环境保护思想和法律制度,对现代法律制度的构建是有一种承接过渡的效果。新中国成立之前,中国共产党在解放区保护环境的政策和制度是新中国解放之初保护环境政策的前奏和准备,具有积极作用。新中国成立后,我国城市园林绿化等环境保护事项受到了国家的重视,但是错误思想和政治运动,导致我国园林绿化等环境保护政策和法律无法实施,同时也对我国环境带来了严重的灾难。改革开放之后,通过拨乱反正,我国环境保护进入法治轨道,我国一系列相关政策和法律陆续出台,对包括园林绿化在内的我国环境保护发挥了重要作用。这些政策和法律规范数量多,内容繁杂,形式多样,在各级各地区发挥着重要作用。但是,就城市绿地保护而言,这些法律规范中,专门性的立法并不多见,而且立法的内容在体现地方特色上仍显不足,其建立的各项制度仍有进一步完善的空间。

第二节　中国城市绿地保护立法体系

随着现代化的发展,城市绿地保护立法受到越来越广泛的重视,无论是世界范围的国际立法,还是一国国内法,甚至一国的各级地方立法,均有涉及绿地保护的规定。这些立法,从狭义上看,主要是指人们在规划、建设、管理及保护城市绿地中所产生的社会关系的法律规范的总称,主要体现在国务院《城市绿化条例》及相关法规、规章以及地方各省市绿化条例及相关规定中关于城市绿地的规定。从广义上看,这些绿地立法还包括宪法、法律、行政法规、地方性法规、规章中有关城市绿地的规范内容,是泛指调整人们在城市绿化活动中产生的社会关系的法律规范总和。这些各级不同的立法构成了一个广泛的城市绿地保护体系。

一、国际公约和全国性法律及规范

(一)国际公约

地球是一个完整巨大的生态系统,任何一个国家或地区生态环境的恶化必然影响全球。国际社会对生态环境问题的认识经历了一个长期的发展过程。20 世纪 60 年代以来,一系列环境问题事件造成了生态环境的严重恶化,引起各国政府的普遍重视。1972 年联合国人类环境会议于瑞典首都斯德哥尔摩召开并通过了《人类环境宣言》,提出保护和改善人类环境是关系到全世界各国人民的幸福和经济发展的重要问题。1992 年联合国环境与发展大会在巴西里约热内卢召开,通过了《里约环境与发展宣言》,提出了可持续发展的基本原则,指出经济和社会发展不能超越资源和环境的承载能力,可持续发展应以自然资源为基础同生态环境相协调。此后国际社会也缔结了一系列条约,形成了有关生态环境国际法保护的法律制度。这些法律制度中有一些涉及绿地保护,对加入国具有法律效力。我国积极参加国际环境保护活动,也批准加入了其中一些重要的公约,如《濒危野生动植物种国际贸易公约》(1981 年对我国生效)、《保护世界文化和自然遗产公约》(1986 年对我国生效)、《关于环境与发展的里约热内卢宣言》(1992 年)、《关于特别是作为水禽栖息地的国际重要湿地公约》(1992 年对我国生效)、《生物多样性公约》(1993 年对我国生效)、《生物安全议定书》(2000 对我国生效)、《亚洲和太平洋区域植物保护协定》(2005 年对我国生效)等。这些公约中的绿地保护相关制度是我国绿地保护法律制度的组成部分。

例如《濒危野生动植物种国际贸易公约》在序言中称:"许多美丽的、种类繁多的野生动物和植物是地球自然系统中无可代替的一部分,为了我们这一代的今后世世代代,必须加以保护;从美学、科学、文化、娱乐和经济观点看,野生动植物的价值都在日益增长;各国人民和国家是,而且应该是本国野生动植物的最好保护者;为了保护某些野生动物和植物物种不至于由于国际贸易而遭到过度开发利用,进行国际合作是必要的……"公约还规定对濒危野生动植物种国际贸易的管理和控制措施。《保护世界文化和自然遗产公约》保护的对象"文化遗产"包括古迹、建筑群以及遗址等。"自然遗产"包括"从审美或科学角度看具有突出的普遍价值的由物质和生物结构或这类结构群组成的自然景观;从科学或保护角度看具有突出的普遍价值的地质和地文结构以及明确划为受到威胁的动物和植物生境区;从科学、保存或自然美角度看具有突出的普遍价值的天然名胜或明确划分的自然区域。"由此可见,前述城市绿地在该公约的保护范围内,公约规定了参加国在保护文化遗产和自然遗产上的责任和对国际的义务,[①]等等。这些公约中涉及绿地保护的规则应为加入国所遵守,并成为绿地保护法规的组成部分。我国园林绿化部门在进行绿地建设和养护管理时,对于我国参加的上述公约应予遵守。

(二)全国性法律及规范

1. 法律

我国城市绿地保护立法应以我国宪法和相关法律为依据。我国《宪法》第 26 条规定:"国家保护和改善生活环境和生态环境,防止污染和其他公害。"第 9 条规定:"国家保障自然资源的合理利用,保护珍贵的动物和植物。禁止任何组织或者个人用任何手段侵占或者破坏自然资源。"这将环境保护纳入国家根本大法的保护范畴。2018 年我国《宪法》修正案更是强调我国"推动物质文明、政治文明、精神文明、社会文明、生态文明协调发展""把我国建设成为富强民主文明和谐美丽的社会主义现代化强国,实现中华民族伟大复兴",按照"(六)领导和管理经济工作和城乡建设、生态文明建设""推动构建人类命运共同体"等要求,将生态环境保护作为我国基本国策之一,

---

① 王秉洛:《城市绿地系统生物多样性保护的特点和任务》,载《中国园林》1998 年第 2 期。

我国城市绿地保护具有更明确的宪法保障。

同时,我国自改革开放以来,十分注重环境保护,并逐步制定相关基本法,从而形成了较为完善的环境保护法律体系,如《环境保护法》(2014年修订)、《城乡规划法》(2008年)、《土地管理法》(2004年修订)、《农村土地承包法》(2009年修订)、《水土保持法》(2010年修订)、《环境影响评价法》(2003年)、《森林法》(2009年修订)、《水污染防治法》(2008年修订)、《行政许可法》(2003年)、《治安管理处罚法》(2005年)以及《刑法》(2015年修订)等均有专门或相关的环境保护规定,其中也适用于城市绿地保护。

《环境保护法》是我国环境保护的基本法,我国城市绿地保护立法属于环境保护法律体系的范畴,我国城市绿地规划、建设、管理以及保护等活动应该遵守该基本法。同时《环境保护法》还就绿地作了较有针对性的规定,如该法第35条规定:"城乡建设应当结合当地自然环境的特点,保护植被、水域和自然景观,加强城市园林、绿地和风景名胜区的建设与管理。"第29条规定:"国家在重点生态功能区、生态环境敏感区和脆弱区等区域划定生态保护红线,实行严格保护。各级人民政府对具有代表性的各种类型的自然生态系统区域,珍稀、濒危的野生动植物自然分布区域,重要的水源涵养区域,具有重大科学文化价值的地质构造、著名溶洞和化石分布区、冰川、火山、温泉等自然遗迹,以及人文遗迹、古树名木,应当采取措施予以保护,严禁破坏。"

《城乡规划法》第17条规定:"城市总体规划、镇总体规划的内容应当包括:城市、镇的发展布局,功能分区,用地布局,综合交通体系,禁止、限制和适宜建设的地域范围,各类专项规划等。规划区范围、规划区内建设用地规模、基础设施和公共服务设施用地、水源地和水系、基本农田和绿化用地、环境保护、自然与历史文化遗产保护以及防灾减灾等内容,应当作为城市总体规划、镇总体规划的强制性内容。城市总体规划、镇总体规划的规划期限一般为二十年。城市总体规划还应当对城市更长远的发展作出预测性安排。"第35条规定:"城乡规划确定的铁路、公路、港口、机场、道路、绿地、输配电设施及输电线路走廊、通信设施、广播电视设施、管道设施、河道、水库、水源地、自然保护区、防汛通道、消防通道、核电站、垃圾填埋场及焚烧厂、污水处理厂和公共服务设施的用地以及其他需要依法保护的用地,禁止擅自改变用途。"

城市绿地是城市土地的重要组成部分,其规划、建设及变更等应遵守

《土地管理法》关于土地利用的相关规定。位于集体土地范围内的绿地应遵守《农村土地承包法》的规定,绿地范围内的土壤与水体应遵守《水土保持法》和《水污染防治法》的规定,作为绿地组成部分的森林也要遵守《森林法》的规定。同时,对于城市绿地的管理和相关行政行为需要依据《环境影响评价法》《行政许可法》进行,对于违反城市绿地保护的行为,则要依据《治安管理处罚法》进行制裁。

因此,国家立法的相关规定是行政法规、部门规章以及规范性文件的依据,也是地方性立法的依据。国家立法的原则性和抽象性需要行政性法律来实施,需要地方性立法来落实和细化。尽管不具有明确的针对性,但国家相关立法规定毫无疑问是我国绿地保护相关立法的重要内容。

2. 行政法规与部门规章

正是因为我国宪法和法律规定的抽象性和原则性,需要行政法规和部门规章规定更具体的实施规则和制度。改革开放以来,我国城市绿地保护相关行政法规和部门规章立法日益完善,涉及绿化、自然保护区、古树名木、植物、森林、湿地、道路以及公园等诸多绿地组成部分的保护,以及绿地行政管理活动规范化问题,前者如《城市绿化条例》(2017年修订)、《城市绿线管理办法》(2002年)、《城市生活垃圾管理办法》(1993年)、《城市古树名木保护管理办法》(2000年)、《城市建筑垃圾管理规定》(2005年)、《国家城市湿地公园管理办法(试行)》(2005年)、《国家重点公园管理办法(试行)》(2006年)、《风景名胜区条例》(2006年)、《历史文化名城名镇名村保护条例》(2008年)、《市政公用设施抗灾设防管理规定》(2008年)、《城市道路管理条例》(2011年修订)、《城市市容和环境卫生管理条例》(2011年修订)、《自然保护区条例》(2013年修订)、《植物新品种保护条例》(2013年修订)、《湿地保护管理规定》(2013年)、《城镇排水与污水处理条例》(2014年)等,后者如《规划环境影响评价条例》(2009年)、《政府信息公开条例》(2008年)、《住房城乡建设行政复议办法》(2015年)等。这些法规与规章中,前一个部分中有直接与绿地保护相关的,如《城市绿化条例》《城市绿线管理办法》《城市古树名木保护管理办法》《国家城市湿地公园管理办法》《国家重点公园管理办法》等,也有与绿地保护中某一方面的规定相关的,如《城市生活垃圾管理办法》关系绿地保护的禁止措施中禁止违法向绿地倾倒垃圾,《城市道路管理条例》涉及行道树的规范等。

《城市绿化条例》规定了其立法目的是促进城市绿化事业的发展,改善生态环境,美化生活环境,增进人民身心健康;适用范围为城市规划区内种植和养护树木花草等城市绿化的规划、建设、保护和管理。城市绿化工作的主体包括:(1)城市人民政府应当把城市绿化建设纳入国民经济和社会发展计划。(2)国务院设立全国绿化委员会,统一组织领导全国城乡绿化工作,其办公室设在国务院林业行政主管部门。(3)国务院城市建设行政主管部门和国务院林业行政主管部门等,按照国务院规定的职权划分,负责全国城市绿化工作。(4)省、自治区、直辖市人民政府根据本地实际情况规定地方绿化管理体制。(5)城市人民政府城市绿化行政主管部门主管本行政区域内城市规划区的城市绿化工作,由林业行政主管部门等管理的绿化工作,依照有关法律、法规执行。该条例还规定了各主体在城市绿化规划、建设、保护和管理中的职责和权力以及违反规定应受到的处罚。

《城市绿线管理办法》规定了城市绿线的划定和监督管理制度。该办法规定国务院负责全国城市绿线管理工作,地方各级人民政府建设行政主管部门负责管辖区域的城市绿线管理工作。该办法主要规定了城市绿地规划和使用两个方面的内容。(1)对于城市绿地规划,该办法规定,规划、园林绿化行政主管部门,应当密切合作,组织编制城市绿地系统规划。城市绿地系统规划是城市总体规划的组成部分,应当确定城市绿化目标和布局,规定城市各类绿地的控制原则,按照规定标准确定绿化用地面积,分层次合理布局公共绿地,确定防护绿地、大型公共绿地等的绿线。城市绿线范围内的公共绿地、防护绿地、生产绿地、居住区绿地、单位附属绿地、道路绿地、风景林地等,必须按照《城市用地分类与规划建设用地标准》《公园设计规范》等标准,进行绿地建设。居住区绿化、单位绿化及各类建设项目的配套绿化都要达到《城市绿化规划建设指标的规定》的标准。各类建设工程要与其配套的绿化工程同步设计,同步施工,同步验收。达不到规定标准的,不得投入使用。(2)对于城市绿地的使用,该办法规定,城市绿线内的用地,不得改作他用,不得违反法律法规、强制性标准以及批准的规划进行开发建设。有关部门不得违反规定,批准在城市绿线范围内进行建设。因建设或者其他特殊情况,需要临时占用城市绿线内用地的,必须依法办理相关审批手续。在城市绿线范围内,不符合规划要求的建筑物、构筑物及其他设施应当限期迁出。任何单位和个人不得在城市绿地范围内进行拦河截溪、取土采石、设置垃圾堆场、排放污水以及其他对生态环境构成破坏的活动。近期不进行绿化建设的规划绿地范围内的建设活动,应当进行生态环境影响分析,并按照《城市规划法》的规定,予以严格控制。该办法也明确了违反规定的处罚措施。

总之,这些行政法规和部门规章明确规定了城市绿地保护的相关规则,是我国绿地保护立法最重要的组成部分之一。这些法规和规章是地方行政规章的依据,是我国绿地保护行政管理部门必须遵守的行为规则,有利于我国城市绿地的保护。

3. 国家规范性文件

除了前述行政法规和部门规章,国务院和有关部门也根据我国绿地保护需要以及国家环境政策的要求,制定了不少规范性文件,以指导我国城市绿地保护工作。这些规范性文件有一些是因为国家立法没有规定,相关行政法规或部门规章还没有出台,而当时的形势发展急需政策指导而制定出来的,如《全国生态环境保护纲要》(2000年)、《国务院关于加强城市绿化建设的通知》(2001年)、《关于加强城市生物多样性保护工作的通知》(2002年)、《关于建设节约型城市园林绿化的意见》(2007年)、《关于加强城市绿地系统建设提高城市防灾避险能力的意见》(2008年)、《关于进一步加强动物园管理的意见》(2010年)、《住房城乡建设部关于促进城市园林绿化事业健康发展的指导意见》(2012年)、《国家林业局、住房城乡建设部、中国科学院关于加强植物园植物物种资源迁地保护工作的指导意见》(2012年)、《住房城乡建设部印发关于进一步加强公园建设管理的意见的通知》(2013年)等。有些是针对城市绿地的专业性工作作出的指导,作为技术性规范予以颁布,要求相关部门予以遵守,从而促进绿地保护工作的规范性进行,如《城市绿化规划建设指标的规定》(1993年)、《城市绿化工程施工及验收规范》(1999年)、《城市绿地系统规划编制纲要(试行)》(2002年)、《城市湿地公园规划设计技术导则(试行)》(2005年)、《城市规划编制办法》(2005年)、《城市园林绿化企业资质等级标准》(2009年修订)等。这些规范性文件作为我国城市绿地保护的辅助性立法,为城市绿地保护工作发挥了应有的作用。

因此,城市园林绿化是一项涉及多部门、多行业、多技术的综合性建设行为,其开展初期受到城市规划的影响,建设过程涉及土地、建筑、道路、河道等范围,后期又涉及养护、管理等部门,城市园林绿化往往需要结合各部门的其他法律法规,这种由主干法与配套法联合形成的架构,即法规的“横向结构”。在城市园林绿化中涉及的配套法规,如规划阶段的《城市规划法》《土地管理方法》《环境保护法》《文物保护法》等相关法律规定,建设阶段如《行政许可法》《植物检疫条例》《建筑法》《建设工程质量管理条例》等规定,管理阶段如《城市房地产管理法》《野生植物保护条例》等,此外,一般行政法规的通用法律,如行政诉讼法、行政处罚法和国家赔偿法等用以调节一般行政关系的法律法规也都对城市园林绿化具有直接规范作用。各类相关法律与主干法相辅相成,共同促进城市园林绿化建设的顺利、高效开展。

二、地方性立法及地方政府规章

《城市绿化条例》是城市园林绿化建设的基本法、根本法,但是行政法规作为一个全国性的法律规章,虽然较为详细地制定了我国城市园林绿化的规范要求,但面对我国复杂的各地区社会环境,显然不可能做到全面细化、一致化,因此,该《条例》第 7 条第 3 款规定:地方绿化管理体制,由省、自治区、直辖市人民命政府根据本地实际情况规定。

地方性法规由省、自治区、直辖市和较大的市的人民代表大会及其常务委员会根据本行政区域的具体情况和实际需要,法定权限内制定发布的适用于本地区的规范性法律文件。我国地方国家机关所制定的主要的规范性文件,从内容上来看,大体上分为实施法律、行政法规而发布的实施细则;结合本地区实际情况根据国家的政策而制定的规范性文件;就本地区的某些特殊需要而制定的专门规范性文件。

《城市绿化条例》作为城市绿化建设的主干法出台后,全国各地区根据自身条件及发展前景纷纷出台各市区《绿化管理条例》《绿化管理办法》等实施细则,使城市园林绿化建设得以进行更具体的实施和操作,地方性法规的全面出台,标志着城市园林绿化真正走上全面法治化建设管理之路。

在宪法法律行政法规地方性规章四层法律结构外,还有一个重要的法律形式,即规章。规章根据制定机关的不同,可以分为两类:一是根据《立法法》的规定,由国务院各部、委员会、中国人民银行、审计署和具有管理职能的直属机构,根据法律和国务院的行政法规、决定、命令,在本部门的权限范围内,制定的规范性文件,总称为部门规章。部门规章规定的事项应当属于执行法律或者国务院的行政法规、决定、命令的事项,一般在全国范围内有效。二是根据《立法法》的规定,由省、直辖市人民政府和较大的市的人民政府,根据法律、行政法规和本省、自治区、直辖市的地方性法规制定的规范性文件,总称为地方政府规章。地方政府规章仅在本地方有效。

在园林法规体系内的部门规章如《城市绿线管理办法》《城市绿化规划建设指标的规定》均为国家建设部发布实施,以全国为范围,制定城市绿化总规范,其法律效力低于《城市绿化条例》而高于各地方性法规。地方性规章如《浙江省绿化管理办法》《宁波市绿地等级标准》等,是由地方政府依法制定,其效力低于部门规章,且仅在本地方有效。

园林法规根据从中央立法主体到地方立法主体逐一创立,由宪法制定基本制度和根本任务,由法律在此基础上规定一方面的最基本问题,行政法规则根据宪法和法律的规定制定规范性文件,而各地依据实际情况并且在不违背宪法、法律、行政法规的基础上制定的地方性法规,贯彻和落实上级法规要求,这是从"纵向结构"来分析的法律体系。

从广泛性和效力上看,全国性立法较之地方立法更具有重要性和普遍性。但是,在遵守我国城市绿地保护全国性立法的基础上,具体的措施和符合地方特色的制度还需要在地方立法中确立。正如其他环境保护领域一样,全国性立法的抽象性、原则性等特征使之在适用地方具体情况时常常在针对性、可操作性等方面有所不足,从而影响地方环境保护的效果。这也是各国地方立法与全国性立法并存的原因之一。在绿地保护领域,尽管我国有《宪法》、法律、行政法规和规范性文件的规范,确立了我国绿地保护的一般制度和原则,但是针对地方经济社会发展的实际情况,以及各地特殊的地理文化特征,通过地方性立法制定具体的绿地保护规则才能真正保护各地城市绿地,从而实现全国范围城市绿地的更好保护。

我国绿地保护相关地方立法在城市绿地保护法律体系中是数量最多、内容最丰富的部分。从严格意义上讲,我国地方人大及其常委会制定的法律才是严格意义上的地方立法,因此,本书后面研究的城市绿地保护立法即我国地方各级人大及其常委会制定的立法,这些立法的具体状况将在本书第四章具体阐述。除了地方立法,我国地方也制定了关于城市绿地保护的诸多政府规章,就城市绿地保护地方立法的实施或配套制度进行了规定,如《北京市附属绿地建设管理办法》(2010年)、《重庆市城市园林绿化赔偿补偿规定》(1998年)、《天津市古树名木保护管理办法》(2011年)、《浙江省城市绿化管理办法》(2014年修订)、《云南省城市绿化办法》(2001年)、《贵州省城市绿化管理办法》(2008年修订)、《河北省城市园林绿化管理办法》(2012年)、《湖北省城市绿化实施办法》(1995年)等。省会所在城市的政府规章如《南京市生态绿地保护管理规定》(2011年)、《沈阳市城市绿地保护规定》(2007年)、《贵阳市绿化管理办法》(2009年)、《西宁市城市园林树木(设施)补偿及占用绿地补偿费缴纳办法》(1997年)、《西宁北山美丽园永久性绿地管理办法》(2014 年)、《银川市城市绿化管理条例实施细则》(2006年)等。较大的市或设区的市政府规章有《温州市城市绿化管理办法》(2011年)、《榆林市城市绿化管理办法》(2003 年)、《中山市城市绿化管理规定》(2003 年)、《东营市城市绿化管理办法》(2005 年)、《辽源市城市绿化管理办法》(2011 年)、《威海市区城市绿化养护管理办法》(2008 年)、《曲靖市城市绿化管理办法》(2004 年)、《扬州市城市绿化管理办法》(2008 年)、《潍坊市城市绿化管理办法》(2004 年)、《邢台市城市绿化管理办法》(2012 年)、《徐州市市区城市绿地养护管理暂行办法》(2007 年)、《岳阳市城市园林绿化管理办法》(2004 年)、《鄂尔多斯市园林绿化管理办法》(2013 年)等,这些政府规章同地方立法一起,在保护地方城市绿地中共同发挥作用。尤其在没有制定相关地方立法,而仅有相关政府规章的地方,这些政府规章发挥着类似地方立法的作用。但是,根据我国《立法法》的规定,这些政府规章在颁布实施 3 年后必须进入地方立法中,否则失去法律效力,因此具有一定的临时性。尽管如此,在一定时期,虽然这些政府规章在效力上没有地方立法高,但是在一定时期对促进相关立法和政策的实施发挥了重要作用。

除此之外,各地方也制定了相关规范性文件,如《徐州市市区公共绿地分级动态管理意见》(2011 年)、《徐州市城市重点绿地标准》(2015 年)、《苏州市市区城市绿地养护管理暂行办法》(2005 年)、《株洲市人民政府办公室关于规范城市树木移植砍伐和绿地占用审批管理的通知》(2006 年)、《大连市关于加强林地绿地保护严格审批监管程序的若干规定》(2008 年)、《荆州市城市绿地认建认养管理规定》(2011 年)等,在地方城市绿地保护中发挥了一定作用。

综上可见,当前我国城市绿地相关立法体系已经全面建立起来,从国际公约到宪法、基本法、部门规章以及地方立法等各个层级的立法共同构成了我国绿地保护的有机体系。但是,我国参加的国际条约数量有限,宪法和国际基本法的相关规定针对性不强,因此,我国城市绿地相关立法体系中以部门规章和地方立法为主,无论从数量上还是内容上,我国城市绿地相关立法都是在这些立法的基础上建立的,因此,我国城市绿地相关立法体系呈现多层次性、层级较低及地方性特点。

第四章 中国城市绿地保护地方法律制度分析

前述分析可见,我国城市绿地保护法律体系中,数量最多、内容最丰富,同时存在问题最多的是地方立法。从立法的类型上来看,《城市绿化条例》虽然被看作是城市绿地保护的基本法,但它毕竟是国务院制定的行政规章,从性质上看,其主要是规范政府部门及园林绿化行政管理机关的行为,不具有法律的普遍效力。因此,我国城市绿地保护主要是由地方立法来完成的,即我国地方具有立法权的机构,依照国家法定程序制定出来的"绿地保护条例"或其他相关立法。根据我国《立法法》的规定,当前我国拥有地方立法权的机构是:省、自治区或直辖市的人民代表大会及其常务委员会、较大的市以及设区的市人民代表大会及其常务委员会。因此,从地方立法的层级上来看,我国城市绿地保护地方立法包括省级立法、较大的市立法及设区的市立法。实践中,我国城市绿地保护地方立法包括前述各个层级的立法,其中级别最高的是省级立法,立法数量最多的是较大的市立法,因为 2015 年我国《立法法》修订后设区的市才取得地方立法权,该层级立法数量最少。本章将首先针对各层级的立法分别介绍,主要选取其中有代表性、特色明显的立法内容及具体制度介绍。

另外,根据我国地方立法"不抵触"原则,各级地方立法均不得违反国家法律及上一级立法的规定,因此,特定省、自治区或直辖市的立法与其管辖行政区内的其他各级立法,包括较大的市立法与设区市的立法在内容上通常有一定的关联性,即其内容和制度设计上可能更多借鉴上一级立法。尽管如此,我国地方立法的"有特色""可操作"原则要求各地方立法,结合地方经济社会发展实际情况,立法内容和制度设计应体现地方特色。因此,本章针对各层级地方立法的研究,并未以地域为单位或者将某一省的各级立法联系起来进行研究,而只是对各层级的立法中有代表性的立法独立地进行研究。虽然这样研究未能考虑到同一省的地方立法之间的联系,有一定的不足,但是作者认为,以地域为单位研究的意义不明显,而且根据当前我国地方立法的实际情况看,同一省内各层级立法之间关联性强的并不多。各省级立法及下辖各市立法时间有先后,不同立法所处社会经济环境及国家法律规定不尽相同,有些设区的市立法时间较近,借鉴了其他地方立法的最新成果和经验,符合最新的国家立法或技术规范要求,而其所在省相关立法可能是在20世纪制定的,因此在保持"不抵触"原则下,相互关联起来进行研究没有实质意义。因此,作者认为,无论哪个层级的地方立法均是以地方实际需要为出发点制定的,它们各有特色,在不同层级发挥不同的作用,它们都是相对独立的。区分不同的层级进行介绍,主要是为了加深读者的印象,在对我国城市绿地地方立法的了解上有一个较为清晰的图谱。

我国《城市绿化条例》及相关全国性立法主要规定了城市绿地保护的一般原则和制度,而相关具体制度主要在地方立法中体现出来。根据我国《立法法》的规定,我国省、自治区、直辖市的人民代表大会及其常务委员会以及较大的市享有地方立法权。我国"较大的市"包括省会所在市、经国务院批准的较大的市和经济特区所在地的市。截至2015年2月,我国有22个省会、5个自治区首府、18个较大的市以及4个经济特区共49个较大的市,它们都是我国享有地方立法权的主体。2015年《立法法》修订后我国享有地方立法权的主体首批扩大到282个设区的市。因此,本章拟首先介绍我国省级、较大的市级、设区的市绿地保护立法的主要内容、具体制度和特点,然后从总体上分析我国城市绿地保护地方立法的特点。

第一节　省级城市立法主要内容及具体制度分析

我国省、直辖市和自治区人民代表大会及其常务委员会制定的绿地保护条例或相关立法属于省级立法。我国有22个省(河北省、山西省、黑龙江省、吉林省、辽宁省、山东省、江苏省、安徽省、浙江省、江西省、福建省、河南省、湖北省、湖南省、海南省、广东省、四川省、贵州省、云南省、陕西省、甘肃省、青海省)、5个自治区(内蒙古自治区、广西壮族自治区、西藏自治区、新疆维吾尔自治区、宁夏回族自治区)和4个直辖市(北京、天津、上海、重庆),但是绿地保护相关立法情况各有差异,并非所有省级人大及其常委会都制定了相关立法。其中,我国有只有河北、吉林、辽宁、江苏、福建、海南、广东、四川、贵州、陕西、青海等11个省制定有绿地保护相关立法,其他9个省及3个自治区是通过政府规章的形式对绿地保护进行规范,另有安徽省、甘肃省及西藏自治区既没有相关地方立法,也没有专门的政府规章,而是适用其他地方立法,如安徽省和甘肃省只有《全面义务植树条例》,西藏自治区适用《西藏自治区环境保护条例》,但4个直辖市均制定有相关立法。

由此可见,我国省级绿地保护地方立法并不是很普遍,有近一半省或自治区是通过政府规章的形式制定度绿化条例或者甚至根本没有专门的规章制度。以地方社会经济发展为基础,以我国《宪法》和相关法律为依据,我国4个直辖市和11个省主要在省级"绿化条例"或"公园管理条例"等地方立法中规定了城市绿地保护的相关制度,是我国绿地保护地方立法的重要内容。其中很多立法,例如北京、天津、上海等直辖市以及江苏省等地立法较为典型,具有一定的先进性和科学性,在我国城市绿地保护中发挥着重要作用。

一、北京市绿地保护相关制度

2009年《北京市绿化条例》、2003年《北京市公园条例》、1998年《北京市古树名木保护管理条例》等规定了北京市绿地保护的相关制度。2009年《北京市绿化条例》规定了北京行政区域内绿化的规划、建设、保护、监督和管理等制度。该条例同时适用于北京市城区和郊区,即城乡园林绿化实施统一的标准和政策,改变了之前城乡二元结构。

2009年《北京市绿化条例》包括总则、规划与建设、义务植树、绿地保护、监督与管理、法律责任、附则七个部分,共78条。该条例在省级立法中是规定最为详尽的。其中,总则部分规定了立法目的、立法的适用范围及北京市绿化工作的一般原则;规划、建设、保护、义务植树、监督和管理部分规定了绿地的规划、建设、保护和管理相关制度;法律责任部分规定了违反该条例的相应法律责任;附则部分规定了该条例的实施及旧法的效力等问题。该条例规定了城市绿地保护的如下制度。

(一)责任制度

条例从总体上对各级政府及相关部门在绿化工作中的责任进行了分工。(1)乡、镇人民政府和街道办事处依职责做好本辖区内的绿化工作。市人民政府绿化行政主管部门负责全市行政区域内的绿化工作。(2)区、县绿化行政主管部门在市绿化行政主管部门的指导下,负责本行政区域内的绿化工作。(3)基层群众性自治组织、学校应当结合本单位实际,教育居民和在校师生履行绿化义务,保护绿化成果,做好本社区、本单位的绿化工作。

（4）新闻媒体应当加强绿化科学知识、绿化法律法规和建设环境友好型社会的宣传工作,增强公民履行绿化义务和保护绿化成果的意识。

（二）绿化规划、建设、保护、监督和管理等具体制度

1.规划。包括规划的编制责任、规划原则和规划的主要内容。在规划编制责任方面,规定市和区、县人民政府应当根据绿化事业发展需要和实际情况,应按照因地制宜、科学布局、切实可行的原则组织编制和实施绿化规划。市绿地系统规划由市绿化行政主管部门编制,市规划行政主管部门组织审查,报市人民政府审批后纳入本市城市总体规划。区、县绿地系统规划由区、县人民政府组织编定,并符合市绿地系统规划,与所在地控制性详细规划相衔接。建制镇绿地系统规划由镇人民政府组织编定,并与区、县绿地系统规划相一致,与所在地控制性详细规划相衔接。绿地系统规划报批前,组织编制部门应当将规划草案予以公示,并可以采取论证会、听证会或者其他形式征求有关部门、社会公众和专家的意见。绿地系统规划在实施中因特殊情况确需变更的,应当按照原批准程序重新审批。就规划原则而言,绿化规划应当符合城市总体规划、土地利用总体规划,适应防灾避险需要,保持历史风貌,体现首都特色。就规划内容,应包括绿地系统规划、植树造林规划等专项规划。市和区、县绿地系统规划应当包括各类绿地的功能形态、绿地指标、绿地布局面积和控制原则等内容。区、县绿地系统规划还应当包括分期建设计划和建设标准等内容。绿地防火设施建设应当纳入所在地区消防规划。

2.建设。主要包括建设原则、责任分配、建设相关审批手续、建设标准、"三同时"制度、建设企业要求、建成后验收等制度。

3.管理和保护。主要包括责任制度、管护内容、禁止性行为（在树木旁或者绿地内倾倒、排放污水、垃圾、渣土及其他废弃物;损毁树木、花草及绿化设施;在树木或者绿化设施上悬挂广告牌或者其他物品;在绿地内取土、搭建构筑物;在绿地内用火、烧烤;其他损害绿化成果及绿化设施的行为）、树木所有权登记制度等。

4.监督制度。主要包括责任制度、监督管理内容、监督管理程序、树木移植制度、临时占用制度、绿地征用制度、绿地资源调查与建档制度、绿化植物防疫、防治及应急预警制度等。

（三）法律责任

对民事责任而言,主要有赔偿、责令限期改正以及恢复原状等,如第76

条规定:"违反本条例规定,造成树木、花草或者绿化设施损坏、灭失的,应当承担相应的民事责任。"第 77 条规定:"违反本条例规定,经责令改正,逾期不改正的,绿化行政主管部门可以委托有资质的专业单位代为履行,所需费用由违法行为人承担。"针对各种违法行为,规定了十分详细具体的罚款金额。同时,条例还规定了相关刑事责任,如第 76 条在规定了违法造成树木、花草或者绿化设施损坏、灭失的,除了承担民事责任外,对于情节严重构成犯罪的,当事人还需承担刑事责任。各级绿化行政主管部门及其工作人员玩忽职守、滥用职权、徇私舞弊的,除了由所在单位或者上级主管部门给予行政处分外,构成犯罪的,依法追究刑事责任。

可见,该条例对北京市绿化工作进行了详尽且科学的规定,有利于北京市绿地的保护,其规定的各项制度可以为我国其他地区所借鉴。但是,该条例中有些规定仍有待进一步改进,如改变绿地性质以及占用绿地应采用更严格的制度。

城市公园是城市绿地最重要的组成部分。2003 年《北京市公园条例》规定:"公园是指具有良好的园林环境、较完善的设施,具备改善生态、美化城市、游览观赏、休憩娱乐和防灾避险等功能,并向公众开放的场所,包括:综合公园、专类公园(儿童公园、历史名园、植物园等)、社区公园等。"《北京市绿化条例》第 2 条规定:"本条例适用于本市行政区域内绿化的规划、建设、保护、监督和管理。法律、法规对森林、古树名木、公园、自然保护区、风景名胜区有规定的,适用其规定。"由此可见,《北京市公园条例》作为特别法应优先适用,该条例没有规定的才适用《北京市绿化条例》。《北京市公园条例》规定:"应当按照保护历史文化名城和建设现代化国际大都市的要求,规划、建设、管理公园,发展公园事业。""应当将公园事业纳入国民经济和社会发展计划,保证公益性公园建设和管理所必需的经费,保障公园事业发展的需要。"同时市园林行政管理部门和区、县人民政府园林主管部门以及市各级人民政府有关行政管理部门在公园管理上的分工负责制度。在公园的规划、建设、管理和保护等方面的规定与前述绿化条例相似,特别性规定包括:①禁止在公园内新建旅馆、饭店、办公楼以及其他不符合要求的建筑等禁止性规定。②公园管理机构详细职责。③游人游览公园的禁止性行为:(a)翻越围墙、栏杆、绿篱,在禁烟区吸烟,在非游泳区游泳,在非滑冰区滑冰,在非钓鱼区钓鱼,在非体育运动场所踢球、滑旱冰,随地吐痰、便溺,乱丢果皮(核)、烟头、口香糖等废弃物;(b)营火、烧烤、捕捞、捕捉动物,采挖植物,恐吓、投打、伤害动物或者在非投喂区投喂动物；(c)在建筑物、构筑物、设施、树木上涂写、刻划，攀折花木，损坏草坪、树木；(d)其他影响园容和游览秩序的行为。④在公园内禁止追逐游客强行兜售物品，影响游览秩序。该条例同样规定了相关责任制度。

1998《北京市古树名木保护管理条例》规定："古树，是指树龄在百年以上的树木。凡树龄在三百年以上的树木为一级古树；其余的，为二级古树。本条例所称名木，是指珍贵、稀有的树木和具有历史价值、纪念意义的树木。本市古树名木由市园林、林业行政主管部门确认和公布。"由此可见，对于北京市城市绿地中的古树名木应适用该条例的特别规定。该条例规定了不同权属树木的管理部门及责任，并规定了损害古树名木的禁止性行为：(a)刻划钉钉、缠绕绳索、攀树折枝、剥损树皮；(b)借用树干做支撑物；(c)擅自采摘果实；(d)在树冠外缘三米内挖坑取土、动用明火、排放烟气、倾倒污水污物、堆放危害树木生长的物料、修建建筑物或者构筑物；(e)擅自移植；(f)砍伐；(g)其他损害行为。该条例还规定了较前述两个条例更严格的责任制度。总之，古树名木保护制度较之一般绿地上的树木更严格。当城市绿地保护中涉及古树名木时应适用该更严格的制度。

北京是我国的首都，北京市绿地保护相关立法走在我国的前列，前述制度在体现地方特色的同时，也反映了我国当时绿地保护的基本做法，对其他地区具有借鉴意义。当然其中存在不足的地方也需要进一步完善。

二、上海市城市绿地保护相关制度

上海作为我国特大型城市，经济社会发展走在全国前列，城市居民对环境保护的要求标准更高，在很多制度方面争取与国际接轨，体现在城市绿地保护相关立法上，1994 年制定《上海市公园管理条例》加强对公园绿地保护，2007 年制定《上海市绿化条例》也比北京更早。当前上海市城市绿地保护的相关制度主要规定在《上海市绿化条例》《上海市公园管理条例》《上海市古树名木和古树后续资源保护条例》三部地方立法中。

2007 年《上海市绿化条例》鼓励多渠道建设资金的投入、保障绿地维护资金、注重绿化市场培养、行政许可时限化、绿化管理信息互通、安全绿化、明确树木移伐和占用建成绿地详细的申请条件和提交材料以及加强绿化监督实施等方面规定在当时全国绿化立法中具有先进性,[①]在促进上海市绿地发展中发挥了重要作用。

在多年实施实践基础上,2015年对该条例进行修订。修订本保留了2007年条例的先进性制度,同时结合实际需要和实施中的问题进行了部分调整。主要包括:(1)增加一条作为第13条:"居住区绿化应当合理布局,选用适宜的植物种类,综合考虑居住环境与采光、通风、安全等要求。"(2)增加了树木迁移、砍伐、临时使用绿地、占用绿地向社会公示的内容,即第34条:"下列事项,施工单位应当在现场设立告示牌,向社会公示:①迁移或者砍伐树木;②临时使用绿地、占用绿地;③建成绿地内部布局调整。"(3)考虑地下设施对绿化的影响,增加规定"在新建绿地或者规划绿地区域内进行地下设施建设的,地下设施上缘应当留有符合植物生长要求的覆土层,并符合国家和本市有关技术规范"。(4)修改立体绿化要求以更符合实际情况,规定对应当实施屋顶绿化的建筑,限定在新建项目中。(5)新建工业园区和工业园区外新建工业项目的绿化建设标准由"百分之二十五"修改为"百分之二十";新建产生有毒有害气体的工业项目的绿化建设标准,由"百分之三十五"修改为"百分之三十";并增加"交通枢纽、仓储等项目"的内容,更符合上海市的实际情况。总之,新修订的条例对已建成的立体绿化规定了严格保护,并对新建建筑实施立体绿化提出更规范性要求。

总体而言,2015年《上海市绿化条例》立法目的、适用范围、绿化原则以及规划、建设、管理及保护等具体制度上与前述《北京市绿化条例》基本相似。但是上海市立法也体现了自身独特的一些特征。

第一,在各部门责任分工方面更细化,绿化责任扩展到市和区县、街道、乡镇的绿化委员会,它们有责任组织、推动全民义务植树活动和群众性绿化工作。

第二,在绿化建设方面强调了平屋顶绿化以及立体绿化措施。该条例第17条规定:"本市新建公共建筑以及改建、扩建中心城内既有公共建筑的,应当对高度不超过五十米的平屋顶实施绿化,屋顶绿化面积的具体比例由市人民政府作出规定。中心城、新城、中心镇以及独立工业区、经济开发区等城市化地区新建快速路、轨道交通、立交桥、过街天桥的桥柱和声屏障,

---

[①] 刘璐璐:《中国城市绿化的地方性法规研究——以上海为例》,安徽农业大学2008年硕士论文,中国知网,http://www.cnki.net/,下载日期:2018年12月18日。

以及道路护栏(隔离栏)、挡土墙、防汛墙、垃圾箱房等市政公用设施的,应当实施立体绿化。本市规划、建设管理部门在审查上述建设项目的设计方案、施工图设计文件时,应当按照本条前两款的规定执行。本市鼓励适宜立体绿化的工业建筑、居住建筑以及本条第一款以外的公共建筑等其他建筑,实施多种形式的立体绿化。本市应当制定立体绿化扶持政策,对发展立体绿化予以支持。"

第三,在绿化工程方面,在强调绿化工程的设计、施工、监理,应当符合国家和本市有关设计、施工、监理的技术标准和规范,由具有相应资质的单位承担,并应遵守相关程序时,突出了通过招标方式确定设计、施工单位,并实行监理的制度。根据该条例,需要通过招标确定的绿化建设项目包括:(1)关系社会公共利益和公共安全的大型基础设施绿化工程建设项目;(2)全部或者部分使用国有资金投资或者国家融资的绿化工程建设项目;(3)使用国际组织或者外国政府贷款、援助资金的绿化工程建设项目;(4)法律或者国务院规定的其他绿化工程建设项目。

第四,在监督管理方面,对于擅自占用绿地等行为,规定了生态补偿措施。该条例第32条规定:"建成的绿地不得擅自占用。因城市规划调整或者城市基础设施建设确需占用的,应当向市绿化管理部门提出申请,并提交占用绿地面积、补偿措施、地形图、权属人意见、相关用地批文、扩初设计批复等材料。其中,道路拓宽占用绿地的,还应当提供道路红线图、综合管线剖面图。市绿化管理部门应当自受理申请之日起二十个工作日内作出审批决定;不予批准的,应当书面说明理由。占用公共绿地的,应当在所占绿地周边地区补建相应面积的绿地,确不具备补建条件的,应当向市绿化管理部门缴纳绿化补偿费和绿地易地补偿费。绿化补偿费和绿地易地补偿费应当上缴市财政,并专门用于绿化建设、养护和管理。"

1994年《上海市公园管理条例》规定:"公园是公益性的城市基础设施,是改善区域性生态环境的公共绿地,是供公众游览、休憩、观赏的场所。"该条例适用于上海市"范围内已建成和在建的综合性公园、专类公园、历史文化名园以及规划确定的公园建设用地"。该条例详细规定了市、区、县绿化行政管理部门、公园管理机构、社会以及公民在公园管理或保护中的具体职责,以及规划、建设、管理和保护的具体规范,最后规定了相应的责任制度。这些制度为其后制定的《北京市公园条例》所借鉴,在保护上海市公园绿地上发挥了重要作用。同时,2002年《上海市古树名木和古树后续资源保护条例》规定了对树龄在一百年以上的树木或者树龄八十年以上一百年以下的树木的特殊保护制度。较前两立法具有优先适用性，与前两立法一起在保护城市绿地上发挥着重要作用。

三、天津市绿地保护相关制度

天津市绿地保护相关制度主要规定在《天津市绿化条例》和《天津市公园条例》(2011 年)中。《天津市绿化条例》于 2004 年制定，2012 年修订后于 2014 年正式实施。该条例在很多方面借鉴了《北京市绿化条例》和《上海市绿化条例》的内容，如立法目的和适用范围与后者基本相同，立法原则也基本相似。如《天津市绿化条例》确定的一般原则为：坚持以人为本、生态优先、城乡统筹、因地制宜、科学规划、政府组织、全民参与、共建共享的原则，促进自然生态与人居环境可持续发展。相比北京市的规定，此处增加了因地制宜、科学规划，并且强调促进自然生态与人居环境可持续发展，北京则强调促进绿化事业可持续发展，贯彻科学发展观，其他基本相同。

《天津市绿化条例》自身特点主要体现在下列几个方面：

（一）在一般制度上，具有与前述立法一定程度上的不同特点

1.在责任分工上，也有很多相似之处。例如均采取市级和区县级分工负责原则。不同之处在于，北京市绿化主管部门为市政府绿化行政主管部门，而天津市为市容园林行政主管部门和市林业行政主管部门，前者负责城市绿化工作，后者负责农村绿化、造林绿化工作，同时强调发展改革、规划、建设、国土房管、市政公路、农业、水务、财政、审计等有关部门和天津警备区等依照各自职责做好相关绿化工作。

2.强调科学绿化。《天津市绿化条例》强调绿化科学技术研究，推广应用绿化先进技术，保护生物多样性，发展特色乡土植物。

3.强调宣传教育。天津市规定新闻媒体应当加强绿化科学知识、绿化法律法规和建设生态宜居城市的宣传工作，增强公民履行绿化义务和保护绿化成果的意识。

4.提倡环境权，同时要求各主体履行相关义务。任何单位和个人都有享受绿化生态环境的权利，有保护绿化成果和绿化设施的义务，对破坏绿化成果和绿化设施的行为，有权进行劝阻、投诉和举报。鼓励单位和个人以认种、认养等多种方式参与绿化建设和养护管理。机关、团体、企事业单位、部队、基层群众性自治组织应当按照有关规定组织本单位、本区域人员履行植

树等绿化义务,保护绿化成果,并做好本单位、本区域的绿化工作。对在绿化工作中作出显著成绩的单位和个人,各级人民政府及有关部门依照国家和本市有关规定给予表彰和奖励。

(二)在具体内容上,天津市绿化条例也有自身特点

天津市立法对规划进行了更详细更清晰的规定,包括规划的制定与实施两个方面,而北京市立法则没有此详细的规定。

1.规划。①规划的制定。(a)规划责任主体。市和区、县人民政府应当根据绿化事业发展需要和实际情况,组织编制绿化规划,并纳入城市总体规划。市容园林行政主管部门会同规划行政主管部门依据绿化规划组织编制城市绿地系统规划,报本级人民政府批准后实施。林业行政主管部门会同规划行政主管部门依据绿化规划组织编制造林绿化规划,报本级人民政府批准后实施。(b)规划原则。编制绿化规划应当根据本市特点,利用现有地形、地貌、水体、植被和历史文化遗址等自然条件、人文资源,以方便公众为原则,符合环境保护功能,提高抵御自然灾害的能力,合理设置公园绿地、防护绿地、附属绿地、生产绿地和各类林地等。(c)制定程序。划定需要永久性保护的生态区域,经市人民代表大会常务委员会决定后向社会公布。城市绿地系统规划、造林绿化规划在报批前,规划的组织编制部门应当予以公示,并采取多种形式征求公众和专家的意见;规划批准后,应当及时向社会公布。②规划的实施。(a)责任主体。市市容园林行政主管部门和市林业行政主管部门应当根据城市绿地系统规划和造林绿化规划,分别制定年度实施计划报市人民政府批准,并依据年度实施计划分解绿化责任指标。区、县人民政府应当根据绿化分解责任指标,制定本行政区域年度实施方案并组织实施。(b)要求。任何单位和个人不得擅自改变规划的城市绿地用途。因特殊原因确需改变规划的城市绿地用途,应当先修改规划,并按原规划审批程序报批。不得在城市绿地范围内擅自增设建筑物、构筑物和其他设施。确需增设的,应当符合城市规划和有关设计规范要求,并按法定程序办理相关手续。城市绿地范围控制线未经法定程序,不得改变。(c)程序。规划行政主管部门应当会同市容园林行政主管部门,按照城市绿地系统规划确定城市绿地范围控制线,落实到控制性详细规划,并由规划行政主管部门向社会公布,接受公众监督。

2.建设。主要包括:①建设的原则,即严格按照绿化规划实施,优化种植结构、提升绿化水平、注重生态效应,多种树木、崇尚自然,选用适应本市

生长条件、经济合理、耐旱耐寒耐盐碱的植物种类,适应植物生态习性和植物群落的多样性、合理性。②内容。加强城市公园、森林公园、郊野公园、乡村公园、绿道网络建设,构筑生态修复和保护系统,为公众提供更多绿色空间。③责任分担。分别规定了不同类型绿地的建设责任单位,如公园绿地的绿化由市和区、县市容园林行政主管部门组织建设;城市道路、公路等用地范围内绿地的绿化由有关建设单位组织建设等。④标准。规定了各类建设项目较高的绿地率(绿地面积占用地总面积的比例)标准:如新建居住区绿地率,中环线以内不得低于35%,中环线以外不得低于40%等,较上海市更高。⑤经费支持及补贴。规定绿化建设经费由建设单位承担,列入建设工程项目总投资。鼓励村民委员会、村民对宜林荒山、荒地和村庄周围的空地、村庄内的闲置土地进行绿化,达到规定规模标准的,市和区、县人民政府给予适当补贴。⑥绿化工程问题。如绿化工程的规划设计、施工和监理,应当符合国家和本市有关标准、规范。绿化工程的规划设计、施工和监理,应当由具有相应资质的单位承担以及建设工程的设计方案的审批及市容园林行政主管部门等部门参与审查制度。⑦三同时制度。建设工程项目附属绿化工程应当与主体工程同时规划设计、同时建设施工、同时竣工验收。确因季节原因不能同时完成的,完成绿化工程的时间不得迟于主体工程竣工后的第一个绿化季节。⑧建设后期的管理。公园绿地绿化工程竣工后,由市容园林行政主管部门组织验收,验收合格后方可交付使用。建设工程项目的附属绿化工程竣工后,由建设单位组织验收,并在十五日内将竣工验收报告报市容园林行政主管部门备案。⑨临时绿化制度。城市绿化范围内国有建设用地闲置三个月以上的,土地使用人应当按照临时绿化标准和要求在六个月内进行临时绿化,所需建设和养护管理费用由土地使用人承担。临时绿化完工后,土地使用人应当向市容园林行政主管部门备案。实施临时绿化的建设用地开工建设的,土地使用人应当告知市容园林行政主管部门。⑩行道树及其他公共空间、生态保护区、生物多样性保护及生态公益林建设规定。

3.管理和保护。①管理和保护责任分工。与前述建设责任相关,管理和养护也根据绿地的不同类型确定责任主体,如公园绿地、城市道路用地范围内的绿地由市容园林行政主管部门确定的养护管理单位负责;公路用地范围内的绿地,由其养护管理责任单位负责等。②管理制度。绿化的养护管理责任人应当建立健全管理制度,严格执行绿化养护技术规程,保持花草树木繁茂、园容整洁优美、设施完好。市容园林行政主管部门、林业行政主管部门应当对绿化养护管理责任人履行养护管理责任情况进行监督,并给予技术指导。③保护制度。已建成的公园绿地的主要树种和绿化景观不得随意变更。因特殊原因确需变更的,应按原建设审批程序办理变更。其中,变更面积超过五千平方米的,市容园林行政主管部门应当组织专家对是否确需变更及变更方案进行论证,并将论证结果向社会公布,听取公众的意见。听取公众意见的时间不得少于十五日。④资源调查与建档。市和区、县市容园林行政主管部门、林业行政主管部门应当定期开展绿化资源清查,建立绿化资源档案,完善绿化管理信息系统,根据国家有关规定开展资源监测和效益评估。⑤生物预警及技术咨询。市和区、县市容园林行政主管部门、林业行政主管部门应当加强绿化植物的防疫和有害生物防治,编制有害生物灾害事件应急预案,健全有害生物预警预防控制体系。市容园林行政主管部门和林业行政主管部门应当在园林绿化、树木种植、养护、病虫害防治等方面,向社会提供技术支持和咨询服务。⑥禁止性行为。禁止下列损害绿化及绿化设施的行为:向绿地、树穴倾倒有毒有害物质;占压绿地,损害树根、树干、树皮,利用树木搭建违章建筑;占用住宅小区绿地,种菜或者饲养家禽家畜等;在树木或者绿化设施上悬挂广告牌、照明灯具或者其他物品;在绿地内取土、用火、烧烤等行为。市容园林行政主管部门和林业行政主管部门应当公布举报电话、投诉网站等,接受举报、投诉,并及时进行处理。

4.法律责任。天津市立法分别规定了不同违法行为的处理主体、责任形式及惩罚标准,但是并未如北京市立法那样规定详细的处罚数额。如市容园林行政主管部门、林业行政主管部门应当依法履行绿化工作监督管理职责,加强对绿化活动的监督检查,发现绿化违法行为及时予以制止。在城市绿地范围内擅自增设建筑物、构筑物或建设项目未按照规划指标建设绿地的,由规划行政主管部门按照城乡规划法律法规予以处理。闲置土地不进行临时绿化的,责令限期改正;逾期不改正的,按照临时绿化面积处以每平方米一百元以上二百元以下的罚款。养护管理单位不尽养护管理职责的,责令限期改正;致使树木死亡的,责令限期补植,并可处以树木基准价值三倍的罚款。树木基准价值标准由市人民政府规定。未经许可擅自占用城市绿化用地或者临时占用期满未按规定进行恢复的,责令限期恢复原状,并可以按照占用面积处以每平方米一百元以上三百元以下的罚款。未经批准擅自迁移、砍伐树木的,责令限期补植;擅自迁移的,并处以树木基准价值三倍以上五倍以下的罚款,擅自砍伐的,并处以树木基准价值五倍以上十倍以下的罚款。损害绿化或者绿化设施的,责令停止违法行为,恢复原状,处以五百元以上五千元以下的罚款;造成树木死亡的,处以树木基准价值五倍以上十倍以下的罚款。行政处罚,由城市管理综合行政执法部门、林业行政主管部门依照职权分别实施。行政机关工作人员玩忽职守、滥用职权、徇私舞弊的,由任免机关或者监察机关予以处分;构成犯罪的,依法追究刑事责任。

总之,《天津市绿化条例》就天津市绿化规划、建设、管理和保护等方面规定了较之《北京市绿化条例》更详细更完善的规定,同时提出了环境权以及科技制度等一些适应时代发展的新概念或制度。这主要是天津市立法在北京市之后,我国地方绿地立法发展更加完善,而且天津市立法也是结合当地实际和社会经济发展需要制定的,具有自身的特点。《天津市绿化条例》可为当前我国地方绿地保护立法提供较好的参考和借鉴。

2011 年《天津市公园条例》也制定了公园绿地保护制度。该条例规定:"公园,是指具有良好的园林环境和较完善的设施,具备改善生态、美化环境、游览休憩、文化健身、科普宣传、应急避险等功能,并向公众开放的公益性场所。公园的名录由市市容园林行政管理部门公布。"该条例规定了公园发展的原则、确定市容园林行政管理部门为公园的主管部门,公园内部的日常管理由公园管理机构负责。除了规定公园的规划、建设、保护与管理制度,该条例还规定了公园的服务与使用制度,确定了园容和服务的具体标准,并规定了游人的权利和义务,以及违反本条例的相关责任制度。

四、重庆市城市绿地保护制度

1997 年重庆市设立为直辖市,其后相继制定了城市绿地保护相关立法。《重庆市绿化条例》《重庆市城市园林绿化条例》《重庆市公园管理条例》确立了重庆市城市绿地保护的相关制度。

1997 年《重庆市城市园林绿化条例》(以下简称 1997 年条例)经过 2010 年和 2014 年两次修订,包括总则、规划、建设、管理、法律责任和附则 6 个部分,共 43 条。该条例仅适用于规范城市规划区内公共绿地、单位附属绿地、居住区绿地、防护绿地、生产绿地、风景林地和城市道路绿化、建(构)筑物附属绿化的规划、建设和管理活动。总则部分规定了城市园林绿化的原则,市、区、街道办事处及相关机关、社会团体、部队、学校、企业事业单位和公民在绿化工作中的职责。规划部分规定了各部门分工负责、依照法定程序编制和报批、绿化指标等内容。建设部分规定了分工负责制度、绿化工程设计方案审查意见书的审批、建设标准和程序、建筑单位要求及管理等制度。管理部分规定了分工负责制度,禁止擅自占用绿地或修剪、移植、砍伐城市树木制度,禁止出让、出租、抵押绿地和风景林地或合资、合作建设与城市园林绿化及其附属设施无关项目制度、临时占用制度、特殊需要时移植、砍伐城市树木和临时占用绿地的要求、程序及补偿制度、特殊树木(名树、稀有树木、胸径一百厘米以上的大树、一百年以上的古树以及具有历史价值和纪念意义的树木)登记造册挂牌保护制度,禁止性行为(践踏和损坏草地、花卉、树木;毁损园林设施;放养家禽、家畜、宠物,捕猎、打鸟;恐吓、逗打展出动物;擅自采药挖根和采集标本;生火野炊、鸣放鞭炮;在树上晾晒衣物或依树搭棚;倾倒污物、堆放物资;擅自钻井取水,拦河截溪,取土采石;进行有损景观的其他活动),修整制度以及绿化赔偿费和建设费制度等。法律责任部分主要针对违法前述制度的行为规定了行政责任和刑事责任,并特别强调了国家机关及其工作人员违法行为的行政责任和刑事责任。附则部分对城市园林绿化、城市园林绿地、城市道路绿化、城市建(构)筑物绿化以及园林设施等概念进行了界定,并明确了该条例的实施日期。

1998年《重庆市绿化条例》(以下简称1998年条例)较前者稍后制定,包括总则、绿化规划、绿化责任、实施与管护、绿化资金、罚则和附则7个部分,共39条。该条例与1997年条例的区别主要体现在如下方面:(1)二者适用范围不同。1997年条例仅适用于城区范围,而1998年条例适用于整个市行政区域,包括城区和农村。(2)调整对象不同。1997年条例明确其调整对象为城市规划区内公共绿地、单位附属绿地、居住区绿地、防护绿地、生产绿地、风景林地和城市道路绿化、建(构)筑物附属绿化的规划、建设和管理。1998年条例则明确调整在一切宜林、宜竹、宜草、宜花的地段因地制宜地种植树竹花草活动,保护和扩大国土的绿色植被。因此,1998年条例调整对象更具体,主要规范绿化活动。(3)确立的原则不同。1997年原则比较简单抽象,而1998年条例更详细,在1997年条例原则的基础上,增加了分类指导、分期实施、限期绿化,依靠科学技术,实行树竹、灌木、花草相结合和生态效益、经济效益、社会效益并重等原则。(4)主管部门规定有所区别。尽管都规定了分工负责制度,但1997年条例规定城市园林绿化主管部门负责全市城市园林绿化管理工作,而1998年条例规定绿化主管部门为县级以上地方人民政府绿化委员会,以及地方政府实行干部任期绿化目标责任制。(5)规划与建设的规范有所差别。1997年条例仅仅针对城市绿地作出规定,而1998年条例还规定了森林、农村山体等,并规定了不同的责任制度,如1998年条例规定了农村的责任山承包制度、铁路、公路、水库或渠堰绿化责任制度。(6)管理和保护制度上有所差异。1997年条例主要规定了分工负责、标准及禁止性行为等制度;1998年条例则规定了建立区域性良种基地和试验繁殖基地、专业苗圃、良种牧草种子基地等责任部门,制定管护责任制,实行科学抚育和间伐,防止森林火灾,防治病虫害等。1998年条例规定更加详细具体。(7)绿化资金专门规定不同。1998年条例专门就绿化资金进行了规定,即绿化资金来源,实行自筹为主、国家扶持的原则。对承包荒山、草场绿化的单位和个人,可实行有偿扶持。凡承担绿化任务的部门和单位,应按照有关规定的比例和数额提取绿化资金。以木竹为原料、材料的煤炭、造纸、采掘等部门,应按照规定提取育林费,用于原材料基地建设等。还提出了对森林资源的保护性措施,征收育林费等制度。(8)法律责任规定有所差异。1997年条例规定的责任制度更加详细具体,1998年条例主要规定了规划设计单位、施工单位、擅自批准砍伐的单位等行政责任和刑事责任,相对较为简洁。(9)附则部分界定的概念不同。1998年条例界定的概念较少,主要是森林覆盖率、绿化覆盖率等。

2000年《重庆市公园管理条例》经过2005年和2010年两次修订,包括总则、规划、建设、管理、法律责任和附则6个部分,共38条。该条例规定其所调整的公园是"公益性的城市基础设施,具有游憩、休闲功能和良好的生态环境,向公众开放的场所。包括:综合公园、儿童公园、动物园、植物园、历史名园、风景名胜公园、游乐公园以及其他专类公园"。适用范围为整个重庆市行政区域,包括城区和其他区域。该条例的规划、建设及法律责任等制度较为简洁,也更接近1997年条例的规定,但是管理部分规定十分详细,具体包括:(1)公园范围内活动的限制。禁止新建、扩建污染公园环境或影响、破坏公园景观的工程项目或设施。公园门前应保持畅通、平整、洁净,不得摆摊设点。任何单位和个人不得向公园排放烟尘、有毒有害气体及不符合排放标准的污水,不得破坏和擅自开采、利用公园保护范围内的水资源和矿产资源等自然资源。任何单位和个人不得侵占公园绿地,不得以出租、合作、合资或者其他方式,将公园绿地改作他用。(2)公园管理机构的管理责任和义务。严格按照规划要求实施公园的建设和管理;保证园内设备设施完好;保持公园环境整洁,园内水体符合观赏要求;确保废气、废水、噪声不超过环境保护部门规定的标准;在公园的醒目处设置导游图牌和服务指示牌;建立健全安全管理制度,维护公园秩序,确保园内各类活动的有序开展和游乐设施的正常运行和游客安全;不得划定收费的摄影点。(3)公园管理机构对植物、动物养护管理责任和义务:遵守园林植物栽植和养护的技术规程,提高园林艺术水平;加强对观赏动物的饲养、保护、繁育和研究,扩大珍稀、濒危动物种群,依法做好动物的引进、交换、调配工作;依法对古树名木、文物古迹、寺观教堂和优秀近代建筑实行保护。(4)公园设施的管理。公园内的文化、游乐及配套的服务设施应当与公园功能、规模、景观相协调,设置在规划确定的区域内,并符合环境保护的要求。游乐设施项目须经质量技术监督等有关部门验收合格方可使用,并定期维修保养。因公园建设需要搬迁或者撤销公园内服务、游乐等设施的,有关单位和个人应当服从。(5)公园利用的管理。单位和个人在公园内举办大型游乐、展览等活动,应征得公园管理机构和城市园林绿化主管部门及公安等部门的同意,并依法办理有关手续。公园门票、展览、游乐设施和其他有关服务收费的项目及标准,应报物价管理部门核定并公示。对老年人、儿童、现役军人、残疾人、学生的门票费实行减免。除老、幼、病、残者专用的代步车辆外,其他车辆未经公园管理机构许可不得进入公园。驻在公园内的单位和人员应遵守公园的各项管理制度。根据公园的规模、游人量和治安工作的需要,经城市园林绿化主管部门提出,公安机关可依法设立治安管理机构。(6)公园内禁止性行为:设置户外商业性广告;破坏公园植被及景观,损毁公园花草树木、擅自进入草坪绿地;污损、毁坏公园设施、设备;擅自在公园内营火、烧烤、宿营;向公园倾倒杂物、垃圾及乱丢果皮、纸屑、烟头、塑料包装等废弃物;恐吓、捕捉和伤害受保护动物;喧闹滋事,妨碍公共安宁;非法携带枪支弹药、管制刀具、易燃易爆物品及其他危险品等。该条例在对城市公园绿地的保护方面发挥了重要作用。

除此之外,《重庆市长江防护林体系管理条例》、《重庆市林地保护管理条例》、《重庆市实施全民义务植树条例》、《重庆市森林建设促进条例》(2010年制定,2018年废止)在重庆市城市绿地保护上也发挥了相应的作用。

五、其他省级绿化条例确定的绿地保护相关制度

其他省级立法包括 2017 年《河北省绿化条例》、1997 年《吉林省绿化条例》、2015年《辽宁省绿化条例》、2018年《江苏省城市绿化管理条例》、1997年《福建省城市园林绿化管理条例》、2008年《海南省城镇园林绿化条例》、1999年《广东省城市绿化条例》、2002年《四川省绿化条例》、1996年《贵州省绿化条例》、2010年《陕西省城镇绿化条例》、2001年《青海省绿化条例》等11个省绿化条例规定的相关制度。

（一）四川省

1992年制定,1997年修订的《四川省绿化条例》是目前较早的有效绿化立法,其立法目的为改善自然生态环境,促进社会主义物质文明和精神文明的建设,适应当时时代的需要。其立法原则为:坚持统一领导、统一规划、分类指导、各负其责、分期实施、限期绿化,依靠科学技术,实行树竹、灌木、花草相结合和生态效益、经济效益、社会效益并重,符合当时经济社会发展需要。该条例还分别从绿化规划、绿化责任、实施与管护、绿化资金及违法责任五个方面进行了规定,比较适应绿化实践工作的需要。尤其是其中关于绿化资金的规定,对于解决实践中绿化资金保障有一定借鉴意义。

该条例规定,绿化资金来源,实行自筹为主、国家扶持的原则。各级人民政府每年从地方财政中拨出一部分资金用于当地绿化事业,并从支农资金中划出一定份额用于造林绿化。对承包荒山、草场绿化的单位和个人,实行有偿扶持。凡承担绿化任务的部门和单位,应按照有关规定的比例和数额提取绿化资金。以木竹为原料、材料的煤炭、造纸、采掘等部门,应按照规定提取育林费,用于原材料基地建设。没有林地的单位,可与地方联合造林。新建设工程的绿化费用,列入基本建设计划,由基本建设投资解决。用材企业自营或者联营建立原材料基地,发展林业,其所得木材、竹材不抵扣国家分配供应指标。生产、销售木材、竹材、木竹制品和林副产品,应按有关规定提取或者交纳育林费。各项绿化资金,除财政拨款外,均纳入预算外资金管理,实行财政专户储存,由财政、银行、绿化委员会监督使用,专项用于绿化事业。义务植树所需苗木费、管护费,由林权所有单位自行解决。因义务植树任务大无力承担全部费用的,按单位隶属关系,由各级财政给予适当补助。在义务植树中所收取的绿化费用,必须用于完成义务植树的任务,不得挪作他用。

（二）吉林省

1992年制定,1997年修订的《吉林省城市绿化管理条例》也是我国现行有效的较为早期的立法。虽然其名为"城市绿化管理"条例,但根据其规定

"城市绿化管理是指城市规划区内的绿地和绿地以外的树木、花草的规划、建设、保护和管理"。可见,其主要内容仍与一般绿化条例相似。该条例的立法目的为加强城市绿化管理,改善城市生态环境,建设优美、清洁、文明的社会主义现代化城市。立法的一般原则为:贯彻为经济建设、为人民生活服务的方针;实行统筹规划、分级管理、各负其责原则。因此,本条例将绿化活动与经济建设联系起来。其立法内容中对于绿化标准及其他保护规定相对较为宽松,例如第 27 条虽然规定:"禁止损伤和砍伐古树名木,禁止擅自采摘古树名木果实、种子",但同时也规定,"如果因特殊原因需要砍伐古树名木的,只需报县以上人民政府批准即可"。

同时,该条例允许在城市绿地内从事商业活动,如第 24 条规定:"凡园内有从事商业、服务业等经营活动的公园、动物园、植物园、游园等,必须编制经营活动布点规划,并报上级园林管理机构批准。进入公园、动物园、植物园、游园从事经营活动的,必须经园林管理机构按照布点规划批准后,方可办理有关批准手续。在园内经营,必须服从园林管理机构的有关管理。"类似规定在我国当前绿地立法中已较少采用,同时也是一些外国绿地公园保护法所禁止的行为。

（三）福建省

1994 年制定,1997 年修订的《福建省城市园林绿化管理条例》与前述《吉林省城市绿化管理条例》一样,同时是规范城市规划区内园林绿化的规划、建设、保护和管理活动的地方立法。该条例与前述立法相比较,第一,其强调绿化科学普及和宣传教育,提高城市园林绿化水平。第二,在责任分工方面,规定由省建设委员会主管全省城市园林绿化工作,市、县由城市园林绿化行政主管部门负责绿化管理工作。第三,禁止性行为规定更为详细。根据该条例的规定,主要包括下列行为:(1)剥、削树皮和挖树根;(2)利用树木搭棚、架设线路和拉直钢筋;(3)掐花摘果、折枝;(4)在树木上刻字、打钉和拴系牲畜;(5)在距离树木两米以内挖土、挖坑和挖窖;(6)损坏草坪、花坛和绿篱;(7)在公共绿地和道路两侧绿篱内设置营业摊点;(8)在公共绿地和风景林地内倾倒废弃物、放牧、采石、挖土和其他有害绿地的行为;(9)破坏城市园林设施。

（四）广东省

1999 年制定,经过 2004 年和 2014 年两次修订的《广东省城市绿化条例》在立法内容上较接近北京市、天津市和上海市的立法,具有一定的先进性。该条例与前述吉林省立法一样,规定由省人民政府建设行政主管部门负责全省的城市绿化工作,市、县人民政府确定的城市绿化行政主管部门负责本行政区域内城市绿化工作,并就绿化的规划、建设、保护和管理以及法律责任进行了较为详细的规定,同时也具有自身的特点。一是在规划方面,明确了规划的主要内容应当包括:绿化发展目标、各类绿地规模和布局、绿化用地定额指标和分期建设计划、植物种植规划。二是强调了对古典名园的保护。三是强调任何单位和个人不得擅自在城市绿地内设置与绿化无关的设施。这与前述吉林省立法是不同的。四是突出了危害绿地行为的补偿措施,如其中规定:"经批准砍伐或迁移城市树木,应当给树木权属单位或个人合理补偿。""各级城市绿化行政主管部门按照规定收取的绿化补偿费、恢复绿化补偿费等费用,实行收支两条线,列入城市绿化专项资金,专款专用,由财政部门监督使用,其收取办法由地级以上市人民政府制定。"五是较之其他许多省级绿化条例,规定了较高的绿化建设标准。六是规定了更详尽的法律责任,并明确了罚款的具体金额。同时,还规定当事人不服行政处罚决定,可以申请行政复议,也可以直接向人民法院起诉。逾期不申请复议或者不向人民法院起诉又不履行处罚决定的,由作出处罚的行政机关申请人民法院强制执行。

(五)江苏省

2018年《江苏省城市绿化管理条例》是在1992年《江苏省城市绿化保护暂行条例》的基础上制定的。该条例与前述立法在立法目的、适用范围和内容方面有诸多相似之处,但是该条例也表现了自身独特性。一是将绿化责任主体扩大到建制镇政府,而非多数地方立法规定的县、区。二是首次强调应当把城市绿化建设作为城市建设的重要组成部分。三是在规划方面,作了更详尽的规定。首先,规定政府应当组织城市规划行政主管部门和城市建设(园林)行政主管部门等共同编制和论证城市绿化规划,并纳入城市总体规划。其次,规定了城市绿化规划更具体的内容:(1)规划依据、指导思想和原则;(2)规划年限和范围;(3)绿地系统布局;(4)绿地指标和定额;(5)各类绿地规划;(6)树种规划;(7)绿地近期建设规划;(8)绿化规划的实施措施。再次,规定了城市绿地应当不低于总用地面积的30%,在旧城改造区,城市绿地应当不低于总用地面积的25%的较高标准。最后,规定了规划的原则,即根据当地的特点,充分利用自然、人文条件,并与文物古迹的保护相结合,突出地方特色。四是允许在城市绿地及其外围二十米范围内开设商业服务摊点的,但必须持工商行政管理部门核发的营业执照,在公共绿地管理单位指定地点从事经营活动。五是规定了较为严格的砍伐移植制度,即城市中所有树木,无论其所有权归属,任何单位和个人不得擅自砍伐、移植。确需砍伐、移植的,必须经城市人民政府建设(园林)行政主管部门批准,并按照规定补植树木或者采取其他补救措施。六是规定了避让制度,即城市各类新建管线应当避让现有树木。

（六）辽宁省

2012 年《辽宁省城镇绿化条例》立法内容与前述立法大体相似,但总体规定较为简洁。有如下自身特点:一是该条例规定绿化主管部门为省住房和城乡建设行政主管部门、市、县人民政府确定的城镇绿化行政主管部门、镇人民政府及街道办事处,依法各自负责辖区绿化工作。二是提出建立总量适宜、分布合理、植物多样、景观优美的城镇绿地系统。三是禁止性行为规定较为详细,主要包括:(1)在树木上刻划、张贴或者悬挂物品;(2)在施工等作业时借用树木作为支撑物或者固定物;(3)剥损树皮、树干、挖根或者随意摘采果实、种子以及损毁花草;(4)向树木旁或者绿地内排放、堆放污物垃圾、含有融雪剂的残雪,以及喷洒、倾倒或者排放有害污水、污油、融雪剂等影响植物生长的物质;(5)在绿地内擅自设置广告牌或者搭建建筑物、构筑物;(6)在绿地内采石、挖砂、取土、建坟、用火或者擅自种植农作物;(7)损坏绿化设施;(8)其他损害绿化的行为。

总之,前述省市级绿化条例,均规定了地方绿化工作的基本制度。尽管各地社会经济发展水平不同,实际情况有所差异,但均是以我国全国性立法为依据制定,分别就绿化的规划、建设、管理和保护等方面进行了规定。无论各地立法是否存在先进性,但其在保护城市绿地上均发挥了重要作用。

第二节　较大的市立法主要内容及具体制度分析

我国"较大的市"包括省会所在市、经国务院批准的较大的市和经济特区所在地的市。截至 2015 年 2 月,我国有 22 个省会、5 个自治区首府、18 个较大的市以及 4 个经济特区等共 49 个较大的市。2015 年《立法法》修改前,31 个省自治区直辖市及上述 49 个较大的市是我国地方立法的主体。这些城市均制定有"绿化条例"或"绿地保护条例",其中规定了城市绿地保护的相关制度。较大的市中,我国 27 个省、自治区省会或首府所在地为河北石家庄、山西太原、内蒙古呼和浩特、黑龙江哈尔滨、吉林长春、辽宁沈阳、山东济南、江苏南京、安徽合肥、浙江杭州、江西南昌、福建福州、河南郑州、湖北武汉、湖南长沙、海南海口、广西南宁、广东广州、四川成都、贵州贵阳、云南昆明、西藏拉萨、陕西西安、甘肃兰州、宁夏银川、青海西宁、新疆乌鲁木齐。尽管 27 个省、自治区通过地方立法制定绿化条例的不到一半（如前所述仅 11 个），但是所有这些省、自治区省会或首府所在的市均制定有"绿化条例"，这些条例是：2016 年《石家庄市城市园林绿化管理条例》、2002 年《太原市城市绿化条例》、2013 年《呼和浩特市城市绿化条例》、2014 年《哈尔滨市城市绿化条例》、1995 年《长春市城市绿化管理条例》、2010 年《沈阳市绿化条例》、2012 年《济南市城市绿化条例》、2012 年制定 2018 年最新修订《南京市城市绿化条例》、1997 年制定 2017 年最新修订《合肥市城市绿化管理条例》、2010 年《杭州市城市绿化管理条例》、1993 年《南昌市城市绿化管理规定》、2015 年《福州市园林绿化管理条例》、1989 年《郑州市城市园林绿化建设管理条例》、1994 年《武汉市城市绿化条例》、1992 年制定 2018 年最新修订《长沙市城市绿化管理条例》、1992 年制定 2016 年修订《海口市城镇园林绿化条例》、1996 年《南宁市城市园林绿化管理条例》、2012 年《广州市绿化条例》、2012 年《成都市园林绿化条例》、1999 年《贵阳市绿化条例》、2011 年《昆明市城镇绿化条例》、1986 年《拉萨市城市绿化条例》、2013 年《西安市城市绿化条例》、1993 年制定并于 2014 年修订《兰州市南北两山绿化管理条例》、1994 年《银川市城市绿化管理条例》、1995 年《西宁市城市园林绿化管理条例》、2012 年《乌鲁木齐城市绿化管理条例》。尽管名称各有不同，但这 27 个绿化条例均规定有城市绿地保护相关制度。

18 个较大的市为唐山市、大同市、包头市、大连市、鞍山市、抚顺市、吉林市、齐齐哈尔市、青岛市、无锡市、淮南市、洛阳市、宁波市、淄博市、邯郸市、本溪市、苏州市、徐州市。尽管名称不尽相同，但也均制定有"绿化条例"。这些条例是《唐山市城市绿化管理条例》、《大同市城市绿化条例》、《包头市城市绿化条例》、《大连市城市绿化管理条例》、《鞍山市城镇绿化条例》、《抚顺市城市绿化管理条例》、《吉林市绿化管理条例》（同时制定有《吉林市城市园林绿化条例》）、《齐齐哈尔市城市园林绿化条例》、《青岛市城市绿化条例》、《无锡市城市绿化管理条例》、《淮南市城市绿化条例》、《洛阳市城市绿化管理条例》、《宁波市城市绿化条例》、《淄博市城市绿化条例》、《邯郸市城市绿化条例》、《本溪市城市绿化管理条例》、《苏州市城市绿化条例》、《徐州市城市重点绿地保护条例》。

4个经济特区深圳、厦门、汕头和珠海均制定有"绿化条例",它们是《深圳经济特区城市园林条例》《厦门经济特区园林绿化条例》《汕头经济特区城市绿化条例》《珠海市城市绿化办法》。

下面分别介绍三类城市中典型城市绿化条例规定的城市绿地保护制度。

一、省会或自治区首府所在地的市

（一）相关立法的主要内容具体制度

尽管我国省级"绿化条例"并不是很多,但是我国所有省会或自治区首府所在地的市均制定有"绿化条例",这些"绿化条例"均规定了城市绿地保护相关制度。下面根据前述排列顺序,拟就该27个省会或自治区首府所在地的市立法作简要介绍,并归纳这些立法的特点。

1.《石家庄市城市园林绿化管理条例》

该条例是在1994年、2004年版本的基础上于2016年制定的,其特点有:

(1)绿化奖惩制度明确,市、县(市、区)人民政府应当对提供有力证据、积极协助执法部门立案调查的第一举报人,视情给予奖励。

(2)提倡推广桥梁绿化、水体绿化、墙体绿化、护坡绿化、积水绿化等多种形式的绿化。鼓励机关、事业单位和文化、体育、教育等公共服务设施的建筑实施屋顶绿化。

(3)规定了经批准砍伐或移植树木、临时占用园林绿地的单位和个人应当承担的费用:砍伐或移植树木的,应按"伐一补五、移一补三"的原则,就近补植同价值的树木,或承担补植所需费用;临时占用园林绿地的,承担恢复绿地费用;毁园林设施的,承担恢复园林设施费用;未落实树木补植计划或未缴纳恢复绿地、园林设施费用的,不得进行相应施工。

(4)临时占用绿地期限一般不超过一年,因特殊需要超过一年的,必须重新办理审批手续。占用期满后,占用单位应当退还,并在规定期限内恢复绿地原貌。

(5)未禁止在城市园林绿地内设置商业、服务摊点、广告等,但要求严格控制。

2.《太原市城市绿化条例》

该条例于 2002 年制定,2010 年和 2016 年经过两次修订,其特点有:

(1)立法目的具有地方特色。即为发展城市绿化事业,保护和改善生态环境,建设整洁、优美的现代化城市。

(2)新建、改建各种管线制度:地下管线的外缘,离市区行道树树干中心不得少于一米;架设电杆、安装消防等设施,离树干中心不得少于一米,高压输电线的高度不得低于九米;其他新建架空线的高度以及已建成的地上地下设施未达到前项规定的,应当统筹兼顾,制定保护措施,服从城市规划的安排。

(3)苗圃的专门规定。城市苗圃、草圃、花圃等生产绿地的建设,应当适应城市绿化建设的需要,其面积不得低于城市建成区总面积的 2%。

3.2013 年《呼和浩特市城市绿化条例》

该条例的特点如下:

(1)规划方面的地方特色要求。城市绿地建设应当按照规划实施,坚持生态、景观相统一和节约资源的原则,选择适合本地气候、土壤等环境条件的绿化植物,体现本地特色和民族风格,突出科学性和艺术性,注重乔木、灌木和花、草的合理配置。

(2)规定绿化的灌溉措施。市人民政府推广使用喷灌、滴灌等节水灌溉方式,组织建设雨水收集系统和再生水管网系统,逐步实现城市绿化用水使用雨水和再生水。

(3)城市绿地保护管理责任人制度。责任人应当按照国家和本市有关绿化保护管理规范,加强对绿地日常保护管理,及时清除绿地内的垃圾、污水,补植、修剪、扶正树木,按照规定移植、砍伐树木或者其他植物,根据需要设立警示标志和必要的防护设施,制止损害树木花草和绿化设施的行为,保持绿地按季节枝繁叶茂、园容整洁优美、绿地功能完整和绿化设施完好。发现绿化违法行为,及时通知市城市绿化主管部门。补植制度。城市绿地保护管理责任人应当在植物死亡后的第一个绿化季节进行补植更新。城市绿地范围内树木的修剪由城市绿地的保护管理单位负责,其他单位和个人不得擅自修剪。架空线养护单位发现树木生长影响架空线安全时,及时通知城市绿地的保护管理单位,向其提出修剪要求。属于市城市绿化主管部门保护管理的绿地,由其专业人员进行修剪。

(4)禁止性行为具有特色,主要包括:倾倒垃圾、排放污水,堆放杂物及有毒有害物质;利用树木作为支撑物或者固定物;在树木和绿化设施上涂写、刻画、悬挂物品;攀、折、钉、拴、腐蚀树木,采摘花草果实,挖根、剥离树皮,踩踏草坪;放养家禽、家畜;用火、燃放烟花爆竹;行驶、停放车辆;擅自进行经营活动;擅自拦河截溪、挖砂取土等。

4.2014年《哈尔滨市城市绿化条例》

(1)严格详细的改变绿地性质制度。规定禁止以任何名义和形式侵占城市绿地,不得擅自改变城市绿地性质。确因公共利益需要改变城市绿地性质的,属于一级保护地块的城市绿地,市人民政府应当提前三十日提出调整方案,经市人大常委会审议批准后,依法履行相关审批程序;其他城市绿地经市、县(市)人民政府按照规定程序批准,并按照审批权限分别报市、县(市)人大常委会备案。对于新建成的符合一级保护地块条件的城市绿地,市人民政府应当及时补充到保护目录中,报市人大常委会审议确定后,向社会公布。经批准改变城市绿地性质的,城乡规划行政主管部门应当按照改变城市绿地的面积和性质在同等土地价格地段内就近规划新的城市绿地。

(2)建设方面。首先,规定了严格的建设标准。建设项目城市绿化用地面积占建设项目用地总面积的比例未达到规定标准的,建设单位应当按照城乡规划行政主管部门依法确定的地点及范围异地建设所缺面积的绿地,并承担建设费用,由有关行政主管部门追缴土地出让金等相关费用。违反规定的,责令限期改正,并对建设单位按照不足绿地面积数处以所在区域当年基准地价的一倍以上两倍以下罚款。城市绿化工程取得建设工程规划许可证之前,市城市绿化行政主管部门应当按照有关规定在部门联合会审中对绿化工程相关内容进行审查。其次,明确规定绿化材料。城市立交桥、道路隔离带等市政公用设施及高架道路下用地,适宜绿化的,应当实施绿化。城市主要道路两侧沿线单位,应当实施通透式绿化。城市绿地内铺装道路、广场和有行道树的人行道等,应当使用透水、透气、防滑材料。

(3)养护方面。第一,规定施工单位应当按照施工合同约定的期限承担养护责任。养护期满后,按照规定由城市绿化行政主管部门承担养护责任的城市绿化工程,建设单位应当及时与城市绿化行政主管部门进行建管交接,建管交接应当通知财政部门参加。建设单位与城市绿化行政主管部门进行城市绿化工程建管交接应符合法定条件,即按照设计文件完成全部项目建设;植物长势良好,成活率100%;附属设施及建筑小品完好率达到100%;竣工验收合格,竣工资料齐全,竣工决算已由有关部门审定。第二,临时绿化制度。建设单位取得土地使用权后不能在春、夏季开工建设的,应当实施临时绿化,利用植物覆盖裸露土地,防止扬尘。第三,明确城市绿化保护管理责任单位职责:建立管理制度;做好绿化植物养护巡视,按照绿化养护规范修剪、浇水、防治病虫害、施肥扶壮等,保证植物正常生长;加强绿化设施日常维护,保持完整美观;发现枯死树木,及时报告,并按照有关规定清除、补植。第四,城市绿化行政主管部门应当建立城市绿化信息管理系统,定期对城市绿地位置、面积、植物种类、数量、城市绿地养护管理责任单位、养护管理情况等信息进行采集、整理、分析、更新,并且每年向社会公布。城乡规划、城乡建设、住房保障和房产管理、林业、交通运输、水务等有关部门应当向城市绿化行政主管部门提供相关信息。第五,开发利用绿地地下空间的,应当符合有关建设规范,确保地下设施上缘留有符合植物生长要求的覆土层,不得影响树木正常生长和绿地的使用功能。违反规定的,责令改正,并对建设单位处二万元以上五万元以下罚款。第六,因树木生长影响线缆、交通设施、高架线等公共设施安全的,线缆或者交通设施管理等单位应当在城市绿化行政主管部门指导、监督下修剪。违反规定的,责令改正,并处以每株五百元以上一千元以下罚款;造成树木死亡的,处以树木赔偿费三倍以上五倍以下罚款。第七,树木移植制度严格明确。禁止擅自移植树木,确因公共利益需要移植树木的,建设单位应当向树木所在地的市、县(市)城市绿化行政主管部门提出申请,经批准后方可实施移植。树木移植五日前,由审批部门在施工现场进行公示。同一工程需要移植或者砍伐乔木超过五十株的,由市、县(市)城市绿化行政主管部门审核后报市人民政府批准。违反规定的,责令改正,并处以树木赔偿费三倍以上五倍以下罚款。经批准移植树木的,申请人应当向城市绿化行政主管部门缴纳成活保证金。补栽、移植成活的,退还保证金;未成活的,以保证金抵作栽植费用。移植树木应当由具有相应资质的施工单位实施。施工单位应当按照树木移植技术规程进行移植。违反规定的,责令改正,并对建设单位处以五千元以上一万元以下罚款,并对施工单位处以五千元以上一万元以下罚款。第八,绿地占挖费、绿地恢复费、树木赔偿费和成活保证金的标准应当由价格、财政、城市绿化行政主管部门共同拟定,报市人民政府批准。政府收缴的绿地占挖费、树木赔偿费和扣缴的绿地恢复费、树木保护押金、成活保证金应当专项用于城市绿化。

　　(4)监督方面。第一,规定了信息共享和协助机制。城市绿化行政主管部门、城市管理行政执法部门和相关部门应当建立健全信息共享的协作机制，按照职责对城市绿化活动实施监督检查。第二，规定了监督程序。城市绿化行政主管部门发现违反城市绿化管理的行为时，应当及时告知城市管理行政执法部门，城市管理行政执法部门应当及时查处，并将查处结果在两个工作日内告知城市绿化行政主管部门。城市管理行政执法部门发现违反城市绿化管理的行为时，应当及时告知城市绿化行政主管部门，对绿地面积、数量、标准或者涉及城市绿化专业内容的事项不能直接确认的，书面征求城市绿化行政主管部门意见。城市绿化行政主管部门应当在两个工作日内予以答复，城市管理行政执法部门应当将查处结果在两个工作日内告知城市绿化行政主管部门。第三，明确规定了行政处罚的实施。行政处罚，实行相对集中行政处罚权的，由集中行使行政处罚权的部门实施；未实行相对集中行政处罚权的，由有关行政主管部门依据职责实施。对行政处罚未作具体规定的，由有关部门依据相关法律、法规、规章的规定实施。第四，日常巡查制度。城市绿化行政主管部门应当会同城市管理行政执法部门建立日常巡查制度，及时纠正和查处损害城市绿化的行为。第五，完善投诉制度。城市绿化行政主管部门、城市管理行政执法部门应当设立举报电话，接受举报投诉。接到投诉举报后应当在五个工作日内完成核查、处理，并将处理情况反馈举报投诉人。

（5）法律责任上，除了规定详细的行政和刑事责任外，还明确规定了城市绿化行政主管部门以及其他有关行政管理部门的工作人员玩忽职守、滥用职权、徇私舞弊的行政责任以及监察机关或者本部门对其主管领导和直接责任人的行政问责制度。

5.《长春市城市绿化管理条例》

该条例于1995年制定，经过了2004年、2011年和2014年三次修订，其特点有：

（1）提出了建设绿色宜居森林城的目的。

（2）单位附属绿地的绿化规划、建设制度。即由该单位自行负责，五百平方米以上的，绿化规划应当报所在区园林绿化主管部门备案。应当以植物造园、乡土树种为主，实现多品种、多形式、多层次的绿化，提倡利用空间发展垂直绿化，提高生态效益和景观效果。

（3）绿化不达标时同类地段的易地绿化制度。因公共设施改造、历史文化街区修复以及历史遗留问题等特殊情况，建设工程绿化用地面积达不到规定标准,又确需进行建设的,经市人民政府批准后,可以在同类地段进行易地绿化。未按规定易地绿化的,应当按照规定向市园林绿化主管部门缴纳城市易地绿化补偿费。城市易地绿化补偿费应当上缴财政专户存储,专款用于城市绿化建设。

(4)智慧化管理。市园林绿化主管部门应当会同相关部门,建立城市绿地信息化管理系统,对城市绿地实施智慧管理。

(5)谁管理、谁防治制度。城市绿地的管理单位,应当按照谁管理、谁防治的要求,采用先进、实用的防治技术,加强对园林植物病虫害的防治。发现园林植物病虫害后,应当及时向市园林绿化主管部门报告,不得隐瞒或者虚报,并按照要求做好消杀、防治工作。

(6)相关部门协作制度。供电、供热、供气、电信、交通、给排水及其他城市基础设施建设项目可能影响城市绿化的,建设单位应当在设计、施工前,会同城市绿地管理单位确定保护措施。

(7)临时占用绿地的特别情况是城市基础设施和军事设施建设,要在施工前报市园林绿化主管部门同意,并按照有关规定办理临时用地手续。使用期满建设单位应当及时予以恢复,造成损失的,应当予以补偿。但没有规定临时占用的具体期限。

(8)利用绿地设置公益性广告设施制度。禁止在城市绿地内设置商业性广告设施。需要临时占用城市绿地设置公益性广告设施的,应当经市园林绿化主管部门同意。

(9)湿地、河流、沟渠、水塘保护制度。市、区人民政府应当加强对现有湿地、河流、沟渠、水塘的保护、治理和利用。任何单位和个人不得改变湿地、河流、沟渠、水塘的地形和自然地貌。

(10)砍伐、更新树木或移植树木的规定。不得擅自进行前述行为。但按照城市规划或者存在安全隐患可能造成人身伤害、财产损失确需移植的,树木所有者或者管理者应当报市园林绿化主管部门批准,超过一百株的,报市人民政府批准。经批准移植树木的,应当移植于园林绿化主管部门确认的城市绿地,并在移植树木旁设置标志。树木移植一年内未成活的,树木所有者或者管理者应当补植相应的树木或者按照规定缴纳树木补偿费。对应当移植而确无移植价值的树木,可以向园林绿化主管部门申请砍伐,经批准砍伐树木的,树木所有者或者管理者应当按照规定缴纳树木补偿费。

(11)树木修剪制度。不得擅自修剪,特定情形下,经市园林绿化主管部门批准后,按照相关规定和规范进行修剪:城市公共基础设施建设需要的;危及管线、架空线、交通设施等公共设施安全的;对人身安全或者其他设施存在安全隐患的;严重影响居民住宅通风采光等。因不可抗力致使树木倾斜危及管线和其他公用设施安全的,管线和其他公用设施管理单位可以先行处理,但应当及时报告市园林绿化主管部门。

6.《沈阳市绿化条例》

该条例于2001年制定,2010年修订。

(1)规定绿化建设以政府投入为主、社会投入为辅,鼓励单位和个人以投资、捐资等形式参与绿化建设。

(2)规划制度严格。首先,编制绿地系统规划,应当坚持改善生态环境与丰富景观相结合的原则,充分利用和保护自然资源和人文资源,根据人口规模、服务半径、城乡面积,保证绿化用地的需要,合理确定绿化目标、绿地布局和各类绿地的控制原则。其次,市规划主管部门会同市绿化主管部门共同编制本市绿地系统规划,报市人民政府批准,纳入城市总体规划。编制市绿地系统规划,应当采取公布草案和召开论证会、听证会等形式征求有关部门、社会公众和专家的意见。市绿地系统规划经市人民政府依法批准后,应当向社会公布。最后,变更绿化用地规划严格。任何单位和个人不得擅自调整规划绿线。确因基础设施建设等公益项目需要调整绿线的,市规划主管部门应当征求市绿化主管部门的意见,并报市人民政府批准。并且调整绿线不得减少规划绿地的总量。因调整绿线减少规划绿地的,应当落实新的规划绿地。因建设和特殊情况需要改变绿地使用性质的重大项目,须由市人民政府提请市人民代表大会常务委员会审议。绿化规划的调整涉及城市总体规划布局变更的,由市人民政府提请市人民代表大会常务委员会审议后,依法履行报批程序。

(3)建设项目绿化应符合法定标准,因特殊情况达不到附属绿化用地标准的,规划主管部门在审批建设工程规划许可证时,应当征求绿化主管部门的意见;建设单位应当按照所缺绿地面积,向绿化主管部门缴纳绿化建设补偿费。绿化建设补偿费缴入市财政非税收入专户,实行收支两条线管理,专款专用,由绿化主管部门在建设项目所在区、县(市)范围内安排绿化建设。

(4)实行绿地登记制度。绿化主管部门应当会同规划、土地等主管部门对绿地进行登记造册,确认绿地权属,明确保护和管理责任。

(5)保护和管理制度具有地方特色。首先,禁止利用公园绿地开办各类市场或者占用公园绿地进行经营活动。因建设或者其他特殊情况需要占用绿地、改变绿地性质的,经批准后,由占用单位承担易地绿化建设费用。因建设或者其他特殊情况需要临时占用绿地的,应当报经市绿化主管部门批准,缴纳绿地占用费,并到规划、土地主管部门办理手续。占用期满后,由绿化主管部门恢复绿地。临时占用绿地的时间一般不得超过一年。绿地占用费用于绿化建设,专款专用。其次,禁止性行为规定详细:在树上刻划或者张贴、悬挂物品;在施工等作业时借用树木作为支撑物或者固定物;攀树、折枝、挖根,剥损树皮、树干或者随意摘采果实、种子;践踏、损毁花草;在绿地内堆放物料或倾倒有害污水、污物垃圾;在绿地内或树木旁动用明火;在绿地内设置广告牌或搭建临时建筑;在绿地内采石、挖砂、取土、建坟;损坏绿化设施等。

7.2011年《济南市城市绿化条例》

(1)提倡群众性城市绿化工作,鼓励采用民事协议方式促进单位或者个人对绿化投入,对冠名权固定一定的期限。该条例第7条规定:"市、县(市、区)人民政府应当组织开展群众性城市绿化工作,鼓励单位和个人以投资、捐资、认养等方式,参与城市绿化建设和养护工作。投资的单位或者个人按照协议享有合法权益。捐资、认养的单位或者个人可以享有一定期限的绿地冠名权。"

(2)强调机关、学校、企事业单位和新闻媒体对城市绿化保护的宣传教育,提高市民爱护城市绿地的意识。规定任何单位和个人都有保护城市绿地、树木花草以及城市绿化设施的义务,有劝阻和举报损害城市绿化行为的权利。

(3)城市绿化主管部门及时回复制度。条例规定,建设单位在申请办理建设工程规划许可证时,应当向城乡规划主管部门一并提交该工程项目的附属绿化工程设计方案。城乡规划主管部门应当将附属绿化工程设计方案移交城市绿化主管部门审查。城市绿化主管部门应当自收到附属绿化工程设计方案之日起五日内勘查现场,向城乡规划主管部门回复审查意见;逾期不回复的,视为同意。

(4)公开绿地养护信息。绿地养护责任单位应当按照市城市绿化主管部门制定的绿地养护管理质量标准进行养护管理。城市绿地养护管理责任考核情况,由市、县(市、区)城市绿化主管部门每年向社会公布。

(5)详细的禁止性行为规定。这些行为包括:①挖坑取土,乱扔污物,排放污水，堆放、焚烧物品，损坏绿篱、花坛，捕猎放牧；②在正常树冠垂直投影范围内兴建建（构）筑物，拴绳挂物，钉、划树木，刻扒树皮，攀折花木，滥采树籽；③损坏、盗窃绿化设施；④私设坟墓；⑤其他损害绿地、树木的行为。

（6）专门设立监督检查的具体制度。①市、县（市、区）城市绿化主管部门和城市管理行政执法部门应当加强城市绿化监督管理，建立日常巡查制度，对侵害城市绿化的行为，应当责令停止侵害，限期改正。②市、县（市、区）城市绿化主管部门应当加强城市绿化的资源调查、监控预警、服务指导、知识普及，建立和完善管理信息系统，依法公布相关信息。③城市绿化主管部门、城市管理行政执法部门应当加强工作协调，实现城市绿化管理信息共享，建立工作联动机制。④城市绿化主管部门发现违反城市绿化管理的行为时，应当自发现之日起五日内告知城市管理行政执法部门，城市管理行政执法部门应当将查处结果在七日内告知城市绿化主管部门。⑤城市管理行政执法部门发现违反城市绿化管理的行为时，应当自发现之日起五日内告知城市绿化主管部门，并对作出的处罚决定及执行情况，自作出决定之日和执行完毕之日起七日内告知城市绿化主管部门。⑥城市绿化主管部门、城市管理行政执法部门应当建立投诉举报受理机制，自接到投诉、举报之日起十日内核查、处理并予以答复。⑦违法承揽工程设计、施工和监理的，城市绿化主管部门应当予以制止，并可以向社会公告，同时移送有关资质审批机关处理。

8.《南京市城市绿化条例》

在1999年《南京市城市绿化管理条例》的基础上，该条例于2012年制定，2018年最新修订。该条例较好地体现了地方特色，内容详尽，制度完备，具有可操作性。主要体现在如下方面：

（1）重视社会力量的参与。市、区人民政府应当组织、推动全民义务植树等群众性城市绿化活动。机关、企事业单位应当开展植树工作，并组织适龄市民参加社会义务植树活动。鼓励单位和个人以投资、捐资、认种、认养等方式，参与城市绿化建设和养护工作。鼓励社会组织和志愿者开展城市绿化服务工作，引导市民参与城市绿化保护活动。重视社会组织和志愿者的作用。

（2）宣传与法律意识的培养。机关、企事业单位应当加强绿化科学知识、法律法规和建设环境友好型社会的宣传，增强市民履行绿化义务和保护绿化成果的意识。

（3）信息公开制度。城市绿地系统规划应当在批准前十日内公示，并采取召开论证会或者听证会等形式公开征求意见。绿化建设、养护和管理等信息应当自形成或者批准之日起二十日内向社会公开：经依法批准或者批准修改的城市绿地系统规划；经依法划定或者调整的城市绿线；城市绿化行政许可条件、程序以及依法作出的绿化行政许可决定；城市绿化监督检查的情况以及处理结果等。

（4）在建设方面，规定：①关于绿化标准。除了规定各类建筑的绿化比例外，还规定在历史文化街区、历史风貌区和历史街巷内进行建设活动，不得减少原有的绿地面积。②强调信用信息管理。绿化工程和建设工程项目附属绿化工程的设计、施工、监理，应当符合有关技术标准、规范和信用信息管理规定。③规定绿化完成的时间要求及与商品房买卖的联系。建设工程项目附属绿化工程应当与主体工程统一安排施工，在不迟于主体工程建成后的第一个绿化季节完成。居住区建设工程项目分期建设的，其附属绿化工程的建设时序，根据规划条件，作为国有土地使用权出让合同或者划拨土地条件的内容应当予以明确。居住区建设工程项目附属绿化用地的面积和位置应当在房屋买卖合同中予以明示。④绿地面积的保持措施。居住区住宅建设工程项目附属绿化工程竣工后，建设单位应当在居住区的显著位置永久公示绿地平面图。⑤建设单位委托不具备相应资质的单位进行建设工程项目附属绿化工程设计的，由绿化行政主管部门责令限期改正，并处以五万元以上二十万元以下罚款。⑥不具备相应资质从事城市建设工程项目附属绿化工程设计的，由绿化行政主管部门责令停止违法行为，没收违法所得，并对设计单位处以违法所得一倍以下罚款。⑦简易绿化或临时绿化。半年内未开工建设的建设项目用地具备绿化条件的，土地使用权人或者建设单位应当按照绿化行政主管部门的要求，进行简易绿化。

（5）管理与保护方面，规定：①设立保护管理责任人制度.城市绿化保护管理责任人应当落实保护管理费用，按照绿化养护技术规范实施养护并做好记录。发现死亡缺株的，适时补植更新；设施损坏的，及时修复。保护管理责任人对树木进行修剪的，电力、电信、有线电视、公安机关交通管理等单位和部门应当予以配合。②专业化养护制度。政府投资建设的城市绿地应当通过招标等方式，确定绿化养护企业实施专业化养护管理。③规定较全面的禁止性行为，包括禁止在树木上刻划、钉钉，缠绕绳索，架设电线电缆或者照明设施；擅自采摘花果、采收种条、采挖中草药或者种苗；损毁草坪、花坛或者绿篱;挖掘、损毁花木;擅自在绿地内取土,搭建(构)筑物,围圈树木,设置广告牌;在距离树干一点五米范围内埋设影响树木生长的排水、供水、供气、电缆等各种管线或者挖掘坑道;在花坛、绿地内堆放杂物,倾倒垃圾或者其他影响植物生长的有毒有害物质;损坏绿化设施;损坏城市绿地的地形、地貌等共9项。④规范临时占用制度。因城市建设需要临时占用绿地的,建设单位应当征求所有权人意见,并经绿化行政主管部门批准,按照有关规定办理临时用地手续;临时占用城市绿地需要移植树木的,应当一并申请。并明确申请临时占用城市绿地应当提交材料,其中包括申请书、拟恢复的效果图及承诺书;占用绿地的位置、面积、附着物等现实情况;项目立项以及用地、规划等证明文件;绿地所有权人书面意见或者双方签订的协议书;法律、法规规定应当提交的其他资料等十分详尽。同时规定绿化行政主管部门应当自受理申请之日起十五日内作出是否许可的决定;不予许可的,应当书面说明理由。市区已建成的面积在一万平方米以上的绿地,由市人民政府确认为永久性绿地,报市人民代表大会常务委员会备案,并向社会公布。永久性绿地不得占用或者改变其用途。⑤严格的大修剪、移植和砍伐树木制度。该条例规定,申请大修剪、移植或者砍伐树木的,申请人应当提交下列材料:申请书;实施方案及大修剪、移植后续养护方案;移入地有关单位或者个人出具的养护责任承诺书;树木所有权人书面意见或者双方签订的协议书;与实施大修剪、移植的单位签订的委托书;被委托单位具有大修剪、移植能力的情况说明;法律、法规规定的其他材料。申请移植、砍伐十棵以上或者胸径八十厘米以上的行道树或者居住区树木的,还应当提交当地相关居民的意见和绿化专家评审论证结论。移植或者砍伐树木,应依法申请审批,不同类型的树木由不同的部门审批,如城市窗口地区、重点路段等涉及城市重大公共利益以及主干道行道大树数量较多的,由市绿化行政主管部门提出审核意见,报市人民政府批准;前述以外的主干道树木,由市绿化行政主管部门批准,报市人民政府备案;次干道、支路、街坊路的树木,由所在地区绿化行政主管部门提出审核意见,报市绿化行政主管部门批准;公园绿地的树木,由市绿化行政主管部门批准;机关、团体、企事业单位和居住区的树木,由所在地区绿化行政主管部门提出审核意见,报市绿化行政主管部门批准。大修剪树木的,由所在地区绿化行政主管部门提出审核意见,报市绿化行政主管部门批准。因抢险救灾确需大修剪、移植或者砍伐城市树木的,可以先行实施移植、砍伐或者大修剪,并及时报告绿化行政主管部门和树木所有权人,在险情排除后五日内补办审批手续。上述审批事项,经市人民政府批准后,可由所在区绿化行政主管部门审批。市绿化行政主管部门对前述第一、二项事项进行审批前,应当按照有关规定进行必要性和可行性论证,向社会公示并征求公众意见。经批准移植树木的,申请人应当移植于绿化行政主管部门确认的城市绿地,并对树木所有权人进行补偿。树木移植后一年内未成活的,申请人应当在第一个绿化季节补植相应的树木。经批准砍伐的,申请人应当对树木所有权人进行补偿,并按照伐一补三的原则补植树木。除抢险救灾外,大修剪、移植或者砍伐城市树木,大修剪、移植古树名木以及临时占用城市绿地的,施工单位应当在现场显著位置设立公示牌进行公示。公示期自施工之日起至完工之日止。公示牌应当注明批准机关、批准项目、批准期限、施工单位、施工负责人及监督电话等。规定十分详尽,具有可操作性。⑥行道树规定。行道树形成的城市林荫道,由市人民政府确认为绿色廊道,报市人民代表大会常务委员会备案,并向社会公布。绿色廊道的树木,除抢险救灾、死亡或者存在安全隐患需要更新外,不得砍伐。

(6)监督检查方面,规定:①强调检查落实,规定市、区人民政府应当加强对城市绿地系统规划、城市绿线划定以及实施情况的监督检查。②镇人民政府(街道办事处)应当安排专职或者兼职绿化管理人员,指导村民委员会(居民委员会)共同做好绿化管理工作。③市绿化行政主管部门应当制定城市绿化养护技术规范,根据社会发展情况进行修订,并对城市绿化保护和管理工作进行检查、监督和指导。④绿化行政主管部门应当会同相关部门建立植物疫情监测预报网络,编制绿化防灾应急预案,健全有害生物预警预防控制体系,加强绿化植物的检疫和有害生物防治。⑤绿化行政主管部门应当会同有关部门定期开展城市绿化资源调查,建立绿化资源档案和绿化信用考核体系,完善绿化管理信息系统。⑥绿化行政主管部门应当会同相关部门建立工作协调机制,加强城市绿化工作监督检查,依法查处违反城市绿化管理规定的行为。⑦实施绿化监督检查时,可以要求有关单位和个人提供与监督检查事项有关的文件、资料,并根据需要进入现场勘察,调查了解有关情况,查阅、复制有关文件、资料。对损害城市绿化的行为,应当责令停止违法行为,并限期恢复原状。执法人员履行前款职责,应当出示行政执法证件。被监督检查的单位和个人应当配合,不得妨碍和阻挠监督检查活动。

9.《合肥市城市绿化管理条例》

该条例于1997年制定,经2009年和2013年两次修订,特点如下:

(1)突出规定了各方当事人的义务。市、县(市)区人民政府应当组织、推动全民义务植树等城市绿化活动。机关、团体、部队、企事业单位和具有劳动能力的适龄公民都应当积极参加全民义务植树活动和履行其他绿化义务。鼓励单位和个人以投资、捐资、认建、认养等形式,参与绿化的建设和养护。投资、捐资、认建、认养的单位或者个人可以享有绿地、树木一定期限的冠名权。鼓励社会组织和志愿者开展城市绿化服务工作,引导市民参与城市绿化保护活动。

(2)城市绿化管理保护责任分配制度。①政府投资的绿地,由市、县(市)区绿化行政主管部门和相关部门负责。②单位或者个人投资的绿地,由产权人或者经营管理者负责。③实行物业管理的居住区的绿地,由物业服务企业负责;未实行物业管理的居住区的绿地,由产权单位或者街道办事处、镇(乡)人民政府负责。④建设工程用地范围内保留的绿地由建设单位负责。责任交叉或者责任不明确的绿地由绿化行政主管部门确定责任单位。政府投资的城市绿地的养护,应当通过招标方式确定养护单位。养护单位应当按照国家和本市绿地、树木养护规范对绿地、树木进行养护,并做好防火、防治病虫害等工作,遇有大风、暴雨、暴雪等灾害性天气时应当对树木采取安全防护措施。

(3)花草树木的权属划分及管理制度。城市内的树木花草所有权受国家保护,并各依其权属:①政府投资种植的树木花草,归国家所有。②各单位在其用地范围内种植的树木花草,归本单位所有。③居民庭院内个人种植的树木花草,归个人所有;除此之外,其权属由种植方和土地使用权人约定。城市内的树木,无论其权属,除正常养护修剪外,不得擅自修剪、移植和砍伐。确需修剪、移植和砍伐的,应当经绿化行政主管部门批准。

(4)绿化行政主管部门在执法方面的责任和义务。市绿化行政主管部门应当建立植物疫情监测预报网络,编制绿化防灾应急预案,健全有害植物和有害生物预警预防控制体系。绿化行政主管部门应当加强日常巡查工作,发现的违法案件,应当及时移送城市管理部门或者公安机关处理;发现绿化损毁的,应当及时组织补种、补植。绿化行政主管部门应当加强城市绿化资源调查、监测,完善城市绿化管理信息系统。

10.《杭州市城市绿化管理条例》

该条例于 1988 年制定,经历了 1997 年和 2010 年修订。该条例结合地方特色,具有一定的独特性。

(1)在职能分工上,除了和前述其他立法一样,规定了各级绿化行政主管部门的职责分工及建设、城乡规划、国土资源、城管、财政、价格、城管执法等各部门相互协作外,该条例还规定委托管理的职能,即市城市绿化管理机构可以受市城市绿化行政主管部门委托,具体负责市城市绿化养护和绿化工程建设的招标投标管理;市城市绿化工程质量安全监督机构可以受市城市绿化行政主管部门委托,具体负责绿化工程的质量及安全监督管理。

(2)在建设方面,与上海立法相似,鼓励屋顶绿化、垂直绿化等多种形式的立体绿化和开放式绿化。新建机关、事业单位和文化、体育、教育等公共服务设施以及商业、金融等建设工程项目,其建筑适宜采取屋顶绿化的,应当实施屋顶绿化。城市高架道路、轨道交通等市政公用设施适宜采取垂直绿化的,应当实施垂直绿化。城市主要道路两侧沿线单位,除有特殊安全需要外,应当实施开放式绿化。

(3)养护方面规定详细且具有自身特点。①明确了养护费用的分配,主要根据绿地建设资金来源,分别确定养护单位,不同的养护单位要求采用不同的养护管理形式,如使用财政性资金实施养护的城市绿地,绿地养护管理单位委托专业养护单位实施日常养护管理的,应当通过招标投标方式确定具备相应养护能力的单位。②养护技术规范的制定与实施。市城市绿化行政主管部门应当制定绿地养护技术规范,并报市人民政府批准公布后施行。绿地养护管理单位应当按照绿地养护技术规范实施养护管理,并制定防灾减灾应急预案,遇台风、大风、暴雨等灾害性天气时,应当对树木采取安全防范措施。③具体养护行为方面,条例明确修剪树木、迁移树木的例外规定为:(a)城市建设需要;(b)严重影响居民采光、通风或居住安全;(c)树木对人身安全或其他设施构成威胁。对砍伐树木的例外规定除了前三项外,还包括:(a)发生检疫性病虫害确实无法挽救或者树木自然枯死;(b)影响其他树木生长抚育,且树木无迁移价值。上述行为在程序上均应向所在地的区城市绿化行政主管部门提出申请,由市、区城市绿化行政主管部门根据市人民政府规定的职责分工作出决定。

11.《南昌市城市绿化管理规定》

该条例于 1993 年制定,经过了 1997 年、2001 年、2005 年和 2010 年四次修订。

(1)公民应当依法履行植树和其他绿化义务;各单位应当组织职工参加义务植树和绿化环境的活动。任何单位和个人都有保护树木花草和绿化设施的责任。对破坏或者损害绿化的行为有权制止和向有关单位举报;城市绿化主管部门或者有关行政管理部门对破坏或者损害绿化的行为应当及时查处。

(2)鼓励和加强城市绿化的科学研究,推广先进技术,提高城市绿化的科学技术和艺术水平。

(3)规划制度中,规定城市绿化应当统一规划,因地制宜,突出科学性和艺术性,体现民族风格和地方特色,以植树选景为主,选用结合本市自然条件的树木花草,并适当配置泉、石、雕塑等景物,但没有规定公示制度。

(4)树木确权制度,法律保护所有者和管理者的合法权益。种植树木的收益和经批准砍伐后的木材归所有者。但绿地规划范围内的树木、绿篱,不分权属,禁止擅自砍伐或者移植。因国家建设或者其他特殊需要,在按规定权限报经批准并取得城市绿化主管部门发给的许可证后,方可砍伐或者移植。

(5)占用绿地分类管理制度。城市广场绿地、公园、风景湖泊、风景林地及市政工程配套绿地严禁占用。城市其他绿化用地,任何单位和个人不得擅自占用。因城市规划调整或者市级以上重点工程建设确需占用城市绿地的,确需变更的,应当按照规划编制程序,报原批准机关批准并报原备案机关备案。所占用的绿地面积由城市绿化主管部门统一安排异地绿化,所需费用由建设单位承担。法律、法规另有规定的,从其规定。

(6)临时占用绿地许可证制度。因建设需要临时占用绿地的,占用单位应当报市城市绿化主管部门批准,取得临时占用绿地许可证,并给予绿地权属单位相应的补偿后方可占用。临时占用绿地不得超过建设工程项目的建设期限,到期必须归还,并负责恢复绿地,但临时占用具体期限没有规定。

12.《福州市园林绿化管理办法》

该条例于1992年制定,1997年、2000年和2015年三次修订。

(1)规划公开制度。城市绿地系统规划报批前,组织编制部门应当将规划草案予以公示,并采取论证会、听证会等形式征求有关部门、专家和社会公众的意见。城市绿地系统规划在实施中因城市建设确需调整的,应当按照原审批程序重新报批。园林绿化主管部门应当建立现有城乡园林绿地和规划园林绿地的数据库,实施园林绿地数据的动态管理,并向社会开放。

(2)建设"三同时"制度。建设项目附属绿化工程应当与建设项目主体工程同时规划、同时设计、同时投资。城乡规划主管部门对建设项目的建设工程规划总平面图进行审批后,应当在两个工作日内抄告园林绿化主管部门。建设单位应当按照批准的建设工程规划总平面图进行园林绿化建设,完成绿化的时间不得迟于主体工程竣工后的下一个绿化季节。园林绿化工程和建设项目附属绿化工程应当纳入建设工程竣工验收范围。

(3)严格改变园林绿化规划用地性质或者占用园林绿化用地,因公共利益确需改变园林绿化规划用地性质或者占用园林绿化用地的,应当经城乡规划主管部门会同园林绿化主管部门报同级人民政府批准。建设单位应当就近在同一等级范围内建设同等面积的园林绿地;不能就近建设的,建设单位应当按照规定缴纳绿化补偿费。

(4)临时占用制度。因公共设施建设需要临时占用园林绿地的,应当经园林绿化主管部门批准,并按照规定缴纳绿化补偿费。临时占用园林绿地的期限不得超过一年;确因技术工艺需要延长的,应当办理延期手续,延期最长不得超过一年;临时占用期满,应当在十个工作日内恢复。

(5)砍伐、移植树木审批程序严格,分别有园林绿化主管部门审批、市人民政府批准和人大常委会备案三个程序。

(6)禁止性行为详细,包括:在园林绿地上停放车辆;在园林绿地和道路两侧绿篱内设置营业摊点、饲养家畜家禽、私囤苗木、种植蔬菜及其他农作物;在园林绿地内堆放物料;在树木根部封砌、封固地面;向园林绿地和树木倾倒生活垃圾、污水等废弃物;偷盗、损坏树木花草;损坏园林绿化设施;在树冠下或者草坪、花坛上用火等行为。

13.《郑州市城市园林绿化条例》

该条例于在 1989 年制定并经过 1996 年、2000 年和 2005 年修订的《郑州市城市园林绿化建设管理条例》的基础上,于 2012 年制定,其特点如下:

(1)明确提出保障城市园林绿化发展所需用地和资金,逐年增加绿地面积。

(2)在职责分配上,规定城乡规划、国土资源、建设、财政、城管、价格、水务等部门根据各自职责做好城市园林绿化工作,突出了价格等部门的配合。

(3)绿化原则上,提出了以人为本、生态优先、科学规划、严格保护、因地制宜、节约资源,注重植物景观营造、生物多样性保护和乡土植物应用的原则,其中节约资源,注重植物景观营造、生物多样性保护和乡土植物应用的原则具有独特性。

(4)明确了绿化义务主体。规定任何单位和个人都有保护城市园林绿化及其设施的义务,对破坏城市园林绿化及其设施的行为,有权进行劝阻、投诉和举报。机关、企业事业单位、社会团体、学校、社区及其他组织,应当引导本单位人员、在校学生、居民等履行绿化义务,保护绿化成果。新闻媒体应当加强园林绿化科学知识、法律法规的宣传工作,增强公民履行绿化义务和保护绿化成果的意识。

(5)在建设方面,提倡积极推广屋顶绿化、垂直绿化等多种形式的立体绿化。公园、绿化广场沿街部分,城市主要道路两侧沿线单位,除有特殊安全需要外,应当实施开放式绿化。行道树应当选用寿命长、抗逆性强、遮阴效果良好的树种。道路单侧种植双排以上行道树。

(6)在保护方面,规定:A.绿化植物和设施的管护,按照专业管护与社会养护相结合的原则,实行地段责任制,保证植株健壮、设施完好。B.设置户外广告不得影响绿化植物正常生长,不得遮挡城市园林绿化景观。C.禁止下列行为:偷盗、践踏、损毁树木花草;借用树木作为支撑物或者固定物、在树木上悬挂广告牌;在树旁和绿地内倾倒垃圾或者有害物质、堆放杂物、取土、焚烧;在绿地内擅自设置广告、搭建建筑物、构筑物;擅自拆除绿篱、花坛、草坪;在绿地内擅自摆摊设点、停放车辆;在居住区以外的公园绿地内擅自设置经营性设施和项目;污染、损坏建筑小品及游艺、休息、浇灌、照明等设施;其他损坏园林绿化及其设施的行为。D.严格执行苗木、种子检疫制度。引进的种子、苗木应当按规定经植物检疫部门检疫,未经检疫或者检疫不合格的,不得引进、种植。

14.《武汉市城市绿化条例》

该条例于1993年制定,经历了2002年、2004年和2013年三次修订,具有如下特点:

(1)该条例适用于城市规划区内城市绿化的规划、建设、保护和管理。

(2)责任划分有特点。首先规定市、区人民政府(包括开发区、风景区、化工区管委会)对本辖区内城市绿化工作的职责,即将其纳入国民经济和社会发展规划,安排专项资金用于绿化建设和养护,实行绿化目标责任制,促进绿地率、绿化覆盖率和人均公园绿地面积的协调增长,保障城市绿化均衡发展。市、区园林主管部门和市林业主管部门(统称市绿化主管部门)负责本辖区内城市绿化工作。城管执法部门对损害城市绿化的行为进行查处。

（3）强调注重绿化的生态保护、休闲游憩、文化传承、科普教育、防灾避险等功能的协调。

（4）鼓励单位和个人以捐资、劳务等形式认建、认养城市绿地、树木，种植纪念林。认建、认养的单位或者个人可以享有一定期限的绿地、树木冠名权。

（5）绿地规划方面，任何单位和个人不得擅自变更和调整绿线，但因法定原因变更或者调整的，由城乡规划主管部门和园林主管部门共同编制调整方案，组织听证，并按照法定程序报批。但可以采取其他措施避免变更或者调整绿线的，不得变更或者调整。

（6）绿地建设方面有自身特色。首先，鼓励进行屋顶绿化、垂直绿化等多种形式的立体绿化和开放式绿化建设。城市道路两侧沿线单位，除有特殊安全需要外，应当实施开放式绿化，市、区人民政府可给予适当补助。其次，利用已建成绿地进行地下空间复合利用和地面防灾避险设施建设的，有关部门在审批项目建设方案时，应当征求绿化主管部门的意见。最后，市园林主管部门应当结合本市地理气候特征，制定立体绿化和开放式绿化的技术规范，编制技术应用手册，对立体绿化和开放式绿化进行指导和服务。

（7）养护管理方面。第一，规定了不同类型绿地的养护职责。第二，规定了建设单位自绿化工程竣工验收合格之日起一年的养护管理职责，养护期满后，建设单位应当与养护管理责任人签订养护管理责任移交协议书，并在协议书中载明绿化养护面积、植物品种、数量等。第三，绿地养护管理责任人应当建立绿地养护管理档案，按照绿化养护相关技术标准和规范进行养护，制定防火防灾应急预案；对死亡树木和发生检疫性病虫害的树木，应当在报经绿化主管部门确认后，及时清理并补植更新。第四，使用财政性资金实施养护的绿地，养护管理责任人应当通过招标方式确定养护作业单位。绿地养护管理责任人应当根据树木生长情况，按照有关技术规范，定期对树木进行修剪。第五，移栽、砍伐树木因数量不同，审批部门不同，移栽、砍伐城市道路、公园绿地以外的树木，胸径在二十厘米以上的，或者因同一事由移栽、砍伐数量在二十株以上的，由区绿化主管部门提出审核意见，报区人民政府批准。申请移栽、砍伐城市道路、公园绿地的树木五十株以上或者城市道路、公园绿地以外的树木一百株以上的，绿化主管部门应当组织专家对其必要性和可行性进行论证,并征求公众意见,必要时应当组织听证。树木移栽后一年内未成活的,应当予以补植。经批准砍伐的,申请人应当对树木权属人进行补偿,并按照伐一补三的标准补植树木。第六,经批准临时占用城市绿地以及移栽、砍伐树木的,施工单位应当在现场设立告示牌,注明批准机关、批准项目、批准期限、施工单位、施工负责人以及监督电话等。第七,行道树形成的城市林荫道,由市人民政府确认为绿色廊道,报市人民代表大会常务委员会备案,并向社会公布。绿色廊道的树木,除因抢险救灾、树木存在安全隐患或者死亡需要更新外,不得移栽、砍伐。

(8)已建成的面积在三万平方米以上的绿地和中心城区绿线范围内已建成的绿地,由市人民政府确认为永久性绿地,报市人民代表大会常务委员会备案,并向社会公布。永久性绿地应当纳入本市生态底线区进行控制和管理。

(9)监督和检查制度详细、可操作。首先,在监督检查方面的信息互通共享。园林主管部门、城管执法部门和相关部门应当建立健全信息共享的协作机制,按照职责对城市绿化活动实施监督检查。园林主管部门应当将改变绿地性质、临时占用绿地和移栽、砍伐树木等行政许可决定的内容以及相关信息书面告知城管执法部门。城管执法部门对被许可人违反城市绿化行政许可决定的行为作出行政处罚决定的,应当将行政处罚决定书的内容以及相关信息书面告知园林主管部门。城管执法部门在实施城市绿化执法巡查时,对绿地面积以及涉及城市绿化专业内容的事项不能直接确认的,应当通知园林主管部门予以确认。其次,强调社会公开制度。如绿化规划、建设、养护和管理等信息应当自形成或者批准之日起二十日内向社会公开。再次,园林主管部门应当依法对绿化工程的设计、施工、监理以及招标投标活动进行监督管理,建立绿化工程建设市场的信用体系。最后,任何单位和个人有权劝阻或者向绿化、城管执法等部门举报违反本条例的行为。绿化、城管执法等部门应当公布举报电话,按照各自职责及时查处违法行为,并自接到举报之日起七日内反馈处理情况。对举报有功的人员,市、区人民政府应当给予奖励。

(10)详细的法律责任制度。损害城市绿化的,应当依法承担民事责任;构成违反治安管理行为的,依照《中华人民共和国治安管理处罚法》的规定予以处罚;构成犯罪的,依法追究刑事责任。

15.《长沙市城市绿化管理条例》

该条例于1992年制定,2018年最新修订,其特点如下:

(1)绿化原则规定简洁明了。城市绿化应当遵循科学规划、因地制宜、生态优先、建管并重、政府主导和社会参与的原则。

(2)在绿化资金上,规定市、区县(市)人民政府应当完善城市绿化多元化投融资机制,多渠道筹集建设、保护和管理资金,加大对城市绿化的投入。城市绿地建设资金,可以通过政府的财政性资金、社会组织和个人的投资开发以及建设单位纳入综合开发计划的建设资金等渠道筹措。鼓励单位和个人以投资、捐资等方式,参与城市绿化的建设和养护。捐资、认养的单位和个人可以享受绿地、树木一定期限的冠名权。

(3)提出城市绿化行政主管部门应当鼓励和引导城市绿化科学研究和技术创新,发展节约型绿化。

(4)绿化规划,应由市人民政府组织市城乡规划行政主管部门和市城市绿化行政主管部门等共同编制城市绿化规划,并纳入城市总体规划,向社会公布。城市绿化规划在报市人民政府批准前应当组织专家论证并向社会公开征求意见。城市绿化规划应当包括城市绿地系统规划。市城乡规划行政主管部门应当会同市城市绿化行政主管部门及其他相关部门,根据城市总体规划、城市绿化规划、城市绿地系统规划,确定各类城市绿地范围的控制线(以下称绿线),将其纳入控制性详细规划,报市人民政府批准后向社会公布。城市绿化规划确定的各类绿化用地按照国家有关规定实行绿线管理。城市绿线范围内不符合其规划要求的已有建筑物、构筑物及其他设施,不得改建和扩建,应当逐步迁出或者拆除,并依法予以补偿。编制控制性详细规划时,应当严格控制国家重点公园周边影响其景观和功能的建设项目及公园地下空间的商业性开发。综合性公园四周应当规划建设城市道路,相邻地块的新建建筑物一般应当通过城市道路与综合性公园相隔离。

(5)绿化建筑方面,在绿地范围内进行地下设施建设的,地下设施上面应当按照国家、省、市有关建设规范留有确保树木正常生长和绿地正常使用的覆土层。

城市绿化工程竣工后,从事城市绿化工程质量监督管理的机构应当出具质量监督报告,建设单位应当及时向城市绿化养护管理责任人办理移交手续。市城市绿化行政主管部门应当结合本市地理气候特征,制定立体绿化的技术规范,编制技术应用手册,对立体绿化进行指导和服务。绿道建设应当依托自然资源和人文特色,坚持生态化、本土化、多样化、人性化的原则,对原有林木和草地等尽量予以保留。

(6)绿化管理和保护。首先,明确规定了城市绿化养护管理责任人职责:建立健全绿化管理制度;落实城市绿化保护管理费用;按照绿化养护技术规范实施养护并做好记录;做好防火和防治病虫害工作,保持良好的生态和景观等。其次,永久性绿地制度具有特点。市城市绿化行政主管部门应当会同市城乡规划行政主管部门、市国土资源行政主管部门等,将符合城乡规划,生态功能、服务功能突出,具有长期保护价值的城市绿地,在征求有关方面意见后,报市人民政府确定为永久保护绿地。永久保护绿地一经确定,任何单位和个人不得擅自改变其范围和用途,不得擅自砍伐、变更其主要树种。禁止将永久保护绿地用于经营性开发建设。城市绿化行政主管部门应当在绿地区域设置显著标识予以公示。因国家、省、市重大公用设施建设等原因,确需改变永久保护绿地范围和用途的,由市人民政府通过召开听证会听取各方面意见后确定调整方案。再次,砍伐或者移栽树木制度严格。任何单位和个人不得擅自砍伐或者移栽树木。因工程建设需要移栽公共绿地中的树木,建设单位应当征求城市绿化行政主管部门的意见;同一个工程项目需要移栽树木十株以上或者胸径十五厘米以上的,应当召开论证会,听取城市绿化行政主管部门、园林专家和所在社区等方面的意见。确定移栽的树木应当按照移栽技术规范移栽到城市绿化行政主管部门确认的绿地中,并由城市绿化行政主管部门建档管理。最后,严格的古树名木保护制度。市城市绿化行政主管部门应当对古树名木进行调查、鉴定、定级,建立档案,设立标志,划定保护范围,落实管护责任人,进行重点保护。古树名木应当原址保护,严禁毁损、砍伐和擅自修剪、移栽。各级政府每年应当对辖区内的古树名木养护给予一定的资金补助。

16.《海口市城镇园林绿化条例》

该条例于1994年制定,分别于2009年和2016年修订,其特点如下:

(1)明确规定城镇园林绿化应当坚持生态、景观、文化统一协调和节约资源的原则,合理布局,达到社会效益、经济效益和环境效益相统一。

(2)在规划方面,规定城镇园林绿化实行统一规划,分级建设、保护和管理,发改、财政、规划、林业、土地、建设、水务、交通、旅游、民政等部门应当在各自职责范围内,协同做好城镇园林绿化工作。

(3)结合地方实际规定,城镇园林绿化应当充分利用本市热带滨海资源和历史文化遗址等自然、人文条件,突出以椰子树和三角梅为基调的热带滨海植物景观,形成以遮阴乔木为主体、多种植物合理配置的种植结构,营造多样化的园林绿化景观。

(4)市、区园林绿化管理机构应当制定台风应急预案,落实防风措施,加强台风防御工作和台风后园林绿化修复工作,防止和减轻台风对园林绿化的损害。

(5)较为详细地规定了禁止性行为:偷盗、践踏、损毁树木花草;擅自在树木上悬挂或者张贴广告;在树木上晾晒、吊挂物品或者拉设管线、包裹装饰;在绿地、树池内倾倒垃圾、有害废渣废水、油类或者堆放杂物;在绿地内建设建筑物和构筑物;在绿地内取土或者焚烧;违反规划在绿地内设置各类摊点;损坏喷灌、座凳、雕塑、护栏等园林绿化设施及绿地内的其他附属设施;在绿地上停放车辆;在绿地和道路两侧绿化带内私囤苗木、种植蔬菜及其他农作物等。

17.《南宁市城市园林绿化条例》

该条例于 2011 年实施,特点如下:

(1)在主管部门上,规定上下级单位的关系及各部门协调。市园林绿化行政主管部门主管本市城市绿化工作。县(区)园林绿化行政主管部门负责本辖区内城市绿化管理工作,业务上接受市园林绿化行政主管部门的指导。发展和改革、规划、建设、国土资源、城管、住房、林业、交通运输、水利等部门按照各自职责协同实施本条例。

(2)爱护城市绿化的义务。任何组织和个人应当爱护城市绿化,并有权劝止和举报损害城市绿化的行为。

(3)规划制度有特色。城市绿地系统规划应当确定城市绿化目标和布局,明确各类绿地的面积和控制原则,分层次合理布局各类绿地。规划新区的绿化用地面积占规划新区总面积的比例不低于 38%。市、县规划行政主管部门应当根据控制性详细规划划定各类绿地范围的控制线(以下简称绿线),并向社会公布,接受公众监督。依法确定的绿线不得随意调整。因城市建设确需调整的,市、县规划行政主管部门应当书面征求市、县园林绿化行政主管部门的意见,并报同级人民政府批准。绿线调整不得减少规划绿地的总量。因绿线调整减少原规划绿地的,应当落实新的规划绿地。绿线调整完成后,市、县规划行政主管部门应当在十个工作日内将调整结果送市、县园林绿化行政主管部门归档。

(4)建设制度中,关于绿化率中商住建筑等混合功能建设项目,以其建筑面积占总建筑面积比例最大部分的使用性质确定其应适用的绿地率标准。建设工程项目的附属绿化工程应当与主体工程同时规划、同时设计、同时验收。市、县规划行政主管部门对建设工程进行规划核实的,应当告知市、县园林绿化行政主管部门就附属绿化工程是否符合规划条件提出意见。政府投资建设的绿化工程竣工后,由市、县(区)园林绿化行政主管部门组织验收,验收合格后方可交付使用。其他建设工程项目附属绿化工程竣工后,建设单位应当自验收合格之日起三个月内,将绿化工程相关验收材料报市、县园林绿化行政主管部门备案。

(5)绿化资源调查。园林绿化行政主管部门应当定期组织开展城市绿化资源调查,建立城市绿化信息管理系统,加强对城市绿化的监测和监控。规划、建设、城管、住房、林业、交通运输、水利等有关部门应当向城市园林绿化行政主管部门提供城市绿化相关信息。

(6)城市绿地管理养护责任人制度。政府投资建设的绿地,在建设保质期内由建设单位负责管养,验收合格后移交政府指定或者委托的单位管养;单位土地使用权范围内的绿地,由该单位负责管养;居住区绿地,由业主或者业主委托的物业服务企业负责管养;私人庭院内的绿地,由使用人负责管养;建设工程范围内保留的绿地,在建设期间由建设单位负责管养其他绿地,由市、县(区)园林绿化行政主管部门指定或者委托管理养护责任人。绿地管理养护责任人应当按照城市绿化养护规范对管辖范围内的绿地进行管理和养护。

(7)禁止擅自改变城市绿化用地性质。因公共利益确需改变城市绿化用地性质的,由市、县园林绿化行政主管部门采取听证会、论证会等形式听取利害关系人意见后作出是否许可的决定。经批准改变城市绿化用地性质的,应当补建同等面积的绿地。不能补建的,应当按规定缴纳绿化用地面积补偿费。

18.2012年《广州市绿化条例》

(1)制定了详细的规划制度。第一,规划职责划分清晰。市、县级市绿地系统规划,由市、县级市绿化行政主管部门会同同级城乡规划行政管理部门共同编制,报市、县级市人民政府批准后,纳入城市总体规划。镇绿地系统规划由镇人民政府组织编制,报上级人民政府审批后,纳入镇总体规划,并报市绿化行政主管部门备案。第二,绿地系统规划报批前,组织编制规划的部门应当将规划草案予以公示,并采取论证会、听证会或者其他形式征求有关部门、公众和专家的意见。第三,编制绿地系统规划要求具体,即应当保护和利用原有的地形、地貌、水体、植被和历史文化遗址等自然、人文资源,符合环境保护功能,提高抵御自然灾害的能力。绿地系统规划应当按照均衡发展的原则确定绿化目标和布局,规定各类绿地的保护原则,按照规定标准确定绿化用地面积,分层次合理布局公共绿地和防护绿地等各类绿地。第四,编制绿地系统规划应当确定永久保护绿地,并由人民政府向社会公布,在永久保护绿地的显著位置树立告示牌。城乡规划行政管理部门应当会同绿化行政主管部门根据绿地系统规划划定公共绿地和防护绿地的绿线,并向社会公布。第五,原则性与灵活性结合,在规定禁止擅自改变绿地性质的同时,规定了灵活的方法,永久保护绿地在特定情况下可以改变使用性质,即省级以上人民政府制定的城乡规划发生变更;行政区划调整;国务院批准的重大建设工程。除永久保护绿地之外其他绿地的使用性质,可以因前述与永久性绿地相同的原因或因公益性基础设施建设而改变,但应按规定申报批准。

(2)建设制度具有自身特点。首先,要求城市公共绿地、居住区绿地、单位附属绿地的建设,应以植物造景为主,适当配置园林建筑及小品,绿化种植用地面积等指标应符合特定的标准。其次,注重建设中的环境保护细节。如绿地建设应当注重生态效应,增强绿地的渗水功能,不得硬底化,土方回填后的地形坡度、标高和密实度等应当符合设计规范要求。在地下建(构)筑物的地面上绿化或者在建(构)物上进行立体绿化的,绿地有效覆土层必须符合绿化工程规范。最后,申请绿化工程初步设计审批的材料、绿化行政主管部门审批时间(二十日内)及不予许可的应当书面说明理由具有自身特点。

(3)保护和养护方面,首先,实行绿地保护和管理分工负责制度,根据不同绿地类型确定不同的保护和管理部门。其次,明确规定临时占用、砍伐、迁移树木或者修剪直径五厘米以上的枝条的条件、申请材料、审批部门以及建档等制度。最后,建立了绿化安全制度。绿化行政主管部门应当建立绿化有害生物疫情监测预报系统,编制灾害事件应急预案,健全有害生物预警预防控制体系,防止外来有害物种入侵。建设单位在进行绿化时不得采用带有检疫性有害生物或者危险性有害生物的植物。对绿化植物进行有害生物防治,应当遵守国家有关法律、法规的规定,禁止使用国家明令禁止的农药,推广无公害防治措施,防止环境污染,保证生态安全。另外,对古树名木专设一章实行特殊保护制度。

(4)法律责任制度。共17条,数量多,规定详尽,基本为各种违法行为均规定了相应的法律责任,其中,仅第73条规定绿化行政主管部门和其他行政管理部门违法行为的责任就规定了13种情形。

19.《成都市园林绿化条例》

该条例于1991年制定,2012年修订,特点如下:

(1)提出坚持生态、景观、文化统一协调和节约资源的原则,保护和利用原有水体、地形地貌、植被和历史文化遗址等自然、人文资源,形成以遮阴乔木为主体、多种植物合理配置的种植结构等,具有自身特点。

(2)在绿地建设方面,规定:①规定了详细的绿化标准,同时规定规划行政主管部门应当将绿地率纳入规划条件,作为核发或者变更建设用地规划许可证的依据。②强调本地化和树种标准。规定园林绿化项目建设,采用本地乔木树种的比例应当占该项目绿地乔木树种总量的70%以上;乔灌木覆盖率应当占绿地总面积的70%以上,其中乔木覆盖率不得低于60%。本地树种的具体名录,由市园林绿化行政主管部门拟定、公布。③防止有害物种入侵方面,规定从境外引进绿化种子和其他繁殖材料的,应当经过林业行政主管部门按照国家有关规定审批,并经植物检疫机构检疫合格。④关于行道树的标准,规定城镇主干道行道树的种植应当采用胸径不小于十厘米的树木,其他道路行道树的种植应当采用胸径不小于六厘米的树木。人行道的乔木覆盖率不得低于80%。⑤明确需要通过招投标方式确定设计、施工单位并实行专业监理的项目:关系社会公共利益的大型基础设施绿化工程建设项目;国有资金占总投资一半以上的绿化工程建设项目;使用国际组织或者外国政府贷款、援助资金的绿化工程建设项目等。

(3)在管理和保护方面,规定:①建立园林绿化企业诚信管理制度,对在本市承接绿化工程的企业实施信用管理。②管护职责分配上具有自身特点:建筑区划内的园林绿地,属于专有部分的,由其所有权人负责管理养护;属于共有部分的,按照规定确定管理养护责任人,即实行自主管理的建筑区划,由业主共同负责管理养护;实行委托管理的建筑区划,由物业服务企业或者其他管理人负责管理养护。③不仅禁止擅自占用园林绿地,还禁止破坏绿地范围内的地形地貌、水体和植被。④移植树木的特别程序。移植规定树木的,同一建设项目及其附属工程为一处,应当按照规划确定的范围一次性报批;必要时应当组织专家进行论证,或者召开听证会听取社会公众意见。⑤详细的禁止性行为:穿行绿篱、爬树、摇树、攀枝、采花、采果、剥皮、摘笋或者刻划树木;在树木上钉钉子、架电线、拴绳挂物或者拴系牲畜;倾倒垃圾污物、取土、挖沙、采石、铲草、捕鸟、葬坟或者放牧;停放车辆、堆放物料、倚树堆物搭棚或者圈围树木等。

(4)行政处罚主体方面,规定与我国《行政处罚法》相对应,通常由园林绿化行政主管部门实施,实行城市管理相对集中行政处罚权的区(市)县,由城市管理行政执法部门实施。

20.《贵阳市绿化条例》

该条例于1999年制定,2011年修订,其特点如下:

(1)绿化经费的特别规定。林业绿化行政主管部门管理的国有林地、绿地的建设、保护、管理经费纳入各级财政预算。绿化建设、保护、管理资金,采取多渠道、多层次筹集的办法。

(2)强调"三同时"及工程验收制度。城镇绿化工程应当与建设项目的主体工程同时规划、同时设计,按照批准的设计方案建设,必须在主体工程投入使用后的第一个绿化季节内完成。绿化配套工程竣工后,经林业绿化行政主管部门验收合格,方可交付使用。林业绿化行政主管部门在验收合格后五日内,应当解除对该项绿化配套建设资金的监管。

(3)苗木自给。林业绿化行政主管部门应当加强苗圃、花圃、草圃的建设,指导专业户育苗,支持和帮助有条件的单位自建苗圃,逐步实现绿化苗木自给。

(4)林地、绿地内禁止性行为有特色,主要包括:取土、铲土烧灰积肥;焚纸烧香;挖树刨根,就树盖房,搭棚做架;倾倒垃圾废料,堆放物料;破坏自然景观和污染环境;损毁绿化设施;非生产性用火。

(5)规定了名胜古迹林、革命纪念地的林木、自然保护区的森林及古树名木禁止采伐制度。古树名木,不分权属,分别由林业绿化行政主管部门建立档案和标志,划定保护范围,加强监督管理。在单位管界和私人庭院内的,由单位或者住户养护。

(6)砍伐许可证制度。环境保护林、风景林、国防林、水土保持林、护路林、护岸林以及母树林只能进行抚育和更新性质的采伐。用材林根据不同情况,可以进行抚育间伐或者小面积更新采伐。国有、集体、个人(农村居民自留地和房前屋后零星林木除外)所有的林木,实行采伐限额管理,凭证采伐。铁路、公路的护路林和林业绿化部门管理的树木由其行政主管部门按照有关规定发放砍伐许可证。其他的林木砍伐许可证,由林业绿化行政主管部门按照规定发放。

(7)占用或者征收林地制度。勘查、开采矿藏和各项建设工程,应当不占或者少占林地,确需占用或者征收林地的,由用地单位向县级以上林业绿化行政主管部门申请,经审核同意后,凭使用林地审核同意书依法办理建设用地审批手续,缴纳森林植被恢复费,支付林地补偿费、林木补偿费和安置补助费。征收、占用城市规划区和县级人民政府所在地城镇的林地,其森林植被恢复费、林地补偿费、林木补偿费应当按照规定缴纳。收取的绿化费、森林植被恢复费、绿化配套建设费、绿地补偿费,应当缴同级财政部门专户储存监督,用于植树造林、城镇绿化的建设和保护,并且由同级审计部门进行年度审计。安置费应当用于安置人员的生产和生活。

(8)临时占用制度没有规定期限,但规定应该收费并及时恢复。临时占用绿地的单位,应当按照规定办理临时用地手续,并且按照期限恢复。绿地恢复费应当在银行专户存储,由林业绿化行政主管部门监督用于恢复绿地。林业绿化行政主管部门应当告知临时占用绿地的单位验收时间和标准,对恢复的绿地经验收合格后,应当在五日内解除该项资金的监管。逾期不恢复的,由林业绿化行政主管部门使用绿地恢复费代为恢复。

(9)未规定改变绿地使用性质的条件。经批准改变绿地使用性质的单位,应当缴纳绿地补偿费。收取的绿地补偿费,由林业绿化行政主管部门按照规定的期限和标准用于易地绿化建设。绿地恢复费、补偿费的标准,由市人民政府按照规定公布。

(10)禁止侵占公共绿地搞其他建设项目。禁止擅自在公共绿地开设商业、服务摊点。

(11)法律责任中未规定行政部门的责任。

21.《昆明市城镇绿化条例》

该条例于2011年实施,特点如下:

(1)在规划方面,规定绿化用水管网规划应当纳入城市供排水规划。滇池主要入湖河道两侧绿化宽度各为30~100米,铁路、轨道交通两侧绿化宽度各为15~30米。高压线走廊、污水处理厂、变电站等市政基础设施按照相关规定,应当建设10米以上的防护绿带。

(2)在建设方面,规定:①建设资金。各级人民政府安排用于城镇绿化建设、管养的资金,不低于当年可安排城市维护建设资金的 20%。新建、改建工程项目的绿化建设费用,应当列入建设项目总投资,并由建设项目的行政主管部门监督执行。各单位每年应当根据本单位的绿化建设和养护的要求,安排相应的绿化经费。②鼓励发展垂直绿化、屋顶绿化、桥梁绿化和绿荫停车场等多种绿化形式。③鼓励、扶持单位和个人发展苗木产业,以满足城镇绿化建设的需要。④城镇绿化工程的设计、施工和监理,应当由具备相应资质的单位承担。市园林绿化行政管理部门按照权限,负责本市二级以下城镇绿化工程设计、施工和监理单位资质的审批和年检。进入本市的外地绿化工程设计、施工和监理单位,应当向市园林绿化行政管理部门备案。全部或者部分使用国有资金投资或者国家融资的建设项目及大型基础设施、公用事业等关系社会公共利益、公众安全的建设项目的附属绿化工程,应当按照规定实行招投标和施工监理制。⑤临时绿化。镇规划区范围内所有可绿化的空地,应当进行绿化建设。对闲置的可绿化用地,由园林绿化行政管理部门督促有关单位进行临时绿化。对签订土地使用权出让合同之日起半年内,不能开工建设的项目地块,土地使用权人和建设单位应当进行临时绿化。

(3)在管理和保护方面,规定:①严格的临时占用制度。任何单位和个人不得擅自占用绿地。因市政建设和重大基础设施建设需要临时占用绿地的,按照程序报批并交纳临时占用费。经批准临时占用绿地的,应当按照批准使用的期限和占用的面积归还并原址恢复。临时占用城镇绿地的时间不得超过 1 年,因特殊原因需要延长占用时间的按照程序另行报批;重大基础设施项目可按照施工期限报批。不同的区域由不同的部门批准。中心城区范围内宽度 30 米以上道路绿化、已公布保护绿地的临时占用由市园林绿化行政管理部门审批;宽度 30 米以下道路绿化和生产绿地、防护绿地、附属绿地、其他绿地的临时占用由辖区园林绿化行政管理部门审批。②按照"砍一栽五"的原则补植树木,并保证补植树木的成活。不具备补植树木条件的单位和个人,可以委托园林绿化行政管理部门进行补植。因树种、规格、立地条件等因素移植后较难成活的树木,应当就地保护。③定期检查制度。园林绿化管护单位和树木所有者,应当对树木的生长和养护管理进行定期检查,防止责任事故发生。④及时补救制度。城镇绿地遭受地震、冰雪、雷电等自然灾害的,市、县(市、区)人民政府及有关部门应当及时采取补救措施。⑤数据化管理制度。市、县(市、区)园林绿化行政管理部门应当建立数字化管理体系,城镇绿化信息数据向社会公开。⑥绿地专用制度。任何单位和个人不得擅自在公园绿地、防护绿地、风景林和道路绿化中设置与绿化无关的设施。

22.《拉萨市城市绿化条例》

该条例于1996年实施,特点如下:

(1)城市绿化是社会主义现代化城市的重要标志。

(2)规定收取的绿化延误费、补偿费和赔偿费实行专款专用,用于城市绿化建设。

(3)绿化工程的设计,应当借鉴国内外先进经验,体现地方特色和现代风格。

(4)政府为主管单位。市区内各机关、团体、部队、企事业单位、乡(镇)人民政府和居民委员会,具体负责各自管理范围内的造林绿化管护工作。

(5)树木花草和绿化设施确权制度:城市规划区内公共用地上种植的树木花草和绿化设施,属于国有,由市园林绿化管理部门负责保护和管理;城市规划区内的所有单位,在其土地使用权范围内的树木花草和绿化设施,归本单位所有;街道办事处、居民委员会组织群众义务种植的树木花草归街道办事处、居民委员会所有;私人庭院内种植的树木花草归种植者所有;公房宿舍院内,私人种植的树木花草归房屋产权单位所有,日常收益归种植者。

(6)概括规定禁止破坏绿化成果及其设施的行为:禁止在树旁、林地、绿地内倾倒垃圾或有害废渣、废水、堆放杂物、挖坑取土、借树搭棚、牵拉绳索、铁丝、钢筋等以及践踏苗地、草地、花坛、损毁树木花草的行为;禁止在人行道,分车绿带、公共绿地放牧。

(7)维修制度。市园林绿化管理部门和树权单位,每年应定期对树枝进行修剪,维护树木冠容。对危及交通、架空管线安全的枝丫应及时剪除,使树木与交通、架空管线保护规定的安全间距。

(8)临时占用制度。严格控制临时占用城市绿地。确需临时占用绿地的,须经城市绿化、规划、土地管理部门提出意见,经市园林绿化行政主管部门审核,报市人民政府批准后方可占用。占用期满后限期恢复。对临时占用绿地造成损失的,按照实际损失价值的2～3倍赔偿。

23.《西安市城市绿化条例》

该条例于2014年制定,2017年修订,其特点如下:

(1)城市绿化应当坚持科学规划、合理布局、因地制宜、植护并重的原则,注重生态与景观相协调,突出古城风貌和历史文化特色。

(2)规定市城市管理行政管理部门的主管职责及各部门的协调配合义务。市城市管理行政管理部门是本市城市绿化的行政主管部门。区、县城市管理行政管理部门在市城市管理行政管理部门的指导下,负责本辖区内的城市绿化工作。开发区管理委员会根据市城市管理行政管理部门的委托,负责本辖区内的城市绿化工作,并接受市城市管理行政管理部门的监督。规划、建设、国土资源、价格、财政、市政公用、交通、水务、文物、环保、房管、农林等行政管理部门,应当按照各自职责做好城市绿化工作。

(3)绿化符合本地实际。鼓励和支持绿化科学技术的研究开发和转化应用,选育、引进适应本市自然条件、节水耐旱及兼顾冬季绿化美化效果的新优植物品种,推广生物防治病虫害技术,增强城市绿化的科学性和观赏性。

(4)代征绿地的管理。规划、城市管理、国土资源行政管理部门应当根据城市绿地系统规划,对下列区域划定城市绿线,并向社会公布,接受公众监督。代征绿地是城市公共服务绿化用地,任何单位和个人不得擅自占用、出租和转让。国土资源行政管理部门根据规划行政管理部门确定的代征绿地的位置、规模和四至界限,负责办理代征绿地用地审批、土地登记等相关手续。政府储备项目或建设单位应按规定,将已完成征地补偿、拆迁安置、达到土地平整条件的代征绿地移交城市管理行政管理部门,并签订"代征绿地移交书"。

(5)城市管理行政管理部门的管理职能。城市管理行政管理部门负责协调建设用地单位办理产权移交手续,实施绿化任务并进行日常管理维护。

(6)城市绿化项目优先使用乡土植物,注重市树、市花种植,均衡配置乔木、灌木、地被植物和花卉,保持植物群落的多样性和合理性,种植行道树应当选用高大浓荫树种。

(7)绿色廊道制度。市人民政府应当依托城市山体、水系、绿地等自然环境,建设以林荫道为主连接公园、游园、街头绿地、风景名胜、历史古迹的绿色廊道。

(8)地下地上管线管理制度。城市绿化建设应当与地上地下各种管线等市政公用设施保持规定的安全间距。规划行政管理部门在核定建设工程项目用地位置和界线时,应当兼顾管线安全和树木生长需要。新建管线、新种树木,应当本着后建让先种、后种让先建的原则协商解决。

（9）永久性绿地制度。已建成的面积在 3 万平方米以上的绿地和二环路以内已建成的公园、广场绿地,由市人民政府确认为永久性绿地,向社会公布,并报市人民代表大会常务委员会备案。永久性绿地不得改变绿地性质。

（10）严格的移植树木制度。对申请移植或者砍伐城市道路、公园绿地的树木三十株以上的,市城市管理行政管理部门应当组织专家对其必要性和可行性进行论证,并征求公众意见,必要时应当组织听证。经批准移植的树木,应当公布移植地点,接受公众监督。

（11）完善的监督检查制度。城市管理行政管理部门应当定期对城市绿化的建设、保护和管理进行监督检查,并将监督检查情况向同级人民政府报告。城市管理行政管理部门应当建立和完善城市绿化信息管理系统,加强城市绿化的资源调查、监控预警、服务指导、知识普及,依法向社会公开下列信息:①经依法批准或者批准修改的城市绿地系统规划;②经依法划定或者调整的城市绿线;③城市绿化行政许可条件、程序以及依法作出的行政许可决定;④城市绿化监督检查的情况;⑤对违反绿化法律法规行为的查处情况;⑥承接园林绿化工程企业的信用状况;⑦征收的各种费用标准、依据;⑧其他依照法律、法规和国家有关规定应当公开的信息。

（12）信息共享与投诉举报制度。城市管理行政管理部门、规划行政管理部门应当建立健全信息共享、工作联动协作机制,对违反城市绿化管理的行为及时进行制止和查处。城市管理行政管理部门应当建立投诉举报制度,自接到投诉举报之日起在规定期限内,按照各自职责查处违反城市绿化管理的行为,并将处理情况反馈投诉举报人。

24.《兰州市城市园林绿化管理办法》

该条例于 1986 年制定,1998 年、2010 年和 2018 年修订,其特点如下:

（1）城市绿化规划建设指标应包报省建设行政主管部门核准。市规划行政主管部门和城市园林绿化行政主管部门应当根据国家有关规定和本市实际,制定城市绿化规划建设指标,报省建设行政主管部门核准,并据此审核、审批各类建设项目的绿地规划和建设计划,依法监督城市绿化各项规划指标的实施。

（2）特别情况下的绿地保护措施。敷设通讯、输电、燃气、给排水管线和架设公安、公交指示信号、标牌等公用设施需占用城市绿地或影响树木生长的,应当采取避让办法妥善解决。无法避让的,有关单位应当按照市城市园林绿化行政主管部门的要求采取保护措施。

(3)单位和个人保护城市绿地义务。行政区域内的单位和个人都有责任和义务保护城市绿地、树木花草和园林设施,参加绿化、美化城市的活动,有权制止、检举和控告侵占、危害、破坏城市绿地、树木花草和园林设施的行为。

(4)规定了临时占用的"恢复绿地保证书"制度,但占用期限没有具体规定。需临时占用城市绿化用地的,应向所在区(县)城市园林绿化行政主管部门提出申请,按照有关规定审批。经批准临时占用绿地的单位和个人,必须服从绿地管理单位的管理,与其签订"恢复绿地保证书"。无期限等具体规定。

(5)树木、花卉和种子管理。市、区(县)城市园林绿化专业单位管护。各种树木、花卉和种子未经检疫或检疫不合格的,不得调入、调出本市。

(6)禁止性行为有特色:攀树折枝,伤害树木、绿篱,践踏绿地草坪;依树搭棚盖房,或在行道树树冠范围和距绿地、绿篱、花坛1.5米范围内设置煎、烤、蒸、煮等摊点;在树上钉钉、拴绳挂物、拴系牲畜、倚靠车辆;放牧捕猎,焚烧枯枝落叶,生火取暖或野炊;倾倒垃圾、污水;设置影响园林景观的标牌等;堆放物料,硬化树坑;撞伤、撞倒树木,损坏园林设施等。

(7)法律责任中规定妨碍城市园林绿化管理部门及其工作人员依法执行绿化管护任务的治安处罚或刑事责任,也规定了当事人复议制度及法院强制执行制度,但未规定行政管理机构的责任。

25.《银川市城市绿化管理条例》

该条例于1995年制定,其特点如下:

(1)规定城市园林绿化行政主管部门负责制定年度绿化计划和中长期绿化规划,并组织实施。

(2)规定了诸多通过经济罚款手段制裁的措施。如任何单位和个人都不得擅自占用城市绿化用地。因建设或其他特殊需要临时占用城市绿化用地,须经园林绿化行政主管部门批准,占用的城市绿化用地,应当限期归还,并按有关规定交纳临时使用费。因使用造成绿地损害的,由使用者负责恢复或赔偿。砍伐或移栽树木,必须按照法定程序经有关部门批准取得准伐证或准移证方可进行。经批准砍伐或移栽的树木应给树权所有者赔偿损失,并按伐一补三的原则在当年或次年内补栽。原地无法补栽的可交纳树木补栽所需费用,由园林绿化行政主管部门易地补栽。因建设施工开挖沟槽,损伤树木根系、影响树木生长的,建设施工单位应事先向园林绿化行政主管部门提出申请,说明施工方案和树木的保护措施,并交纳保证金。施工完成后,视树木情况退还或扣留保证金。

(3)在城市公共绿地内一般不准开设商业、服务摊点,如需临时开设,须向园林绿化行政主管部门提出申请,经同意后,持许可证在指定地点从事经营活动。

(4)代行病虫防治。园林绿化行政主管部门负责组织城市绿化树木的病虫害防治工作。树木发生病虫害时,树权单位及管护部门应及时采取治防扑灭措施。自己无力防治的,由园林绿化行政主管部门进行统一防治,防治费用由树木权属所有者承担。

(5)对违法实施绿化工程规定了较轻的责任。工程建设项目的附属绿化工程设计方案或者城市的公共绿地、居住区绿地、风景林地和干道绿化带等绿化工程的设计方案,未经批准或者未按照批准的设计方案施工的,由园林绿化行政主管部门责令停止施工,限期改正或者采取其他补救措施。

(6)未规定罚款用于绿化建设。规定园林绿化行政主管部门进行罚款时,要使用由财政部门统一监制的单据。罚没款和财物一律上交同级财政。

26.《西宁市城市园林绿化管理条例》

该条例于1995年制定,2003年修订,其特点如下:

(1)规定各级人民政府应当把城市园林绿化建设纳入国民经济和社会发展计划,不断增加城市绿化经费的投入,保证城市绿化工作的需要。

(2)规定了城市园林绿地系统规划主要内容及公开制度。规划内容包括:绿化发展目标、城市人均公共绿地面积、绿化覆盖率和绿地率等规划指标;防护绿地、大型公共绿地等的绿线;各类绿地规模和布局;绿化用地定额指标和分期建设规划;植物种植计划。经批准的城市园林绿地系统规划和城市绿线应向社会公布,接受公众的监督。

(3)城市园林绿化实行专业组织和所有权单位相结合的管理制度。公共绿地、风景林地、街道绿地,由所有权单位和城市园林绿化专业组织管理;各单位管界内的园林绿地和单位自建的公园、附属绿地,由该单位按照国家有关规定管理;居住区绿地由居住区管理单位或街道办事处管理;生产绿地由经营单位管理;沿街的单位和个人有保护门前绿地的义务。城市园林绿化行政主管部门负责对各管理责任单位和个人的园林绿地保护和管理实施监督检查。

（4）修剪、管线事故及交通事故的责任。树冠影响架空线路时，由线路管理单位通知树木管理单位负责修剪，修剪费用由线路管理单位承担。因管线发生突发性事故或因不可抗力致使树木倾倒危及管线、交通、建筑设施安全的，有关单位可先行处理，并在三日内向区、县园林绿化行政主管部门报告。因交通肇事损坏绿化设施和树木花草的，由肇事者按损坏价值向绿地管理单位缴纳赔偿费。

（5）任何单位和个人不得擅自在城市园林绿地内设置与绿化无关的设施。

（6）严格控制在城市公共绿地、防护绿地、风景林地内举办文体、展览等活动。确需举办的，须向当地园林绿地管理单位提出申请，经市、区（县）园林绿化行政主管部门同意后，在指定地点从事活动。不得新建餐饮服务经营等设施。已建成的，应当签订管护协议，明确责任，加强绿地管理。

（7）法律责任重。规定了拒绝、阻碍园林绿化行政执法人员依法执行公务的责任，即由公安机关按照《中华人民共和国治安管理处罚法》的规定给予处理；构成犯罪的，依法追究刑事责任。

27.《乌鲁木齐城市绿化管理条例》

该条例于2012年实施，其特点如下：

（1）体现地方特色。规定城市绿化应当坚持因地制宜、生态优先、科学规划、节约用水的原则，优化植物配置，发挥城市绿地的生态、景观等功能。鼓励和支持城市绿化科学技术的基础研究和转化应用，选育、引进适应本市自然条件、节水耐旱及兼顾冬季绿化美化效果的植物品种。

（2）绿化建设补偿费规定较为规范。规定绿化建设补偿费收费标准，由市财政、价格行政主管部门会同市城市绿化行政主管部门制定，报有关部门批准后，向社会公布。绿化建设补偿费应当上缴财政，专款专用，专项用于城市绿化建设，不得挪作他用。

（3）城市绿化工程建设的地方特色要求。规定选用适应本市自然条件、经济合理、节水耐旱的植物种类，注重植物生态习性、种植形式和植物群落的多样性、合理性，充分利用建筑墙体、屋顶和桥体等绿化条件，大力发展立体绿化。

（4）花草树木所有权制度。使用财政性资金和公民义务植树所种植的花草树木属国家所有；单位及个人在其用地范围内种植的花草树木属该单位或个人所有;单位或个人投资建设、承包公园绿地、防护绿地、风景林地种植的花草树木,可以依照合同约定,归单位或个人所有。花草树木所有者和承包者的合法权益受到法律保护,任何单位和个人不得侵犯。绿地权属发生争议,由有管辖权的人民政府依法处理。当事人对人民政府的处理决定不服的,可以依法申请复议或向人民法院提起诉讼。绿地权属争议尚未解决时,任何一方都不得处置有争议的林木、绿地和绿化设施。

(5)养护制度具有地方特色。养护责任单位应当按照绿地养护技术标准实施养护管理,并制定防灾减灾应急预案,遇大风、暴雨、暴雪等灾害性天气时,应当对树木采取安全防范措施。

这些省会或自治区首府所在城市"绿化立法"在确立城市绿地保护制度上具有重要地位,无论在数量上还是立法内容上在地方立法中均是最具有影响力的。总结起来,具有如下特点:

1. 立法名称各异,有"市城市绿化条例""市城市绿化管理条例""市绿化条例""市城市园林绿化管理条例""市城市园林绿化建设管理条例"等不同名称,但基本是以"绿化条例"的形式出现,内容均规定绿化或绿地的规划、建设、管理和保护相关制度。

2. 适用范围有所差异。以"市绿化条例"名称出现的,通常适用于城乡地区,而以"市城市绿化条例""市城市绿化管理条例""市城市园林绿化管理条例""市城市园林绿化建设管理条例"等名称出现的,只适用于城区范围。

3. 立法均经历了多次的修订,修订过程中立法名称甚至有所变化,主要是将"市城市绿化条例"或"市城市绿化管理条例"更名为"市绿化条例"或"市绿化管理条例"。但也有一些条例进行相反的变更,即有"市绿化条例"变更为"市城市绿化条例"。另外,有不少立法是在废除了旧法的基础上制定的新法,表明了立法随着时代的发展逐步进步的过程。

4. 立法的修订非常活跃,多数立法制定以来均随着时代的变化进行了修订,并且多次修订,有的甚至修订达4次。这说明了它们在实践中得到了较多的运用,并根据实践情况进行了完善。因此,很多制度具有先进性,代表了我国"绿化条例"的最新发展。

5. 各城市立法中规定的绿化的目的和原则基本相似或有大部分内容相同,但仍有不少立法体现城市地方特色,如西安、乌鲁木齐等市强调节水等。

6. 在绿化资金方面,大部分城市立法均规定了此项内容,并确定了绿化资金以政府为主导,其他渠道并举的规定,有些立法强调了社会力量筹集资金或者多元化渠道筹集资金的制度。少部分城市立法没有规定资金方面的内容。

7. 在绿化规划方面,各城市立法均规定了规划职能部门,规划编制的原则、要求以及规划的实施等制度。但是内容和规范的详细程度仍有一些不同:(1)关于规划职能部门,有的城市规定由规划行政管理部门会同城市绿化主管部门共同编制,有的规定由市政府组织规划和绿化部门共同编制,还有的直接规定由政府部门编制;对于规划职能部门的具体职责,很多立法只作了原则性规定,但是有些立法明确列举了规划职能部门的职责。(2)在规划编制内容上,多数立法只作抽象规定,但也有少部分立法详细列举了规划包括的内容。(3)在规划的制定程序上,大部分立法只规定了规划的批准部门,但有些城市规定了规划的社会公开和征求公众意见等要求。(4)在规划的实施上,对于改变绿地用途的,各城市立法均规定严格限制,确需要改变的,应通过严格的审批程序。但是有些城市立法明确列举了可以改变绿地用途的情形,如省级规划变更或公共利益需要等,但有相当部分城市立法并没有此类规定。在审批程序上,一些立法规定了不同类型绿地的具体审批部门、应提交的材料、应公开信息以及征求公众意见等要求,但是仍有很多城市立法并没有此类规定。

8. 在绿化建设上,各城市立法均规定了不同类型绿地的建设职能部门,但绿地类型的划分和具体部门设置有所差异。同时,各城市均规定了绿化建设的标准,但根据各地实际情况,绿地率有所差别。各城市也均规定了建筑企业的标准,即应具有相应的资质。城市绿化工程竣工后,从事城市绿化工程质量监督管理的机构应当出具质量监督报告,建设单位应当及时向城市绿化养护管理责任人办理移交手续。

9. 在绿地管理和保护方面,各城市立法均规定了管理和保护职能部门、禁止占用绿地、禁止擅自砍伐、移植树木、临时占用制度以及禁止性行为等内容。但具体内容规定有所差异。

10. 在法律责任方面,各城市立法均规定了违法行为的行政和刑事责任,但有些立法还明确规定了民事责任。对于违法主体规定,除了单位和个人,大多数立法规定了行政管理部门违法责任,但仍有少数立法忽略了该规定或作了十分简单的规定。

总之,比较省级绿化条例设立的制度,省会或自治区首府所在地的市立法数量最多,内容更加具体,更加丰富,而且制度设立科学,具有先进性,并且能体现一定的地方特色,具有可操作性,在我国城市绿地保护立法中占有非常重要的地位。

二、国务院批准较大的市

(一)相应立法的主要内容及具体制度

国务院批准18个较大的市为唐山市、大同市、包头市、大连市、鞍山市、抚顺市、吉林市、齐齐哈尔市、青岛市、无锡市、淮南市、洛阳市、宁波市、淄博市、邯郸市、本溪市、苏州市、徐州市均制定了"绿化条例",其中规定了城市绿地保护相关制度。这些"绿化条例"是《唐山市城市绿化管理条例》、《大同市城市绿化条例》、《包头市城市绿化条例》、《大连市城市绿化管理条例》、《鞍山市城镇绿化条例》、《抚顺市城市绿化管理条例》、《吉林市绿化管理条例》(同时制定有《吉林市城市园林绿化条例》)、《齐齐哈尔市城市园林绿化条例》、《青岛市城市绿化条例》、《无锡市城市绿化管理条例》、《淮南市城市绿化条例》、《洛阳市城市绿化条例》、《宁波市城市绿化条例》、《淄博市城市绿化条例》(同时制定有《淄博市国土绿化条例》)、《邯郸市城市绿化条例》、《本溪市城市绿化管理条例》、《苏州市城市绿化条例》、《徐州市城市重点绿地保护条例》(同时制定有《徐州市城市绿化条例》)。下面按照前述顺序分别简要阐述其绿地保护相关制度。

1.《唐山市城市绿化管理条例》。2016年制定,其特点如下:

(1)绿化原则新颖有特色。绿化应坚持生态优先、因地制宜、科学规划、建管并重的原则,实现生态效益、社会效益、经济效益相统一,建设海绵型城市绿地,促进自然生态与人居环境可持续发展。

(2)规定应设立专项资金用于城市绿化。

(3)绿化义务。①城市绿化行政主管部门加强市园林绿化科学研究和先进技术推广,维护城市生物多样性,推进生态文明建设的义务。②政府加强绿化法律法规、科学知识的宣传,组织开展全民义务植树活动和群众性绿化工作的义务。③单位和个人应当按照有关规定履行植树和其他绿化义务。

(4)群众绿化。鼓励单位和个人以捐资、劳务等形式认种认养城市绿地,鼓励居民参与居住区绿化。

(5)在规划与建设方面,规定:①规划原则。城乡规划行政主管部门应当根据有关规定,遵循管道、线路、交通安全的原则和树木正常生长的自然规律,统筹科学规划,城市绿化建设应当与地上地下各种设施管线保持规定的安全距离。②撤除围墙。城市新建街道的两侧一般不得建实体围墙。原有城市街道两侧的实体围墙,应当逐步改造为透景围墙,做到庭院绿化与街道绿化融为一体。③海绵型城市绿地建设。建设项目应当按照城市绿地设计规范,规划、建设海绵型城市绿地。④临时绿化要求。建设预留地自征用或者受让之日起六个月内不能建设的,由权属单位负责临时绿化。⑤裸露空地的绿化。在城市规划区内,凡应当绿化而没有绿化的裸露空地,由所在地人民政府城市绿化行政主管部门明确责任,限期绿化。⑥乡土植物优先制度。建设项目绿化工程应当符合城市绿地系统规划,坚持乡土植物优先,本地乔木树种占乔木树种总量的80%以上,适当引种优良新品种。每百平方米绿地应当栽植乔木两株以上、灌木五株以上,常绿树种数量占树木总量的30%以上。⑦绿道慢行系统建设。城市绿道绿廊应当与城市水系、山体绿化、道路建设、公园绿地、风景廊道、生态修复、绿化隔离带等统一规划建设,形成设施完备的绿道慢行系统。⑧多样性绿化。新建、改建、扩建工程建设项目适宜采取屋顶绿化的,鼓励实施屋顶绿化。围栏、墙体以及高架道路、轨道交通等市政公用设施适宜采取垂直绿化的,应当实施垂直绿化。⑨林荫停车场。露天停车场地面应当符合林荫停车场标准,保证树木必要的立地条件与生长空间。⑩公开招投标制度。城市绿化工程的设计和施工,应当由具有相应资质的设计和施工单位承担,并按照国家有关规定实行公开招投标。⑪三同时制度及例外。城市新建、扩建、改建工程项目的建设投资,必须包括配套的绿化建设投资。绿化工程应当与主体工程统一规划,统一设计,同步完成。确因季节原因不能与主体工程同时完成的,应当在主体工程竣工后一年内完成,经城市绿化行政主管部门验收合格后交付使用。

(6)在管理与保护方面,规定:①树木所有权确权制度。②砍伐或者移植树木制度。砍伐一株补栽三株,并提出补栽计划或者移植后的养护措施,保证成活三年,由城市绿化行政主管部门监督实施。没有能力补栽树木的单位或者个人,由城市绿化行政主管部门委托有资质的单位代为补栽,所需费用由责任人承担。经批准砍伐或者移植树木的,申请单位应当向树木权属单位或者个人支付树木补偿费。因自然灾害等突发事件致使树木危及管线、建筑物或者其他设施的安全使用时,有关部门可先行修剪、扶正或者砍伐,并在五个工作日内向当地人民政府城市绿化行政主管部门报告。经城市绿化行政主管部门鉴定,树木的养护管理单位或者个人可按照鉴定通知书要求及时砍伐、更新树木。③管线管理应服从绿化管理要求。城市树木影响管线安全使用时,管线管理单位应当向城市绿化行政主管部门提出申请,经批准后,由树木的养护管理单位按照兼顾树木的正常生长和管线安全使用的原则,限期修剪、处理,所需费用由申请单位承担。④详细的禁止性行为规定:(a)在公园、广场等公共绿地设置广告牌匾或者建造其他建筑物、构筑物;(b)毁损园林绿化设施;(c)在绿地内摆摊设点、停车、堆放物品;(d)在树木上设置广告牌、标语牌或者牵拉绳索、架设线缆;(e)在树冠下设置影响树木正常生长的摊点;(f)就树盖房,以树承重或者围圈树木;(g)擅自修剪树木;(h)攀折树木,拴、钉、刻、划树木,剥刮树皮;(i)穿行绿篱,践踏草坪,采摘花草、果实;(j)在绿地内倾倒污水、废弃物;(k)在绿地内挖沙、取土、采石、筑坟;(l)机动车擅自驶入城市公园、广场;(m)其他损坏城市绿化及设施的行为。⑤古树名木的管理制度。古树名木由所在地人民政府城市绿化行政主管部门建立档案,设置保护标志,划定保护范围,所需经费由财政部门予以保障。古树名木保护范围内不得新建、改建、扩建建筑物、构筑物,城市道路建设不得影响古树名木的保护管理。禁止砍伐或者擅自移植古树名木,因特殊原因确需移植的,按照规定程序批准后方可移植。⑥养护技术规范的制定。市城市绿化行政主管部门应当制定城市绿地养护技术规范,并报市人民政府批准公布后施行。城市绿地养护管理单位应当按照养护技术规范实施养护管理,并制定减灾避险应急预案,遇大风、暴雨、严寒等灾害性天气时,应当对树木采取安全防范措施。⑦安全制度。城市绿化行政主管部门应当做好城市绿地植物病虫害的监测、预报和防治工作,建立有害生物预警、预防控制体系,推广无公害防治,防止环境污染,保证生态安全。

(7)在监督与检查方面,规定了专门的制度。①监督职责分工。人民政府加强对城市绿地系统规划、城市绿线划定以及实施情况的监督检查的责任。城市绿化行政主管部门应当加强对城市绿化工作的监督检查,建立与相关部门的工作协调机制,对违反城市绿化管理规定的行为,及时制止并查处。城市绿地的养护管理单位应当对责任区内违反本条例的行为及时予以制止,并向城市绿化行政主管部门报告,保护城市绿地不受侵害。②投诉和举报制度。城市绿化行政主管部门应当设立投诉和举报途径并向社会公布,自接到投诉举报之日起十个工作日内对投诉举报事项依法办理,并将办理情况反馈投诉举报人。任何单位或者个人有权对破坏城市绿化及绿化设施的行为进行投诉和举报。③绿化资源调查、监测监控制度。城市绿化行政主管部门应当加强城市绿化资源调查、监测监控,建立城市绿化相关信用考核体系,完善城市绿化管理信息系统,依法公布绿化建设、养护和管理的相关信息。④规定了城市绿化行政主管部门在监督检查中的具体职权:(a)要求有关单位或者个人提供与处理事项有关的文件、资料;(b)要求有关单位或者个人就处理事项涉及的问题做出解释和说明;(c)根据需要进入现场进行勘测;(d)责令有关单位或者个人停止实施违法行为;(e)法律、法规规定的其他措施。

2.《大同市城市绿化条例》。2005年制定,其特点如下:

(1)规定了政府领导,群众参与,统一规划,配套建设,因地制宜和建设与管理并重的原则。

(2)强调了城市绿化应作为城市建设的重要组成部分,纳入城市国民经济和社会发展计划。城市绿化建设应当与城市其他公共设施建设统一规划,统筹兼顾。城市绿化经费应当列入政府财政预算。各单位应当根据本单位绿化任务和养护标准,安排绿化经费。居住区绿化养护费由房地产权人支付。

(3)提倡多渠道筹集绿化资金。鼓励单位和个人以投资、捐资、领养、认建、共建等形式,参与城市绿化建设。

(4)绿化义务规定。任何单位和个人都有绿化和保护花草树木及绿化设施的义务,有举报、制止损害花草树木及绿化设施的权利。

(5)在规划和建设方面,规定:①尽量扩大绿化面积。在城市规划区内,应当提高城市绿化用地比例。空闲或者腾出的土地,应当优先用于城市绿化。在城市建设中应当严格控制建筑密度,扩大绿地面积。②绿化建设资金比例控制。城市新建、扩建、改建工程项目的总投资中应当包括配套绿化工程建设资金,其所占比率不少于建设项目总投资的2%。配套绿化工程建设资金应当专款专用。建设工程项目批准施工后,建设单位应当在七日内将配套的绿化工程建设资金专户存入建设银行,市园林绿化主管部门应当对资金的使用进行监督。③关于苗圃、草圃、花圃建设,规定要培育适宜本市生长的优质苗木和花草,逐步实现城市绿化苗木花草自给。④代征的城市公共绿化用地的规定。建设单位按照规划代征的城市公共绿化用地,应当移交市园林绿化主管部门。代征的城市公共绿化用地不得转作他用。

　　(6)在保护和管理方面,规定:①管理原则。城市绿化管理实行分级管理、专业管理和群众管理相结合的原则。②技术化管理。市园林绿化主管部门应当按照技术操作规程进行城市绿化,提高植树、铺草、种花的成活率、保存率和绿化效果。③绿化责任书制度。县、区人民政府和绿化责任单位应当与市人民政府或者市园林绿化主管部门签订绿化责任书。建立严格的责、权、利制度。市园林绿化主管部门应当推行门前绿化管护承包责任制,与城市规划区内临街单位和居民签订门前绿化管护承包责任书。④树木花草所有权和收益确权制度。⑤临时绿化规定不具体。经批准临时占用绿地的,应当按照规定缴纳临时占用绿地费。⑥绿化补偿金的利用。市园林绿化主管部门依照本条例规定收取绿化补偿金,应当按规定上缴财政,纳入同级财政预算外资金管理,专款专用。

　　3.《包头市城市绿化条例》。2012年制定,其特点如下:

　　(1)确立了政府主导、社会参与、科学规划、保护优先、因地制宜、讲求实效的原则。

　　(2)明确政府应当将城市绿化事业纳入国民经济和社会发展规划,将城市绿化经费纳入同级财政预算。市、区人民政府应当将财政预算安排的绿化经费,用于城市公益性绿化建设、监督管理和维护,并随城市绿化面积和管理维护费用的增加而相应增加。

　　(3)在一般规定中,规定政府应当科学组织城市绿化,提高城市绿化覆盖率和绿地标准,严格管理城市绿地,杜绝侵占城市绿地行为,显示了绿地保护的重要性。

　　(4)在规划方面,具有自身特点:①强调了制定民主原则。该条例规定城市绿地系统规划报批前,编制部门应当将规划草案予以公示,并采取论证会、听证会或者其他形式征求有关部门、社会公众和专家的意见。城市绿地建设规划确定的城市绿地应当向社会公布,并接受监督。衔接协作原则。城市绿地系统规划应当与土地利用总体规划、林业规划、水资源规划、环境保护规划等相衔接。②强调了规划的整体性原则。该条例规定编制城市绿地系统规划,应当确定绿化目标和布局,规定各类绿地的控制原则;按照规定标准确定绿化用地面积,分层次合理布局绿地;按照普遍绿化与重点绿化相结合的要求,形成完整的城市绿化体系。③强调了规划的制度程序。该条例规定,市规划主管部门应当会同市绿化主管部门按照城市绿地系统规划和本条例规定的原则,在编制控制性详细规划中,确定城市绿地建设规划,报市人民政府审批。城市绿地建设规划应当确定绿化用地的界线和具体坐标。市、区绿化主管部门按照城市绿地系统规划和城市绿地建设规划,编制城市绿地建设年度计划,并组织实施。

(5)在建设方面,规定:①绿化工程设计方案审核制度。城市各类绿化工程设计方案,按照基本建设程序审批时,应当经市绿化主管部门审核同意。市绿化主管部门应当在五个工作日内提出审核意见。市绿化主管部门的审核意见应当包括以下内容:(a)绿地面积是否符合规定标准;(b)绿地布局是否合理;(c)植物的种类、配置是否适当;(d)绿化设计是否符合园林景观要求;(e)绿地内道路、给排水以及其他设施的设计是否符合有关园林设计规范。②绿地标示制度。建设单位应当在公园绿地、居住区绿地和单位附属绿地醒目的地方设置绿地平面图。已建成的公园绿地、居住区绿地和单位附属绿地平面图由城市绿地管护单位负责设置。③确定了植物选择原则。城市绿化应当按照兼顾景观与生态效应和有利于生长、养护的原则,选择适合本地气候、土壤条件的植物。④提倡多种绿化方式。鼓励立体绿化、屋顶绿化等多种形式的绿化,鼓励对露天停车场地面进行绿化。⑤与其他行业相互协调原则。绿化建设和管理维护,应当兼顾市政公用设施、水利工程、道路交通和消防等方面规划、建设和养护的需要。修建城市道路或者敷设通讯、输电、燃气、热力、上下水管道等市政公用设施影响城市绿地及其设施的,在设计中和施工前,有关单位应当会同绿化主管部门确定绿化保护措施。

(6)在保护和管理方面,规定:①绿线保护制度。市规划主管部门应当会同市绿化主管部门依据本市城市绿地系统规划,对已建成的城市绿地和规划确定的城市绿地以及其他对城市景观、生态产生积极作用需要控制的区域,划定城市绿线,报市人民政府批准,并自批准之日起三十个工作日内报市人大常委会备案。市绿化主管部门应当建立城市绿线档案,定期开展城市绿地资源调查,及时补充更新城市绿线档案。依法划定并经市人民政府批准的城市绿线应当向社会公布,并接受监督。②绿地的专门化利用,限制或禁止商业利用。任何单位和个人不得侵占、破坏城市绿地;不得买卖、转让、租赁或者抵押公园绿地、居住区绿地、防护绿地、生产绿地和道路绿地。单位附属绿地在单位土地使用权转让、租赁或者抵押时,不得改变绿地性质或者减少绿地面积。在城市绿地内,不得进行与绿地管理、养护无关的任何建设活动或者其他占用绿地活动。已建成公园绿地的地下空间禁止商业开发。在城市公园绿地范围内不得擅自从事经营活动。确有经营需求的,需经绿化主管部门审核同意,并经工商行政管理部门批准方可从事经营活动;在城市公园绿地范围内从事经营活动,不得破坏、损坏绿地,影响绿地使用功能。③严格的绿地变更程序。已建成的城市绿地和规划确定的城市绿地应当作为城市总体规划的强制性内容,不得擅自变更。因市政基础设施等公益性建设项目确需占用城市绿地,调整城市绿线的,市绿化主管部门应当会同市规划主管部门组织有关部门和专家进行评估,并采取论证会、听证会或者其他方式征求公众意见,由市人民政府提出,市人大常委会审议后,按照修改和调整城市总体规划有关程序的规定,报城市总体规划原批准机关审批。依法调整的城市绿线应当向社会公布并接受监督。公众和专家意见以及人大常委会的批准,可以更好地防止随意变更绿地。④临时占用的期限没有明确规定,但规定了超期拆除制度。对已建成城市绿地内的违法建筑物、构筑物及其他设施和超过临时占用城市绿地期限的,人民政府应当组织限期拆除,恢复绿地功能。⑤禁止性行为方面,既规定了绿地范围内的禁止行为,也单独专门规定了禁止损害树木的行为。前者包括:(a)挖砂取土,搭建建筑物、构筑物;(b)践踏草坪,损坏绿化设施;(c)倾倒垃圾、有害废渣、油类,排放污水,堆放含有融雪剂的积雪、杂物;(d)在绿地内停放车辆或者利用绿化用水清洗车辆;(e)放养家禽、家畜、宠物,打鸟;(f)擅自用火,燃放烟花爆竹;(g)其他损坏绿地的行为。后者包括:(a)在树木旁或者树坑内用火、堆放杂物,或者向树木根部倾倒危害树木生长物质;(b)在树木上涂、写、刻、画,擅自悬挂、张贴广告或者其他物品;(c)攀、折、钉、拴树木;(d)除紧急抢修临时搭建围挡外,在树木一米范围内搭建施工围挡以及五米内设置广告牌;(e)其他影响树木正常生长的行为。⑥规定了城市绿地管护单位的义务,制定了详细的管护规则。城市绿地管护单位应当在植物死亡后的第一个绿化季节进行补植更新。城市绿地管护单位按照国家和市绿地养护规范进行管护,及时清除绿地内的垃圾、污水和作业留下的枝叶、渣土,保持绿地功能完整和绿化设施完好;根据需要设置警示标志和必要的防护设施,并制止损害树木花草和绿化设施的行为。城市绿化用水应当优先使用再生水和雨水,推广使用喷灌、滴灌等节水灌溉方式。市城市管理行政执法部门应当在作出城市绿化行政处罚决定后两个工作日内抄送市绿化主管部门和市规划主管部门。绿化主管部门和城市管理行政执法部门,应当建立健全管理制度,对绿地养护单位履行职责进行督促检查,设立破坏城市绿地行为举报投诉电话,接受单位和个人的举报投诉,并及时处理。市绿化主管部门应当组织城市绿化的科学研究,推广先进技术,培育、引进适应本地的树木花草优良品种,促进绿化科技成果的转化;积极做好城市树木花草的病虫害预测预报和防治工作,确保城市绿化成果不受损害。

(7)在法律责任方面,详细规定并列举了绿化主管部门、规划主管部门和城市管理行政执法部门的责任。该条例规定,相关机关有:未依法组织编制城市绿地系统规划和城市绿地建设规划的;未依法划定城市绿线,建立城市绿线档案的;违法批准变更城市绿地性质或者在城市绿地内进行与绿地管理、养护无关的建设活动或者其他占用绿地活动的;违法买卖、转让、租赁或者抵押城市绿地的;未依法履行绿化工程设计方案审核和绿化工程验收职责的;违法批准延长临时占用城市绿地期限的,或者未按时收回临时占用城市绿地的;对破坏城市绿地行为未依法及时制止和进行行政处罚的;城市绿化行政主管部门因保护、整治措施不力,或者工作人员玩忽职守,致使古树名木损伤或者死亡的,由同级人民政府、上级人民政府主管部门或者监察机关对直接负责的主管人员和其他直接责任人员依法给予行政处分;构成犯罪的,依法追究刑事责任。绿化主管部门、规划主管部门和城市管理行政执法部门的工作人员违反条例规定,有玩忽职守、滥用职权、徇私舞弊行为的,由其所在单位或者上级主管机关给予行政处分;构成犯罪的,依法追究刑事责任。

4.《大连市城市绿化管理条例》。1991年制定,2005年修订,其特点如下:

(1)城市绿化应当体现民族风格和地方特色,借鉴国内外先进经验,积极推广应用先进技术,努力提高城市园林、绿化的科学技术及艺术水平。

(2)规划方面。城市绿地系统规划和分期实施计划,由城建行政主管部门会同规划、环保等部门,依据城市总体规划进行编制,并按照规定的审批权限批准后,由城建行政主管部门负责实施或者会同有关部门组织实施。规划原则为根据当地特点,利用原有地形、地貌、水体、植被和历史文化遗址等自然、人文条件,坚持社会效益、经济效益和环境效益相统一,合理规划城市绿地系统,注重净化城市环境,美化市容街景,协调城市色彩,提高城市绿化覆盖率和绿化水平。

(3)建档制度。各类城市绿地的规划、建设和管理,应当建立完整的城市绿化档案。

（4）城市建设工程项目绿化用地所占该项目总用地面积的比例，应当符合法律规定，未达到规定标准的，由城建行政主管部门对减少的绿化用地面积组织绿化建设，所需经费由项目建设单位承担。城市苗圃、草圃、花圃等生产绿地的建设，应当适应城市绿化建设的需要。

（5）六个月内临时绿化制度。在城市规划区范围内经土地行政主管部门确定为闲置土地的，土地使用人应当按照临时绿化标准和要求在六个月内进行临时绿化，所需建设和养护费用由土地使用人承担。未实施临时绿化的，由所在区（市）、县城建行政主管部门组织实施，所需经费由土地使用人承担。

（6）"三同时"制度。与建设工程项目相配套的城市绿化工程，应当与基本建设主体工程同步规划、设计并在建设工程竣工时完成。确因季节原因不能完成的，应当在下一个绿化季节内完成。逾期不完成的，由所在区（市）、县城建行政主管部门组织实施，所需经费由建设单位承担。

（7）城市绿化工程建设资金分别不同的类型采用不同的途径：城建行政主管部门负责建设、改造的园林绿化工程项目，由市及区（市）、县政府统筹安排；城市新建、扩建、改建区内的园林绿化，除应当由城建行政主管部门承担的部分外，应当由建设单位在基本建设工程投资中列支；厂区、院区内的园林绿化，由单位在自有资金中解决；居住区绿化，由开发建设或者产权单位负责投资。

（8）养护管理分工负责制。城市公共绿地、防护绿地、风景林地和风景名胜区绿地等，由城建行政主管部门的所属机构负责养护管理。居住区绿地，已实行物业管理的，由物业管理单位负责养护管理。未实行物业管理的，由房屋管理单位负责养护管理。无房屋管理单位的，由区（市）、县政府根据实际情况确定的单位负责养护管理。各单位厂区、院区内绿地，由各单位负责养护管理。军事禁区、管理区内的绿地，由城建行政主管部门同部队协商确定养护管理责任。城镇居民自有庭院内的花草树木，由所有人或者受委托人负责养护管理。城建行政主管部门对绿化养护管理负责监督检查，并给予技术指导。城市绿化养护管理责任人未履行绿化养护管理责任，并未按照城建行政主管部门的要求整改的，由城建行政主管部门组织对绿地的养护，所需费用由责任人承担。

（9）补植或者移植的树木保活三年制度。经批准砍伐树木的，应当按照规定缴纳树木砍伐补偿费，并按照砍伐树木的株数补植一至三倍的树木。

无力补植的,由城建行政主管部门有偿代为补植。补植或者移植的树木应当保活三年。

(10)损害赔偿制度。因交通、生产等事故造成绿地、树木损毁的,损毁单位或者个人应当向城建行政主管部门或者绿地、树木所有权人赔偿经济损失。

5.《鞍山市城镇绿化条例》。2018年制定,其特点如下:

(1)以建设美丽鞍山为目标,要求市、县(市)区人民政府应当将城镇绿化建设纳入国民经济和社会发展规划,制定年度建设计划,确定本行政区域各项绿化目标,实行绿化目标责任制,安排资金保障城镇绿化建设和管护的需要。

(2)举报制度。任何单位和个人,都有保护城镇树木花草和绿化设施的责任,有权对损害城镇绿化的行为进行制止和举报。市、县(市)区城镇绿化行政主管部门以及镇人民政府应当建立举报制度,公布举报联系方式。

(3)规划:①规划制定程序公开制度。规划草案予以公示,并应当采取召开论证会、听证会或者其他形式征求有关部门、社会组织和公众以及专家学者的意见。②改变绿地系统规划、绿线和绿地性质、用途的严格程序制度,但没有规定改变的条件,如公共利益需要等。任何单位和个人不得擅自改变绿地系统规划、绿线和绿地性质、用途;确因基础设施建设等特殊需要改变的,应当按照原批准程序重新审批。改变绿地系统规划、绿线和绿地性质、用途涉及城镇总体规划布局变更的,应当提请本级人民代表大会常务委员会审议后,依法履行报批程序,并向社会公布。

(4)建设:①易地还建或者承担补偿绿化建设有关费用制度。建设项目应当按照规划安排附属绿化用地。城乡规划行政主管部门在核发建设工程规划许可证时,建设项目因特殊情况达不到附属绿化用地标准的,应当征求城镇绿化行政主管部门的意见。建设单位应当按照所缺绿地面积,采取易地还建或者承担补偿绿化建设有关费用的补救措施。建设单位按照前款规定承担的补偿绿化建设有关费用,应当专款专用,由城镇绿化行政主管部门在建设项目所在县(市)区范围内安排绿化建设。②"四同时"制度。建设项目附属绿化工程,应当与建设项目主体工程同步设计、同步施工、同步验收,同时落实管护责任。③限期绿化和临时绿化。在城镇规划区内,凡应当绿化而没有绿化的裸露空地,由所在地的市、县(市)区人民政府明确责任,限期绿化。鼓励闲置土地和未开工建设的建设项目用地实施临时绿化,满足覆盖裸露土地防治扬尘的要求。④城镇规划区内因棚户区改造、违法建设拆除等腾出的闲置地块,应优先用于公园绿地建设。⑤工程质量终身责任制。政府投资建设的城镇绿化工程,实行工程质量终身责任制。工程建设单位和参与建设的项目负责人应当在工程设计使用年限内对工程质量承担相应责任。⑥海绵型绿地建设制度。充分发挥城镇绿地生态保护、休闲游憩、避险防灾、雨水吸纳、净化空气、降低噪音等功能。⑦绿化材料要求。绿地内道路、广场等铺装宜采用透气、透水的环保材料,实现雨水自然积存、自然渗透、自然净化。⑧绿色廊道制度。市、县(市)区人民政府应当结合当地山水文化特色,建设以林荫路为主的,连接公园、街头绿地、风景名胜地、历史古迹的绿色廊道。⑨树种要求。城镇绿化建设,应当结合本地地理气候特征,选择适宜本地生长的优良树种,控制易产生飞絮等污染物的植物品种,保护植物多样性,符合生态要求,体现地方特色。

(5)养护和管理。①绿地养护和管理责任制度。负有绿地养护和管理责任的单位,应当建立健全管理制度,严格按照绿化养护技术规范实施养护,也可以通过招标或者其他方式委托专业养护单位进行绿地养护,保持树木花草繁茂和绿化设施完好。②养护技术规范。市城镇绿化行政主管部门应当根据国家标准和行业规范,结合本市实际,制定本市城镇绿化养护技术规范,报市人民政府批准后公布实施,并根据绿化事业发展适时调整。③临时占用期满后绿地恢复不得低于临时占用前绿地标准,且应当与周围绿化环境相协调。④商业活动限制。不得擅自在城镇公园绿地内开设商业、服务摊点。确需开设商业、服务摊点的,应当持工商行政管理部门批准的营业执照,在城镇公园绿地管理单位指定的地点从事经营活动,并遵守城镇公园绿地和工商行政管理的规定。⑤谁投资谁收益制度。种植树木花草实行谁投资谁收益的原则。城镇绿化行政主管部门组织专业队伍和城镇居民在城镇绿地内种植的树木花草,收益权归国家;单位在其管辖范围内种植和管护的树木花草,收益权归单位;城镇居民在个人庭院内种植的树木花草,收益权归个人。⑥移植、砍伐制度。确因城镇建设、更新或者其他特殊需要移植、砍伐树木的,应当经城镇绿化行政主管部门批准;移植、砍伐原因和株数应当在现场公示,接受公众监督;一次移植、砍伐三十株以上树木的,应当报市城镇绿化行政主管部门备案。移植树木的单位和个人,应当按照绿化技术操作规程组织移植并确保成活,未成活的,应当补植相应的树木或者由城镇绿化行政主管部门有偿代为补植。⑦项目用地范围内有树木处理制度。

设项目用地范围内有树木的,房屋征收行政主管部门、国土资源行政主管部门在房屋征收和国有建设用地使用权征收、收回前,应当书面通知城镇绿化行政主管部门,由城镇绿化行政主管部门提出对树木的处置、保护意见。建设用地使用权人应当按照城镇绿化行政主管部门的意见,落实树木的处置、保护措施,并接受城镇绿化行政主管部门的监督。⑧合理砍伐、更新或移植制度。树木所有者应当及时砍伐、更新、移植;按照有关规定需要缴纳补偿费的,还应当缴纳补偿费。合理砍伐、更新或移植情形包括:树木发生严重病虫害,已无法挽救或者自然枯死的;树木严重倾斜,妨碍交通或者危及人身、建筑物或其他设施安全的;树龄、树貌已达到更新期的;发生检疫性病虫害,可能危及其他植物的;因树木生长抚育需要的;建设工程用地范围内无法保留的。⑨修剪制度。为了保证管线的安全使用需要修剪树木时,应当按照兼顾管线安全使用和树木正常生长的原则进行修剪。因不可抗力致使树木倾斜危及管线安全时,管线管理单位可以先行修剪、扶正或者砍伐树木,但是,应当及时报告城镇绿化行政主管部门和绿地管理单位;砍伐树木的,须补办有关手续。⑩古树名木特殊保护制度。⑪禁止性行为详尽有特色。践踏草坪、穿行绿篱、爬树、摇树、攀枝、折枝采花、采果或者在树木上刻划、张贴、钉钉子;扒剥树皮,在树木上架电线、拴绳挂物或者拴系牲畜,绿地用火,占压绿地或者绿化设施停放车辆、擅自设置临时商亭、搭棚或者摆放摊点;在施工等作业时借用树木作为支撑物或者固定物;以水泥、沥青等硬化树穴,向树穴或者绿地内倾倒热水、污水、污油、垃圾、含有融雪剂的残雪等影响植物生长的有害物质;在绿地内擅自设置广告牌、排烟设施等建筑物、构筑物;在绿地内采石、挖砂、取土、建坟、养殖放牧或者种植农作物等。⑫植树、栽花、种草成活率和保存率制度。公园绿地、附属绿地、防护绿地,以及其他绿地内种植的树木花草的成活率应当达到 98％以上,保存率应当达到 95％以上。其中行道树的成活率和保存率应当达到 100％。未达到标准的,应当予以补植。⑬绿化资源调查,建立绿化资源档案,完善绿化管理信息系统及公布制度。城镇绿化行政主管部门和镇人民政府应当加强城镇绿化资源调查,建立绿化资源档案,完善绿化管理信息系统,依法公布绿化建设、养护和管理的相关信息;并根据国家有关规定开展绿化资源监测和效益评估。⑭防火制度。城镇绿地管理单位,必须加强责任区的护林防火工作,落实安全防范措施,及时发现和消除隐患,杜绝火灾事故的发生。

6.《抚顺市城市绿化管理条例》。2000 年制定,2011 年修订,其特点如下：

(1)多层级规划。城市绿化规划应纳入城市总体规划。市城市绿化行政主管部门应当依据城市总体规划编制城市绿化规划、近期实施规划和年度计划，并组织实施。

(2)绿化配套工程投资制度。城市工程建设项目的投资中应当包括绿化配套工程投资。

城市工程建设项目绿化配套工程规划设计必须与主体工程规划设计同时报市城市规划行政主管部门审批。未报绿化配套工程规划设计和绿化用地面积达不到本条例第7条规定标准的，市城市规划行政主管部门不予核发建设工程规划许可证。

(3)城市绿地应当加强养护管理，保持花草树木繁茂和绿化设施完好。

(4)临时占用两年制度。任何单位和个人不得占用城市绿地建设永久性建筑物。因特殊需要占用城市绿地进行临时建设的，必须经市城市绿化行政主管部门同意，并按照有关规定办理临时用地手续。经批准临时占用城市绿地，应当向市城市绿化行政主管部门交纳绿地补偿费，占用期限不得超过两年。占用期满，由占用者负责恢复绿地原貌。

(5)树木砍伐补偿费。经批准砍伐树木的应当交纳树木砍伐补偿费，并按伐一补三的比例，由砍伐树木的单位或者个人按市城市绿化行政主管部门指定的树种、树龄和地点补植树木，保活三年。

(6)稀有珍贵树木保护制度。稀有珍贵树木应当建立档案，严格保护，不得砍伐。确需移植的，必须经市城市绿化行政主管部门同意，报市人民政府批准。

(7)修剪同意制度。电力、电讯等部门为维护管线安全需要修剪树木的，应当经所在区、县城市绿化行政管理部门同意。

(8)合理砍伐更新制度。经市城市绿化行政主管部门组织鉴定后，方可砍伐或者更新：发生严重病虫害，无法挽救或者自然枯死的；严重倾斜，妨碍交通或者危及人身、建筑物及其他设施安全的；树龄已达到更新期的；需要更换优良树种的。

(9)建筑施工现场不得损毁花草树木和绿化设施，应当采取保护措施。

(10)绿地补偿费和树木砍伐补偿费应当用于绿化建设，由市城市绿化行政主管部门监督使用，不得挪作他用。

(11)商业利用限制制度。公园内不得擅自设置临时商业服务设施和摊点。确需设置的,由管理单位提出方案,报市城市绿化行政主管部门按照规划方案批准。

7. 吉林市分别制定了《吉林市绿化管理条例》和《吉林市城市园林绿化条例》,前者适用于整个市行政区域绿化规划、建设、保护和管理,包括城市和农村,后者仅适用于城市规划区城市园林绿化的相应工作。

《吉林市绿化管理条例》。1998年制定,2017年修订,主要规定:

(1)政府绿化委员会领导城乡绿化工作和义务植树运动,并行使宣传贯彻有关绿化的法律、法规和方针、政策,参与制定总体绿化规划等主要职责。

(2)规划制度,包括充分利用松花江水系、周边风景山、植被和历史文化遗址等自然人文条件,以方便群众为原则,以提高绿化覆盖率、人均公共绿地面积和绿化总体水平为重点,以建设生态园林、保护和改善城市环境为目标,合理设置公共绿地、居住区绿地、防护绿地、生产绿地和风景林地等规划要求。

(3)建设制度,详细规定了全民义务植树运动,并规定年满18岁的公民无故不履行此项义务的,所在单位要进行批评教育,责令限期补栽。对单位未完成植树义务的,要追究领导责任。可以根据自愿以缴纳绿化费的形式履行植树义务(以资代劳)。

(4)保护制度,实行专业队伍管护与群众性管护相结合。另外,可以在城市公共绿地内开设商业服务摊点的,但必须经城建部门审查同意报县级以上人民政府批准,并办理有关手续后,在指定的地点从事经营活动。砍伐树木和占用林地、绿地等制度,电力、通讯、市政、公用等建设工程确需修剪城市树木的,必须经城建部门批准,并委托城市绿化专业队伍进行修剪,按规定缴纳修剪补偿费和施工费。因不可抗力致使树木倾斜,危及管线安全时,管线管理单位可先行修剪、扶正或者砍伐树木,但应当在24小时内报告城建部门和树木管理单位。

(5)管理等制度。单位、居民搬迁时,应将其庭院中自行种植的树木移交给迁入单位、居民。经协商可有偿移交,不得损坏和擅自砍伐。建设施工单位,应采取妥善措施保护现场绿地、树木和绿化设施。造成损坏的,应按有关规定予以补偿。市区内各机关、团体、企业、事业以及个体经营单位应按照城建部门规定的范围,对门前责任区的树木、绿地、绿化设施进行养护管理。因管理不善造成树木、花草死亡,设施损坏的,管护者应负责补偿。全民义务植树基地被占用或改变用途,除应办理占地手续外,须经县级以上绿化委员会批准,并在林权单位收取的林地补偿费中,提取一定数量的资金,用于义务植树基地补偿性建设。

《吉林市城市园林绿化条例》于 2001 年制定,其首先根据建设部《城市绿地分类标准》(CJJ/T 85—2002)的分类标准对园林绿化进行了分类,并规定了任何单位和有劳动能力的公民,都有绿化美化城市的义务。其有特色的内容包括:

(1)规定了绿化的面积标准,即城市 500 m² 以上的公共绿地、居住区绿地、风景林地、防护绿地和公共建筑附属绿地园林绿化工程,建设单位必须按照批准的施工方案进行绿化。工程竣工后,必须经市城市园林绿化行政主管部门验收。单位附属绿地应制定绿化规划,并实行审查制度。绿地总面积 500 m² 至 2000 m² 的,绿化规划须报区城市园林绿化行政主管部门审查;绿地总面积超过 2000 m² 的,须报市城市园林绿化行政主管部门审查。

(2)建设方面,规定了城市主、次干道两侧的机关、团体、部队和企业事业单位等,应当拆除各类封闭性实体围墙,进行绿化建设。确需进行封闭的庭院,应当建设通透性围栏,并在围栏内外进行绿化建设。生产绿地的经营单位必须具有相应的资质。生产绿地用地面积不得少于城市建成区总面积的 3%。生产绿地建设要满足城市园林绿化发展需要,并坚持自行繁育为主、引进为辅的原则,丰富城市园林绿化植物材料,突出市树、市花等植物景观特点。

(3)在保护和管理方面,首先,规定了砍伐、移植、修剪制度,一株补栽五株的比例较高的标准,在城市园林绿化管理机构指定地点补栽,补栽树木的所有权归国家。不进行补栽的,按照实际造价承担补栽费用。移植树木必须由园林绿化专业队伍或者在其指导下进行,补栽或者移植的树木须保活三年。其次,规定了损害赔偿制度。因交通、生产等事故造成绿地、树木和园林绿化设施损坏(毁)的责任人,应当向绿地、树木和园林绿化设施所有者赔偿损失。再次,修剪制度具有可操作性。因维护电力、通讯、市政等公用设施需修剪城市树木的,必须报市、区城市园林绿化行政主管部门批准,由城市园林绿化专业队伍进行修剪。对先有树木后有设施的,由设施管理单位按照有关规定缴纳修剪、劳务补偿费。因不可抗力致使树木倾斜危及设施安全时,设施管理单位可先行修剪、扶正或者砍伐树木,但必须在 24 小时内报告市、区城市园林绿化行政主管部门和树木管理单位。最后,禁止性行为规定详细,包括挖坑、采石(砂)、取土、埋坟、狩猎、放牧、种植农作物、行车及停放车辆、堆放物料、乱扔垃圾、向绿地和树木排放或者倾倒各种废弃物和污染物;碾压践踏花卉和草坪、攀折树枝、扒树皮、撸树叶、采花、摘果,在树上拴牲畜、悬挂物品、倚树搭棚和盖房、钉刻树木,在树下及周围设置烧烤等动火项目;哄吓、捅打、扔杂物等伤害动物和进入动物笼舍隔离栏的行为;携带各种动物进入公园、游园、广场;破坏园林绿化设施或者将园林绿化设施改作他用等,还包括在城市公共绿地、居住区绿地、生产绿地、防护绿地、风景林地内,未经市、区城市园林绿化行政主管部门批准,不得擅自设置广告、进行宿营和动火等活动,不得擅自喂食动物。

8.《青岛市城市绿化条例》。2011年制定,其特点如下:

(1)绿化要求有特色。城市园林绿化行政主管部门应当加强城市绿化科学研究,推广绿化建设、养护先进技术以及微喷、滴灌、渗灌等节水技术,组织培育、应用本市适宜植物种类。

(2)规划制度方面的特色:①城市绿地系统规划应当确定城市绿化目标和布局,规定城市各类绿地的控制原则,按照规定标准确定城市绿化用地面积。②列举了城乡规划委员会的职责,其中包括编制或者修改城市绿地系统规划、划定或者调整城市绿线、改变城市绿地性质、绿地面积达不到规定标准而确需建设的建设项目、重要的城市绿化工程设计方案等。此类事项有关机关作出审批或者批准决定之前,应当向社会公示,听取公众意见。

(3)在建设方面的特色:①种植植物要求。城市绿地建设应当选用适应本市自然条件、经济合理、节水耐旱的植物种类,注重植物生态习性、种植形式和植物群落的多样性、合理性。②外地植物控制。城市绿地建设选用外地植物种类和栽植胸径十五厘米以上的树木时,应当对其可行性、安全性等进行专业论证并明确相应的技术措施。除科研、专类公园建设需要外,不宜栽植需要外地特定生长环境的树木。③绿地内设施的要求。城市绿地内道路、广场等的铺装,宜采用透气、透水的环保材料。④城市园林绿化行政主管部门对建设项目配套绿化工程的设计方案应提出审查意见且应当包括规定内容,即绿地面积是否符合规定标准;绿地布局是否合理;植物的种类、配置是否适当;绿化设计是否符合园林景观要求;绿地内道路、给排水以及其他设施的设计是否符合有关园林设计规范。⑤立体绿化要求。新建建筑面积在二万平方米以上的大型公共建筑,在符合公共安全的情况下,应当进行立体绿化。居民住宅楼、高架桥等其他建筑物、构筑物适宜立体绿化的,鼓励进行立体绿化。室外公共停车场、停车位,具备条件的,应当配植庇荫乔木、绿化隔离带,铺设植草地坪。

(4)保护和管理制度方面,包括:①改变绿地性质制度。不得擅自改变,经批准改变绿地性质的,申请人应当按照先补后占、占补平衡的原则,易地建设同等面积城市绿地。城市绿地性质改变涉及城市总体规划、控制性详细规划修改的,依照城乡规划法律、法规的规定执行。②临时占用绿地。占用期限不得超过两年。经批准临时占用城市绿地的,申请人应当按照规定缴纳临时占用城市绿地补偿费。占用期满后,申请人应当及时恢复城市绿地并报原批准部门查验、确认。对城市绿地及其设施造成损坏的,应当承担赔偿责任。③养护制度。养护单位进行职责分工及并明确养护义务。养护责任单位应当建立城市绿化管理档案,按照绿化养护技术标准进行养护。对死亡树木和发生检疫性病虫害的树木,应当在报经城市园林绿化行政主管部门确认后,及时清理并补植更新。④土地划拨的绿地处理。建设项目用地范围内有树木的,在土地使用权划拨或者出让前,土地主管部门应当告知城市园林绿化行政主管部门,由城市园林绿化行政主管部门提出对树木的处置、保护意见。用地单位应当按照城市园林绿化行政主管部门提出的意见,落实对树木的处置、保护措施,并接受城市园林绿化行政主管部门的监督。⑤树木迁移、砍伐根据数量分类审批制度。⑥详细的禁止性行为:在绿地内焚烧物品,倾倒废水或者有毒有害物质;钉、拴、刻划、攀折树木或者在树木上捆绑电缆、电灯以及其他物件;在绿地内抛撒、堆放、晾晒物品,设置广告;擅自采摘绿地内花果枝叶,损坏植被,硬化或者圈占小区绿地;在绿地内饲养家畜家禽、捕猎、耕种;在绿地内挖沙、取土、采石、筑坟;擅自在绿地内搭棚建房、停放车辆;损坏树木支架、栏杆、花坛、坐椅、园灯、建筑小品、供排水等绿化设施等。⑦病虫防治及山林放火。城市园林绿化行政主管部门应当建立园林植物病虫害疫情监测预报网络,编制灾害事件应急预案,健全园林植物病虫害预警预防控制体系。城市园林绿化行政主管部门应当按照职责负责本辖区内山林防火的指导、协调和监督工作,编制山林防火应急预案,负责对防火队伍的组织、培训和演练。⑧数字化管理。城市园林绿化行政主管部门应当组织开展城市绿地普查,建立城市绿地数字化管理系统,对城市绿地实行动态管理。

(5)监督检查制度详尽具体可操作,主要包括:①不同部门的监督职责划分。市、县级市人民政府应当加强对城市绿地系统规划、城市绿线划定和实施情况的监督检查。市城市园林绿化行政主管部门应当定期对全市城市绿化的建设、保护和管理进行监督检查,并将监督检查情况报市人民政府。城市园林绿化行政主管部门、城管执法部门和相关部门应当建立健全信息共享的协作机制,按照职责对城市园林绿化活动实施监督检查。②明确监督的具体措施与内容。城市园林绿化行政主管部门、城管执法部门进行监督检查时,有权采取的措施有:要求有关单位和人员提供与监督检查事项有关的文件、资料;要求有关单位和人员就监督检查事项涉及的问题做出解释和说明;根据需要进入现场进行勘测;责令有关单位和人员停止城市绿化违法行为。执法人员履行前款规定的监督检查职责时,应当出示执法证件。被监督检查的单位和人员应当予以配合,不得妨碍和阻挠依法进行的监督检查活动。③城管的监督执行规则。城管执法部门在实施城市绿化监督检查时,对绿地面积以及涉及城市绿化专业内容的事项不能直接确认的,应当书面征询城市园林绿化行政主管部门意见,城市园林绿化行政主管部门应当依据原许可材料予以确认。对批准改变城市绿地性质、临时占用城市绿地和迁移、砍伐树木等行政许可决定,城市园林绿化行政主管部门应当将许可决定书复印件以及相关材料抄送城管执法部门。城管执法部门对被许可人违反园林绿化行政许可决定的行为作出行政处罚决定的,应当同时将行政处罚决定书复印件以及相关材料抄送城市园林绿化行政主管部门。④监督信息公开。城市园林绿化行政主管部门应当建立城市绿化管理信息公开平台,除依法不得公开的内容外,自形成或者批准之日起二十日内向社会公开,这些需要主动公开的信息包括:经依法批准或者批准修改的城市绿地系统规划;经依法划定或者调整的城市绿线;城市绿化行政许可条件、程序以及依法作出的行政许可决定;城市绿化监督检查的情况以及处理结果等。城管执法部门实施城市绿化监督检查的情况和对城市绿化违法行为的处理结果,也应当依法公开。⑤投诉举报制度。城市园林绿化行政主管部门、城管执法部门应当自接到投诉举报之日起七日内,按照各自职责查处违反城市园林绿化的行为,并将处理情况反馈投诉举报人。

9.《无锡市城市绿化管理条例》。2001年制定,具有如下特点:

(1)提倡多渠道筹集绿化资金。鼓励单位和个人以投资、捐资、领养、认建、共建等形式,参与城市绿化建设。

(2)地方特色的要求。城市绿化规划应当根据当地的特点,利用自然、人文条件,与文物古迹的保护相结合,突出地方特色。

(3)分界线要求。城市主要道路两侧的建筑物前,应当根据规划要求,选用透景、半透景的围墙、栅栏、绿篱等作为分界。

（4）树木移伐、截干及临时占用的审批期限及相关规定。城市绿化行政主管部门受理树木移伐、截干或者临时占用城市绿化用地的申请后，应当在十日内审批完毕。经批准砍伐树木的建设单位，应当按"伐一栽三"的原则予以补植并确保成活。自行补植有困难的，可以委托城市绿化行政主管部门或者专业绿化养护单位进行补植，所需费用由委托方承担。

（5）禁止性行为规定详细，包括：在城市绿化规划范围内非法开山采石、毁林种植、围湖造田、放牧狩猎、建坟立碑；在绿地内堆放杂物、掘挖、损毁花木；在树木上缠绕绳索、钉钉、架设电线电缆和照明设施；在绿地内擅自采花摘果、采折枝条、挖采中草药及野生种苗；在绿地内擅自搭建建筑物、构筑物、围圈树木、立杆竖牌、设置广告设施；擅自在城市公共绿地范围内开设商业、服务摊点；向城市绿地内倾倒生活垃圾、建筑垃圾、有害废水等废弃物等。

（6）列举奖励和处罚的具体行为。①表彰或者奖励的行为：实施城市绿化规划、改善城市绿化面貌，成绩显著的；对绿化规划、建设、管理和保护提出合理化建议，被采纳的；检举或者制止破坏绿化行为，效果显著的；举报城市绿化工作人员滥用职权、徇私舞弊的行为，经查实的等。②处罚行为：违反已批准的绿化规划，缩小绿地面积的，处以缩小面积部分每平方米五百元以上一千元以下罚款；擅自移伐、截干树木或者虽经批准砍伐但未按照规定补植的，处以损失费一倍以上五倍以下罚款；擅自变更或者占用城市绿化用地，处以所变更或者占用城市绿化用地面积每平方米五百元以上一千元以下的罚款；新建管线未按照规定办理手续，造成城市绿地或者树木受损的，处以损失费一倍以上三倍以下罚款等。

10.《淮南市城市绿化条例》。2010 年制定，其特点如下：

（1）主管和管理机构明确。市城乡建设行政主管部门负责本市城市规划区的城市绿化工作，城市园林绿化管理机构具体负责城市绿化工作。区人民政府按照分级管理的原则，负责本辖区内的城市绿化工作。市城乡建设行政主管部门可以委托相关区的管理机构负责其区域内的城市绿化工作。

（2）城市绿化规划及实施计划应符合的标准：城市绿地率、城市绿化覆盖率、人均公共绿地面积达到国家规定的标准；城市新建区绿化用地面积不得低于总用地面积的 38%，城市改建区绿化用地面积不得低于总用地面积的 25％；划定城市绿线，标明绿地种类和性质；城市苗圃、花圃、草圃等生产绿地总面积不得低于城市建成区面积的 2％；符合国家生态园林城市标准的其他指标要求。

（3）绿化优先的原则。在城市规划和建设中应当体现绿化优先的原则，按照有关规范，合理安排地上、地下管线的位置及走向。地下管线施工应当与树木及其他绿化设施保持一定距离，必要时采取保护措施。

（4）城市各类绿化工程的设计、施工、监理，应当委托具有相应资质的单位承担。外地园林绿化设计、施工、监理企业到本市承揽业务，应当向市城乡建设行政主管部门备案。

（5）建设工程验收制度。政府组织建设的绿化工程应当由城乡建设行政主管部门组织竣工验收，验收合格后方可交付使用。含有配套绿化工程的建设项目，建设单位应当通知城乡建设行政主管部门参加建设项目竣工验收，并自竣工验收合格之日起十五个工作日内，将工程竣工验收资料报送城乡建设行政主管部门备案。

（6）改变绿地性质制度没有规定改变的具体条件要求。任何单位和个人不得擅自改变已建成绿地的使用性质，不得破坏和改变绿地的地形、地貌、水体和植被。确需改变的，应当经城乡建设行政主管部门审查后，按照规定程序报批。

11.《洛阳市城市绿化条例》。2010 年制定，其特点如下：

（1）注重地方特色。城市绿化坚持以人为本、生态优先、科学规划、因地制宜、全民参与、共建共享的原则，注重生物多样性保护和乡土植物应用；积极发展牡丹园艺，建设以牡丹为特色的洛阳园林。

（2）建设节约型园林绿化城市。市城市绿化行政主管部门应当加强城市绿化的科学研究，推广绿化建设和养护的先进技术，推广立体绿化，推广使用城市中水和其他节水型灌溉方式，建设节约型园林绿化城市。

（3）规划和建设制度。①城市绿地系统规划制定部门及程序。由市、县（市）、吉利区城乡规划行政主管部门会同城市绿化行政主管部门依据城市总体规划共同编制，经同级人民政府批准后实施，并报同级人民代表大会常务委员会备案。绿地系统规划报批前，组织编制部门应当将规划草案予以公示，并采取论证会、听证会或者其他形式征求有关部门、社会公众和专家的意见。绿地系统规划在实施中因特殊情况确需变更的，应当按照原批准程序重新审批。城市规划和建设留足绿化用地：新建区内，每十平方公里应当规划预留至少一处占地面积十万平方米以上的综合性公园用地,每一平方公里应当规划预留至少一处占地面积五千平方米以上的公园绿地用地;新建区的绿地率不低于 35%,人均公园绿地面积不少于八平方米等。于旧城区改建的,指标比率可以降低 5%。工程建设用地范围内,无地下建筑物、构筑物的绿化用地面积达到其规划确定附属绿化用地面积 50% 以上的,所建绿化停车场、覆土绿地、屋顶花园可按一定比例计入该工程的附属绿化用地面积。②建设工程项目因特殊情况不能按照规定标准进行建设的,建设单位应当就近补建;无法补建的,由市、县(市)、吉利区城市绿化行政主管部门统一易地代建,所需费用由建设单位承担。③设置的管线应当与树木及其他绿化设施保持一定距离。设置管线对树木生长有影响的,建设单位应当采取保护措施。④政府投资的城市绿化工程,应当依法采取公开招投标方式确定设计、监理、施工单位。城市绿化工程的设计、监理、施工,应当由具有相应资质的单位承担。政府投资的城市绿化工程竣工后,城市绿化行政主管部门应当按照管理权限组织验收,验收合格后,方可投入使用。⑤城市居住区绿化工程竣工后,建设单位应当依法组织验收,并在验收合格之日起十五日内,将绿化工程竣工验收资料报市、县(市)、吉利区城市绿化行政主管部门备案。⑥建设单位应当制作绿地平面图标牌,在居住区的显著位置进行永久公示。⑦开发利用绿地地下空间的,应当符合国家有关建设规范,不得影响树木正常生长和绿地使用功能。市、县(市)、吉利区城乡规划行政主管部门在依法办理有关规划许可手续前,应当征求同级城市绿化行政主管部门的意见。

(4)保护和管理。①绿地养护责任单位应当按照绿化养护技术规范对城市绿地进行养护管理,保持树木花草繁茂,设施完好。植物疫情监测预报网络绿化防灾应急预案苗木、花草和种子未经植物检疫机构检疫。②城市绿化行政主管部门应当会同有关部门建立植物疫情监测预报网络,编制绿化防灾应急预案,健全有害生物预警预防控制体系,加强绿化植物的检疫和有害生物防治。③禁止使用有病虫害的苗木、花草、种子及有害物种进行绿化。苗木、草和种子未经植物检疫机构检疫的,不得引进。④绿化资源定期普查制度。城市绿化行政主管部门应当建立绿化资源定期普查制度,会同有关部门每五年对绿地种类、分布、权属、养护情况及古树名木普查一次,建立绿化资源档案,完善绿化管理信息系统。同时按照城市绿化相关规范和国家生态园林城市标准进行绿地指标控制,实行城市绿化数字化和动态监管。⑤任何单位和个人不得擅自改变规划绿地性质和用途。因城市规划调整或者城市基础设施建设确需改变的,城乡规划行政主管部门应当向社会公示,公开征求社会公众意见,并征得城市绿化行政主管部门同意,按照规划审批权限报原审批机关批准。⑥市区已建成的面积在一万平方米以上的规划绿地,由市人民政府确认为永久性绿地,并向社会公布。永久性绿地不得占用或者改变其用途。⑦绿色廊道。行道树形成的城市林荫道,由市人民政府确认为绿色廊道,并向社会公布。绿色廊道的树木,除抢险救灾、死亡、存在安全隐患或者重大基础设施项目建设需要更新外,不得砍伐。⑧临时占用绿地手续,缴纳绿地临时占用补偿费;在被占绿地四周明显位置公示占用单位、事由、期限,批准单位、时间及恢复措施,施工单位、施工负责人及监督电话等相关信息。临时占用城市绿地一千平方米以下的,由市城市绿化行政主管部门审批;一千平方米以上的,报省建设行政主管部门审批。临时占用的时间不得超过一年。确因建设需要延长的,应当重新办理临时占用绿地手续。临时占用期满,占用单位应当按照规定期限恢复城市绿地原状,并需通过城市绿化行政主管部门验收。⑨禁止性行为包括:依树或者圈树盖房、搭棚,擅自设置广告牌;在绿地内倾倒垃圾、污水、有害物体,堆放杂物,停放车辆,取土,焚烧;在树冠下或者绿地上设置直接影响植物生长的设施;剥刮树皮、填封树坑,在树上钉钉、拴铁丝、刻划、架电线;擅自采摘花果、采收种条、采挖中草药或者种苗;挖掘、损毁花木;损坏绿篱、草坪及其设施;损坏城市绿地的地形、地貌;在公园绿地内擅自设置商业、服务摊点等经营性设施及项目等。⑩严禁非养护管理单位和个人擅自修剪城市树木。⑪电力、通讯、照明、有线电视、交通等单位因架设线路或者线路安全需要修剪树木的,应当经养护管理单位同意,并在绿化专业单位指导下修剪;或者支付费用,由绿化专业单位修剪。⑫对古树名木实行重点保护,定期检查、复壮和病虫害防治。严禁砍伐或者擅自移植古树名木,防止人为和自然损害;确需移植的,按照规定办理相关手续。古树名木由管护单位或者个人管护。

(5)监督检查制度。①责任主体。市、县(市)、吉利区人民政府应当加强对城市绿地系统规划、城市绿线划定以及实施情况的监督检查。乡(镇)人民政府、街道办事处应当安排专职或者兼职绿化管理人员,指导村民委员会、居民委员会共同做好城市绿化管理工作。城市绿化行政主管部门应当对建设工程项目附属绿化工程建设、绿化工程质量,以及相关单位对城市绿化的保护和管理情况进行监督检查。②信息公开制度。绿化建设、养护和管理等信息应当自形成或者批准之日起二十日内向社会公开,包括经依法批准或者批准修改的城市绿地系统规划;经依法划定或者调整的城市绿线;城市绿化行政许可条件、程序以及依法做出的绿化行政许可决定;城市绿化监督检查的情况以及处理结果等。③工作协调机制。城市绿化行政主管部门应当会同有关部门建立工作协调机制,加强城市绿化工作监督检查,依法查处违反城市绿化管理规定的行为。④监督检查的具体内容明确。执法人员实施绿化监督检查时,可以要求有关单位和个人提供与监督检查事项有关的文件、资料,并根据需要进入现场勘察,调查了解有关情况,查阅、复制有关文件、资料。对损害城市绿化的行为,应当责令停止违法行为,并限期恢复原状。

(6)法律责任制度明确,尤其对城市绿化行政主管部门和其他有关部门及其工作人员违法行为进行列举,主要包括:擅自改变规划绿地或者其他绿地性质和用途的;擅自降低绿地率指标批准建设项目有关手续的;擅自调整城市绿线的;其他玩忽职守、滥用职权、徇私舞弊的行为。有这些行为的,对直接负责的主管人员和其他直接责任人员给予行政处分;构成犯罪的,依法追究刑事责任。

12.《宁波市城市绿化条例》。1991年制定,经过了1996年、2003年、2005年和2017年四次修订。其特点如下:

(1)城市绿化行政主管部门应当向社会公布受理投诉、举报的电话和其他联系方式;接到投诉、举报后,应当及时调查处理,并在受理之日起十日内将处理情况书面答复投诉人、举报人。

(2)环境权利和义务的规定。任何单位和个人都有享受良好城市绿化环境的权利,有保护城市绿化设施和环境的义务,对损害、破坏城市绿化的行为,有权进行劝阻、投诉、举报。

(3)具体规定了多种绿化方式及绿化折算规则。建设工程项目推行平台或者屋顶绿化、建(构)筑垂直绿化等立体绿化。新建机关、事业单位和文化、体育、教育等公共服务设施,其建筑适宜采取屋顶绿化的,应当实施屋顶绿化。城市高架道路、轨道交通等市政公用设施适宜采取垂直绿化的,应当实施垂直绿化。除居住用地项目外,建设工程项目实施立体绿化的,可以按照规定比例折算绿地面积,抵扣附属绿地规划指标,但工业、物流仓储、商业服务业类建设工程项目抵扣的绿地面积不得超过绿地率的30%,其他建设工程项目的抵扣面积不得超过15%。立体绿化折算绿地面积的具体办法,由市人民政府根据国家、省有关立体绿化技术规范和本市推行立体绿化的实际情况另行制定。

(4)在规划方面,规定:①民主制定规划制度。城市绿地系统规划报本级人民政府批准前,组织编制规划的部门应当将规划草案予以公示,广泛征求有关部门、社会公众和专家的意见。②明确规划原则和内容。编制城市绿地系统规划应当依据国民经济和社会发展规划,确定城市绿化目标和布局,规定各类绿地的保护原则,按照国家和本条例规定的城市绿化规划指标确定绿化用地指标,并利用原有地形、地貌、水体、植被和历史文化遗迹等自然、人文条件,合理配置公园绿地、生产绿地、防护绿地、附属绿地和其他绿地,充分发挥城市绿地的生态保护、休闲游憩、文化传承、科普教育、避险防灾、雨水吸纳、净化空气、降低噪音等功能。城乡规划行政主管部门组织编制的控制性详细规划应当包含城市绿地系统规划的内容,保障城市绿地系统规划的落实。③公共利益需要调整绿线制度。绿地控制线不得任意调整。因城市规划调整或者城市基础设施建设等公共利益需要,确需调整的,应当按照法定程序报原审批机关批准,并及时向社会公布。调整绿地控制不得减少绿化规划用地的总量。因调整减少绿化规划用地的,应当在控制性详细规划内就近落实补足相同等级、面积的绿化规划用地。④年度城市绿地建设计划制定与实施。

(5)在建设制度:①资金保障。市和区县(市)人民政府、镇人民政府应当安排适当资金,用于公园绿地、防护绿地和其他绿地等城市绿地的建设、养护和管理。②建设要求详细具体。城市绿地建设工程的设计,应当遵循国家有关城市绿化设计规范和技术标准,运用先进理念,注重因地制宜,实行乔木和灌木、常绿树和落叶树、树木和花草相结合,地面绿化和立体绿化相结合,建设具有地域自然文化特色、绿地功能完备的城市绿化生态景观系统。综合公园、社区公园、带状公园的设计,应当配置游憩设施和服务设施,满足市民休闲、娱乐、健身和亲近自然的需要。③不同类型区域绿地建设的具体要求。新建、改(扩)建城市道路周边应当进行绿化设计;有条件的,应当建设街旁绿地。道路红线外两侧零星空地,应当按照有关规定同步实施绿化。新建、改(扩)建道路时,应当按照规范种植适宜的行道树。行道树的种植,应当符合行车视线、行车净空、道路照明和行人通行的要求。高速公路匝道、城市高架出入口周边和城市桥梁、高压电线下适宜绿化的空地,应当按照规范要求实施绿化。闲置土地和储备土地应当按照国家对相关土地进行临时利用的规定,由当地人民政府组织有关部门进行简易绿化,土地使用权人或者建设单位、土地储备机构应当予以配合。④质量监督报告和竣工验收制度。竣工后的质量监督报告及资料报送。城市绿地建设工程竣工后,有关质量安全监督机构应当按照规定对符合竣工验收要求的城市绿地建设工程出具质量监督报告。城市绿地建设工程竣工后,建设单位应当组织设计、施工、监理等单位进行竣工验收。验收合格的,方可交付使用。建设单位应当在城市绿地建设工程竣工验收合格后十五个工作日内,将竣工验收相关资料档案报送所在地的城市绿化行政主管部门。⑤施工单位的施工养护工作。城市绿地建设工程竣工验收合格后,建设单位应当按照绿地养护技术规范与施工单位约定施工养护期。施工养护期满后,施工单位应当按照约定的程序向建设单位移交城市绿地建设工程及相关档案资料。城市绿地建设工程按照规定应当移交所在地的园林管理机构或者其他养护管理责任人养护管理的,施工养护期满后,建设单位应当及时移交。建设单位移交的绿地,工程资料齐全且符合绿地养护技术规范的,养护管理责任人应当予以接收。

（6）保护和管理制度:①城市绿地的养护管理责任人制度。不同类型绿地划分不同责任主体。②养护管理责任人的养护义务:养护管理责任人应当按照绿地养护技术规范,建立健全养护管理制度,制定防灾减灾、防病虫害等措施,做好绿化设施维护和树木花草养护工作,及时补种缺损苗木,保持树木花草繁茂和设施整洁完好。城市绿地的养护管理经费,由养护管理责任人承担。③养护技术规则:市、县(市)城市绿化行政主管部门应当依据法律、法规和国家、省有关规定,制定绿地养护技术规范,经质量技术监督行政主管部门审定后发布执行,并向社会公布。养护监督:城市绿化行政主管部门应当对养护管理责任人履行养护管理责任情况进行监督,并给予技术指导。④临时占用制度。规定了二年或更长的期限,并规定了具体规则。因工程建设等特殊原因,确需临时占用城市绿地的,应当经城市绿化行政主管部门同意并向社会公布,按照有关法律法规的规定办理临时占用手续,并限期恢复原状。其中造成政府投资建设的城市绿地损失的,应当按照规定缴纳城市绿化补偿费;造成其他城市绿地损失的,应当依法承担赔偿责任。临时占用城市绿地的时间不得超过二年。确需延长的,应当在期满前三十日内申请办理延长手续,延长时间不得超过一年。临时占用城市绿地期满后,临时占用人应当按照规定的时间恢复城市绿地原状,并移交养护管理责任人。绿地恢复不得低于临时占用前绿地标准,且应当与周围绿化环境相协调。⑤屋顶绿化或垂直绿化的养护。按照规定抵扣绿地规划指标的屋顶绿化、垂直绿化等立体绿化及设施,任何单位和个人不得擅自占用、拆除。因立体绿化所依附的建(构)筑物改建、扩建、修缮等确需临时占用、拆除立体绿化的,应当在占用、拆除前向城市绿化行政主管部门报告,并在改建、扩建、修缮完成后及时恢复立体绿化。⑥迁移或砍伐树木的具体规定。确需迁移、砍伐除古树名木以外树龄二十年以上或者胸径三十厘米以上的树木的,应当向所在地区县(市)人民政府提出书面申请并经审批。申请迁移、砍伐一般树木,应当提交树木基本情况及其影响状况、所有权人意见、施工计划等材料;因工程建设需要迁移、砍伐树木的,还应当提交工程建设许可文件。审批机关应当自受理申请之日起十日内作出是否批准的决定;不予批准的,应当书面说明理由。经批准迁移或者砍伐树木的,应当按照国家有关规定补植树木或者采取其他补救措施。⑦详细的禁止性行为:依树盖房、搭棚、架设天线、晾晒衣物、悬挂设施、捆绑树身;绿地内饲养家禽、放牧、捕猎、打鸟;绿地内挖土取石、堆放物品、停放车辆、倾倒废弃物、野炊;进入设有明示禁入标志的绿地或者在绿地内露宿;绿地内私自搭架或者开垦种植;公园绿地水域内游泳、洗衣物和在禁钓区垂钓;破坏草坪、绿篱、花卉、树木;损坏城市绿化设施等。⑧信息化管理制度。城市绿化行政主管部门应当建立城市绿化管理信息系统,健全城市绿化信息公开制度,依法及时向社会公布城市绿化规划、建设、养护和管理的相关信息。城乡规划、住房和城乡建设、交通运输、水利等有关部门应当及时向城市绿化管理信息系统提供城市绿化工作相关信息。城市绿化行政主管部门应当组织开展城市绿化资源的调查、监测和监控,健全有害植物疫情预警预防控制体系,定期向社会发布植物疫情监测预报,制定绿化防灾应急预案,加强对养护管理责任人的技术指导。城市绿化行政主管部门应当建立城市绿化信用管理工作机制,将城市绿地建设工程的建设、施工等单位和城市绿地养护管理责任人以及其他相关单位、个人在城市绿化活动中的信用状况纳入市公共信用信息服务平台管理。

13. 淄博市制定有《淄博市城市绿化条例》(2005 年制定)和《淄博市国土绿化条例》(2006 年制定,2018 年修订),前者适用于规范城市绿化的规划、建设、管理和保护活动,后者适用于城市区域之外的植树造林、种植花草、封山育林、恢复植被及其抚育管理等活动。因此,城市绿地保护相关制度在《淄博市城市绿化条例》中体现出来。

2005年《淄博市城市绿化条例》与前述大连、抚顺等地立法较为相似，其制度设计较为普遍性，但仍体现了一定的特色。主要包括：

（1）鼓励单位和公民栽植纪念性林木。

（2）没有规定变更城市绿地系统规划的理由，但规定了审批的具体程序。市城市绿化行政主管部门应当按照城市绿地系统规划编制分期实施计划，报市人民政府批准后实施。城区公共绿地、主要道路两侧的绿地和面积超过一公顷的绿地的规划，由市人民政府审批。任何单位和个人不得擅自变更，确需变更的，应当经市人民政府批准。

（3）建筑项目补绿的灵活规定。建设项目确因建设工程用地紧张等特殊原因，绿化用地面积低于规定比例10个百分点以内的，经规划行政主管部门和城市绿化行政主管部门批准，建设单位应当就近异地建设与不足部分同等面积的绿地。不就近异地建设的，所缺绿地面积，由城市园林绿化管理机构代为建设，费用由建设单位承担。城市园林绿化管理机构应当按期保质保量完成所缺绿地面积建设。

（4）"四同时"制度。建设项目绿化工程应当与主体工程同步规划，同步设计，同步建设，同步完成。确因季节原因不能完成的，应当在建设工程竣工后的下一年度4月底前完成。

（5）绿化资源共享。区人民政府应当优化城市绿化资源，实行道路绿化与单位庭院绿化统一规划设计和建设，逐步拆除主次干道两侧的围墙，扩展绿化空间，实现绿化资源共享。

（6）临时绿地变更具体规定。因建设或者其他特殊需要临时使用城市绿地的，应当经城市绿化行政主管部门同意，按照规定办理临时用地手续，支付临时使用土地补偿费。临时使用绿地时间最长不得超过2年。使用期满，应当及时退出，恢复原貌。在同一建设工程项目或者建设用地范围内需要临时使用城市绿地的，应当一次申请。

（7）砍伐树木制度。砍伐城区树木的，应当经城市绿化行政主管部门审批，其中主要干道两侧的行道树需要砍伐的，应当经本级人民政府审批。在同一建设工程项目或者建设用地范围内需要砍伐城区树木的，应当一次申请。政府投资建设的城市绿地内的树木和行道树，单位管理的胸径10厘米以上的树木，需要移植的，应当经城市绿化行政主管部门批准。经批准砍伐城区内树木的，除按照规定向树木所有者支付树木补偿费外，还应当在城市园林绿化管理机构指定的地点补栽相当于砍伐数量的树木,并保活三年。

（8）详细列举了行政机关、城市园林绿化管理机构及其工作人员在城市绿化工作中的违法行为:未依法完成代为建设的绿地面积的;截留、克扣、挪用、贪污城市绿化资金的;擅自改变城市绿化规划的;不符合审批条件给予批准的;超越职权审批的;因疏于监督管理,给城市绿化或者他人造成损失的;其他玩忽职守、滥用职权、徇私舞弊、弄虚作假的行为。

14.《邯郸市城市绿化条例》。2001年制定,2006年和2010年两次修订,其主要特点包括:

（1）立法目的有特色,即为促进城市绿化事业发展,改善生态环境,建设优美、清洁、文明的现代化园林城市。

（2）绿化建设筹资机制。按照发展社会主义市场经济的要求,建立稳定的、多元化的城市绿化建设筹资机制。城市绿化建设筹资以政府投资为主,吸收社会资金,鼓励和支持外商、企业和城乡居民个人投资建设城市绿化项目,参与城市绿地的养护。

（3）实质性奖励制度。单位、个人投资建设游园、绿地、行道树、片林或者向具有一定规模的城市绿化建设项目捐资数额较大的,城市人民政府应当给予表彰,经城市人民政府同意,投资、捐资的单位或个人可以取得该绿化设施的冠名权,也可以取得在该绿化设施内三至五年的广告经营权。

（4）规划和建设制度:①土地划拨制度。在城市国有土地上建设公共绿地,土地由城市人民政府划拨。②同时征地的"三同时"制度。城市各类工程建设项目的配套绿化用地和绿化工程,必须与主体工程项目同时规划、同时征地、同时设计。③城郊绿化。鼓励和支持农民调整农业结构发展城郊绿化,可以采取政府补助的办法建设经济林、生态林、公园、苗圃等公共绿地。④拆迁后绿化用地保障。在城市中心区危旧房改造、产业结构调整、城市环境综合整治拆迁后,应当根据绿化用地需要,置换出一定的敞开空间进行绿化建设。⑤绿化用地优先制度。城市中心区违章建筑拆除后,腾出的土地应当优先实施绿化建设。建成区内闲置的土地和依法收回的土地,应当优先用于城市绿化。⑥积极发展节水型绿化,鼓励采用滴灌技术,推行中水利用。⑦禁止绿化用地经营性开发或擅自改作他用。城市人民政府城市规划行政主管部门审批后的绿化建设用地,任何单位和个人不得进行经营性开发或擅自改作他用。因特殊需要改变绿地规划、绿地性质的,必须报原审批机关批准。⑧建筑后绿地垃圾的清理。城市工程建设项目竣工后,施工单位必须拆除绿化用地范围内的临时设施,清理场内建筑垃圾。

　　(5)权属、保护和管理。①非法占有责令限期归还。任何单位和个人不得擅自占用城市绿化用地,已被占用的由城市人民政府城市绿化行政主管部门责令限期归还。②禁止广告牌及其他设施。未经城市人民政府城市绿化行政主管部门同意,不得在城市公共绿地内设置广告牌及其他设施。③临时占用期限、费用以及归还等制度没有明确规定。因建设或者其他特殊原因需要临时占用城市绿化用地的,经城市人民政府城市绿化行政主管部门同意,按照有关规定办理临时占用手续。④砍伐或移植城市树木制度。因建设或其他活动确需砍伐或移植城市树木十株以下的,应当经城市人民政府城市绿化行政主管部门审批,十株及其以上的,应当报城市人民政府审批。砍伐或移植城市树木的,应当按照国家有关规定补植树木或者采取其他补救措施。⑤制度建设。城市的绿化管理单位应当建立健全管理制度,定期维护绿化设施,做好病虫害的防治工作,保持树木、花草繁茂和绿化设施完好。⑥管线管理制度。各种管线建设应当避免穿越城市绿地,确需穿越时,由建设单位负责恢复原貌或者依照有关规定给予补偿。城市树木生长影响架空管线安全运行时,城市绿化行政主管部门应当组织及时修剪。管线架设先于城市树木种植的,由城市绿化行政主管部门承担修剪费用;管线架设晚于城市树木种植的,由管线管理单位支付修剪费用。根据城市绿化规划要求,在已建架空电力线路下进行绿化时,城市绿化行政主管部门应当按照电力管理部门的要求,种植自然生长最终高度符合电力设施安全保护距离的植物。⑦城市树木所有权确认明确具体,分别归属具体单位或个人,而不是抽象地规定国家所有或集体所有:园林、公路、水利、铁路部门在规定的用地范围内种植和管理维护的树木,分别归该部门所有;国家机关、社会团体、部队、企业、事业单位在其法定用地范围内种植和管理的树木,分别归该单位所有;房屋管理部门或者街道办事机构在其居住区种植和管理的树木,归房屋管理部门或者街道办事机构所有;单位在自管的公房区域内种植和管理的树木,归房屋产权单位所有;城市居民在自有房屋的庭院内种植的树木,归居民个人所有。⑧古树名木特殊保护制度。城市古树名木应当统一登记、编号和造册,建立档案,设立价值说明及保护标志,划定保护范围,加强养护管理。单位管界内或者居民庭院内的古树名木,由单位或者居民负责养护管理,城市人民政府城市绿化行政主管部门负责监督和技术指导。严禁砍伐或者迁移古树名木。因特殊情况需要迁移古树名木的,必须经城市人民政府城市绿化行政主管部门审查同意,并报同级或者上级人民政府批准。

15.2015 年《本溪市城市绿化管理条例》

(1)原则有特点。城市绿化应当坚持生态、景观、文化统一协调,节约资源和适地适树的原则,保护和利用原有水体、地形地貌、植被和历史文化遗址等自然、人文资源。

(2)主管及协作部门。市城乡建设部门是城市绿化行政主管部门,负责城市绿化监督管理工作,其所属的绿化管理机构负责日常工作。区城市绿化行政主管部门负责本辖区内的城市绿化工作。街道办事处依照职责做好辖区内的绿化工作。综合执法、国土、财政、交通、水务、林业、环保、公安等部门按照各自职责,依法做好城市绿化监督管理工作。

(3)鼓励民营资本投资绿化。按照谁投资、谁受益原则,鼓励民营资本依法对国有土地上的城周山、城中山、荒山、荒沟、荒地进行绿化投资建设。

(4)改变绿地系统规划、绿线和绿地性质、用途的条件及程序明确。任何单位和个人不得擅自改变绿地系统规划、绿线和绿地性质、用途;确因基础设施建设等特殊情况需要改变的,应当按照原批准程序办理。改变绿地系统规划、绿线和绿地性质、用途涉及城市总体规划布局变更的,应当提请本级人民代表大会常务委员会审议后,依法履行报批程序,并向社会公布。

(5)绿地登记制度。城市绿化行政主管部门应当会同规划、土地等部门对绿地进行普查和登记造册,确认绿地权属,明确管辖区域界限和保护管理责任。

(6)特殊的树木所有权确认制度。1980 年 12 月 31 日前生长、栽植在城区各类绿地内的树木归国家所有。1981 年 1 月 1 日后由市城市绿化行政主管部门组织群众义务栽植的树木归国家所有;在本单位附属绿地内栽植的树木归本单位所有;城市居民在私有房屋庭院内栽植的树木归个人所有。城市规划区内国有土地上公园绿地、道路广场绿地、市政设施绿地、防护绿地内树木,其所有权归国家所有。城市规划区内铁路、公路、旅游、林业、河道等部门建设管理的绿地及树木,其所有权归本部门所有。城市规划区内国有土地上义务栽植的花草树木,其所有权归国家所有;有协议的,按照协议的规定执行。

(7)城市绿线管理具体措施。城市绿线内现有的建筑物、构筑物及其设施应当逐步迁出;城市绿线内不得新建与绿化维护管理无关的各类建筑物;

在绿地中建设绿化管理配套设施及用房的,有关部门在依法办理审批手续时,应当征求绿化行政主管部门意见;各类改造、改建、扩建、新建建设项目,不得擅自占用绿地,不得损坏绿化及其设施,不得改变绿化用地性质。否则,规划部门不得办理规划许可手续,建设部门不得办理施工手续,工程不得交付使用;城市绿线管理在实际工作中,除城市绿地系统规划要求控制的地块以外,还须根据局部地区城市规划建设指标的要求实施城市绿地建设。

(8)土地使用权划拨或者出让前设施及树木的处理。建设项目用地范围内有绿化设施及树木的,所在区人民政府在土地使用权划拨或者出让前,应当告知城市绿化行政主管部门。城市绿化行政主管部门应当按照实际情况,制定处置、保护措施并进行监督。用地单位应当按照城市绿化行政主管部门规定的措施,实施保护。

(9)移植、砍伐城市树木的条件及程序。确因城市建设、居住安全和设施安全等特殊需要移植树木的,应当经城市绿化行政主管部门批准。移植原因和株数应当在移植现场公示,接受公众监督。移植树木未成活的,应当补植相应的树木。

(10)绿化养护责任险。鼓励养护管理单位投保绿化养护责任险。

(11)定期修剪及修剪原则。因树木生长影响管线、交通设施等公共设施安全的,相关单位可以向城市绿化行政主管部门提出修剪请求,城市绿化行政主管部门应当按照兼顾公共设施安全使用和有利树木正常生长的原则组织修剪。居住区内的树木生长影响居民采光、通风和居住安全,居民提出修剪请求的,保护管理单位或者个人应当及时组织修剪。

(12)避让制度。城市新建、改建、扩建管线、交通设施等公共设施应当避让现有树木;确实无法避让的,相关单位在施工前应当会同城市绿化行政主管部门确定保护措施。

16.《苏州市城市绿化条例》。1995年制定,经过2004年和2016年两次修订,其特点为:

(1)立法目的特点。绿化美化城市,改善城市生态环境,增进人民身心健康,体现苏州历史文化名城、风景旅游城市的特色。

(2)绿化建设的地位和发展要求明确。各级人民政府应当把城市绿化建设作为城市建设的重要组成部分,纳入国民经济和社会发展中长期和年度计划,提高城市绿化覆盖率、绿地率和公共绿地的人均占有面积,提高城市绿化水平。

（3）绿化义务和监督权。城市中的单位和公民，应当依照国家有关规定履行参加城市绿化建设、保护、管理及其他绿化义务。任何单位和个人都有权控告、检举和制止损害绿化及其设施的行为。

（4）专门规定了经费问题。政府应当将城市绿化建设和管理费用列入年度财政预算。风景名胜区和公共绿地的建设资金，应当列入城镇的经济和社会发展计划，在基本建设投资中列支。鼓励单位和个人以投资、捐资、领养、认建等形式，建设、养护公共绿地以及种植、养护行道树。城市新建、扩建、改建工程项目的绿化配套费，应在建设项目总投资中列支。居住区绿地的管护费用，在物业管理费中按照一定比例列支，没有物业管理的，由各级人民政府统筹解决。收费项目，由市、县级市城市绿化行政主管部门按照国家和省的有关规定办理审批手续，并按批准的范围和标准收取。绿化各项费用，应单独立项，专户储存，用于绿化建设，不得挪作他用。绿化各项经费的使用，必须接受本级财政、审计部门的监督与审计。

17. 徐州市主要有 2010 年《徐州市城市重点绿地保护条例》和 2013 年《徐州市城市绿化条例》两个地方立法规定了城市绿地保护的相关制度。前者主要适用于保护城市重点绿地，即"城市规划区内，以自然植被和人工植被为主要存在形态，功能突出、需要长期保留的城市用地，包括其范围内的植被、水体及相关设施"。具体包括：（1）公园绿地，包括综合公园、专类公园、带状公园、街旁游园和广场绿地；（2）重要的防护绿地，包括重要的卫生隔离带、防护林、城市组团隔离带以及重要道路的防护绿地；（3）主城区主干道行道树绿带；（4）云龙湖风景名胜区、吕梁山风景区内的重要绿地。后者适用于市区范围内城市绿化的规划、建设、保护和管理。显然前者的适用范围小于后者，前者调整范围是后者调整范围中的组成部分。

《徐州市城市重点绿地保护条例》的主要特点如下：

（1）主管及分工负责。市园林管理部门是本市重点绿地保护工作的主管部门。区管辖范围内的重点绿地保护工作由区人民政府确定的部门主管。规划、国土资源、城乡建设、城管、林业、水务、交通等管理部门按照各自的职责，共同做好重点绿地保护工作。

（2）重点绿地名录的确定及标识。重点绿地保护工作的主管部门当会同同级规划管理部门拟定重点绿地名录和绿线，向社会公示、征求意见。重点绿地名录和绿线经本级人民政府批准后报同级人大常委会备案，并向社会公布。风景名胜区内的重点绿地，由市绿地主管部门会同市规划管理部门拟定绿线。新增绿地属于重点绿地范围的,应当列入重点绿地名录。重点绿地由绿地主管部门设置标志。

(3)养护与管理形式。重点绿地推行社会化养护,由管理养护部门通过招标方式从有绿化养护资质的单位中确定养护单位。养护单位应当按照城市绿地养护标准进行养护。

(4)行道树要求。主城区主干道上的行道树不得擅自更换。确需更换的,应当由绿地主管部门会同管理养护部门组织听证会,征求专家、群众代表和有关方面的意见后,提出更换方案,经市人民政府批准后方可实施。

(5)严格的占用重点绿地规定。不得擅自占用重点绿地或者改变其规划用途。因公共利益需要占用重点绿地或者改变其规划用途的,绿地主管部门应当会同管理养护部门组织听证会,征求专家、群众代表、利害关系人和有关方面的意见后,由本级人民政府提请同级人大常委会审议决定;重点绿地在云龙湖风景名胜区内的,由市人民政府提请市人大常委会审议决定。在山林红线保护区内的重点绿地,占用或者改变其规划用途的,依照《徐州市山林资源保护条例》的规定执行。区管辖范围内的重点绿地,需要占用或者改变其规划用途的,区人大常委会应当于审议决定后十日内报市人大常委会备案。经人大常委会审议决定占用或者改变重点绿地规划用途的,由规划、国土资源、城乡建设等管理部门办理相关手续。以填埋、建设等方式占用重点绿地范围内水体的,按照占用重点绿地的规定执行。

(6)严格配套设施的变更。重点绿地内配套建设的公共建筑及其他设施不得擅自扩建,其性质和用途不得擅自改变。确需扩建或者改变其性质和用途的,由绿地主管部门会同规划管理部门组织论证,征求群众代表、利害关系人和有关方面的意见后,经本级人民政府同意,报同级人大常委会备案。

(7)临时占用与紧急占用。因建设项目施工、地质勘查等需要临时占用重点绿地的,应当经绿地主管部门同意,领取“临时占用城市绿地许可证”,并按照有关规定办理临时用地手续,在规定期限内恢复原状。绿地主管部门应当对临时占用重点绿地进行监督,督促有关责任主体在临时占用后实施绿地恢复。因应对突发事件,需要紧急占用重点绿地的,依照相关法律、法规执行。

(8)禁止性行为。包括:①损毁座椅、果皮箱、护栏、标识牌、廊架、凉亭、雕塑、亮化灯具、地面铺装等设施;②擅自设置广告设施;③取土、挖石、焚烧物品;④违反规定野炊、停放车辆、设置帐篷;⑤放牧、种植蔬菜或者其他农作物;⑥其他损坏绿地的行为。

(9)法律责任。①民事及行政责任。擅自占用重点绿地的,由绿地主管部门责令限期退还、恢复原状,可以并处所占绿化用地面积每平方米一千元的罚款;造成损失的,应当承担赔偿责任。擅自占用重点绿地进行建设的,由规划管理部门责令停止建设,限期拆除,可以并处建设工程造价10%的罚款。当事人不停止建设或者逾期不拆除的,建设工程所在地的市、区人民政府可以责成有关部门采取查封施工现场、强制拆除等措施。未经批准设置户外广告设施的,由有关审批部门责令设置者限期拆除,并依照有关法律、法规的规定予以处罚;法律、法规没有规定的,有关审批部门可以处以一万元以上五万元以下罚款。设置者逾期未拆除的,由有关审批部门依法拆除或者申请人民法院强制拆除。违反禁止性行为的,由绿地主管部门责令停止侵害、恢复原状;造成损失的,应当赔偿损失,可以并处损失额三倍以上五倍以下罚款;未造成损失的,可以并处一百元以上五百元以下罚款。管理相关机构的行政责任。②管理部门的责任规定详细。相关行政管理机关、管理养护部门或者国有企业事业单位违反该条例,有如下行为的:不履行拟定重点绿地名录和绿线职责的;擅自占用重点绿地进行建设或者改变重点绿地规划用途的;擅自扩建重点绿地内配套建设的公共建筑及其他设施或者改变其性质和用途的;违法办理行政许可手续的;对发现或者举报的违反本条例行为,依照职责应予查处而不予查处的,由主管机关或者监察机关依据职责责令改正,通报批评,对直接负责的主管人员和其他直接责任人员依法给予行政处分。③未尽事项的法律适用问题。该条例对重点绿地的养护、管理未作规定的,适用《徐州市城市绿化管理条例》的有关规定。行政处罚属于城市管理相对集中行政处罚权范围的,由城管部门依照本条例的规定实施。

《徐州市城市绿化条例》于1996年制定,2013修订,其具有一定特点的内容包括:

(1)管理制度。城市绿化管理采取政府主导、分级管理和市场化运作的模式,并根据实际情况不同区可以享有不同职能与权限,如"市、铜山区、贾汪区园林绿化主管部门负责本辖区内城市绿化工作""鼓楼区、云龙区、泉山区园林绿化主管部门按照市人民政府规定的权限负责本辖区内城市绿化工作"。

（2）临时占用城市绿地许可证与先行占用制度。临时占用绿地期限一般不得超过一年。因特殊原因需要延长的，经批准后可以延长一年。经批准临时占用绿地的，占用单位应当对绿地所有权人予以补偿。临时占用绿地期满，占用单位应当在规定的期限内恢复原状，并明确申请临时占用应当提交的材料：申请书；工程立项或者用地、规划等有效证明文件；城市绿地保护管理责任人的书面意见。园林绿化主管部门应当自受理之日起十五日内作出是否许可的决定。不予许可的，应当书面说明理由；准予许可的，在申请人签订绿地恢复承诺书后，发给临时占用城市绿地许可证。因抢险救灾确需临时占用绿地的，可以先行占用，抢险救灾后应当恢复原状。

（3）设施保护。公园绿地、防护绿地、道路绿地、其他绿地内配套建设的公共建筑、设施，不得擅自扩建或者改变性质和用途。确需扩建或者改变其性质和用途的，由园林绿化主管部门会同规划主管部门组织论证，征求群众代表和有关方面意见后，报经本级人民政府常务会议审议决定，并报本级人大常委会备案。

（4）修剪、移植或者砍伐制度。城市中的树木，不论其所有权归属，任何单位和个人不得擅自大修剪、移植或者砍伐。城市公共基础设施建设需要的对人身或者相关设施构成安全威胁的严重影响相邻建筑物采光、通风或者行人及车辆通行的可以申请大修剪、移植树木，无移植价值的树木，可以申请砍伐。申请大修剪、移植或者砍伐树木，应当提交申请书、实施方案以及城市绿地保护管理责任人或者树木所有权人的书面意见等材料。园林绿化主管部门应当在受理后进行现场查验，并自受理之日起十五日内作出是否许可的决定。不予许可的，应当书面说明理由。申请移植、砍伐树木二十棵以上的，由园林绿化主管部门组织论证后提出审核意见，报本级人民政府批准。城市绿地保护管理责任人应当建立安全检查制度，避免树木妨碍交通，危害建筑物、相关设施和人身安全。需要大修剪、移植树木的，应当向园林绿化主管部门提出申请。树木影响管线、交通设施等公共设施安全需要大修剪、移植的，电力、通讯、交通等管理单位，应当向园林绿化主管部门提出申请。树木影响居民采光、通风和居住安全，居民提出修剪、移植的，城市绿地保护管理责任人或者树木所有权人应当及时予以处理。经批准移植树木的，申请人应当将树木移植到实施方案确定的地点。树木移植后一年内未成活的，申请人应当在第一个绿化季节补植相应的树木。经批准砍伐树木的，申请人应当按照伐一补二的原则在实施方案确定的地点补植树木。

移植、砍伐树木需要对树木所有权人给予补偿的,应当予以补偿。

(5)市区主要道路行道树保护制度。市区主要道路行道树的更新、树种的选择,由市园林绿化主管部门向社会公布,公开听取意见,并会同相关管理单位组织听证或者论证,报市人民政府批准后实施。

(6)避让制度。敷设各类管线,在设计或者施工时,应当避让现有树木。敷设排水、供水、供气、电缆等管线距树干外缘不得少于一米;敷设供热管线的,不得少于一点五米。

(7)禁止性行为特点。在绿地内种植蔬菜等农作物或者饲养家禽家畜;向树穴、树池内倾倒热水、酸液、机油等妨害树木正常生长的物质或者硬化树穴、树池。

(8)公示牌制度。除抢险救灾外,临时占用绿地,大修剪、移植或者砍伐城市树木的,施工单位应当在现场显著位置设立公示牌进行公示。公示牌应当注明批准机关、项目名称、施工期限、施工单位、施工负责人及监督电话。公示期自施工之日起至完工之日止。

(9)管理技术规范和标准。市园林绿化主管部门应当制定城市绿化保护管理技术规范和标准,根据社会发展情况进行修订,并对城市绿化保护和管理工作进行检查、监督和指导。

(10)投诉制度与协调机制。园林绿化主管部门应当建立投诉举报受理制度,自接到投诉、举报之日起十日内作出处理,并予以答复。园林绿化主管部门应当会同相关部门建立工作协调机制,加强城市绿化工作监督检查,依法查处违反城市绿化管理规定的行为。

18.《齐齐哈尔市城市园林绿化条例》于 1990 年制定,2004 年修订。2018 年齐齐哈尔市拟制定新条例《齐齐哈尔市城市绿化条例》,草案修改稿征求意见稿已于 2018 年 11 月 10 日公示期满,现正在制定过程中。其规划、建设、保护和管理等制度与前述唐山等城市绿化条例相似,如分工负责、权属制度、禁止砍伐、移植修剪制度。

(二)特点

国务院批准 18 个较大的市均制定有"绿化条例"或"绿地保护条例",它们在保护当地城市绿地中发挥了重要作用。毫无疑问,这些立法是以国务院《绿化条例》和省级立法为依据,不得与上级立法相抵触。在制度设计上,很大程度参考了国务院、省级甚至省会、自治区首府所在地城市立法的内容,并且不同地区的立法相互借鉴。因此,总体上,在立法框架、内容上等与

前述立法基本上一致,保持了立法的统一性。但是较之省级或省会、自治区首府所在地城市立法,仍具有如下特点:

1. 这些立法在名称中几乎均明确了"城市"二字,即只适用于城区范围,而不适用于农村。尽管《吉林市绿化管理条例》《淄博市国土绿化条例》没有"城市"二字,但该两市同时制定有《吉林市城市园林绿化条例》《淄博市城市绿化条例》专门适用于城市范围内的绿地保护,而且《淄博市国土绿化条例》明确规定只适用于城市区域之外的绿地保护。

2. 进一步体现了地方特色,制度设立更加适应地方绿地保护需要。

3. 更多考虑地方利益,相关制度更多根据该市实际情况,就市内某些具体地区规定相关制度。

4. 法律制度创新与地方特色不及省会、自治区首府所在地城市立法明显。

5. 立法内容的前沿性、法律的修订及活跃程度等均不及省会、自治区首府所在地城市立法。

尽管如此,它们在地方城市绿地保护中发挥了应有的作用。

(三)经济特区所在市城市绿地保护制度

较大的市中4个经济特区均制定有"绿化条例"或"园林条例",规定了城市绿地保护的相关制度。

1.《深圳经济特区城市园林条例》。1995年制定,经2004年和2018年两次修订。最显著的特点是将城市园林界定为经市政府规划并经园林主管部门确认的各类公园、动物园、植物园、风景区、公共海滩、专类园、街头游园、花园、庭园以及其他供游人游览、休闲的场所,并根据投资主体将城市园林分为市政园林、经营性园林和单位附属园林三种类型。市政园林是指由市、区人民政府投资建设并对公众开放的公益性城市园林。经营性园林是指由社会投资建设、对公众开放并实行企业化管理的城市园林。单位附属园林是指由经济开发区、工业区、住宅区及其他物业业主在其物业范围内投资建设,主要供在该区域范围内工作、居住人员使用的城市园林。所有城市园林应当实行专业化管理,但不同类型的园林在规划、建设、养护和管理及法律责任上分别适用不同的规则。具体体现在如下方面:

(1)在规划方面,城市园林的规划设计,应当利用原有地形、地貌、水系和植被,符合国家有关技术标准和规范的要求,设置必要的安全和服务设施及残疾人专用通道。动物园和植物园的规划设计,应当创造适宜动植物生息和生长的环境,并按动物或者植物的生态特性适当分区,提供优美、安全的游览条件和开展科研、科普工作的条件,以满足观赏、游览、科普教育、生物多样性保护、珍稀及濒危物种保存、繁殖和应用等多种功能的需要。同时,市政园林,由园林主管部门负责组织建设。经营性园林和单位附属园林由建设单位按本条例及建设管理规定组织建设,园林主管部门负责指导和监督。

(2)在建设方面,市政园林内不得建设宾馆、酒楼、住宅、招待所、写字楼、商品市场、经营性游乐项目以及其他与市政园林功能无关的项目和设施。但为游人提供服务和园林管理所必需的项目和设施除外。经营性园林内不得建设与其功能无关并破坏园林景观的项目和设施。

(3)在养护与管理方面,实行登记制度,城市园林应当按其性质、种类,由园林主管部门分别登记。市政园林由园林主管部门管理。市政园林管理部门可以根据需要设立管理机构,具体负责市政园林的监督管理工作。经营性园林由经营单位负责管理。单位附属园林由业主负责管理。市政园林的管理部门应当将市政园林的养护管理以及其他专业工作,委托城市园林绿化企业或者其他专业企业承担。市政园林管理部门应当与被委托企业,订立委托管理合同。市政园林管理部门应当对被委托企业所承担的养护管理及其他专业工作,进行经常性的监督、检查。

(4)在城市园林主管部门的义务方面。城市园林的管理部门或者管理单位应当加强对园内植物的养护和动物的保护,保持建筑、游乐、服务等设施完好,维护园内环境卫生,保证游人安全。具体管理办法由市园林主管部门制定。园林主管部门应当对城市园林的环境卫生、安全保障和植物、动物、园林设施管理定期进行监督、检查。各类公园、动物园、植物园、风景区应当有完善的游览指导说明、标志、疏导和安全设施,并保持游览路线和出入口的畅通,不得超容量接纳游人。城市园林应当全年开放。市政园林中的公园、植物园、风景区每日开放时间由园林主管部门确定,但不得少于12小时。经营性园林每日开放时间不得少于9小时,单位附属园林中的公园每日开放时间不得少于12小时。各类公园、动物园、植物园、风景区的开放时间应当在园林的显著位置明示。各类公园、动物园、植物园、风景区因维修或者其他特殊情况需关闭6小时以上的,应当于关闭日前公告。但因情况紧急来不及公告的除外。市政园林和单位附属园林中的公园不得向游人收取门票费,但带旅游性质的市政园林除外。市政园林和单位附属园林中的公园内原有的经营性游乐项目可以收取入场费。经营性园林可以向游人收取基本门票费和主体游览设施以外的单项游乐项目入场费。单位附属园林中的游园、花园和庭园以及市政园林中的街头游园不得向游人收取任何费用。但各项费用的收费标准由市物价主管部门审查批准。另外，可以收费的城市园林或者游乐项目，应当对身高 1.4 米以下的儿童、年龄 65 周岁以上的老人及残疾人士减免收费，专为儿童所设立的游乐项目除外。市政园林和经营性园林内的商业服务必须在固定的网点进行。商业网点的布局应当严格按规划执行，不得破坏园林景观，不得妨碍游览秩序。市政园林的管理部门不得在其管理的园林内从事商业活动。各类公园、动物园、植物园和风景区应当制定游园守则。游园守则应当报园林主管部门审查批准。

（5）对游人或其他相关使用者义务的规定。游人应当文明游园，遵守社会公德和游园守则。城市园林内禁止实施下列行为：损害园林设施及花草树木，破坏园林环境卫生；捕猎鸟类及其他受保护的野生动物，伤害园内观赏动物；赌博、斗殴、乞讨，进行封建迷信和色情活动；法律、法规和规章禁止的其他行为。在市政园林和经营性园林内举办科学、文化集会、集体游乐等大型活动时，举办单位应当向园林主管部门申请并提交组织方案，经批准或者转报有关主管部门批准后，方可举行。禁止将不符合园林水体标准的废水排入城市园林水体。禁止在城市园林内倾倒垃圾、杂物。

（6）对周围环境控制的要求。市政府规划行政主管部门应当对城市园林周围的建设项目加以控制，保持城市园林周围的建设项目与城市园林景观和功能相协调。

2. 2018 年《厦门经济特区园林绿化条例》

（1）高颜值生态花园之城建设，尊重自然、顺应自然、保护自然，实现人与自然和谐共生。

（2）绿化要求的地方特色。①园林绿化应当充分挖掘厦门人文元素和历史文脉，因地制宜设置雕塑、园林小品等设施，提高园林绿化的文化品位和内涵，体现厦门历史文化传承。②园林绿化应当保护和利用原有山体、湿地、滨海以及历史文化遗址等自然、人文资源，形成有厦门地域历史文化特色的生态园林。③园林绿化应当四季常绿、四季变换、四季有花，突出特色。④园林绿化植物选择，应当符合相应的技术标准和规范，优先使用乡土植物、遮阴乔木、抗风树种，注重凤凰木、三角梅等市树市花的种植，适当选用珍贵树种，合理配置乔木、灌木、地被植物以及开花植物，保持植物群落的多样性和合理性。

（3）园林绿化环境的权利和义务。任何单位和个人都有享受良好园林绿化环境的权利和保护园林绿化环境的义务，对破坏园林绿化的行为有权进行劝阻、投诉和举报。

（4）规划与建设制度。①园林绿化规划应当合理安排同本市人口和面积相适应的园林绿化用地面积。建成区绿地率、建成区绿化覆盖率、人均公园绿地面积和公园绿地服务半径覆盖率等指标应当高于国家生态园林城市标准，并符合省人民政府有关规定。②园林绿化部门根据园林绿化规划编制区域园林绿化导则，向社会公开征求意见后公布。③园林绿化规划和建设应当充分考虑野生动物及其栖息地保护的需要，加强湿地资源保护，符合生物多样性保护要求。④绿地范围控制线制度。绿地范围控制线是控制性详细规划的强制性内容，经公布的绿地范围控制线不得调整，除非城市总体规划、控制性详细规划或者园林绿化规划修改以及市级以上重大建设工程的需要。调整绿地范围控制线的，市规划部门应当会同市园林绿化部门对调整的必要性进行论证，征求规划地段内利害关系人的意见，并向市人民政府提出专题报告，经市人民政府同意后，方可编制调整方案。调整方案经市人民政府批准后，应当报市人民代表大会常务委员会备案，并依法报省人民政府备案。

（5）保护与管理。永久保护绿地及保护。①市园林绿化部门应当会同市规划等部门确定永久保护绿地，向社会公布，并在永久保护绿地的显著位置设立告示牌。经公布的永久保护绿地不得改变，除非城市总体规划、控制性详细规划或者园林绿化规划修改以及市级以上重大建设工程的需要。确需改变永久保护绿地的，市园林绿化部门应当会同市规划等部门，按照不少于改变面积进行补偿的原则，确定新的永久保护绿地，拟定改变的方案，采用听证等方式公开向社会征求意见，报市人民政府批准后向社会公布。②重点公园及保护。加强对万石山、仙岳山、狐尾山、园山、薛岭山、虎头山、虎仔山等重要山体，杏林湾、五缘湾等湿地公园，植物园、园博苑、中山公园、白鹭洲公园等重点公园的管理，严格保护。③高标准绿化面积。公共绿地和单位绿地、居住区绿地的建设，应当以植物造景为主，其地面绿化面积不得低于规划绿地总面积的85％，其他区域仅限用于建设园路、园林建筑小品、景观水体、铺装场地等园林附属设施。④立体绿化折算。鼓励和推行以建筑物、构筑物为载体的立体绿化。建设项目的立体绿化符合相关技术标准和规范的，其面积可以按照一定比例折算为规划绿地总面积，折算面积不得超过 20%。具体办法由市园林绿化部门会同市规划部门制定。⑤已出让但未开工的建设用地绿化制度。园林绿化部门应当制定措施鼓励土地使用权人进行绿化。土地使用权人因建设需要移植、砍伐树木的,园林绿化部门应当在办理手续时给予便利。⑥未按照规定期限开工的建设用地绿地,土地使用权人应当进行绿化。建设项目附属园林绿化工程设计方案应当按照本条例规定和园林绿化相关技术规范编制,纳入多规合一管理综合平台,园林绿化部门应当依照国家规定参加审查。经审查通过的建设项目附属园林绿化工程设计方案作为建设项目园林绿化用地面积核实的依据。⑦财政性投融资公共绿地的园林绿化工程设计方案、施工图,由建设单位或者园林绿化部门依照国家规定负责组织评审。建设单位应当将设计方案向社会公布,公开征求意见。具体办法由市人民政府制定。⑧新建、扩建道路时,应当种植行道树。行道树应当确定主导树种,乔灌草、花果树结合,体现立体化、特色化,并符合相关技术标准和规范,兼顾通行、遮阴和抗风要求。⑨园林绿化建设应当以种植小规格、中规格全冠苗木为主,苗木的种类和规格的比例应当符合国家生态园林城市相关技术标准。⑩有关主管部门应当加强山体林相改造,优化林分结构和质量,提高生态效益,合理建设必要的绿道等便民服务设施。⑪树木花草价格制度。市建设工程造价管理机构应当根据市园林绿化部门所属的园林绿化专业管理单位提供的树木花草品种、规格、等级等要求以及市场价格变动情况,每月采集相应的树木花草市场价格信息,根据需要增加价格信息采集密度,合理编制财政性投融资园林绿化项目树木花草价格,并向社会公布。

(6)监督与检查。①开工前工程质量安全监督制度。园林绿化工程建设单位应当按照国家、省、市的有关规定,在园林绿化工程开工前向相应的质量安全监督机构办理工程质量安全监督手续。②竣工验收制度。园林绿化工程建设单位组织园林绿化工程竣工验收时,应当向质量安全监督机构申报监督检查,验收合格后方能交付使用。质量安全监督机构开展园林绿化工程质量安全监督,应当建立随机检查、结果公开、监管建档、信用记录的监管机制,加强对地形改造、树穴开挖等施工关键环节,苗木、种植土质量以及文明施工情况的监管。③园林绿化工程质量负责制和责任追溯制度。园林绿化工程建设、代建单位应当建立各方责任主体项目负责人质量责任信息档案,并督促勘察、设计、施工、监理等单位履行法定责任和义务。④园林绿化工程监理。制度园林绿化工程监理单位应当按照工程施工技术规范和验收标准,对地基基础、主体结构、栽植基础、乔木种植等重要分部分项工程或者工序进行旁站监理,保存施工影像资料,监理记录应当完整、真实、有效,不得与施工单位串通,弄虚作假、降低工程质量。园林绿化部门应当完善园林绿化工程质量监督管理制度,加强对财政性投融资园林绿化工程质量监督检查。园林绿化工程竣工验收合格后三个月内,建设单位应当将符合规定的园林绿化工程档案报送城建档案管理机构。

(7)保护和管理。①保护责任人制度。因建设或者其他特殊需要临时占用绿地的,应当经该绿地管理单位同意,报园林绿化部门按照职责权限批准。②临时占用制度。经批准临时占用的,办理临时用地手续,并按照要求进行围挡作业,文明施工,临时占用方案和绿化恢复方案应当在施工场所的显著位置公布。临时占用绿地的期限不得超过两年。占用期满后,应当按照规定期限恢复绿化原状。逾期未恢复绿化原状的,视为擅自占用绿地。临时占用公共绿地的,应当交纳临时使用费。③地下空间管理。禁止在已建成公共绿地下进行地下空间开发利用,因特殊需要经市人民政府批准的除外。在公共绿地下进行地下空间开发利用的,应当严格控制并符合国家、省、市相关技术规范和规定,保证古树名木、公共绿地的安全,尽量减少对地面的影响,不得妨碍地表的规划功能。建设单位在向市规划部门申请办理选址意见书和建设工程规划许可证时,应当按照规定权限征求市、区园林绿化部门的意见。④公共绿地等级管理和社会化养护制度。市园林绿化部门应当会同相关部门制定公共绿地等级标准和养护经费标准,并适时进行调整。公共绿地实行社会化养护,通过政府购买服务,采取公开招标方式确定养护单位。养护单位应当按照园林绿化养护相关标准和技术规范,加强相关从业人员的培训和考核。园林绿化部门应当定期对养护项目进行绩效评价,评价结果向社会公布,并作为选择养护单位的重要依据。单位和个人可以捐资的方式参与公共绿地建设和养护。捐资的单位和个人,可以享有公共绿地、树木一定期限的冠名权,并有权对所捐资的公共绿地建设和养护情况进行监督。⑤古树名木树与园林绿化分别禁止性行为规定。古树名木树冠垂直投影线外五米范围内为古树名木的保护范围。前者包括:倾倒垃圾、污水;打桩、挖坑、取土;铺设各种管线;建造建筑物、构筑物;堆放有毒有害物料等。后者包括:在树冠下设置煎、烤、蒸、煮等摊点;在树干上倚靠重物,利用树木搭盖、牵绳挂物等;随意攀树折枝、采摘花果、剪采枝条等,造成花草树木损害;在绿地内取土、焚烧、摆摊设点,停放车辆,倾倒垃圾、污水,堆放物品;损毁园林绿化设施;在绿地养殖禽畜、放牧、种菜。

(8)详尽的监督检查制度。①专业管理单位监督检查制度。园林绿化部门及其所属的园林绿化专业管理单位应当依照规定权限,采取日常巡查、随机抽查等方式,加强对园林绿化工作的监督检查,发现有违反本条例行为的,应当及时制止,并通知城市管理行政执法部门。信用评价和违法失信名单制度。②园林绿化代建、勘察、设计、施工、监理、养护等单位和从业人员的信用评价和违法失信名单制度。对列入违法失信名单的单位和从业人员,园林绿化部门应当按照规定及时将违法失信情况通知相关审批部门、监管部门;依法应当予以行政处罚的,相关审批部门、监管部门应当依法从重处罚,并按照规定采取准入限制、资格限定等信用监管措施。③园林绿化保护管理信息平台。市园林绿化部门应当建立园林绿化保护管理信息平台,对绿地种类、分布、权属、养护以及古树名木等情况进行定期普查,建立园林绿化档案并及时更新,实现信息资源共享。④电子档案。经竣工验收的公共绿地上的树木,市园林绿化部门或者有关主管单位应当逐步建立电子档案,纳入现状数字平台,通过卫星遥感等技术方法实施动态管控。⑤园林绿化白皮书。市园林绿化部门应当每两年发布全市园林绿化白皮书,向社会公布园林绿化资源状况以及发展成果、发展规划等基本情况。⑥园林绿化考评考核制度和目标责任制度。市人民政府应当制定办法,对园林绿化进行考评考核,建立目标责任体系。具体工作由市园林绿化部门负责。考评考核结果向社会公布,并作为责任追溯以及企业信用管理的依据。

3.2008 年《珠海市城市绿化办法》

(1)主管和管理机构。市、区建设行政主管部门是本市城市绿化行政主管部门;市园林管理处是本市城市绿化行业管理机构,负责组织实施本办法。市、区城市绿化行政主管部门按照确定的职能分工,负责辖区内相关的城市绿化工作。各街道办事处(镇)负责指导辖区内的单位、住宅小区等的绿化和养护管理工作。市人民政府各职能部门依照各自职责,协助市城市绿化行政主管部门和市城市绿化行业管理机构做好本办法的实施工作。

(2)古典名园保护制度。市人民政府确定的古典名园的恢复、保护规划和工程设计按国家文物保护法律、法规审批。本市每年的公共绿化建设资金投入应不低于当年城市基础设施建设总投资的 5%。新建、改建、扩建工程和开发住宅小区项目的配套绿化建设资金,应在工程项目建设投资中统一安排,其比例应占工程项目土建投资的 5%。

(3)保护和管理。①责任制度。实行分级负责、分类管理的原则,依法落实管理责任。区城市绿化行政主管部门对辖区各管理责任人负责的绿地保护和管理进行检查、监督和指导。市城市绿化行政主管部门和市城市绿化行业管理机构对区城市绿化行政主管部门负责的绿地保护和管理进行检查考评、监督和指导。经费保障。市、区、镇城市公共绿化的维护管理经费,应不低于本级当年城市维护管理总费用的15%,并应当随公共绿化面积及财政收入的增加而相应增加。②占用城市绿地制度。任何单位和个人不得擅自占用城市已建成绿地。因公益性市政建设确需占用城市绿地的,经市城市绿化行政主管部门同意后,方可按规定程序报批,并由市规划行政主管部门按照调整城市规划的原则,补偿同等面积同等质量的绿地。同一建设工程项目占用城市绿地7000平方米以下的,应当报市城市绿化行政主管部门审批;占用城市绿地7000平方米以上的按省有关规定报上级有关部门审批。③临时占用。需要临时占用城市绿地的,应当报市城市绿化行政主管部门审批。经批准同意后,占用单位或个人应当向所在的区城市绿化行政主管部门缴纳恢复绿化补偿费,领取《临时占用城市绿地许可证》后方可占用。占用期满,由收取费用的区城市绿化行政主管部门组织恢复绿地。④新建商业和服务经营设施限制。任何单位和个人不得擅自在城市绿地内设置与绿化无关的设施。严格控制新建商业和服务经营设施。城市公园绿地、居住区绿地、风景林地内应当严格控制新建商业和服务经营设施。⑤开设机动车出入口。单位和个人在城市道路绿化带开设机动车出入口的,经有关部门办理相关手续之后,应当报城市绿化行政主管部门审核同意,并按占用城市绿地的面积向归口的市、区城市绿化行政主管部门缴纳绿化补偿费。⑥绿化补偿费、恢复绿化补偿费制度。市、区城市绿化行政主管部门依法收取的绿化补偿费、恢复绿化补偿费等费用,应上缴同级财政,列入同级城市绿化专项资金,实行收支两条线管理,专款用于增加城市绿化总量建设。城市绿化专项资金的使用由城市绿化行业管理机构提出安排计划,市、区城市绿化行政主管部门审批,同级财政部门负责监督。绿化补偿费、恢复绿化补偿费的收取标准和管理办法,由市人民政府另行制定。

(4)法律责任部分未规定行政管理机关及个人的责任。

4.2012年《汕头经济特区城市绿化条例》

(1)适用于城市、镇规划区范围内绿化的规划、建设、保护及其相关的管理活动。

（2）主管、管理与部门协作。市、区（县）城市绿化行政主管部门负责本行政区域内城市绿化工作。镇人民政府和街道办事处按照职责做好本辖区内的城市绿化管理工作。特区范围内实施城市管理相对集中行政处罚权的区域，由城市管理行政执法部门依法实施行政处罚和行政强制措施；其他区域由城市绿化行政主管部门依法实施行政处罚和行政强制措施。发展和改革、城乡规划、国土资源、财政、价格、环境保护、住房和城乡建设、农（林）业、水务、交通运输、公安、工商等行政管理部门，依照各自职责协同做好城市绿化相关工作。单位和有劳动能力的适龄公民，应当积极参加全民义务植树活动，履行绿化城市和保护绿化的义务。

（3）规划要求。①城乡规划行政管理部门在编制控制性详细规划时，应当会同同级城市绿化行政主管部门在公园绿地周边划定一定范围的控制区，控制区内建筑物、构筑物的高度、布局应当与公园绿地景观相协调。②城市绿化的苗圃、花圃、草圃、盆景基地等生产绿地的规划，应当适应城市园林绿化建设和发展的需要，其用地面积不得低于城市建成区面积的 2％。鼓励发展垂直绿化、屋顶绿化、桥梁绿化和绿荫停车场等多种绿化形式。屋顶绿化、绿荫停车场的面积可按 25％的比例折算为建设项目的绿地面积，但折算面积的总和不得超过该建设项目绿地面积的 5％。

（4）认种、认养树木制度。城市树木和城市绿地的认种、认养不得改变其产权关系。认种、认养的单位和个人不得以任何理由在其认种、认养的绿地内建设建（构）筑物，不得改变绿地的性质和功能。捐资、认种、认养的单位或者个人可以享有绿地、树木一定期限的冠名权。

（5）城市绿地占用制度。禁止擅自占用城市绿地。因城市基础设施建设确需占用城市绿地的，应当征得城市绿化行政主管部门同意，按照规定程序报城乡规划行政管理部门审批，并由城乡规划行政管理部门按照调整城市规划的原则，补偿同等面积和质量的绿地。城市绿化行政主管部门和城乡规划行政管理部门应当向社会公布依法占用城市绿地的程序与结果，接受公众监督。

（6）详细的临时占用制度。城市建设或者其他特殊情况需要临时占用城市绿地的，应当向城市绿化行政主管部门提出申请。城市绿化行政主管部门应当自受理申请之日起五日内作出决定。经批准临时占用城市绿化行政主管部门管理的城市绿地的，占用者应当缴纳临时占用绿地费，并到城乡规划、国土行政管理部门办理手续。因紧急抢险救灾，可先予临时占用，并在占用后二日内按规定补办手续。临时占用城市绿地的期限一般不超过两年。确因建设需要延长的,应当办理延期手续,延期最长不超过一年。批准占用绿地的审批机关、批准时间、占用期限和范围应当在现场公示,接受公众监督。占用期满后,占用者应当及时清场退地,并自行恢复绿化;逾期不恢复绿化的,按照恢复绿地实际费用缴纳恢复绿化补偿费,由城市绿化行政主管部门组织恢复绿地。临时占用城市绿地造成相关设施损坏的,占用者应当承担赔偿责任。申请临时占用城市绿地的应按照规定审批。

(7)公示制度。除紧急抢险救灾外,修剪、迁移或者砍伐城市树木以及临时占用城市绿地的,施工单位应当在现场设立公示牌,向社会公示,接受公众监督。公示期自施工之日起至完工之日止;公示牌应当注明批准机关、批准项目、批准期限、施工单位、施工负责人及监督电话等。

(8)绿化补偿费、临时占用绿地费和恢复绿化补偿费制度。按照价格行政管理部门核定的标准收取。市、区(县)城市绿化行政主管部门按照规定收取的绿化补偿费、临时占用绿地费和恢复绿化补偿费,纳入本级财政管理,实行收支两条线,列入各级城市绿化专项资金,专款专用,由财政部门监督使用,并向社会公示,接受公众监督。

(四)特点

1.4个经济特区均制定有"绿化条例",在城市绿地保护中发挥了重要作用,其特点有:深圳、珠海和汕头立法仅适用于城市区域范围内,而厦门则同时适用于城市和农村的绿地保护。

2.4个经济特区的立法均以国家相关和国务院《绿化条例》以及省级立法为依据,结合地方特色,规定了详细具体的城市绿地保护制度,制度设置全面,内容充实。

3.4个经济特区立法设立的制度与我国其他"绿化条例"或"绿地保护条例"大体相似,体现了我国相关立法的一致性。

4. 与国务院设立的较大的市立法相比,4个经济特区的立法更具有创新性,尤其是厦门市立法,规定了较多的创新制度,体现了经济特区对绿地保护的需要。

5. 与省会或自治区首府所在地市立法相比,经济特区立法时间短,内容新,没有修订;而前者很多于20世纪90年代制定,绝大多数立法经历了修订,甚至多次修订。

6. 经济特区多数立法制度设计具有先进性,但仍有少数立法比较落后,如在法律责任部门没有规定行政管理机构及管理人员的法律责任。

第三节 设区的市立法主要内容及具体制度分析

一、相关立法的主要内容及具体制度

(一)2017 年《济宁市城市绿化条例》的主要内容和特点

1. 任何单位和个人都有劝阻和举报损害城市绿化行为的权利。新闻媒体应当及时对破坏城市绿化的行为进行曝光。

2. 市城市规划区内因棚户区改造、违法建设拆除等腾出的一公顷以下的地块,应当主要用于公园绿地建设;确需用于其他建设的,应当报经市人民政府同意。公园绿地内适当配置游览、休憩、健身、科普宣传等设施,内部道路、广场的铺装应当透气、透水。

3. 行道树制度。行道树绿化带一般采取下沉式绿化;种植的行道树应当选用胸径不低于十厘米的高大浓荫树种;树下应当种植灌木或者地被植物。道路绿化与道路交通设施应当相互协调,不得影响交通安全。道路两侧及隔离带上种植的树木或者其他植物,应当与交通设施保持必要的距离,不得遮挡路灯、交通信号灯、交通标志等设施,不得妨碍安全视距,不得影响通行。在道路交叉口、人行横道口安全视距内及车辆掉头处,行道树绿化带应当采用通透式、低矮式配置,不得遮挡通行视线。

4. 开放绿化或立体绿化。城市主次干道两侧沿线单位,除有特殊安全需要外,应当实施开放式绿化。市城市规划区内公园绿地、风景林地。

5. 道路绿地等绿化工程在设计时,应当征求市城市绿化行政主管部门的意见。建设项目的附属绿化工程设计方案,按照基本建设程序审批时,必须有城市绿化行政主管部门参加审查并提出意见:绿地面积是否符合规定标准;绿地布局是否合理;植物的种类、配置是否适当;绿化设计是否符合园林景观要求;绿地内道路、给排水以及其他设施的设计是否符合有关园林设计规范。建设项目附属绿化工程的设计方案应当通过网站向社会公开。实施临时绿化,满足覆盖裸露土地、防治扬尘的要求。

6. 实行永久性绿地制度。各类城市绿化工程竣工验收合格之日起三十日内,建设单位应当在工程明显位置设置永久性标牌。标牌应当载明:建设、勘察、设计、施工、监理单位名称和项目负责人姓名;绿化平面图;绿地率、绿地面积及范围等。永久性绿地主要在风景名胜地、综合公园、专类公园、游园、广场、社区公园、山体、河（湖）堤绿地和湿地以及城市中具有一定规模和较长树龄的成片林等区域中确定。任何单位和个人不得擅自改变永久性绿地的用途，不得擅自缩小永久性绿地的范围。市、县（市、区）人民政府应当在永久性绿地区域设置显著标识，注明永久性绿地名称、界址、确定时间、管理责任单位等内容。

7. 包保责任制度。实行道路绿化门前包保责任制。街道办事处、镇人民政府应当与沿路单位、商户、住户签订道路绿化门前包保责任协议。沿路单位、商户、住户应当按照协议，协助养护管理门前树木花草和绿化设施，并配合城市绿化行政主管部门依法查处破坏、损毁树木花草和绿化设施的行为。

8. 砍伐、修剪树木制度。经批准砍伐树木的，申请人应当按照伐一补二的原则，按照城市绿化行政主管部门确定的期限、地点和规格补植同种树木，并保证树木成活；确实无法补植的，应当按照城市绿化行政主管部门的要求采取其他补救措施。城市绿地内遮挡交通标志、交通信号灯、路灯等影响交通安全的树木，养护管理责任人应当及时进行修剪。城市绿地内的树木妨碍城市管线安全，需要修剪时，管线管理单位应当向城市绿化行政主管部门提出申请，由城市绿化行政主管部门组织修剪或者管线管理单位自行修剪。因影响居住采光、通风和安全，需要修剪树木的，城市绿地养护管理责任人或者树木所有权人应当及时修剪。因生产或者交通事故等原因损毁城市绿地树木花草或者绿化设施的，应当赔偿。

9. 监督制度。市、县（市、区）人民政府应当加强城市绿地系统规划、城市绿地控制线划定以及实施情况的监督检查。城市绿化行政主管部门应当加强对城市绿化工作的监督检查，密切与公安、城乡规划、林业等部门的工作协调，建立信息共享、案情通报、案件移送制度，依法查处城市绿化违法行为。公安机关应当根据城市绿化行政主管部门移送的案件线索及时查办毁绿案件，并向城市绿化行政主管部门书面反馈办理结果。

10. 公开制度。除依法不得公开的内容外，城市绿化行政主管部门应当将城市绿地系统规划、城市绿线、行政许可的条件和程序、监督检查情况、收费标准和依据等信息，向社会公开。

11. 投诉举报制度。城市绿化行政主管部门应当建立投诉举报制度，及时处理关于城市绿化违法行为的投诉举报案件，并在办结后五日内向投诉举报人反馈。城市绿化行政主管部门应当对投诉举报人信息严格保密。

(二)2018年《邵阳市城市绿化条例》的主要内容和特点

1. 强调生态文明建设以及生态优先。立法目的提出了加强生态文明建设,促进城市绿化事业可持续发展。立法原则包括科学规划、生态优先、因地制宜、植护并重和城市绿地总量只增不减的原则。

2. 绿化科研经费纳入计划。政府应当将城市绿化建设纳入国民经济和社会发展计划,保障城市绿化用地和城市绿化建设、养护、管理、科研所需资金。

3. 明确城市管理部门的主管地位。城市管理部门应当向社会公布举报投诉电话和管理服务联系方式。城市管理部门接到举报投诉后,应当及时调查处理,并在受理之日起十个工作日内将处理情况答复举报投诉人。

4. 规划。规划由市城市管理部门会同市城乡规划等行政主管部门,根据国家、省有关规定和城市绿地系统规划,提出新旧城区、主次干道、居住区、公共服务场所等新建项目的绿地率指标要求,经市人民政府批准后,向社会公布并实施。城市管理部门应当编制符合本市气候条件和地域特点的树种规划。城市绿化应当以乔木为主,优先选用乡土树种,选育、引进新品种,提高市树、市花种植比例,合理配置乔木、灌木、地被植物和花卉,保持植物多样性。已建成公共绿地的主要树种、主要绿化景观不得随意变更;确需变更的,城市管理部门应当组织评估、论证变更方案,并向社会公开征求意见。

5. 建设。①工程建设项目的配套绿化应当与主体工程同步规划、同步设计,并按照批准的设计方案建设,在主体工程建成后的第一个绿化季节内完成。②临时绿化。三个月内未能开工的建设用地或者已出让六个月以上未开发的待建地,土地使用权人应当对其进行绿化覆盖。③管理移交。城市绿化工程竣工后,建设单位应当按照相关规定向城市绿化养护管理责任人办理移交手续。

6. 保护和管理。①技术规范。市城市管理部门应当依据法律、法规和国家、省有关规定,制定城市绿地养护技术规范,并向社会公布。②确立养护管理责任人制度。③占用就近易地补绿。任何单位和个人不得擅自改变城市绿地性质或者占用城市绿地。因城市规划调整或者城市基础设施建设,确需占用城市绿地的,应当按法定程序报批;经批准的,应当就近易地补建相同绿化标准、不低于原有面积的城市绿地,并向社会公布。④临时占用制度。因工程建设或者其他特殊原因确需临时占用城市绿地的,须经城市管理部门同意,并按照有关规定办理临时用地手续。临时用地单位和个人应当按照批准的位置、面积和期限占用,并在现场设立告示牌,向社会公示。占用期满后,应当清理现场,限期恢复绿地。临时占用城市绿地期限一般不得超过一年。确需延长期限的,应当在期限届满三十日前办理延期手续,延长期限不得超过六个月。⑤永久保护绿地和古树名木保护的特别规定。砍伐树木制度。经批准砍伐树木的,应当符合特定审批手续并按照"伐一补三"的原则,在城市管理部门规定的期限内,在指定的地点补植相同品种、相应规格的树木,并保证树木成活。⑥加强科研。城市管理部门应当会同相关行政主管部门、科研院所加强城市绿化植物的病虫害防治指导,推广生物防治技术,建立植物病虫害疫情监测和预报网络,健全有害生物预警预防控制体系,编制灾害事件应急预案,做好植物检疫工作。⑦信息管理制度。城市管理部门应当建立和完善城市绿化管理信息系统,加强城市绿化的资源调查、监控预警、服务指导、知识普及,依法公开城市绿化规划、建设、保护和管理的相关信息。

(三)2017年《安阳市城市绿化条例》(2019年实施)的主要内容和特点

1.园林绿化应当注重景观建设,充分运用艺术手段,通过种植树木花草、就势造景、建造亭台楼阁、布置园路小品等方式,营造独具地方特色、富有文化意境、贴近群众生活的多样性园林景观。

2.行道树。种植行道树应当选用高大浓荫的乡土树种。已种植的行道树不得随意更换。确需更换行道树树种的,市园林绿化行政主管部门应当组织专家进行论证,提出论证意见和调整方案,并向社会公开征求意见。行道树形成的城市林荫道路,由市人民政府确认为绿色廊道的,报市人民代表大会常务委员会备案,并向社会公布。绿色廊道的树木,除因抢险救灾、树木存在安全隐患或者死亡需要更新外,不得移植、砍伐。

3.城市带状公园、街旁绿地设置标准。城市带状公园、街旁绿地设置应当符合规定:城市绿地内进行地下空间复合利用,有关部门在审批项目建设方案时,应当征求园林绿化行政主管部门的意见,地下空间顶部覆土厚度应当满足乔木正常生长需要。

4.建筑设施不得对树木影响。城市规划和建设应当合理安排塔杆、管线等设施。地上设施应当有利于树形完整及树木正常生长,地下设施应当按照有关规范与树木及其他绿化设施保持安全距离,必要时采取保护措施。

5.管线与树木关系处理。新建管线和新种树木,应服从规划,本着后建让先种、后种让先建的原则协商解决,协商不成的,由市人民政府裁定。

6.保护和管理制度。①城市绿地养护管理责任制度。养护管理责任不明确或者有争议的绿地和树木,由辖区人民政府确定养护管理责任单位,并落实养护管理经费。②园林绿化工程的养护管理期自竣工验收之日起不得低于一年。③擅自砍伐、移植城市树木。确需砍伐、移植的,应当提出申请,并提交申请书、实施方案、管理责任人或者树木权属人意见等书面材料,由园林绿化行政主管部门按照市人民政府确定的管理权限审批。城市树木存在特定情形,可以申请移植:影响城市基础设施建设规划实施的;对人身或者相关设施构成安全威胁的;严重影响相邻建筑物采光、通风或者通行安全的等。④修剪原则。为保证管线、交通设施安全使用确需修剪城市树木的,应当按照兼顾安全使用和树木正常生长的原则进行修剪,相关费用由管线、交通设施管理单位承担。⑤先行处理制度。发生自然灾害,需要修剪、移植和砍伐城市树木的,相关部门可以先行处理,但应当在险情过后三个工作日内报告园林绿化行政主管部门和绿地管理单位。⑥古树名木制度。城市古树名木实行统一管理,分别养护。园林绿化行政主管部门应当建立古树名木档案,设置标牌,制定保护措施,划定保护范围,加强养护管理和社会宣传。在单位管界内或者私人庭院内的古树名木,由该单位或者居民负责养护,园林绿化行政主管部门负责监督和技术指导,市、区人民政府应当给予补助。

7.监督和检查。①部门分工。市、区人民政府应加强城市园林绿化规划、建设、保护和管理的监督检查,建立健全监督考核机制和激励机制。各区城市园林绿化工作纳入市政府城市管理目标考核,单位庭院和居住区绿化建设管理纳入城市管理监督考核。②监管体系、信用体系及信息公开。园林绿化行政主管部门应当建立城市园林绿化监管体系和信用体系,完善城市园林绿化信息管理系统,并向社会公开下列信息:经依法批准或者批准修改的城市绿地系统规划;经依法划定或者调整的城市绿线;城市园林绿化行政许可条件、程序以及依法作出的行政许可决定;城市园林绿化监督检查的情况;对违反园林绿化法律法规行为的查处情况;承接园林绿化工程企业的信用状况;征收的各种费用标准、依据等。

（四）2016 年《淮安市永久性绿地保护条例》的主要内容和特点

1. 直接调整永久性绿地。条例规定永久性绿地是指："符合城乡规划，生态功能、服务功能突出，具有长期保护价值，经市、县人民代表大会常务委员会审议决定，列为永久保护的绿化区域。"

2. 规划制度。城乡规划、国土资源、城市管理等部门，根据各自职责，共同做好本行政区域内永久性绿地的保护工作。

3. 永久性绿地的确定和公布。永久性绿地主要在以下区域中确定：风景名胜区、综合公园、专类公园；游园、广场、社区公园；山体、河（湖）堤绿地和湿地；城市中具有一定规模和较长树龄的成片林及其他需要永久保护的绿地。市、县主管城市绿化的部门每三年会同城乡规划、国土资源等部门，在征求有关方面意见后，拟定新增永久性绿地名录，报同级人民政府审核。市区范围内新增永久性绿地名录由市人民政府提请市人民代表大会常务委员会审议决定并公布。县域范围内新增永久性绿地名录由县人民政府提请县人民代表大会常务委员会审议决定并公布，报市人民代表大会常务委员会备案。永久性绿地一经确定公布，市、县人民政府应当在绿地区域设置显著标识，注明永久性绿地名称、界址、决定单位、决定时间、管理责任单位等内容。

4. 保护和管理。①登记造册并建立档案和制定保护方案。市、县（区）主管城市绿化的部门负责永久性绿地保护的组织、协调、指导和监督工作；对永久性绿地登记造册并建立档案；制定永久性绿地保护工作方案，拟定永久性绿地管理责任单位，报同级人民政府批准后执行。②界址。市、县城乡规划部门应当将永久性绿地规划纳入城乡规划，负责划定永久性绿地界址。③控制和整体协调。在规划编制及建设工程设计方案审查时，城乡规划部门应当对风景名胜区、综合公园类永久性绿地周边建筑的体量、高度、色彩和造型等实施规划控制，促进整体协调。④管理部门。市、县国土资源部门应当将永久性绿地规划纳入本行政区域土地利用总体规划，负责本行政区域内永久性绿地土地权属和用途的管理监督工作。

5. 监督和管理。①查处机构。市、县（区）主管城市绿化的部门和城市管理、城乡规划、环境保护、水利、林业、交通、公安等部门依法查处违法行为。②管护制度。永久性绿地管理责任单位应当建立管护制度，明确日常管护责任人和管护责任；按照城市园林绿化养护管理规范进行管养；有计划并按规定进行永久性绿地功能完善和景观提升建设；对违反本条例的行为予以制止,及时报告相关行政执法部门,并协助调查。③用途和范围改变制度。任何单位和个人不得擅自改变永久性绿地范围和用途。因重大公用设施建设等原因,确需改变永久性绿地范围和用途的,由市、县人民政府通过听证、论证等形式听取各方面意见后提出调整方案,提请同级人民代表大会常务委员会审议批准。禁止将永久性绿地用于经营性开发建设。对经市、县人民代表大会常务委员会审议批准调整范围和用途的永久性绿地,实行占补平衡的补偿制度。④补建原则。市、县人民政府应当在调整范围和用途的永久性绿地半径一公里范围内,按"面积不减、品质不降"的原则新建绿地予以补偿,并在一年内完成建设。⑤因建设或者其他特殊原因确需临时占用永久性绿地的,占用单位应当制定保护方案。占用期限不足六个月的,由市、县主管城市绿化的部门负责审批;占用期限六个月以上的,由市、县人民政府审批,报同级人民代表大会常务委员会备案。临时占用永久性绿地的,占用期限一般不得超过两年。占用期满后,由占用单位在规定期限内恢复原状。⑥避让制度。经批准在永久性绿地内建设施工的,应当避让现有树木、设施、重要水体等,确实无法避让的,建设单位应当会同主管城市绿化的部门确定保护措施。⑦修剪原则。因市政、电力、通信、消防等部门维护管线需要修剪树木的,应当经市、县(区)主管城市绿化的部门批准,按照兼顾管线安全使用和树木正常生长的原则进行修剪。⑧砍伐、移植乔木制度。在永久性绿地范围内砍伐、移植乔木的,应当按照规定程序报批。因同一个工程项目需砍伐胸径在十五厘米以上乔木超过二株,移植胸径在三十厘米以上乔木超过五株或者胸径在十五厘米以上乔木超过十株的,市、县(区)主管城市绿化的部门应当事先组织论证。永久性绿地范围内的古树名木不得砍伐、移植。

(五)2017年《攀枝花市城市绿化条例》的主要内容和特点

1. 推进阳光花城建设。

2. 鼓励采用体现本市观花、观果特色的乔木、灌木用于绿化项目建设。采用乡土乔木树种的比例应当占建设项目绿地乔木树种总量的60%以上;乔木、灌木覆盖率达60%以上。人行道的乔木覆盖率不得低于70%。前款所称乡土乔木、灌木树种的具体名录,由市城市绿化主管部门拟定、公布。

3. 竣工管理。政府全部出资或者投资占比30%以上的城市绿化工程和建设项目的附属绿化工程竣工验收合格后十五日内,建设单位应当将竣工验收资料报送城市绿化主管部门。城市绿化工程和建设项目的附属绿化工程竣工验收合格后,建设单位应当按照绿地养护技术规范与施工单位约定不少于一年的施工养护期。施工养护期内的绿化设施、树木花草养护由施工单位负责。施工养护期满后,施工单位应当按照合同规定向建设单位移交城市绿化工程和建设项目的附属绿化工程及相关资料。城市绿化工程和建设项目的附属绿化工程按照事权划分移交相应绿化管护单位。

4. 管理和保护。①定期普查制度。市和县(区)城市绿化主管部门应当对绿地种类、分布、权属、养护等情况进行定期普查,建立绿化资源档案并及时更新。②修剪制度。管护主体应当按照树木正常生长的规律,定期对管护的树木组织修剪:因树木生长影响管线、交通安全的;因树木生长影响居民采光、通风和居住安全的;其他需要及时组织修剪的。不得擅自修剪城市绿地上的树木。③移植、砍伐城市绿地上的树木。因建设或者其他特殊情况需要移植、砍伐胸径六厘米以上树木的,应当按照规定办理:由市城市绿化主管部门审批;必要时应当组织专家进行论证,或者召开听证会听取社会公众意见。经批准被移植树木未成活的,管护主体应当补植相应的树木。④临时占用。因工程建设等特殊原因确需临时占用城市绿地的,应当经城市绿化主管部门同意,并按照有关规定办理临时用地手续,限期恢复原状。⑤禁止行为:擅自采摘花果枝叶的;依树搭建或者在树木及绿化设施上拴挂、钉钉、刻划、晾晒衣物、涂抹、粘贴宣传品的;停放车辆、烧烤、露营,饲养、敞放家禽家畜等毁损绿地的;擅自种植农作物的;擅自设置营业摊点、广告设施的;擅自弃土、乱倒乱堆建筑垃圾的;未经许可搭建、修建房屋、围墙、围栏等建(构)筑物的;损毁绿化设施的。⑥具体罚款标准。建设项目竣工后未达到相应绿地率标准的,由城市绿化主管部门责令限期改正;逾期不改正的,按照不足绿地面积数处每平方米一万元以上五万元以下罚款。

(六)2018 年《平顶山市城市绿化条例》的主要内容和特点

1. 明确绿化用地和资金保障。市、县(市、区)人民政府应当加强对城市绿化工作的领导,将城市绿化建设纳入国民经济和社会发展规划,制定城市绿化发展目标及年度计划,保障城市绿化所需用地和资金以及城市绿化养护管理经费。

2. 城市绿化应当坚持生态优先、科学规划、全民参与、共建共享的原则,发挥城市绿地的生态保护、园林景观、休闲游憩、文化传承、科普教育、防灾避险等功能。

3. 城市绿化行政主管部门应当加强城市绿化的科学研究,推广使用绿化建设和养护先进技术,建设海绵型、节约型、园林艺术型城市绿地。

4. 政府及有关部门、新闻媒体应当加强绿化法律、法规、绿化科学知识和建设生态宜居城市的宣传,鼓励、支持、引导社会组织和城市居民参与城市绿化建设和养护工作。

5. 规划。编制城市绿地系统规划应当从实际出发,根据本地特点,科学确定城市绿化目标和布局,规定各类绿地的保护原则,按照国家和本条例规定的城市绿化规划指标确定绿化用地指标,并利用原有地形、地貌、水体、植被和历史文化遗址等自然、人文条件,合理配置各类城市绿地。市、县(市)、石龙区城乡规划行政主管部门应当会同同级城市绿化行政主管部门,根据城市绿地系统规划、控制性详细规划和城市绿化的现状,确定各类绿地界线坐标,划定城市绿线。对已划定的城市绿线,应当向社会公布,接受社会监督。因重大市政基础设施建设等公共利益的需要,确需变更或者调整城市绿线的,城乡规划行政主管部门应当征求城市绿化行政主管部门的意见,并按照法定程序审批。因调整城市绿线减少绿化规划用地的,应当在控制性详细规划内就近落实补足相同等级、面积的绿化规划用地。

6. 建设。①城市规划和建设应当按照规定预留绿化用地。新建区的绿地面积应当占总用地面积的 35％以上;改建旧城区的绿地面积应当占总用地面积的 25％以上。新建区每十平方公里应当规划预留至少一处占地面积十万平方米以上的综合性公园绿地用地,每一平方公里应当规划预留至少一处占地面积五千平方米以上的公园绿地用地。城市国有土地上的道路防护绿地和居住区以外的公园绿地所需建设用地,经县级以上人民政府依法批准,可以采取划拨方式供应。对符合条件的不动产登记申请,不动产登记机构应当依法向申请人办理不动产登记。②附属绿化用地绿地率。新建建设工程项目应当规划配套附属绿化用地,其绿地率应当达到下列标准。建设工程项目兼具商住等多种功能的,以其建筑面积占总建筑面积比例最大部分的使用性质确定绿地率标准。旧城区改造建设工程项目因客观条件限制未能达到规定标准的,由城乡规划行政主管部门征求城市绿化行政主管部门意见后,依法审核。③绿地建设责任。规定以外的绿地,建设责任不明确的,由县级以上人民政府根据实际情况,按照有利于建设、方便养护管理的原则确定。④选用植物种类。城市绿化建设应当选用适应本地自然条件的植物种类,注重市树、市花及优质乡土树木的种植,科学合理配置乔木、灌木、地被植物和花卉,保护城市植物的多样性。⑤限期绿化。在城市规划区内,凡应当绿化而没有绿化的裸露空地,由所在地县(市、区)人民政府明确责任,限期绿化。⑥行道树。新建、改建、扩建城市道路应当按照技术规范种植行道树,同一道路行道树应当有统一的景观风格。行道树种植,应当符合行车视线、行车净空、道路照明和行人通行等要求。⑦管线建设与绿化建设关系。城市绿化建设应当与地上地下各种管线等市政公用设施保持规定的安全距离。管线建设与绿化建设发生冲突时,新建管线和新种树木应当服从规划,按照后建让先种、后种让先建的原则解决。城乡规划行政主管部门在核定建设工程项目用地位置和界线时,应当兼顾管线安全和树木生长需要。

7. 保护和管理。①不得擅自改变城市绿化规划用地性质或者破坏绿化规划用地的地形、地貌、水体和植被。因城市规划调整或者城市基础设施建设等公共利益需要,确需改变规划的,应当先修改规划,并按原规划审批程序报批。②禁止增设建筑物、构筑物和其他设施。任何单位和个人不得在城市绿地范围内擅自增设建筑物、构筑物和其他设施。确需增设的,应当符合城市规划和有关设计规范要求,按有关规定办理相关手续。③临时占用。因国家重点建设项目或者城市基础设施等公共利益需要临时占用城市绿地一千平方米以下的,由市、县(市)、石龙区城市绿化行政主管部门审批;一千平方米以上的,按照有关规定报批。临时占用时间不得超过一年。临时占用单位或者个人应当在占用期限届满前恢复绿地原状,造成损失的,应当承担赔偿责任。占用单位或者个人应当在其所占用绿地明显位置设置公示牌,标明占用单位、占用面积、占用期限、批准单位及监督电话等信息。对申请人提出的临时占用城市绿地申请,城市绿化行政主管部门应当依法及时处理。准予占用的,申请人应当签订绿地恢复承诺书。④先行占用。因抢险救灾和处理突发事件确需临时占用绿地的,可以先行占用,抢险救灾和处理突发事件后占用人应当及时恢复原状。严格控制商业、服务摊点。城市公园绿地内严格控制商业、服务摊点。⑤设置商业、服务摊点。设置商业、服务摊点时应当在城市绿化行政主管部门指定的地点从事经营活动,并遵守城市公园绿地和市场监督管理部门的规定。⑥公园绿地内举办活动限制。在城市公园绿地内举办的各类活动,应当经城市绿化行政主管部门批准,并不得损坏公园景观和园林设施。活动结束后,活动主办单位或者个人应当及时清理现场,恢复原貌,并承担由此产生的费用。⑦户外广告问题。经依法批准设置的户外广告不得影响绿化植物正常生长,不得遮挡城市绿化景观。⑧修剪制度。管护责任人应当按照树木正常生长的规律,定期对养护管理的树木组织修剪。因树木生长影响管线、交通安全或因树木生长影响居民采光、通风和居住安全的,管护责任人应当及时组织修剪树木、消除影响;管护责任人未及时修剪的,城市绿化行政主管部门应当督促其修剪。任何单位和个人不得擅自修剪树木;造成损失的,应当依法予以赔偿。电力、通讯、照明、有线电视、交通等单位因架设线路或者线路安全需要修剪树木的,应当经树木管护责任人同意,并在城市绿化专业单位指导下修剪,或者支付费用,由城市绿化专业单位修剪。因建设工程施工确需修剪城市树木的,应当经树木管护责任人同意后,由城市绿化专业单位修剪,修剪的费用由建设单位承担。⑨移植、砍伐树木制度。任何单位和个人不得擅自移植、砍伐城市树木。确需移植或者砍伐树木的,应当向城市绿化行政主管部门提出书面申请并经审批。移植、砍伐城市树木,施工单位应当在施工现场设立公示牌,公示行政审批内容,接受公众监督。经批准砍伐城市树木的,申请人应当按照伐一补三的原则补植同种类的树木,补植的树木胸径不得小于十厘米。因条件限制无法补植或者补植达不到规定标准的,由城市绿化行政主管部门组织补植或者委托补植,相关费用由申请人承担。经批准移植城市树木的,移植者应当保证其成活,移植后一年内未成活的,应当按照前款规定予以补植。因交通、生产等事故损坏花草树木和绿化设施的,应当恢复原状或者依法赔偿损失。⑩先行处理制度。因不可抗力造成树木倾斜危及管线、交通设施、建筑物、构筑物安全或因抢险救灾、突发事件处置等紧急情况下,可以先行修剪树木,但应当在事后三个工作日内向城市绿化行政主管部门报告;砍伐树木的,按照规定补办相关手续。⑪禁止行为:利用树木作为支撑物或者固定物、在树木上悬挂广告牌、钉钉、结绳晾晒、架设电线、包裹树木等损害城市树木的;在公园绿地内擅自驶入或者停放非作业机动车辆的;污染、损坏建筑小品及游艺、休息、浇灌、照明等设施的;在绿地内擅自设置户外广告、搭建构筑物的;在公园绿地(居住区内的公园绿地除外)内擅自设置经营性设施和项目的。⑫有害植物疫情预警预报防控体系。城市绿化行政主管部门应建立健全有害植物疫情预警预报防控体系,定期向社会发布植物疫情监测预报,制定绿化防灾应急预案。建设单位和个人在进行绿化时不得采用带有检疫性有害生物或者危险性有害生物的植物。对绿化植物进行有害生物防治,应当遵守有关法律、法规的规定,禁止使用明令禁止的农药,推广无公害防治措施,防止环境污染,保障生态安全。城市绿化行政主管部门在城市树木发生病虫害时,应当及时督促、组织城市绿地管护责任人除治;在园林绿化、树木种植、养护、病虫害防治等方面,向社会或者管护责任人提供技术支持和咨询服务。⑬信息系统和信用管理制度。城市绿化行政主管部门根据城市发展需要,建立城市绿化管理信息系统和信用管理工作机制,依法向社会公布城市绿化规划、建设、养护、管理以及城乡规划、水利等有关部门提供的城市绿化工作相关信息;并将城市绿地建设工程的建设、施工等单位和城市绿地管护责任人以及其他相关单位、个人,在城市绿化活动中的信用状况纳入公共信用信息服务平台管理。

(七)2017年《温州市城市绿化条例》和主要内容和特点

1. 明确绿地标准,体现地方特色。除历史文化风貌区域、安全需要等特殊情况以外,温瑞塘河保护区内一般应当按照下列标准建设公共绿地:(1)温瑞塘河骨干河道沿岸每侧不少于三十米;(2)温瑞塘河重要河道沿岸每侧不少于十米;(3)温瑞塘河一般河道沿岸每侧不少于五米。其他河道两侧公共绿地建设标准由市、县(市、区)人民政府规定。鼓励城市主干道沿线和河道两侧单位实施开放式绿化。

2. 规划的国家和省标准。建设项目的附属绿地面积占建设项目用地总面积的比例,应当按照国家、省有关规定和城乡规划执行。以出让方式提供国有土地使用权的住宅、商业、办公类建设项目,不得降低规划条件确定的绿地率。其他建设项目因客观条件限制未能达到规定标准的,应当经城乡规划行政主管部门会同城市绿化行政主管部门依法审核,由建设单位在建设工程规划许可证核发前,按照所缺的绿地面积向城市绿化行政主管部门缴纳绿化补偿费,用于易地绿化建设。具体办法由市人民政府制定。

3. 建设。①绿化设计方案论证。用地面积二万平方米以上或城市主干道配套绿化工程,建设单位应当组织专家对绿化设计方案进行论证。②城市绿化建设,应当结合本市地理气候特征,选择适宜本市生长的优良植物。③清理绿化用地。绿化工程建设,应当按照规定清理绿化用地,土壤质量、覆土厚度应当与种植要求相适应,符合技术规范规定。④行道树。新建、扩建城市道路,应当种植行道树。行道树的种植,应当选择适宜的树种,符合行车视线、行车净空和行人通行的要求。新种植行道树或者新建管线、设施的,应当保证树木与管线间的安全距离或者采取有效保护措施。⑤居住区绿化。居住区内绿化布局,应当综合考虑居住环境与采光、通风、居住安全等要求。

4. 保护和管理。①养护管理责任人责任制度。城市绿化养护管理分工负责,养护管理责任人应当按照城市绿化养护管理技术规范,做好花草树木和绿化设施的养护管理。绿化树木受损、死亡、缺株或者设施损坏的,应当及时补植、修复或者采取其他补救措施。②占用绿地制度。任何单位和个人不得擅自占用城市绿地。因建设或者其他特殊原因需要临时占用的,应当向城市绿化行政主管部门提出申请,并提交拟占用的绿地现状、占用原因、权属人意见、恢复方案等材料。③临时占用。临时占用公共绿地的,应当按照规定缴纳绿化补偿费。临时占用期限不得超过一年,确需延期的,应当在期限届满七日前向原审批部门申请延期。经批准临时占用城市绿地的,应当按照批准的位置、面积和期限占用,并在现场设立告示牌,向社会公示。占用期满后,应当及时清理现场,恢复原状。④修剪制度。养护管理责任人应当根据树木生长情况,按照有关树木修剪技术规范和标准要求,定期对树木进行修剪。因树木生长影响管线、交通设施安全的,管线或者交通设施管理单位可以按照兼顾设施安全使用和树木正常生长的原则组织修剪。居住区内的树木生长影响居民采光、通风和居住安全,居民提出修剪请求的,养护管理责任人应当按照有关规定及时组织修剪。

5. 明确养护管理责任人和其他管理部门管理人法律责任。①养护管理责任人未履行养护管理责任的,由城市绿化行政主管部门责令限期改正;逾期不改正的,处五百元以上五千元以下罚款。责任人为城市绿化行政主管部门或者市、县(市、区)人民政府确定的街道办事处、镇人民政府的,由所在单位或者上级主管部门责令限期改正;逾期不改正,对直接负责的主管人员和其他直接责任人员给予处理。②城市绿化管理有关部门及其工作人员违反本条例规定,有下列情形之一的,由有权机关责令改正;情节严重的,对直接负责的主管人员和其他直接责任人员依法给予处分:未按照规定对有关城市绿化事项进行审核、审批的;未按照规定接收移交的公共绿地的;对依法应当受理的投诉和举报不受理,或者不依法处理的;对依法应当予以制止或者处罚的违法行为不予制止、处罚,或者不依法处理的;包庇、纵容违法行为人的;有其他玩忽职守、滥用职权或者徇私舞弊行为的。

(八)2018年《湘潭市城市绿化条例》的主要内容和特点

1. 重视地方特色。立法目的明确建设绿色、宜居、美丽湘潭。绿化原则为遵循生态优先、因地制宜、建管并举、量质并重、政府主导与社会参与相结合的原则,注重自然景观营造与乡土植物应用,突出湘潭特色。

2. 各级职责清晰明确。①市、县(市、区)人民政府应当履行的主要职责包括:统一领导行政区域内的城市绿化工作;制定行政区域内城市绿化发展目标,建立城市绿化目标责任制;将城市绿化相关经费列入本级财政预算,加大城市绿化的投入;鼓励和支持城市绿化科学研究,发展乡土及宜生植物,推广生物防治病虫害技术,促进绿化科技成果转化应用;建立绿化活动的部门联动和协调机制等。②乡(镇)人民政府、街道办事处负责本辖区职责范围内日常绿化工作的组织以及上级政府交办的工作。市城市绿化行政主管部门负责全市城市绿化工作,组织实施本条例。③县(市、区)城市绿化行政主管部门在各自职责范围内负责辖区内的城市绿化工作。④发展和改革、城乡规划、自然资源、财政、审计、生态环境、住房和城乡建设、林业、水务、交通运输、公安等部门,依照各自的职责,共同做好城市绿化的相关工作。

3. 制度建设。市城市绿化行政主管部门应当建立绿化资源普查制度、绿化行业市场诚信管理制度、植物疫情防控体系、绿化管理信息平台、绿化养护技术规范和养护定额标准以及绿化考核评价机制。

4. 绿化义务和权利规定。任何单位和个人都有植树和其他绿化义务。以投资、捐资、认养等形式,参与城市绿化的建设和养护。任何单位和个人都有享受良好绿化环境的权利,对破坏城市绿化及其设施的行为有权依法劝阻、投诉和举报。市、县(市、区)城市绿化行政主管部门应当畅通投诉举报渠道,向社会公布投诉举报的方式、处理流程和期限,并及时将处理结果告知投诉举报人。

5. 规划和建设。①规划原则与标准。城市绿化应当充分利用原有自然山体、水体、植被和历史文化遗址等自然、人文条件,科学规划、合理配置各类绿地。②永久性保护绿地的特别规划与建设要求。市、县(市)城市绿化行政主管部门应当会同城乡规划行政主管部门、自然资源行政主管部门等,将符合城乡规划,生态功能、服务功能突出,具有长期保护价值的城市绿地,公开征求意见,经本级人民政府常务会议审议通过后,确定为永久保护绿地,报同级人民代表大会常务委员会备案,并在永久保护绿地的显著位置设立告示牌。除非城市总体规划调整或因国家和省重大公用设施建设需要,任何单位和个人不得擅自改变永久保护绿地的使用性质。确需改变永久保护绿地使用性质的,市、县(市、区)城市绿化行政主管部门应当会同城乡规划行政主管部门、自然资源行政主管部门等将改变方案向社会公布、征求意见、举行听证会,并按照确定程序,报相应机关批准和备案。改变永久保护绿地使用性质的,应当按照不低于改变面积的标准补偿新的永久保护绿地。③严格的树种标准。市、县(市、区)城市绿化行政主管部门应当根据本地气候、土壤等自然条件,编制树种规划。编制树种规划时,应当向社会公开征求意见,并组织专家进行论证。城市绿化应当以乡土树种为主,通过乔、灌、草、花等植物科学合理配置,营造各种类型的植物群落和以乔灌木为主体的绿地景观。城市绿化工程项目所配置的乡土乔木树种的比例应当占该项目绿地乔木树种总量的70%以上;乔灌木覆盖率应当占绿地总面积的70%以上,其中乔木覆盖率不低于50%。④绿化建设工程方案规定。(a)特定建设工程方案的公开原则。建设单位应当组织专家对规定的绿化设计方案进行论证,并向社会公布,征求意见,这些绿地是:用地面积二万平方米以上的城市绿化工程、城市主干道配套绿化工程以及其他重要的城市绿化景观工程。(b)不得擅自变更。建设单位应当按照经批复、评审的绿化设计方案和施工图进行施工,不得擅自改变绿化设计方案和施工图规定要求。绿化设计方案和施工图确需修改的,应当按照原审批程序报批,并不得降低绿地率指标和绿化工程品质。(c)绿化工程招标要求。城市绿化工程的招标文件应当明确投标人具有相应的履约能力、良好的从业信用记录等内容。城市绿化工程招标时,资格审查委员会、评标委员会中园林专业专家人数不少于委员会专家人数的三分之一。⑤立体绿化与开放式绿化。市、县(市、区)城市绿化行政主管部门应当制定立体绿化的规划、设计、施工、养护和管理规定。城市主次干道沿线单位,除有特殊安全需要外,应当采取开放式绿化。⑥架空控制。新区建设项目附属绿地不得擅自架空。居住区如确因条件限制需要架空的,经批准架空的平台绿化面积不得大于规定附属绿地总面积的40%。旧城改造项目和城市中心建设项目确因条件限制需要架空的,经批准架空的平台绿化面积不得大于规定附属绿地总面积的50%。架空平台绿化的覆土层应当符合国家、省、市有关规定,确保树木花草正常生长和绿地正常使用。⑦建设具体标准。公园绿地规划建设应当符合居民出行三百米见绿、五百米见园的要求,公园绿地服务半径覆盖率不低于90%。城市建成区公园绿地服务半径不达标的区域,五千平方米以下不具备规划建设条件的零星地块优先规划用于城市绿化。⑧地下空间。已建成公园绿地的地下空间不得进行商业开发。⑨道路与水体。严格控制公园周边可能影响其景观和功能的建设项目。城市道路绿化应当遵循乔木为主、灌木与地被植物相结合的原则,兼顾季相景观特征。城市道路绿化应当符合行车视线、行车净空和行人通行的要求。城市水体岸线自然化率不低于80％。城市江河、湖泊等水体应当按照城市绿地系统规划的要求建设防护林带绿地。

6. 保护和管理。①政府购买服务。城市绿化养护管理采用责任人制度,并规定市、县(市、区)人民政府及其部门作为绿化养护主体的,可以采取政府购买服务的方式实施绿化养护和管理。②明确养护管理采用责任。城市绿化养护管理的责任人应当履行的职责包括:按照绿化养护技术规范和标准进行养护;定期检查,及时修护、补种或者更换受损、死亡的花草树木和地被植物;维持绿化养护管理范围内绿地率指标;对损坏绿化及其设施的行为及时劝阻并报告城市绿化行政主管部门等。③占用绿地及补偿标准。占用城市绿化规划用地或者改变其使用性质,不得破坏其地形、地貌、水体和植被。确需占用城市绿化规划用地或者改变其使用性质的,应当依法报原审批机关批准,并向社会公布。经批准的,应当就近易地补建不低于原绿地等级和面积的城市绿地。④临时占用。因工程建设或者其他特殊原因需要临时占用绿地的,应当经城市绿化行政主管部门同意后,依法办理其他审批手续,占用期满后,应当及时恢复原状,并按照有关规定给予绿地所有者相应补偿。临时占用城市绿地期限一般不超过六个月,因特殊原因确需延长的,应当提前一个月办理延期手续,延长期限不得超过六个月。建设单位应当在被占绿地四周明显位置公示占用单位、事由、期限和批准单位、时间及恢复措施等相关信息。⑤住宅用地绿化公示、禁止虚假宣传及严格限制变更。建设单位应当如实公示住宅项目配套绿地比例、绿地面积,不得将用地范围外的其他绿地或者临时性绿地作为其配套绿地对外进行虚假宣传。确需改变居住区绿地使用性质的,应当经专有部分占建筑物总面积三分之二以上的业主且占总人数三分之二以上的业主同意,并进行公示后报城市绿化行政主管部门审批。公示期不得少于七日。⑥禁止随意更换城市行道树。更换城市主次干道行道树树种的,应当按照法定程序进行:道路绿化工程实施单位提出实施方案,实施方案中应当明确对原有行道树妥善移植的内容;城市绿化行政主管部门组织专家论证会对更换的必要性和可行性进行论证评估;城市绿化行政主管部门采取市民听证会、公示等形式征求公众意见,向社会公示期不得少于三十日;市、县(市、区)人民政府常务会议审议通过,并报同级人民代表大会常务委员会备案。⑦严格擅自砍伐、移植城市树木。确因城市建设或者其他特殊原因需要砍伐城市树木的,须经城市绿化行政主管部门批准。在城市建设中同一个工程项目需砍伐胸径二十厘米以上的落叶乔木或者胸径一十五厘米以上常绿乔木超过两株的,城市绿化行政主管部门在许可之前应当通过专家论证会、听证会等形式广泛征求意见,接受社会监督。因工程建设需要移植由城市绿化行政主管部门养护管理的绿地中的树木,建设单位应当征求城市绿化行政主管部门的意见;同一个工程项目需要移植胸径二十厘米以上的落叶乔木或者胸径一十五厘米以上常绿乔木超过十株的,应当召开论证会,听取城市绿化行政主管部门、园林专家和所在社区等方面的意见。确定移植的树木应当按照移植技术规范移植到城市绿化行政主管部门确定的绿地中,并由城市绿化行政主管部门建档管理。申请砍伐树木,应当提交拟砍伐树木的品种、数量、规格、位置和权属人意见等材料。发生自然灾害或者突发性事件,致使树木危及管线、交通设施及人身、财产安全时,管线或者交通设施管理单位可以先行砍伐树木,但应当在自然灾害或者突发性事件结束后四十八小时内告知城市绿化行政主管部门和养护管理责任人。⑧古树后续资源。古树后续资源进行调查、鉴定、定级、编号、登记,并建立档案和数据库,设立标志,划定保护范围,明确责任单位和责任人,加强养护管理。古树名木应当原址保护,严禁毁损、砍伐和擅自修剪、移植。市、县(市、区)人民政府应当每年从城市维护管理经费、城市园林绿化资金中划出一定比例的资金用于城市古树名木的养护管理。

7. 监督和检查。①监管部门及内容。市、县(市、区)城市绿化行政主管部门、住房和城乡建设行政主管部门应当按照各自职责对绿化工程质量安全监督管理,内容监管包括:苗木、种植土、置石等园林工程材料的质量情况;亭、台、廊、榭等园林构筑物主体结构安全和工程质量情况;地形整理、假山建造、树穴开挖、苗木吊装、高空修剪等施工关键环节质量安全管理情况等。②委托监督管理。市、县(市、区)城市绿化行政主管部门、住房和城乡建设行政主管部门按照各自职责,可以委托园林绿化工程质量安全监督机构对园林绿化工程质量安全进行监督管理。③竣工验收管理。城市绿化工程和建设工程的附属绿化工程竣工验收时,组织建设项目竣工验收的单位应当通知项目所在地的市、县(市、区)城市绿化行政主管部门参与验收。建设工程配套绿化工程应当纳入建设工程竣工验收范围,城乡规划行政主管部门应当对配套绿化用地的面积和位置是否符合规划许可的内容予以核实,并出具规划条件核实文书;绿化行政主管部门应当对绿化工程是否符合设计方案和施工图进行核实,出具书面核实意见,核实结果载入建设工程竣工验收报告,并按照有关规定报住房和城乡建设行政主管部门备案。住房和城乡建设行政主管部门应当将相关竣工验收资料与城市绿化行政主管部门实现信息共享。④监督绿化管理责任人。城市绿化行政主管部门应当督促、指导城市绿化养护管理责任人按照绿化养护技术规范实施养护管理,定期对其养护管理情况进行检查和考核。⑤绿化补偿费监督管理。城市绿化补偿费、绿化赔偿费等收费标准,由市财政、价格行政主管部门会同市城市绿化行政主管部门按照国家、省有关规定制定。城市绿化行政主管部门收取的城市绿化补偿费、绿化赔偿费等,一律上缴财政,用于城市绿化建设。财政部门应当加强对城市绿化建设、养护投入的财政性资金及城市绿化补偿费、绿化赔偿费等费用的收取和使用情况加强监管。审计部门应当依据法定职能加强对上述费用的审计监督。

8. 法律责任。明确国家工作人员有:未按照法律、法规规定对城市绿化事项进行审批;挤占、挪用、贪污绿化赔偿费、绿化补偿费;对投诉举报不依法处理造成严重后果;违法实施行政处罚以及其他玩忽职守、滥用职权或者徇私舞弊行为等情形的,由其所在单位、监察机关或者上级主管部门给予处分;构成犯罪的,依法追究刑事责任。行政处罚,按照城市管理相对集中行政处罚权相关规定,应当由城市管理综合行政执法部门行使的,从其规定。

(九)2017 年《舟山市城市绿化条例》的主要内容及特点

1. 明确推进海上花园城市建设。

2. 主管及管理部门分工。市绿化委员会统一组织协调全市城乡绿化工作。城市管理局(综合行政执法局)为城市绿化行政主管部门,负责本行政区域内城市绿化的保护和管理工作。城乡规划行政主管部门负责城市绿化的规划工作。住房城乡建设行政主管部门负责城市绿化的建设管理工作。国土资源、环境保护、交通运输、水利、林业等部门按照各自职责做好城市绿化工作。乡(镇)人民政府、街道办事处按照规定职责负责本辖区内的城市绿化相关工作。有关法律、法规规定由林业等行政主管部门管理的绿化工作,依照有关法律、法规执行。政府应当将城市绿化事业发展纳入国民经济和社会发展计划,加强城市绿化的科学研究,推广先进技术,提高城市绿化的科技水平和艺术水平,保障城市绿化所需资金。

3. 规划。城市绿地系统规划应当充分利用本地自然与人文资源,体现地方特色,注重绿地的功能、生态效应和景观要求。城市河道、滨海地段、铁路、公路、城市轻轨、高压输电走廊等两侧的防护绿地或其他绿地建设应当纳入城市绿地系统规划,按照国家有关规定配套建设。编制城市绿地系统规划,有关部门报批前应当组织专家论证,并广泛征求公众意见。城市总体规划、城市绿地系统规划、控制性详细规划应当确定各类城市绿地控制线,经依法批准后,向社会公布,接受公众监督。

4. 建设。①界碑界牌。综合公园、专类公园等公园绿地、重要的防护绿地、中心城区的山体、城市风貌保护区、滨水岸线绿地、饮用水源保护地、湿地及其他对城市生态环境保护有重要意义的绿地等特定区域绿地控制线,相关行政主管部门应当设立界碑界牌。②推广海绵型公园和绿地,建设雨水花园、下凹式绿地、人工湿地,增强绿地系统的城市海绵体功能。③再生水和雨水利用。城市绿化用水、景观用水应当采用节水技术,优先利用再生水和雨水。④绿道网建设。住房城乡建设行政主管部门应当会同城乡规划、城市绿化、交通运输、林业、文化、体育、旅游等行政主管部门编制本地区绿道建设规划,制定年度建设目标和实施计划,组织开展绿道网建设。市中心城区应当规划二千至五千平方米的公园绿地三百米服务半径全覆盖,五千平方米以上的公园绿地五百米服务半径全覆盖。在旧城改造中应当增加旧城区公园绿地。⑤公共开放空间。城市河道两侧和滨海区域应当设置公共开放空间,除满足公共活动的使用功能要求外,应以绿化为主。公共开放空间带的宽度符合控制要求:城市主要河道或者宽度二十米以上河道每侧不少于二十米,其他河道每侧不少于十米;城市旧城区滨海开放空间一般不小于二十米,其他滨海开放空间一般不小于七十米。新建、改建、扩建城市林荫道,其绿地面积占道路总用地面积的比例不低于 25%。⑥旧城区林荫道路的保护范围确定。市、区人民政府应当划定旧城区林荫道路的保护范围,并予以公布。⑦简易绿化。市、区人民政府按照国家对相关土地进行临时利用的规定,可以组织有关部门对闲置土地和储备土地进行简易绿化,土地使用权人或者建设单位、土地储备机构应当予以配合。

5. 保护和管理。①分工负责制。城市绿化养护管理工作实行分类管理,分工负责:城市绿化行政主管部门应当对养护管理责任人的养护管理工作进行监督、检查,并给予技术指导。城市绿化行政主管部门应当定期对城市规划区范围内的绿地等生态空间开展普查、识别,负有绿化保护和管理责任的单位应当及时修复被破坏绿地,优化城市绿地布局。②临时绿化。临时占用城市绿地的,应当经城市绿化行政主管部门批准,并按规定缴纳绿化补偿费。城市绿地的临时占用期限不得超过两年。经批准延长临时占用期限的,延长期限不得超过一年。绿地临时占用期满后,应当及时恢复原状。③绿地及设施保护。任何单位和个人不得擅自占用公园绿地。公园绿地的管理用房和配套设施不得挪作他用。④修剪。养护管理责任人应当根据树木生长情况,根据有关树木修剪技术规范和标准要求,定期对树木进行修剪。树木生长影响市政管线、交通安全以及居民采光、通风或者居住安全的,养护管理责任人应当及时修剪。⑤禁止性行为包括具有独特性的内容,即进入设有明示禁止标志的绿地;在公园绿地水域内洗车、洗衣物;在设有明示禁止标志的绿地水域内游泳、垂钓;损坏树木支架、围栏、标牌、给排水设施等绿化设施。

(十)2017 年《衢州市城市绿化条例》

共 20 条,比较简洁,其主要内容及特点如下:

1. 明确建设现代田园城市和国家生态园林城市。

2. 明确资金事项。市、县(市、区)人民政府应当将城市绿化的规划、建设、保护和管理纳入国民经济和社会发展规划、年度计划,保障城市绿化的建设、保护和管理所需资金,并将经费列入本级财政预算。鼓励设立公益性基金。倡导与动员公民、法人或者其他组织以投资、捐赠、资助、认养等方式参与城市绿化的建设、保护和管理等活动。

3. 鼓励开展优质综合公园和园林式居住区(单位)等示范创建活动。

4. 主管和管理部门分工。市、县(市、区)住房和城乡建设行政主管部门主管本城市规划区的城市绿化监督管理工作。规划、综合行政执法、林业、交通运输、水利、国土资源、民政、财政等行政主管部门根据有关法律、法规、规章规定,履行各自职责范围内的城市绿化工作。衢州绿色产业集聚区管委会、市西区管委会按照规定职责负责本辖区范围内城市绿化相关工作。城市规划区内的乡(镇)人民政府、街道办事处按照规定职责负责本辖区范围内城市绿化相关工作。

5. 责任人制度。不同类型绿地确立不同的保护和管理责任人,保护和管理责任人应当制定城市绿地管理制度,加强对其管理范围内绿地的巡查。发现有占用、破坏绿地等违法行为的,应当及时予以劝阻;劝阻无效的,应当将有关情况及时告知综合行政执法部门。

6. 养护制度。城市绿化养护管理应当符合城市绿化行政主管部门制定的城市绿地养护技术规范,并建立健全城市绿化养护管理档案。推进城市绿化养护的市场化运作以及树枝、花草废弃物的减量化、无害化处理和资源化利用。

7. 规划。规划行政主管部门会同城市绿化等行政主管部门共同组织编制或者修改城市绿地系统规划,报本级人民政府审批。控制性详细规划应当落实城市绿地系统规划的有关内容。编制城市总体规划、县(市)域总体规划、城市绿地系统规划和控制性详细规划时,应当明确城市绿地控制线(以下简称绿线),经依法批准后,向社会公布,接受公众监督。绿线不得随意调整。因城市建设需要调整绿线,应当按照原审批程序办理。减少规划绿地的,规划行政主管部门应当会同城市绿化等行政主管部门落实新的规划绿地。

8. 建设中的部门合作。规划行政主管部门在审查绿化工程、公园绿地地下空间开发工程和建设项目配套绿化工程的建设工程设计方案时,应当征求城市绿化行政主管部门的意见。公园绿地内设立标志标牌,建设单位应当征求城市绿化行政主管部门的意见,城市绿化行政主管部门应当及时给予指导。

9. 屋顶绿化、垂直绿化和地下设施顶面绿化。

10. 绿地地下空间。合理规划建设公园绿地地下空间,确需开发利用的,建设单位应当组织专家论证,并向社会公开征求意见。开发利用公园绿地地下空间的,应当符合绿化相关标准要求,不得影响植物正常生长、绿地使用需要和居民游憩安全。

11. 禁止性行为。禁止包括破坏城市绿化和绿化设施的行为,如移动、推倒或者损坏围栏、侧石、园路、桌椅、亭、台、楼、阁、廊、树、雕塑、标牌、景观小品等、硬化行道树的树穴(树池)。

(十一)2018 年《阳泉市城市绿化条例》的主要内容及特点

1. 明确经费安排。各级人民政府应当在预算内安排相应的城市绿化管理经费。机关、企业事业单位、社会团体应当根据本单位的绿化任务和养护标准安排绿化经费。居住区的绿化养护费用由产权人或者经营管理者支付。

2. 规划和建设。①屋顶绿化、垂直绿化和林荫停车场建设。工程建设项目进行屋顶绿化、垂直绿化和林荫停车场建设的,政府可以给予一定的资金扶持,具体办法由市人民政府制定。②创新城市园林绿化市场管理方式。城市绿化行政主管部门应当创新城市园林绿化市场管理方式,探索建立健全园林绿化企业信用评价、守信激励、失信惩戒等信用管理制度,实行绿化工程质量监督制度,加强事中事后监管,维护市场公平竞争秩序。③四同时制度。工程建设项目的配套绿化工程应当与主体工程同时规划、同时设计、同时施工、同时验收。配套绿化工程未经验收或者验收不合格的,主体工程不得投入使用。因特殊情况不能与主体工程同时竣工的,可适度推迟,但不得晚于主体工程竣工后的第一个绿化季节。④建设项目配套绿化永久公示绿地平面图。居住区工程建设项目配套绿化工程竣工验收合格后,建设单位应当在显著位置设置永久公示绿地平面图。⑤易地绿化。易地绿化的位置应当由城市规划行政主管部门确定,设计方案报城市绿化行政主管部门备案。⑥代征的城市公共绿化用地。建设单位按照规划代征的城市公共绿化用地,应当自土地手续办理完毕之日起三十日内移交城市绿化行政主管部门。代征的城市公共绿化用地不得挪作他用。⑦临时绿化。在城市规划区范围内取得国有土地使用权并经国土资源管理部门批准暂缓建设的用地,应当自批准之日起六个月内实施临时绿化。⑧生产绿地。城市苗圃、草圃、花圃等生产绿地的建设,应当适应城市绿化建设的需要,其面积不得低于城市建成区总面积的百分之二。

3. 保护和管理。①城市绿地实行绿线管理。城市绿地养护管理分工负责制度。政府投资建设的城市绿地应当通过招标投标等方式,确定绿化养护企业,实施专业化养护管理。②绿化管护承包责任制。城市绿化行政主管部门应当推行门前绿化管护承包责任制,与城市规划区内临街单位和居民签订门前绿化管护承包责任书。③改变绿化用地使用性质。任何单位和个人不得擅自改变绿化用地使用性质,不得破坏城市绿线内的地形、地貌、水体和植被。确实需要改变的,应当向城市绿化行政主管部门提出申请,办理改变绿化规划、绿化用地使用性质审批手续,并提交申请表、城市规划行政主管部门批准文件和附图(标明易地绿化位置和面积)以及绿地权属人意见等。城市绿化行政主管部门应当自收到申请之日起十个工作日内作出审批决定。经审批同意改变的,由城市绿化行政主管部门安排建设单位按照等值原则(含土地评估价值)进行易地补建;不予批准的应当书面告知申请人,并说明理由。④临时占用。临时占用绿地期限一般不超过一年。因特殊需要超过一年的,应当在期限届满三十日前重新办理审批手续。占用期限届满后,占用单位应当在批准的期限内退还,并恢复绿地原貌,所需费用由占用单位承担。⑤砍伐或者移植树木。申请砍伐或者移植树木应当向城市绿化行政主管部门提交材料,如载明拟砍伐或者移植树木的品种、数量、规格、位置等内容的申请书;权属人意见;树木补植计划或者移植方案。工程建设项目需要砍伐或者移植树木的,还应当提交建设工程规划许可证和附图。⑥砍伐。砍伐、移植城市道路、公共绿地的树木不满五十株的,由城市绿化行政主管部门批准;五十株以上的,由城市绿化行政主管部门提出意见,报同级人民政府批准;砍伐、移植城市道路、公共绿地以外的树木的,由城市绿化行政主管部门批准。每砍伐一株树,应当到城市绿化行政主管部门指定地点补栽胸径八厘米以上的相同树种树木十株,也可以出资由城市绿化行政主管部门组织专业人员补栽。⑦修剪。不得擅自修剪城市规划区内的树木。砍伐、移植、修剪树木和临时占用绿化用地施工期间,施工单位应当在施工现场设立施工标牌,公示施工内容、时间和批准机关,接受公众监督。影响安全的,应当设置围栏等安全设施。⑧避让树木。新建、扩建、改建城市基础设施时,应当避让树木。确实无法避让的,建设单位应当商请城市绿化行政主管部门采取保护措施,所需费用应当由建设单位承担。

（十二）2017 年《新乡市城市绿化条例》的主要内容及特点

1. 多元化绿化。政府应当引导社会资金参与城市绿化建设和养护管理。鼓励单位和个人利用自有空间开展绿化。

2. 行道树。新建、扩建道路应当种植行道树,同一道路的行道树应当有统一的景观风格。行道树的种植,应当符合行人和车辆通行安全要求。行道树应当选用寿命长、抗逆性强、遮阴效果良好的树种。

3. 保护和管理。①绿地不动产权证书。在国有土地上建设的城市绿地,市、县（市）自然资源行政主管部门应当办理不动产权证书。②占用绿地。不得擅自占用城市绿地;占用的城市绿地,应当限期归还。③临时占用。因建设或者其他特殊原因需要临时占用城市绿地的,应当经市、县（市）城市绿化行政主管部门同意,按照规定办理临时占用绿地手续,并在被占绿地四周明显位置公示占用单位、事由、期限、恢复措施和批准单位等信息。临时占用城市绿地的时间不得超过一年,确因建设需要延长的,应当重新办理临时占用绿地手续,且仅能延长一次,延长的时间不得超过一年。临时占用城市绿地一千平方米以下的,由市、县（市）城市绿化行政主管部门审批,一千平方米以上的按照有关规定报请审批。临时占用期满,占用单位应当按照规定期限和要求恢复城市绿地,并须通过城市绿化行政主管部门验收。④开设商业、服务摊点的要求。在城市的公共绿地内开设商业、服务摊点的,应当持市场监督管理行政主管部门批准的营业执照,在公共绿地管理单位指定的地点从事经营活动,并遵守公共绿地和市场监督管理的规定。⑤砍伐树木制度。任何单位和个人不得擅自砍伐城市树木。因建设或者其他特殊原因需要砍伐树木的,须经市、县(市)城市绿化行政主管部门批准。经批准砍伐树木的,申请人应当对树木所有权人进行补偿,并按照伐一补三的标准补植树木,所补植树木的胸径不得小于八厘米。批准砍伐城市树木,应当符合条件:实施城乡规划所需要的;建设工程施工所必需的;发生严重病虫害已无法挽救或者自然死亡的;危及人身、建筑物或者其他设施安全的;妨碍交通、消防、医疗救治、防灾避险的;密度过大需要间伐、间移的;改造绿化设施所必需的等。

4. 监督检查。①明确检查措施。城市绿化行政主管部门进行监督检查时,有权采取措施:要求有关单位和人员提供与监督检查事项有关的文件、资料;要求有关单位和人员就监督检查事项涉及的问题作出解释和说明;根据需要进入现场进行勘察,调查了解有关情况,查阅、复制有关文件、资料;责令有关单位和人员停止城市绿化违法行为。执法人员履行前款规定的监督检查职责时,应当出示执法证件。被监督检查的单位和人员应当予以配合,不得妨碍和阻挠依法进行的监督检查活动。②投诉举报制度。城市绿化行政主管部门应当公布投诉举报电话,自接到投诉举报之日起七日内,对城市绿化违法行为进行查处,同时将处理情况反馈投诉举报人。对举报有功的人员,市、县(市、区)人民政府应当给予奖励。③绿化资源调查统计制度。城市绿化行政主管部门应当会同有关部门定期开展城市绿化资源调查统计,建立城市绿化资源档案和数字化信息管理系统。④公开制度。经依法批准或者批准改变的城市绿地系统规划、经依法划定或者调整的城市绿线、城市绿化行政许可条件、程序以及依法作出的城市绿化行政许可决定、城市绿化监督检查的情况以及处理结果等绿化规划、建设、保护和管理等信息应当自形成或者批准之日起二十个工作日内向社会公开。

5. 法律责任。明确城市绿化行政主管部门、城乡规划行政主管部门和其他有关管理部门的工作人员违反条例规定,有下列行为之一的,由其所在单位或者有关机关给予行政处分;构成犯罪的,依法追究刑事责任:(1)擅自改变规划绿地或者其他绿地性质和用途的;(2)擅自降低绿地率指标批准建设工程项目有关手续的;(3)擅自调整城市绿线的;(4)违法实施行政许可的;(5)违法实施行政处罚的;(6)其他滥用职权、玩忽职守、徇私舞弊的行为。

(十三)2018 年《孝感市城市绿化条例》

该条例规定了详细的管理和保护规定,其主要内容及特点如下:

1. 明确建设水乡园林城市。政府应当组织开展园林式单位、园林式居住区创建等活动,提高城市园林绿化水平,建设生态园林城市。

2. 规划。①编制及执行。编制城市绿地系统规划,报批前应当进行公示,并听取专家和公众的意见。绿地系统规划应当严格执行,确需变更的,应当按照原批准程序重新审批。划定需要永久性保护的城市绿地,经市人民代表大会常务委员会决定后向社会公布,并在永久保护绿地的显著位置树立告示牌。②绿线内建筑物控制。在城市绿线范围内,任何部门不得违反规定批准与园林绿化无关的建设项目。城市绿线范围内不符合规划要求的建筑物、构筑物及其他设施,应当逐步迁出或者拆除。建设项目配套绿地指标规定。建设工程项目应当安排配套绿化用地,其配套绿地率应当符合规定。③绿地率与规划条件。城乡规划行政主管部门和国土资源行政主管部门应当将本条例规定的绿地率指标要求纳入规划条件,分别作为核定或变更建设用地规划、建设工程规划许可证的依据,并作为以出让方式提供国有土地使用权项目出让合同的组成部分。

3. 建设。①建设主体。城市公园绿地、道路广场绿地、市政设施绿地等,由园林绿化行政主管部门组织建设;单位附属绿地,由所属单位负责;居住区等建设工程项目配套绿化,由建设单位负责;生产绿地,由其经营单位负责。②绿地设计要求。园林绿化工程设计应当以植物造景为主,积极推进海绵城市建设,树立生态、节约、民生的造园理念。坚持适地适树,优先使用乡土植物,均衡配置乔、灌、花、草,注重市树、市花的应用,保持植物群落的多样性。适当配置建筑、园林小品及公用服务设施。③工程设计审批。城市园林绿化工程设计方案,按照基本建设程序审批时,应当经园林绿化行政主管部门审核同意。绿化工程设计方案应当包括绿地布局、功能定位、植物配置等。④工程项目管理。园林绿化工程建设、勘察、设计、施工、监理等单位应当依法建立健全工程质量和安全管理体系,落实质量和安全管理责任,推行园林绿化建设项目工程监理制度和建立工程项目责任管理制度。园林绿化工程施工现场应当设立告示牌,注明绿化工程项目相关信息,并采取相应的文明施工、安全生产措施,接受社会监督。

4. 管理与保护。①管理养护主体。根据不同类型绿地分别确定保护管理责任主体,当责任交叉或者责任不明确的,由园林绿化行政主管部门按照属地管理的原则确定责任单位。②建设期管养主体和移交。园林绿化工程自竣工验收合格之日起一年内的养护管理,由施工单位负责;工程项目有特殊要求的,其施工养护期可另行约定。建设养护期满后,建设单位应当与养护管理责任人签订养护管理责任移交协议书,并在协议书中载明绿化养护面积、植物品种、数量等。③专业化养护管理。使用财政性资金实施养护的绿地,应当逐步通过招标方式确定具备相应养护能力的单位,实施专业化养护管理。改变绿地性质。任何单位和个人不得擅自改变绿地性质。因城市规划调整或者重大市政基础设施建设确需改变公园绿地、城市道路绿地和防护绿地的性质或者破坏其地形、地貌、水体和植被的,应当由园林绿化行政主管部门会同城乡规划行政主管部门组织有关部门和专家进行评估,并公开征求意见,报市人民政府批准后向社会公布。确需在城市道路绿化带上开设机动车出入口和道路拓宽占用绿地的,园林绿化行政主管部门在审批时应当征求公安交通管理和城乡规划行政主管部门的同意。改变其他绿地性质的,申请人应当按照先补后占、占补平衡的原则,并根据相关规划异地建设同等面积的绿地。④临时占用。任何单位和个人不得擅自占用绿地。因建设或者其他特殊需要临时占用城市绿地的,申请人应当征求权属人意见,经园林绿化行政主管部门批准后,办理临时用地手续。申请临时占用城市绿地时,应当提交规定的材料并依法审批。临时占用绿地期限应不超过一年,因特殊需要超过一年的,必须重新办理审批手续。临时占用期满后,应当恢复原状,造成损失的应当赔偿。⑤详细的移植、砍伐以及修剪树木制度。明确移植、砍伐树木的条件、申请与审批程序以及紧急情况下的修剪等,绿地养护管理责任人的责任、代为修剪制度、公园管理、车辆肇事毁绿处理、在公园内开设商业、服务摊点制度、生物多样性保护制度以及古树名木管理制度等。

5. 监督与管理。①监督检查分工负责制。市人民政府应当加强对城市绿地系统规划、城市绿线划定以及实施情况的监督检查。园林绿化行政主管部门应当定期对城市园林绿化的建设、保护和管理进行监督检查和指导,建立日常巡查制度,对侵害城市园林绿化的行为,应当责令停止侵害,限期改正。发现绿化植物或者园林设施损毁的,应当及时组织补植和修复;发现的违法案件,应当及时移送城管执法部门或者公安部门处理。②部门相互协作。园林绿化、城乡规划和城管执法部门应当建立健全信息共享的协作机制,按照各自职责对城市园林绿化活动实施监督检查。③临时绿化。园林绿化行政主管部门应当将临时占用城市绿地和移栽、砍伐树木等行政许可决定的内容,以及改变城市绿地性质、建设项目配套绿地面积审核等相关信息书面告知城管执法部门和城乡规划行政主管部门。城管执法部门对被许可人违反城市园林绿化行政许可决定的行为作出行政处罚决定的,应当将行政处罚决定书的内容以及相关信息书面告知园林绿化行政主管部门和城乡规划行政主管部门。城乡规划行政主管部门应当将规划绿地指标等规划行政许可中有关园林绿化的内容以及相关信息书面告知园林绿化行政主管部门和城管执法部门。城管执法部门在实施城市园林绿化执法巡查时,对绿地面积以及涉及城市绿化专业内容的事项不能直接确认的,应当通知园林绿化行政主管部门予以确认。信息管理。园林绿化行政主管部门应当会同有关部门定期开展城市园林绿化资源调查,建立园林绿化资源档案,完善园林绿化管理信息系统。④公开制度。经依法批准或者批准修改的城市绿地系统规划;经依法划定或者调整、变更的城市绿线;城市园林绿化行政许可条件、程序以及依法作出的行政许可决定;城市园林绿化监督检查的情况以及处理结果;园林绿化勘察、设计、施工、监理单位企业信用公布等应依法公开。⑤市场诚信管理。园林绿化行政主管部门应当依法对园林绿化工程的勘察、设计、施工、监理、养护以及招标投标活动进行监督管理,建立健全园林绿化建设市场监管机制和诚信奖惩机制。⑥监督举报制度。任何单位和个人有权劝阻或者向园林绿化、城管执法等部门举报违反本条例的行为。园林绿化、城管执法等部门应当公布举报电话,按照各自职责及时查处违法行为,并自接到举报之日起七日内反馈处理情况。对举报有功的人员,市、区人民政府应当给予奖励。

（十四）2018 年《驻马店市城市绿化条例》的主要内容和特点

1. 规划。①规划制定。城乡规划主管部门会同城市绿化主管部门,依据城市总体规划编制城市绿地系统规划,经同级人民政府批准后实施,并报同级人民代表大会常务委员会备案。城市绿化主管部门应当依据城市绿地系统规划,编制城市绿地系统年度建设计划,并组织实施。市、县人民政府城乡规划主管部门应当会同城市绿化主管部门,依据城市绿地系统规划划定绿线,并向社会公布,接受公众监督。②规划实施。因公共利益确需改变的,应当按照原批准程序重新审批;造成绿地面积减少的,应当就近补足减少部分,保证区域绿地面积不减;涉及城市总体规划修改的,应当提请本级人民代表大会常务委员会审议后,依法履行报批程序,并向社会公布。③永久保护绿地制度。市、县城市绿化主管部门应当会同城乡规划、自然资源等部门,将城市规划区内已建成面积在三千平方米以上的公共绿地,拟定为永久保护绿地,报同级人民政府审核,由市、县人民政府提请同级人民代表大会常务委员会审议确定,并向社会公布。市、县人民政府应当在确定的永久保护绿地设置显著标识予以公示。永久保护绿地确定后,任何单位和个人不得擅自占用。因重大公共设施建设确需占用的,由市、县人民政府采取论证会、听证会或者其他方式征求专家和公众的意见,提出调整方案,提请同级人民代表大会常务委员会审议后,依法履行报批程序,并向社会公布。④绿化率。城市规划和建设应当预留绿化用地,城市绿化覆盖率不低于40%,城市绿地率不低于35%;应当在三百米半径内规划建设一处二千平方米以上的绿地,五百米半径内规划建设一处五千平方米以上的游园,二千米半径内规划建设一处综合性公园。

2. 建设。①管线安置。城市规划和建设应当合理安排地上、地下管线的位置和走向,兼顾管线安全和树木生长需要。地上管线应当有利于保持树形完整和生长,地下管线应当按照有关规范,与树木和其他绿化设施保持足够距离。设置管线对树木生长有影响的,建设单位应当采取保护措施。②养护与管理责任主体。六个月内未开工建设的工程建设项目用地,由土地使用权人或者建设单位负责。其他绿地,由市、县(区)人民政府按照有利建设、方便养护与管理的原则确定建设单位。③绿化标准。城市绿化应当坚持生态、景观和文化相协调,注重层次、色彩和景观效果,应用先进技术,提升城市园林设计水平。④绿化植物要求。城市绿地建设应当选用适应本市自然条件、经济合理、节水耐旱的植物种类,注重植物生态习性、种植形式和植物群落的合理性、多样性,遵循生态要求,体现地方特色,提高市树、市花的种植比例。限制种植易产生飞絮的林木、花草,已经种植的应当逐步改良或者更替。重大节日期间,在城市主干道、公园、游园、广场和车站等重点区域,配置植物景观,根据季节栽植不同种类的花卉,提升城市园林艺术水平。城市道路的绿化,应当符合车辆行驶、道路照明和行人通行的安全要求。⑤简易绿化。建设工程用地自取得土地使用权之日起六个月内未开工建设的,土地使用权人或者建设单位应当在城市绿化主管部门的指导下进行简易绿化。

　　3. 保护和管理。①责任主体。根据不同绿地的性质确定保护和管理责任,简易绿化用地由土地使用权人或者建设单位负责。绿地责任人不明的,由属地城市绿化主管部门会同乡、镇人民政府或者街道办事处予以确定。责任内容。绿地保护和管理责任单位或者专业养护单位应当按照绿化养护技术规范对城市绿地进行养护管理,保持树木花草繁茂、设施完好。死株缺株的,及时移除补植;发生病虫害的,及时灭治;设施损坏的,及时修复。城市绿化主管部门应当对绿地保护和管理责任单位或者专业养护单位的养护行为实施监督、检查和指导。②临时占用。临时占用城市绿地的,应当经城市绿化主管部门同意,按照规定办理临时占用绿地手续。占用人应当在被占绿地明显位置公示占用事由、期限,批准单位、时间及恢复措施,施工单位、施工负责人及监督电话等有关信息。临时占用绿地的期限不得超过一年。确需延长的,应当在占用期限届满前三十日内办理延期手续,延长期限不得超过一年。临时占用期限届满后,占用人应当恢复原状。确需在城市道路绿化带增设道路出入口的,城乡规划主管部门在审批时,应当征得城市绿化主管部门和公安交通管理部门同意。禁止占用具有紧急避险功能的公共绿地。③修剪制度。绿地保护和管理责任单位或者专业养护单位应当根据树木生长情况,按照树木修剪技术规范定期对树木进行修剪。移植、砍伐制度。任何单位和个人不得擅自移植、砍伐树木。因建设、居住安全等确需移植、砍伐树木的,应当遵循移植优先、砍伐补栽的原则,必要时应当采取论证会、听证会或者其他方式征求专家和公众的意见。移植、砍伐树木的具体办法由市人民政府制定并公布,报市人民代表大会常务委员会备案。供电、供水、供热、燃气、通信单位因抢险需要砍伐、移植树木或者挖掘、占用绿地的,抢险单位可以先行处理,但应当在险情发生后三日内向城市绿化主管部门补办有关手续。险情排除后,由抢险单位负责及时恢复绿地原状;抢险单位不恢复的,由城市绿化主管部门代为恢复,费用由抢险单位负担。④植物疫情监测制度。城市绿化主管部门应当会同林业等有关部门建立植物疫情监测预报网络,健全有害生物预警预防控制体系,加强植物检疫和有害生物防治。未经植物检疫机构检疫的苗木、花草和种子,不得引进。禁止使用有病虫害的苗木、花草和种子进行绿化。⑤检查职责。城市绿化主管部门实施绿化监督检查时,可以进行现场勘查,调查了解有关情况,查阅、复制有关文件、资料。被监督检查的单位和人员应当予以配合,不得妨碍和阻挠监督

树。任何单位和个人不得擅自更换城区重点绿地范围内园林景观路上的行道树种。确因公共利益需要更换园林景观路上行道树种的,市人民政府城市园林绿化主管部门应当组织有关部门进行论证,听取社会公众和专家的意见,报市人民政府批准。批准更换的,报市人民代表大会常务委员会备案,并向社会公布。⑤园林工程及附属设施建设要求。城区重点绿地保护范围内文化性、景观性和功能性园林工程及附属设施建设的设计方案,市人民政府城市园林绿化主管部门应当报市人民政府批准。⑥移植、更换植被。任何单位和个人不得违反设计方案移植、更换城区重点绿地范围内的植被。确因公共利益需要移植、更换零星植被的,报市人民政府城市园林绿化主管部门批准。

（十六）《宿州市城镇绿化条例》

该条例于 2015 年制定,其特点如下:

1. 立法目的单一明确,即为推进生态文明建设,增进人民身心健康。

2. 强调绿化工作的落实。人民政府应当根据城镇绿化规划,制定和实施城镇绿化建设方案,定期组织检查,督促城镇绿化规划的落实,并接受公众监督。

3. 明确公园、游园、街头绿地的具体面积要求。三百米半径内应规划建设不少于一处一千平方米以上的公共绿地,五百米半径内应规划建设不少于一处五千平方米以上的游园。

4. 行道树的具体规定。城镇道路应当栽植行道树。行道树应当选择当地适宜的树种,主干道行道树胸径不得小于十二厘米,其他道路行道树胸径不得小于八厘米。人行道的乔木覆盖率不得低于 70%。行道树栽植应当符合行车视线、行车净空和行人通行的要求。道路两侧红线外零星空地,由道路建设单位同步实施绿化。城镇高压电线下适宜绿化的空地,应当按照规范要求实施绿化。

5. 树木的具体要求。绿化工程项目,乔木和灌木的覆盖率应当占绿地总面积的 70% 以上,其中乔木覆盖率不得低于 50%。

6. 多样化绿化。鼓励、推广和大力发展利用阳台、屋顶、立交桥等建筑物、构筑物的立体绿化,但不得侵害他人合法权益或者影响建筑物安全和公共安全。室外公共停车场、停车位具备绿化条件的,应当科学配植庇荫乔木、绿化隔离带,铺设植草地坪。单位和居住区有可以绿化的空地,应当限期绿化。绿化应当选用适宜的植物种类,综合考虑居住环境与采光、通风、安全等要求,合理布局,科学配置。闲置土地具备绿化条件的,土地使用权人应进行临时绿化。

7. 养护管理依不同类型的绿地确定责任主体,各级政府及其部门作为绿化养护主体的,应采取政府购买服务的方式实施绿化养护。

8. 临时占用的具体期限和申请材料。临时占用绿地的期限不得超过一年,确需延长的,应当办理延期手续,且延长期限不得超过一年。临时占用期满后,应当及时归还并在规定期限内恢复原状。申请临时占用绿地应当提交的材料:(1)申请书;(2)工程立项或者用地、规划等有效证明文件;(3)绿地养护管理责任人的书面意见。城镇绿化行政主管部门应当自受理之日起十五日内作出是否同意的决定。不予批准的,应当书面说明理由;予以批准的,在申请人签订绿地恢复承诺书后,发给临时占用绿地批准文件。因抢险救灾确需临时占用绿地的,可以先行占用,抢险救灾后应当恢复原状。

9. 改变绿地用途的严格程序。公园绿地、防护绿地、道路绿地、其他绿地内配套建设的公共建筑、设施,不得擅自扩建或者改变性质和用途。确需扩建或者改变其性质和用途的,由城镇绿化行政主管部门会同城乡规划行政主管部门组织论证,征求群众代表和有关方面意见后,经本级人民政府决定,并报本级人大常委会备案。

10. 城镇绿化行政主管部门应当会同相关部门建立工作协调机制,加强城镇绿化工作监督检查,依法查处违反城镇绿化管理规定的行为。城镇绿化行政主管部门、镇人民政府及其工作人员发现损害城镇绿化及其设施的行为或者接到举报后十五日内应作出处理,并反馈举报人;对不属于自己职权范围内的,应及时移送有关部门处理,并将移送情况及处理结果反馈举报人。

二、特点

设区的市是我国地方立法中最基础一级的立法。2015 年我国《立法法》修订后我国 280 多个设区的市可以对城乡建设与管理、环境保护、历史文化保护等方面的事项制定地方性法规。因为资料有限,本部分仅介绍了 14 个设区的市有关城市绿地保护的规定。但显然设区的市城市绿地保护立法将来会有很大的发展空间。设区的市地方立法具有如下特点:

1. 严格遵循不抵触原则。设区的市立法是我国最低级别的地方立法,因此,其不仅应遵守我国《宪法》《环境保护法》《城市规划法》《城市绿化条例》等国家法律法规,还应遵守行政区域所在地省级相关法律规定。

2. 更体现地方特色。无论是立法目的、立法原则,还是规划、建设以及养护等具体制度,相比其他相关地方立法,更多地体现了地方特色。

3. 可操作性更强。设区的市相关立法更多地考虑了绿地保护的相关经费,更多鼓励社会资金的进入,同时在相关制度设计上更多地考虑了地方实际需要,可操作性更强。

4. 制度设计具有先进性和前沿性。我国设区的市相关立法通常是2015年以后制定的,通常均采纳了我国城市绿地保护最新的相关制度。

5. 制度往往更成熟。设区的市立法吸收了新中国成立以来城市绿地保护制度的发展成果,参考经过多年实践证明最有效最科学的制度,同时也吸收了我国城市绿地保护立法的研究成果。

6. 制度设计中仍有部分考虑地方利益而需要进一步改进的制度,例如我国不少设区的市相关立法中并未禁止的公园绿地摆摊设点,这与其他地方立法及其他国家相关立法中禁止在公园绿地摆摊设点的严格制度有所差异。

另外,技术规范在我国各级城市绿地保护中也是经常运用的一种准法律规范。技术规范是技术或行业主管部门以科学、技术和权威性的语言、正式的记录,事先规定在本技术领域或行业中普遍适用的规则;其实际效力相当于技术领域的法规。与从社会关系角度确定园林绿化合法性的法规不同,园林技术规范主要是从园林绿化内部的具体技术手段上来保证园林绿化的合理性,这种合理性正是园林绿化合理性的最基本要求。作为一项运用性和实践性很强的行为,园林绿化本身就包含有极强的技术内容,因此,在技术上可以直接操作的园林绿化技术规范在园林绿化建设过程中具有十分重要的意义。

总而言之,我国城市绿地相关立法呈现出多级别、多层次、内容丰富多样以及立法确立的制度具有相对统一性等特点。多级别、多层次性符合我国城市绿地保护复杂性需要;内容的丰富性表明我国在城市绿地保护立法上已经进入一个相对成熟的时期。尽管我国城市绿地保护相关立法数量繁多,内容丰富,但是各级别的法律以及不同地区的法律,在立法设立的法律制度上比较接近,体现了一种多样性的统一,这表明我国不同级别的立法之间的协调和遵守基本得到了保障,但在创新性上没有突出的表现。前述立法内容总体上能满足我国城市绿地保护的需要,但仍存在一些缺点和不足,需要进一步完善。

第四节　中国城市绿地保护地方立法特点分析

根据前述我国各级绿化条例,我们可以发现,国务院《绿化管理条例》及地方主要省、省会所在的市、较大的市以及设区的市绿化管理条例及相关立法中,基本都规定了立法目的、绿化原则、绿化权利和义务以及绿地规划、建设、管理和保护等详尽的内容,这些内容为我国城市绿地提供了较完善的法律保障,也体现了我国城市绿地保护的相关制度。我国城市绿地相关地方立法数量庞大,但总体而言,均是以我国宪法、法律以及国务院《绿化管理条例》等上位法为依据,共同服务于我国城市绿地法制化建设的需要。各个地方立法在内容上仍具有各自的特点,体现了一定的地区差异性,具体体现在如下方面。

一、立法目的和法律依据方面

立法目的是指立法者希望通过法律的实施所达到的境界或实现的结果,反映了立法者对一定的价值目标的向往和追求。任何法律均以一定的立法目的作为确立法律的原则,制定法律制度、措施的根本出发点和依据。对立法目的的探究是正确理解和适用法律的前提。[①]《城市绿化条例》规定的立法目的为"促进城市绿化事业的发展,改善生态环境,美化生活环境,增进人民身心健康"。2001年《国务院关于加强城市绿化建设的通知》规定城市绿化工作的指导思想是:"以加强城市生态环境建设,创造良好的人居环境,促进城市可持续发展为中心;坚持政府组织、群众参与、统一规划、因地制宜、讲求实效的原则,以种植树木为主,努力建成总量适宜、分布合理、植物多样、景观优美的城市绿地系统。"我国《国民经济和社会发展第十三个五年规划纲要》第四十五章第一节"全面提升生态系统功能规定"规定:"开展大规模国土绿化行动,加强林业重点工程建设,完善天然林保护制度,全面停止天然林商业性采伐,保护培育森林生态系统。发挥国有林区林场在绿

---

① 吕忠诚:《城市绿化法初论:概念与立法目的》,载《中国环境管理干部学院学报》2010年第6期。

化国土中的带动作用。创新产权模式,引导社会资金投入植树造林。严禁移植天然大树进城。扩大退耕还林还草,保护治理草原生态系统,推进禁牧休牧轮牧和天然草原退牧还草,加强'三化'草原治理,草原植被综合覆盖度达到56%。保护修复荒漠生态系统,加快风沙源区治理,遏制沙化扩展。保障重要河湖湿地及河口生态水位,保护修复湿地与河湖生态系统,建立湿地保护制度。"第三节"扩大生态产品供给"规定:"丰富生态产品,优化生态服务空间配置,提升生态公共服务供给能力。加大风景名胜区、森林公园、湿地公园、沙漠公园等保护力度,加强林区道路等基础设施建设,适度开发公众休闲、旅游观光、生态康养服务和产品。加快城乡绿道、郊野公园等城乡生态基础设施建设,发展森林城市,建设森林小镇。打造生态体验精品线路,拓展绿色宜人的生态空间。"第四节"维护生物多样性"规定:"实施生物多样性保护重大工程。强化自然保护区建设和管理,加大典型生态系统、物种、基因和景观多样性保护力度。开展生物多样性本底调查与评估,完善观测体系。科学规划和建设生物资源保护库圃,建设野生动植物人工种群育基地和基因库。严防并治理外来物种入侵和遗传资源丧失。强化野生动植物进出口管理,严厉打击象牙等野生动植物制品非法交易。"上述规定均作为我国绿地相关立法目的的确定提供参考,并在实际立法中为各地方所遵守和借鉴。

因此,在前述法律及规范性文件的指引下,我国地方立法也表达了相似甚至相同的目的,即加强城市建设和管理,促进城市绿化事业的发展,保护和改善生态环境,绿化美化城市,创造良好的人居环境,提高人民群众生活质量等,但在文字表述上略有差异。例如省级立法中,北京市立法目的是"加强本市绿化建设和管理,改善和保护生态环境,建设宜居城市,促进生态文明建设",天津市立法目的是"发展本市绿化事业,保护和改善生态环境,建设生态宜居城市",均强调了宜居城市或生态宜居城市建设;广东省立法目的是"发展城市绿化事业,保护和改善生态环境,美化生产、生活环境",提出了美化生产和生活环境;海南省"为了规范城镇园林绿化规划、建设、保护和管理,改善城镇生态环境,促进经济和社会可持续发展",重庆市"为了促进社会、经济、环境协调发展,改善生态环境,美化城市,增进人民身心健康",吉林省"为保证我省城乡绿化事业持续发展,保护绿色植被,提高生态环境质量,维护生态平衡,促进经济和社会全面发展",强调了可持续发展、促进社会、经济、环境协调发展或经济社会全面发展等目的;四川省"为绿化四川,改善自然生态环境,建设长江上游生态屏障,促进社会主义物质文明和精神文明建设",结合地方发展目标确立建设长江上游生态屏障的目的;贵州省"为了维护生态平衡,美化生活环境,促进城市绿化事业的发展,加强城市绿化管理"提出生态平衡的目的等。其他一些城市立法目的比较简洁,如上海市"为了促进本市绿化事业的发展,改善和保护生态环境",江苏省"为了促进城市绿化事业的发展"等。

省会所在的市级立法中,青海市、哈尔滨和西宁还同时明确写入创建生态型园林城市的立法意图;沈阳"为了加强城市生态环境建设,创造良好的人居环境,促进城市可持续发展",提出促进可持续发展目的;太原"为发展城市绿化事业,保护和改善生态环境,建设整洁、优美的现代化城市",提出了具体的城市建设目的;西安、成都以及兰州均提出增进人民身心健康的目的;乌鲁木齐提出提高城市美化水平目的;兰州提出了提高绿化覆盖率的目的;济南市提出了建设宜居城市的目的;南昌提出了绿线的保护和管理,维护生态环境和自然景观的目的;呼和浩特"为了加强城市绿地的规划、建设、保护和管理,促进绿化事业发展,改善生态环境和人居环境"明确绿化各个步骤管理的目的;杭州、拉萨、南京等城市则结合地方实际需要确定立法目的,如杭州"为了加强城市绿化的规划、建设和管理,适应风景旅游城市发展的需要,改善城市生态环境"的目的,拉萨市"为加强拉萨市城市绿化建设和管理,把拉萨市建设成为繁荣、富裕、文明、优美的社会主义现代化高原城市",南京市"为了加强城市绿化管理,改善城市生态环境,彰显人文绿都特色,促进经济社会可持续发展"等。其他城市立法目的比较简洁,如长沙市"为加强城市绿化管理,改善生态环境",福州市"为促进城市园林绿化的发展,保护和改善生态环境",合肥市"为加强城市绿化建设、保护和管理,改善城市生态环境",昆明市"为了加强城镇绿化管理,保护和改善生态环境",海口市"为促进城镇园林绿化事业的发展,改善城镇生态环境"等。

较大的市或设区的市立法目的和前二者相似,但不少立法目的具有地方特色,如厦门市"为了促进园林绿化事业发展,改善和保护生态环境,促进高颜值生态花园之城建设,尊重自然、顺应自然、保护自然,实现人与自然和谐共生,满足人民群众日益增长的优美生态环境需要";深圳特区"为促进深圳经济特区城市绿化事业的发展,改善生态环境,美化城市,增进人民身心健康";包头市"为了加强城市绿地建设和管理,保护绿地,改善城市景观环境,促进宜居城市建设";苏州市"为了绿化美化城市,改善城市生态环境,增进人民身心健康,体现苏州历史文化名城、风景旅游城市的特色";唐山市"为促进城市绿化事业的发展,保护和改善城市生态环境,加强城市绿化管理,建设整治、优美、文明的现代化城市"等。

由此可见,我国省级、省会所在的市以及较大的市或设区的市立法目的较为相似,均同《城市绿化条例》及相关规范性文件保持一致。尽管各层级的立法均有结合地方实际需要确定了立法目的,但是各层级立法之间的立法目的并没有明显的差别,如各级立法均有强调可持续发展目的、建设宜居城市目标等。

另外,在立法依据方面,多数立法笼统规定根据有关法律、法规,但仍有部分城市规定了具体的立法依据,如重庆市、呼和浩特、昆明以及南昌等规定除了依据《城市绿化条例》,还规定了《中华人民共和国城市规划法》作为重要的立法依据;吉林省、四川省、青海市、西安、上海、西宁、苏州还明确列出以《中华人民共和国森林法》作为重要的立法依据。宿州市绿地法明确根据《中华人民共和国城乡规划法》《城市绿化条例》《江苏省城市绿化管理条例》等;南昌市明确根据《南昌市城市绿化管理规定》、建设部《城市绿线管理办法》;福州市依据《福州市城市总体规划》;杭州市则提出根据宪法和法律有关规定;等等。尽管各地立法依据规定不同,但毫无疑问,即使立法依据中没有明确,我国相关法律法规仍是各地分立法必须遵循的,"不抵抗"原则是各层级立法必须遵守的。当然市级立法还应该以省级立法为依据,但是平行的各级立法则不互为立法依据。

二、绿化基本原则方面

城市绿化法的基本原则是指为城市绿化法所确认或体现并反映城市绿化法的本质和特征的基本准则,它贯穿于整个城市绿化法律体系,对于城市绿化法律法规的创制、执行、遵守和适用都具有普遍的指导作用,是城市绿化法的基础和核心。[①] 通常,法律基本原则的效力应贯穿同一法律部门始终,具有普遍指导意义和约束力,构成该法律部门基础,其特点主要表现为内容的根本性和效力的贯穿始终性。因此,城市绿化法基本原则具有本质上的法律性、适用上的普遍性、内容上的专业特殊性、宏观上的纲领性以及实践上的稳定性等特点。

---

① 吕中诚:《论城市绿化法的基本原则》,载《湖南警察学院学报》2011 年第 4 期。

城市绿化立法中制定基本原则具有重要意义。其一,我国城市绿化立法始于 20 世纪 80 年代末 90 年代初,以 1992 年《城市绿化条例》为契机和依据,地方各级人民政府纷纷出台城市绿化法规,形成了从中央到地方的多级城市绿化法律体系。但是,由于在立法上没有形成统一、有效、科学、合理的城市绿化法基本原则,中央和地方基本上各自为政,不能很好地协调一致。作为一个"体系",必须是内部协调、有机联系的统一整体。"这既是法律体系的客观构成,也是法律体系的一种理性化要求。"城市绿化法基本原则的确立对各层级的城市绿化法律的修改和完善将起到统一的指导作用,有效地减少法律冲突,促使中央和地方各级城市绿化法律之间内部的协调和有机统一。其二,与其他部门法的基本原则一样,城市绿化法的基本原则对执法和守法具有指导作用。城市绿化法的基本原则是城市绿化行政主管部门、绿化规划编制、管护等单位及公众等城市绿化法律主体在绿化活动中应遵循的行为准则,离开了它的指导,城市绿化法就可能无法全面、准确地实施。其三,基本原则对司法具有补充功能,可以作为规则的补充而成为审理案件的依据,弥补法律规则过分具体而造成的法律空白,有效解决法律规则的具体性与社会生活的多样性发展之间的矛盾。

因此,城市绿化法的基本原则负载着城市绿化法的理念和价值追求,是城市绿化法的灵魂。因此,确立城市绿化法的基本原则必须以城市绿化法律为根本依据,根植于我国城市绿化的现实情况,结合当今国内外城市绿化的未来发展趋势,适应生态城市建设的发展对城市绿化法制的客观要求,并能反映出城市绿化法治和城市绿化自身的特点和规律。科学完备的城市绿化法基本原则体系应该是以人为本、因地制宜、公众参与、生态优先、科技兴绿和可持续发展等原则的有机统一。

(一)以人为本原则

环境是人类生存必需的基础和条件,创造舒适健康的环境既是人类发展中最基本的课题,也应是永恒的主题。党的十六届三中全会明确提出了"坚持以人为本,树立全面、协调、可持续的发展观,促进经济社会和人的全面发展"。在城市绿化方面,"以人为本"的原则就表现为从居民的身心健康及审美要求出发,创造优美的绿色环境,为城市居民提供便捷舒适的休闲、健身、观光、游憩等公共福利场所,努力实现人与人之间、人与环境之间的和谐共处、有机统一。

世界各国的城市绿化立法都十分注重"以人为本"的理念,将保障人的健康和福利作为城市绿化立法的最终目的。立法目的决定法的基本原则。城市绿化法确立以人为本为其基本原则,既是城市绿化法立法目的使然,也是城市绿化的终极理念和价值观所致。

　　要贯彻和落实好以人为本的原则,首先,必须在规划中树立全新的理念,体现"以人为本"的思想。城市的首要功能是满足人的工作、居住、出行、购物等生产、生活和生存需要,好的绿化规划必须以人为本,因为城市绿地所要承载的正是与上述居民日常生活息息相关的各项活动。为此,规划设计要结合自然环境和人文环境,力图创造人性化空间,突出人在城市生活中的主体地位;在植物的配置方面要考虑到景观原则,比如规划设计时可考虑在草坪中种植一些富有生机的乔、灌木或观赏价值高的植物,使得绿地错落有致,既可增加观赏性,又能提高生态效益;在广场的绿化设计中,要考虑人情味和个性特征,让人们在其中休闲、娱乐时有亲切宜人之感等。其次,在绿化建设中要坚持地域风格,突出地方特色,融入"以人为本"的思想。城市绿化同样必须遵循生态规律,结合本地的自然资源、乡土树种进行植物配置,创建一个可持续的、具有丰富物种和高质量生态、生活环境的城市园林绿地系统。再次,在绿化中应积极拓展绿色空间,创造"以人为本"的环境。要利用有限绿化空间增加绿量和绿地覆盖率,采用墙面绿化、屋顶绿化、阳台绿化等多种方法见缝插绿,增加绿化面积,拓展城市绿色空间,创造出优美的园林意境。最后,坚持因地制宜的原则,切实做到"以人为本"。绿化应从城市的实际出发,结合本地的自然环境和资源情况,提高城市绿化档次,改善城市生态环境,达到城市自然和谐统一,创造良好的人居环境。

　　(二)因地制宜原则

　　城市绿化具有明显的地域特色,不同的城市有不同的建设形态、不同的表现方式,其绿化的形态也是不同的。因地制宜原则就是要求城市绿化要充分利用丰富的自然资源和人文资源,结合自身实际,突出城市特色,逐步建立科学、完整的城市绿化体系。因此,城市绿化法确立因地制宜作为其基本原则是城市绿化自身特点的必然要求。

　　因地制宜原则主要包括两层含意:一是对原有自然资源和人文资源的合理利用;二是对植物品种的合理选择。体现在城市绿化法中,就是要求城市绿化主体在城市绿化活动中一要最大限度地利用原有的自然资源和人文资源,使其显得朴实无华、真切自然;二要在植物的选择上倡导以乡土植物为主,适当选择一些适应性强、观赏价值高的外地植物,丰富绿地系统的品种结构,体现植物品种的多样性。

因地制宜原则是城市生态绿化的保证。由于城市环境多样、系统脆弱和胁迫深刻,城市绿化必须因地制宜,根据土壤、环境、位置和功能等综合因素,适应和利用城市特殊小气候、土壤和地下环境,促进栽种植物及建成群落与城市环境的适应性和稳定性,提高绿地系统的自维持机制。不注重因地制宜,盲目照搬异地和他国绿化模式,跟风赶时髦,代价极大,生态和景观功能也得不到保证,这在我国一些地方的城市绿化中已得到验证,应引起特别重视。因此,城市绿化法要将因地制宜作为其基本原则之一,从基本原则的高度确保其贯彻于城市绿化活动的整个过程。

城市绿化具有明显的地域特色。和城市基础建设一样,不同的城市有不同的建设形态、不同的表现方式,不同的城市其绿化的形态也是不同的。充分利用丰富的自然资源和人文资源,结合自身实际,突出城市特色,逐步建立科学、完整的城市绿化体系,是城市绿化的重要内容。作为对城市绿化活动进行全面规制的城市绿化法,确立因地制宜作为其基本原则是城市绿化自身特点的必然要求。

贯彻和落实因地制宜原则,首先,因地制宜地进行城市绿化规划。国务院《城市绿化条例》第 10 条明确规定:"城市绿化规划应当根据当地的特点,利用原有的地形、地貌、水体、植被和历史文化遗址等自然、人文条件,以方便群众为原则,合理设置公共绿地、居住区绿地、防护绿地、生产绿地和风景林地等。"该条就对绿化规划阶段贯彻因地制宜原则提出了具体要求。其次,在建设阶段,一要因地制宜因势而造,充分利用现有的自然地形、人文条件,营造真切自然的城市景观。二要因地因时,合理配置,注重乔灌草相结合。在生态植物的选择上,关键是适应城市特殊生态环境的适宜品种,提倡以本地的乡土植物为主,适当引进一些适应性强、观赏价值高的植物,增加植物品种的多样性,改善绿地系统的植物种植结构,讲求乔木、灌木、花草的科学搭配。因地制宜原则要求在城市绿化中根据城市的不同区域、不同环境条件采用不同的绿化对策,使用适宜的植物种类,从而实现城市生态环境的良性循环发展,实现人与自然的和谐相处。最后,在绿地的保护和管理中,也应注重因地制宜,根据不同绿地系统的不同特点,采取不同的管护方法。

此外,我国的城市绿化必须走节约型发展之路已成共识。而其中最关键的就是要因地制宜,适地适时植树种草。这样既能大大节省绿化建设、养护管理的成本,还能使城市呈现出独特的景观风貌,彰显地方特色,达到生态、社会、经济效益的有机统一。

(三)公众参与原则

公众参与已经成为环境法的基本原则之一。作为环境法重要组成部分的城市绿化法,更应注重公众参与。城市绿化法中的公众参与原则,是指城市绿化的规划、建设、保护和管理必须依靠社会公众的广泛参与,公众有权参与城市绿化的决策过程,参与城市绿化的建设与管理,并对绿化主管部门以及单位、个人与城市绿化有关的行为进行监督。城市绿化的最终目的就是为公众提供一个舒适、优美的生活环境,保障公众的健康和公共福利,实现人与自然的和谐相处。人是城市生活的主体,公众参与是推进城市绿化建设的巨大动力,其参与的广度和深度,能够在很大程度上决定城市的绿化水平,确立公众参与原则,规范公众参与的程序,保障公众全程参与城市绿化的权利。

由于我国公民社会的发展还不成熟,加之我国城市绿化法治起步较晚,相对滞后,对公众参与的规定过于笼统,缺乏可操作的方式、方法、程序和准则。因此,为了更好地贯彻公众参与原则,必须为公众参与城市绿化提供制度保障和具体的路径选择。

1. 绿化规划阶段的公众参与

城市绿化规划是城市总体规划的一项专项规划,它不但要反映城市各类建设用地中绿地的分布状况、数量指标、绿地性质和各类绿地间的有机联系,而且还要体现城郊、城乡结合的大环境绿化体系。一个合理的城市绿化规划首先要遵循的原则就是以人为本,将改善人们的生活质量、满足户外游憩活动、促进人体身心健康作为首要目的。因此,公众参与是必不可少的,必须通过一定的制度设计,确保公众参与城市绿化规划活动。

(1)绿化规划的公示制度

公示制度是对公众知情权的保障,也是公众参与绿化规划的前提。只有获得各种相关的信息,公众才能真正关心和参与绿化规划。因此,必须确立城市绿化规划的公示制度,保证充分听取公众的意见,对规划方案和各种政策、决定等进行修改和完善,切实保障公众在城市绿化规划中的知情权、参与权。具体而言,主要是包括公示的内容、时限、程序以及方式等。公示内容必须包括绿化规划编制的依据、规划方案文本、图件及相关资料;公示时间也应当予以硬性规定以保障公众的知情权;程序上可以规定规划公示在规划编制阶段将初步方案进行公示,广泛征求公众意见,将公众意见作为方案修改的重要依据;在公示方式上要灵活多样,包括规划报告会、展示馆、公示栏、规划网站及新闻媒体等。

(2)公众意见征询制度

规划的公示只是规划公众参与的第一步,要充分发挥公众的力量,维护公共利益,除了保障公众的知情权,更为重要的是收集公众知情后的各种意见。目前,我国公众意见的征询制度主要包括专家咨询、公众征询、成果评审和民意调查等方式。专家咨询主要是对绿化规划方案的可行性进行专家论证,绿化行政主管部门应当认真咨询、听取专家的意见,并对是否采纳该意见说明理由;公众征询的对象主要是绿化项目所在地以及与绿化项目有利害关系的公众,应当及时采集、统计征询的各类意见和建议,形成汇总材料,作为规划编制、审批以及方案完善的参考依据;成果评审是指在各类规划编制方案形成成果及绿化规划设计方案竞选审批前,由专家对规划成果和设计方案进行技术论证的程序;民意调查是指对规划编制及规划管理工作或对某些特定的规划编制和管理项目进行随机问卷调查的方式,可分为定期和不定期两类,要及时收集、整理、汇总各类反馈情况,并及时公布民意调查结果,作为评价绿化规划工作水平和改进工作作风、工作方式的依据。

(3)规划听证制度

规划听证制度是公众参与城市绿化规划的又一重要制度,而且与公示和意见征询制度相比对公众切身利益的保护更为实际和重要。听证中最重要的莫过于听证人员的组成,主要应包括受绿化规划影响的社区居民的代表、社会精英代表、绿化规划的专家学者代表以及司法工作者代表等,以分别体现绿化规划的公平性、公正性、科学性和合法性。社区居民的代表与后几类代表的构成之间应该有一个合理的比例,以便兼顾公平与效率。听证会的记录必须成为最后确定城市绿化规划的重要依据。绿化规划的决策机关对于听证会上的异议或建议一般应予采纳,如果不采纳应当书面说明不采纳的理由。

2. 绿化建设阶段的公众参与

在绿化建设阶段更要依靠公众的力量。一方面,要采取灵活多样的形式调动公众参与绿化建设的兴趣与责任感,让公众真正体验到参与绿化建设的权利;另一方面,在绿化建设过程中,赋予公众对绿化项目进行监督的权利,建立起有效的监督机制,及时纠正项目建设过程中的违法违规现象,确保绿化工程的质量。

(1)绿化建设施工前的参与

绿化规划许可获得批准后,应就绿化建设项目的开工向社会公示,告知建设项目的主要情况和施工信息,主动接受公众监督,确保建设内容与规划许可一致,并不对公众利益造成侵害。绿化行政主管部门应当制定公示内容和形式规范,保证公示内容的准确、完整、明确和醒目。

(2)绿化建设施工过程的参与

在绿化建设项目施工过程中,绿化行政主管部门同样应建立起方便通畅的公众参与渠道,接受公众就绿化建设项目施工过程中的信息反馈和举报。公众可以各种形式辅助绿化行政主管部门进行规划实施的监督,提供违法建设的信息。一旦违法行为发生,绿化行政主管部门要及时进行现场检查、勘测,并广泛咨询公众意见,作出相关处理决定,并向公众作出反馈。处理决定应进行公示。公示期内公众有权提出异议,绿化行政主管部门有义务听取并研究公众意见,在公布最终处理决定时要说明采纳或不采纳的理由。

此外,要注重绿化建设的公益宣传。可以通过专门的网络平台进行宣传,为公众提供城市绿化的相关信息和技术方法;也可通过社区宣传,提高公众参与城市绿化建设的积极性,激励和号召更多的公众投身到城市绿化建设中来。

3. 绿化养护管理阶段的公众参与

在绿化的养护管理阶段,由于城市绿地的养护管理难度大、时间长,更需要公众的有效参与。"三分建设、七分管理",如果养护管理跟不上,再好的规划和建设也只是"昙花一现"。因此,要加强环境教育,鼓励公众自觉遵守环境行为规则,积极参与绿地的养护管理。同时要加强公众参与的有关法规政策制定,如研究制定社会公众参与绿化养护管理的权利和义务的配套法规规章;研究制定全民义务植树活动管理办法;研究制定社会企事业单位、公众参与绿化认养、认建的管理办法等。总之,城市绿化是公众的事业,动员全社会的力量共同努力是做好城市绿化的根本保证。城市绿化法必须确立公众参与的原则,在法律上确保公众参与的权利,建立起切实有效的公众参与机制,使城市绿化建设上得去,保得住,进而实现城市绿化事业的长期、稳定与可持续发展。①

4. 生态优先原则

城市绿化的根本目的决定了它应发挥两方面的功能：一是生态功能，二是美化功能。但在城市绿化实践中，不少地方没有摆正二者的关系，过分强调美化功能，过度追求"艺术"，结果是建成后的城市绿地植物品种单一，生态结构简单脆弱，生态功能低下。须知城市绿化不仅仅是供游览观赏和作为城市景观的装饰和点缀，而是向改善人类生态环境，促进生态平衡的转变。因此，城市绿化最主要的功能应该定位在生态上，在保证生态功能不受损害的前提下再考虑美化，让绿地展示其形态美和动态美，成为美化城市的有生命的景观。因此，吕中诚论城市绿化法的基本原则是绿化法应将生态优先作为其基本原则，从法的基本原则的高度来统帅城市绿化法的运行，进而规制城市绿化法律关系主体的绿化活动，保障城市绿化向着促进城市生态良性循环和有利于人与自然相融合的方向发展。

在生态优先原则指导下的城市绿化法，应该注重法律的生态化。第一是城市绿化的规划上，不应仅仅局限于将生态学原理应用于城市绿化规划过程中，而是将其思想渗透于各个方面和部分，使城市绿化规划生态化，也就是既要考虑现今的生态关系和生态质量，又要考虑城市未来的生态关系和质量；要以可持续发展为指导，以人与自然相和谐为价值取向，应用各种现代科学技术手段，分析利用自然环境、社会、文化、经济等各种信息，去模拟设计和调控系统内的各种生态关系，从而提出人与自然和谐发展的调控对策。第二是加强绿化建设与管护制度的完善，促使城市绿化各主体牢固树立城市绿化的生态目标，在树种的选择、乔灌的搭配、花卉的点缀、草坪的培育及绿地系统的管护上要切实贯彻城市生态学的基本原理，最大限度地从改善生态环境、提高生态质量出发，而不是从"好看"出发。

城市绿化法确立生态优先原则，是建设生态城市所必需。以生态优先原则来协调城市绿化中人与人的关系及人与自然的关系，必能促使整个城市生态系统向更有序、稳定、协调的方向发展，最终促使城市实现人、自然、城市的和谐共存持续发展。

5. 科技兴绿原则

城市绿化是一门新兴的实践性应用学科，涵盖规划设计理论和技术、工

---

① 吕中诚：《城市绿化法公众参与原则初论》，载《法制与经济》2011 年 9 月。

程措施技术、育种和栽培管理技术、测试检验技术等,既同园林学、植物学、生态学、环境学、地貌学等自然科学密切相关,又涉及社会学、美学、心理学、环境空间和艺术规律等社会科学。必须着力研究和探索这些自然科学和社会科学在城市绿化科学中的有机结合,将先进的城市绿化科技成果推广应用于城市绿化的全过程,才能确保城市绿化事业做到持续、快速、高质高效地发展。因此,加强城市绿化科学研究,大力推广先进技术,提高城市绿化科技、技术水平,是城市绿化事业的一项重要的既定政策,也是我国城市绿化法律明确规定的基本原则。如国务院《城市绿化条例》第4条规定:"国家鼓励和加强城市绿化的科学研究,推广先进技术,提高城市绿化的科学技术和艺术水平。"地方各级城市绿化法规中也有相同或类似的规定。

6. 可持续发展原则

对城市进行可持续发展的系统研究,特别是将城市作为一个开放的生态系统、作为更大的区域生态系统的一部分进行系统的研究具有重要意义,但当前各国关于城市生态系统的法律研究较少,相关立法未能体现生态城市的一般理念。城市绿化对于改善城市生态环境、重塑人与自然的和谐关系具有关键性的作用,是实现城市可持续发展的必然选择。

可持续发展观自其诞生以来,已经对人类社会的众多领域产生了广泛而深远的影响,法律也不例外。一些法律已根据自身的特点将可持续发展作为其基本原则。但城市绿化法将可持续发展作为其基本原则,是城市绿化在可持续发展中的关键地位和作用决定的。城市环境和生态是社会、经济、文化、人口和资源可持续发展的共同载体,其中,城市绿化是最重要的组成部分之一,对可持续发展具有巨大的支撑和促进作用。然而,城市绿化本身并不必然是可持续性的,比如近几年我国有些地方的城市绿化中出现的树种单一、求新求异及"大树进城"热等短视行为;草坪过多,水资源严重浪费等问题;忽视市郊生态资源的保护,进而影响城市环境质量等。这不能不说与法律规制的缺失有关。因此,必须在城市绿化法中确立可持续发展的指导思想。同时,将其作为城市绿化法的基本原则之一,不但能很好地吸收和体现以可持续发展为立法指导思想的法律价值取向,而且可将其贯彻到城市绿化的规划、建设、保护和管理等各个环节,最终确保城市绿化的可持续发展方向。

当前我国不少地方立法对上述基本原则进行了规定,但是一些地方立法的规定并不全面,或者规定了其他含义不详的基本原则,甚至没有规定。

天津市规定了以人为本、生态优先、城乡统筹、因地制宜、科学规划、政府组织、全民参与、共建共享以及促进自然生态与人居环境可持续发展的原则。北京市规定了贯彻科学发展观原则；体现人文北京、科技北京、绿色北京的理念；坚持以人为本、生态优先、城乡统筹和政府组织、全民参与、共建共享的原则；妥善协调、处理各种利益关系；依法明晰树木权属，完善生态公益林建设和管护补偿补助机制，保护树木所有权人和管护者合法权益；促进绿化事业可持续发展等原则。南京规定了因地制宜、生态优先、科学规划，注重绿地功能、生态效应和景观要求原则。郑州规定了以人为本、生态优先、科学规划、严格保护、因地制宜、节约资源，注重植物景观营造、生物多样性保护和乡土植物应用的原则。宁波规定了生态优先、因地制宜、科学规划、全民参与的原则。无锡规定了政府组织、群众参与、统一规划、因地制宜、市场运作、讲究实效和建设与管理并重的原则。唐山规定了生态优先、因地制宜、科学规划、建管并重的原则，以及实现生态效益、社会效益、经济效益相统一，建设海绵型城市绿地，促进自然生态与人居环境可持续发展原则。徐州规定了因地制宜、生态优先、科学规划以及严格保护原则。包头规定了政府组织、群众参与、统一规划、因地制宜、讲求实效的原则。大同规定了政府领导，群众参与，统一规划，配套建设，因地制宜和建设与管理并重的原则。四川省规定了统一领导、统一规划、分类指导、各负其责、分期实施、限期绿化，依靠科学技术，实行树竹、灌木、花草相结合和生态效益、经济效益、社会效益并重原则。吉林省规定了贯彻为经济建设、为人民生活服务的方针；实行统筹规划、分级管理以及各负其责原则。济南规定了生态优先、严格保护和地方特色原则。成都规定了坚持生态、景观、文化统一协调和节约资源的原则，保护和利用原有水体、地形地貌、植被和历史文化遗址等自然、人文资源，形成以遮阴乔木为主体、多种植物合理配置的种植结构等，具有自身特点原则。青岛规定了因地制宜，合理布局，优化植物配置，发挥城市绿地的生态、景观等功能原则。宿州规定了坚持惠民、生态原则，推广节约技术，促进海绵型城市发展原则。

　　由此可见，我国上述基本原则的规定多种多样，天津、北京基本规定了六项原则，南京、郑州、无锡、宁波、唐山规定了四项原则，徐州规定了三项原则，四川省、吉林省、包头、济南、成都、青岛、宿州等规定了两项原则。上海、福建省、江苏省、辽宁省、福州、杭州、昆明、合肥、海口、银川、深圳、苏州、海北、沈阳等地方立法并没有规定基本原则的规定。

因此,我国地方立法确立并完善上述六大原则,并保障其相互协调,形成有机联系的统一整体,可以有力促进我国城市绿化法治的完善,保障城市绿化事业的发展,实现城市生态的良性循环和人居环境的高效、和谐、健康与可持续发展。

三、管理职责分工制度

城市绿地管理是指国家或地方政府作为通过颁布的法律或规章制度来对城市绿地这种公共资源进行有效管理,从而实现一定社会效益、经济效益和环境效益的目的。[①] 城市绿地管理的主体、管理方式以及内容等是城市绿地立法的重要组成部分。

（一）管理部门

在中央和省（自治区）政府中,园林绿化行政管理机构主要设置在城市建设和林业系统;直辖市、地市级和县（区）级园林绿化行政管理机构设置方式多样;部分园林绿化行政管理机构已经在镇一级政府建立。

2008 年 7 月 10 日,国务院办公厅印发的《住房和城乡建设部主要职责内设机构和人员编制规定》（国办发〔2008〕74 号）,依然赋予住房和城乡建设部内设的城市建设司"指导城市园林、指导城市规划区的绿化工作"的职责,但是,该规定也提出了"将城市管理的具体职责交给城市人民政府,并由城市人民政府确定绿化和园林的管理体制"。在此前后,不少城市对园林绿化管理行政体制进行了较大的调整。

1. 园林绿化行政主体

行政主体是指享有国家行政权力,能以自己的名义从事行政管理活动并独立承担由此产生的法律责任的组织。在我国,行政主体包括国家行政机关和法律、法规授权的组织三种形式。也就是说,如果一个城市具有地方性法规立法权,该城市就可以授权事业组织作为园林绿化的行政主管机构,或者依照法律、法规、规章的规定,委托其他行政机关实施行政许可或依法成立的管理公共事务的事业组织实施行政处罚。比如说,《重庆市城市园林绿化条例》第 5 条规定"市城市园林绿化主管部门负责全市城市园林绿化管理工作,并按职责分工负责管理城市全民义务植树工作"。这就是说,重庆

[①] 　郑永革:《包头城市绿化管理现状及发展对策研究》,华中师范大学 2012 年硕士论文,中国知网,http://www.cnki.net/,下载日期:2018 年 1 月 22 日。

市园林事业管理局尽管不是重庆市人民政府的组成部门,但是依据《重庆市城市园林绿化条例》的有关规定,作为一个"具有管理公共事务职能的组织",它依然能够行使行政许可和行政执法。不过,如果一个城市不具有立法权,则只能由行政机关而不能由事业单位实施园林绿化具体行政行为。

2. 园林绿化行政管理机构设立依据

《国务院关于开展全民义务植树运动的实施办法》(1982 年)和《城市绿化条例》(1992 年国务院令第 100 号)两部行政法规规定了我国园林绿化基本的行政管理体制。要点是:(1)县以上各级人民政府均应成立绿化委员会。个别地方,经省、自治区、直辖市绿化委员会批准,可以不成立绿化委员会;(2)绿化委员会统一组织领导城乡绿化工作;(3)各级绿化委员会主任一般由各级人民政府分管业务的领导同志兼任;(4)全国绿化委员会办公室设在国务院林业行政主管部门,主任一般由该部门负责同志兼任;(5)地方绿化管理体制,由省、自治区、直辖市人民政府根据本地实际情况规定;(6)城市人民政府城市绿化行政主管部门主管本行政区域内城市规划区的城市绿化工作。

《城建监察规定》(1992 年建设部令第 20 号颁布,1996 年建设部令第 55 号修订)规定国务院建设行政主管部门负责全国城建监察工作,县级以上地方人民政府建设行政主管部门负责本行政区域内的城建监察工作。城市应当设置城建监察队伍,在当地行政主管部门的领导下,行使城建监察职能。其组织形式、编制等可以由城市人民政府根据建设系统监察队伍统一管理、综合执法的原则,按照当地城市建设系统管理体制和依法行政的要求确定。法律、法规规定的行政主管部门在其法定权限内可以委托城建监察队伍实施有关城建行政处罚。根据该规定,城建监察涵盖了城市园林绿化领域的监察工作。

同时,国务院也规定了城市建设行政主管部门和林业行政主管部门的主要职责。根据国务院办公厅印发的《住房和城乡建设部主要职责内设机构和人员编制规定的通知》(国办发〔2008〕74 号),住房和城乡建设部城市建设司"指导城市园林和城建监察工作""指导城市规划区的绿化工作"。根据国务院办公厅印发的《国家林业局主要职责内设机构和人员编制规定》(国办发〔2008〕93 号),国家林业局造林绿化管理司(全国绿化委员会办公室)负责"指导、监督全民义务植树、城乡绿化、部门绿化工作"。

3. 各级地方人民政府园林绿化行政管理机构

　　在住房和城乡建设部职责调整中,国务院将城市管理的具体职责交给城市人民政府,并由城市人民政府确定绿化、园林的管理体制。这既明确了园林绿化与城市建设、管理的密切相关性,也符合《地方各级人民政府机构设置和编制管理条例》(2007 年国务院令第 486 号)的规定,即县级以上各级人民政府行政机构不得干预下级人民政府行政机构的设置和编制管理工作,不得要求下级人民政府设立与其业务对口的行政机构。

　　目前,27 个省或自治区统一设置了住房和城乡建设厅,属于人民政府组成部门。其中,22 个住房和城乡建设厅基本参照住房和城乡建设部的设置,内设"城市建设处"或"城市建设管理处"或"城乡建设与管理处"作为城市园林绿化的行政管理机构。此外,还有 5 个省区的机构设置体现出园林绿化行政管理机构的多样性。这些机构或与城市建设管理处合署办公(湖南),即"城市建设管理处(园林绿化管理处)",或以"城市规划园林处"名之(广西),或归至"风景名胜区管理处"(贵州),或与风景名胜区一起共同组成"风景园林处"(江苏、四川)。其中,广西、贵州、江苏和四川 4 个省份具有良好的城市园林绿化传统或者风景名胜资源丰富。在省级管理部门,新的发展趋势是突出"风景园林"的行业名称,如河北省住房和城乡建设厅于 2011 年 6 月 30 日设立了新的处级事业单位——河北省风景园林与自然遗产管理中心。

　　在林业行政管理方面,20 个省(自治区)设置了林业厅,属于人民政府的组成部门;7 个省(自治区)设置了林业局,其中 6 个属于人民政府直属机构,1 个在省农业委员会挂牌(江苏)。20 个省(自治区)也是基本参照国家林业局的设置,内设"造林处"或"造林绿化管理处"或"造林绿化处"或"营林处"或"植树造林与防沙治沙处"等机构,有 18 个省(自治区)挂"省或自治区绿化委员会办公室"牌子。其中,7 个省(自治区)把"绿化委员会办公室"单独设置,如福建和广西把造林和绿化分开,前者设置了"绿化工作办公室(省绿化委员会办公室)",后者设置了"国土绿化处(自治区绿化委员会办公室)";山西、内蒙古、甘肃、新疆等省(自治区)林业厅在"三定方案"的内设机构之外单独成立了"绿化委员会办公室",江西也单独设立了非内设机构"省绿化委员会办公室(省林业厅防沙治沙管理办公室)"。这说明只有内设机构相对较多或行政级别较高的行政管理部门(林业厅),绿化委员会办公室才有可能单独设置。

　　4. 直辖市和地级市人民政府园林绿化行政管理机构

初步调查发现,我国53个具有立法权的直辖市(4个)和地级市(首府27个、其他城市22个)的园林绿化管理机构比较多样。本书先将这些管理机构分为城市园林绿化综合管理、园林绿化行政相关管理机构、行政执法以及绿化委员会办公室与林业行政管理机构的关系四种基本类型,然后依关联程度细分。

目前,我国单独设置了直属市政府的园林绿化管理机构(A1、A2)的城市16个,约占53个城市的30%,其中近一半属于市政府直属事业机构(A2);设置了园林绿化与其他行业合并组成行政管理机构的城市18个,均属于组成市政府工作部门,约占53个城市的34%;设置了园林绿化管理机构作为事业单位,由市政府工作部门直属或归口管理的(A4)城市16个,约占53个城市的30%。细分来看,园林绿化多数与林业(北京、贵阳、西宁、银川、乌鲁木齐、合肥、广州、成都)、市容市政(西安、无锡、徐州、厦门)、市政林业(珠海)、市政林业城市管理(上海)、城建(兰州)、旅游(南京)、文物风景区(杭州)等合并设置,其中与林业合并的有10个城市,约占19%;与市政(含城建、城市管理)合并的有7个城市,约占13%。除此,园林绿化一般直属或归口城建(呼和浩特、拉萨、大同、包头、鞍山、本溪、齐齐哈尔、青岛、淄博)、市政市容城市管理(海口、唐山、邯郸、宁波、深圳、汕头、南京)、城市建设管理(大连)等城建部门管理,共10个城市,约占19%;其中由市政市容城市管理的有7个城市(不含南京),约占13%。另外,还有约8%的城市(B3和A4类,4个城市:沈阳、抚顺、吉林、淮南)由上述行政管理机构内设处(室)承担园林绿化行政管理工作。调查显示,同一省(区)或邻近省(区)的机构设置模式较为相近。上述数据也表明,直辖市普遍单独设置园林绿化管理机构,首府城市的单独设置和合并设置各半,其他城市的由市政府工作部门直属或归口管理的较多,共有13个城市,在22个其他城市中所占比例接近60%。

在城市园林绿化行政执法方面,由园林绿化行政管理机构和城市管理行政执法机构(C1)负责的城市约各占一半。首府城市多选择城市管理行政执法机构,占调查城市总数的67%;直辖市占50%(2个城市),其他城市仅占32%(7个城市)。这说明了具有重要政治职能的直辖市和首府城市更愿意选择把各种城市综合执法归属于一个统一的机构。此外,13个园林绿化与其他行业合并组成一个行政管理机构的城市(A3)更愿意选择园林绿化执法由城市管理行政执法机构(C1)负责,约占53个城市的25%。反过来说,12 个由市政府工作部门直属或归口管理园林绿化的机构(A4)直接行使园林绿化执法工作,但是,其中有 5 个城市的行政机构本来就是城市管理机构。

在城市的绿化委员会办公室设置方面,20 个城市(38%)将其设置在园林绿化行政主管机构,这包括了 10 个园林与林业在同一个机构的城市。其他的 33 个城市(62%)将其工作安排在林业局(D 类)。其中以与林业局内设处室(一般是造林绿化处)合署办公的居多,共 16 个城市(30%)。在城市职能方面,直辖市和首府城市在非林业局(D 类)机构中设置市绿化委员会办公室的数量居中,分别为 2 个和 13 个,其他城市普遍是设置在林业局(D类)之中,达 17 个(22 个城市的 77%)。

从统计上看,园林绿化机构由市政府工作部门直属或归口管理的(A4)城市获得国家园林城市的比率(10 个城市,62.5%)相对于园林绿化机构独立设置或合并设置的城市(A1 为 87.5%、A2 为 83%、A3 为 89%)要低一些。这说明了独立设置的园林绿化机构在一定程度上能够提升城市的园林绿化建设和管理水平。这 53 个城市均具有制定地方法规的权力,目前也只有汕头和珠海没有制定城市园林绿化综合管理的地方性法规,所以,也可以说,"立法权"与园林绿化机构设置形式也没有明显的相关性。由于所选择的城市绝大部分都属于大城市(5 个)和特大城市(47 个),以及城市区域(东部 33 个、中部 9 个、西部 11 个),分布不均匀,暂无法进行城市人口规模、城市区域与园林绿化管理机构设置相关性分析。2008 年 8 月 20 日印发的《中共中央、国务院关于地方政府机构改革的意见》(中发〔2008〕12 号),"省、自治区政府机构限额为 40 个左右,规模比较小的省份为 30 个左右,直辖市为 45 个左右。大城市政府机构限额为 40 个左右,中等城市为 30 个左右,小城市为 22 个左右。县政府机构限额由各地根据经济社会发展情况和不同县情,按 14 至 22 个左右掌握"。所以,大城市园林绿化管理机构独立设置的比率应该高过中小城市。总的来看,苏州(A1)、郑州(A1)、武汉(A2)、厦门(A3)和西宁(A3)5 个城市的园林绿化行政权限设置最为集中。

5. 县级市(区)和镇人民政府园林绿化行政管理机构调查——以苏州市为例

从苏州市的情况来看,我国县级市和区的园林绿化行政机构设置也呈现出多样性,其类型与上述的直辖市和地级市的园林绿化行业综合管理、执法监督和绿化委员会办公室的机构设置类似。比较而言,城区机构的设置具有高度的统一性,即园林绿化的综合管理和执法监察职能分别设置在区住房和建设局和市容市政管理。郊区和代管的县级市差异性较大,不是和相邻行业合并设置,就是被归口至城市建设、城市管理甚至旅游、农业行政管理机构,即一般不独立设置园林绿化行政管理机构。从苏州市吴中区7个镇和8个街道办事处的调查情况来看,镇人民政府的园林绿化工作较多,街道办事处的园林绿化工作较少。镇人民政府园林绿化行政和建设管理(包括古树名木和风景名胜古迹)一般为村镇建设管理部门,养护管理一般为事业单位农林服务中心。特别重视园林绿化工作的镇(如木渎镇和甪直镇),设立了独立的绿化办公室专职负责。街道办事处属于区政府派出机关,基本上不独立负责园林绿化的业务,多为社区服务科协助园林绿化养护管理。

根据本次调查,可见我国园林绿化行政管理机构较为复杂。在国务院和省(自治区)人民政府层面,园林绿化行政管理职能分设在城建和林业两个系统之中。在城市(县、镇)人民政府中,园林绿化行政管理职能非常分散,主要设置在城市建设、林业以及市政市容、城市管理三个系统。这样的体制,使园林绿化行政工作的垂直管理和平行协调产生了相当的难度。

首先,作为议事协调机构,各级绿化委员会由诸多部门领导组成,部门之间的分工也存在争议之处,绝大多数绿化委员会形同虚设。各级绿化委员会是否有继续设置的必要,需要重新评估。无论如何,绿化委员会设立所依据的法规《国务院关于开展全民义务植树运动的实施办法》和《城市绿化条例》都需要及时修改,前者应该集中于"义务植树"的社会关系调整,后者应该专注于城市或城乡园林绿化的行政管理。其次,当前的焦点问题是,各地原来的园林行政管理机构纷纷从独立的政府组成部门拆分或从城建系统内分离出来,而与其他行业,尤其是林业,组建新行政管理机构。从机构设置改革来看,国务院赋予了各级地方人民政府更大的自主权;同时限制各级地方人民政府组成部门设置数量。目前,政策和法规并未限制园林绿化行政管理机构独立设置,或者明确要求与林业合并为一个行政管理机构等。各地存在的多种园林绿化行政管理机构设置类型,源于城市人民政府对园林绿化行业的基本认识。

从某些城市的园林绿化行业频繁拆分与组合来看,大多数城市人民政府的机构设置存在一定的主观性和随意性。应该说,有些城市人民政府领导以及机构设置部门尚没有充分认识到:一方面,园林绿化行业具有相对的独立性,是以服务广大人民群众为宗旨的,是城市建设系统不可分割的一部分,与植树造林、荒山绿化等有本质区别。国务院在行政机构改革中,倡导"一件事情原则上由一个部门负责"的基本原则,但是有关部门和有些城市忽视了城市自身系统的完整性,忽视了在城市中大量事物是需要多个环节互相协调的。也就是说,园林绿化行政管理机构设置首先要考虑园林绿化在社会、经济、公共管理中的意义、位置和关系。从风景园林学科发展来看,园林绿化与城市规划、建筑工程关系最为密切却又保持相对的独立性。另一方面,截至 2011 年年底,我国城市化率已经超过 50%。城市在统筹乡村经济发展、人居环境建设以及区域资源和环境保护方面,发挥着关键性的作用。近年来的大城市的城市总体规划普遍把整个市域范围划为城市规划区,正是反映了上述的发展趋势。因此,在城市化率较高的地区,为了给城乡人民营造适宜居住和游憩的建成和自然环境,园林绿化行政管理机构必须在郊区乃至区域的绿地和自然环境中发挥更大的作用。

一些城市把园林和林业机构合并设置,如果能够从上述认识出发,借助城市建设系统的行政职能,强化区域自然资源保护和游憩地开发、建设,效果将更加显著。"森林城市"在学术上还存在着很大争议,特别在我国人多地少的条件下,不宜大力推广,如果只是为了建设"森林城市"而合并园林绿化和林业行政机关,那就违背了基本的科学发展理念。

最后,与过去相比,我国目前的公务员招聘和管理体制,弱化了专业对口的限制,即园林绿化管理岗位并不要求接受过完整教育的园林绿化专业技术人员担任。如果园林绿化被并入其他行政管理部门,受编制人员的名额限制,造成园林绿化技术类管理人员相对缺乏,整体管理水平受到限制。如果相关行政管理干部以及技术人员,再以传统林业的造林与管护的方式实施城市园林绿化建设,工作效果肯定较差。[①]

《城市绿化条例》规定国务院设立全国绿化委员会,统一组织领导全国城乡绿化工作,其办公室设在国务院林业行政主管部门。国务院城市建设行政主管部门和国务院林业行政主管部门等,按照国务院规定的职权划分,负责全国城市绿化工作。地方绿化管理体制,由省、自治区、直辖市人民政府根据本地实际情况规定。城市人民政府城市绿化行政主管部门主管本行

---

① 林广思:《我国园林绿化行政管理体系调查与分析》,载《风景园林法律法规》2012年 5 月。

政区域内城市规划区的城市绿化工作。在城市规划区内,有关法律、法规规定由林业行政主管部门等管理的绿化工作,依照有关法律法规执行。由此可见,我国绿化行政管理采取从统到分,从国家到地方,分层次进行管理的模式。国务院绿化委员会统一负责全国的绿化工作,城市建设行政主管部门和林业行政主管部门根据职权分别管理。同时,各级人民政府、绿化行政主管部门分别管理地方绿化工作。

就地方而言,各省及市均按照行政区划,分别采取二级即市、区县或三级即市、区县、街道,政府、绿化行政主管部门及相关职能部门分别按照各自职责做好城市绿化工作。城市绿化主管部门通常为园林部门或城市绿化部门,也有规定城市建设管理部门为主管部门如长春等,尽管名称表述有差异,但在绿化管理中的工作性质并没有实质区别。涉及的职能部门也是非常广泛,包括发展和改革、城乡规划、国土资源、城乡建设、财政、林业、城市管理行政执法、交通运输、水务、价格、住房保障和房产管理等,各自按照主管的领域承担相应的职责,有些地方还规定专业管理与群众管理相结合,如福州。2018 年 3 月 17 日,国务院机构改革方案决定组建新的自然资源部,整合了原国土资源部、国家发改委、水利部、农业部、林业局等八大部委,因此,改革后的自然资源部从事绿地管理相关方面的职能。

(二)分工负责

根据绿地的不同类型,分别确定不同的管理机构,是各地方绿化法的基本做法。通常将城市绿地分为公园绿地(公共绿地)、单位附属绿地、居住区绿地、生产绿地、私人庭院、城市道路绿地、防护绿地等七个方面,公园绿地通常由城市绿化部门负责;单位附属绿地由所属单位负责;生产绿地由经营管理者负责,也有少数规定由城市绿化部门负责;私人庭院由房屋产权人负责;城市道路绿地由城市绿化部门负责;防护绿地由城市绿化部门或由单位负责,铁路、公路、河道绿地由其主管部门负责等。对于居住区绿地:有的规定有物业的由物业单位负责,没有物业的由城市绿化部门所确定的单位或街道(或社区管理机构)负责;有的规定由居住区管理单位或街道负责;也有的规定由城市绿化部门所确定的单位负责,或按树木权属协议的执行。

根据《城市绿地分类标准》(CJJ/T 85—2017),城市绿地包括公园绿地、防护绿地、广场用地、附属绿地和区域绿地等五个大类。我国现行立法基本不包含广场用地。居住区绿地则归入附属绿地,其同时包含公共管理和公共服务设施附属绿地两种类型绿地,我国现行立法也没有规定。生产绿地归入区域绿地,此外,其还包括风景游憩绿地、生态保育绿地、区域设施防护绿地。区域设施防护绿地包括各级公路、铁路、港口、机场、管道运输等交通设施周边的防护隔离绿化用地,以及能源、水工、通信、环卫等为区域服务的公用设施周边的防护隔离绿化用地等,由此城市道路绿地包含其中。因此,技术规范规定了更为全面、详尽的绿地分类,现行立法并未采用技术规范的标准,而通常选取其中主要的部分进行规定,同时,技术规范摒弃了的"公共绿地"概念在现行立法中被屡次采用。那么,在绿地分类管理对象与技术规范规定不一致的情况下,如何协调和完善相关规定,值得引起立法部门的关注。

(三)管理内容

具体而言,城市绿化法主要就绿地规划、建设、保护和管理等四个方面规定了相应的规则。下面选取《城市绿化条例》、北京市、天津市、深圳市以及青岛市四个立法的规定,分析这四个方面的内容。[①]

1. 规划方面。2017年《城市绿化条例》规定了如下内容:(1)规划主管部门。城市人民政府应当组织城市规划行政主管部门和城市绿化行政主管部门等共同编制城市绿化规划,并纳入城市总体规划。(2)绿化率确定标准。城市绿化规划应当从实际出发,根据城市发展需要,合理安排同城市人口和城市面积相适应的城市绿化用地面积。城市人均公共绿地面积和绿化覆盖率等规划指标,由国务院城市建设行政主管部门根据不同城市的性质、规模和自然条件等实际情况规定。(3)规划原则。城市绿化规划应当根据当地的特点,利用原有的地形、地貌、水体、植被和历史文化遗址等自然、人文条件,以方便群众为原则,合理设置公共绿地、居住区绿地、防护绿地、生产绿地和风景林地等。

北京市立法规定了如下内容:(1)规划原则。市和区、县人民政府应当根据绿化事业发展需要和实际情况,按照因地制宜、科学布局、切实可行的原则组织编制和实施绿化规划。绿地系统规划确定的各类绿化用地按照国家有关规定实行绿线管理。(2)主管部门分工负责制。责任市绿地系统规划由市绿化行政主管部门编制,市规划行政主管部门组织审查,报市人民政府审批后纳入本市城市总体规划。区、县绿地系统规划由区、县人民政府组

---

① 选取这四个立法,主要从考察不同层级立法考虑,同时考虑该立法的影响力和完善性。

织编定,并符合市绿地系统规划,与所在地控制性详细规划相衔接。建制镇绿地系统规划由镇人民政府组织编定,并与区、县绿地系统规划相一致,与所在地控制性详细规划相衔接。(3)规划编制程序。绿地系统规划报批前,组织编制部门应当将规划草案予以公示,并可以采取论证会、听证会或者其他形式征求有关部门、社会公众和专家的意见。绿地系统规划在实施中因特殊情况确需变更的,应当按照原批准程序重新审批。(4)规划要求。绿化规划应当符合城市总体规划、土地利用总体规划,适应防灾避险需要,保持历史风貌,体现首都特色。(5)规划内容。绿化规划包括绿地系统规划、植树造林规划等专项规划。市和区、县绿地系统规划应当包括各类绿地的功能形态、绿地指标、绿地布局面积和控制原则等内容。区、县绿地系统规划还应当包括分期建设计划和建设标准等内容。绿地防火设施建设应当纳入所在地区消防规划。

天津市立法规定了如下内容:(1)规划主管部门。市和区、县人民政府应当根据绿化事业发展需要和实际情况,组织编制绿化规划,并纳入城市总体规划。市容园林行政主管部门会同规划行政主管部门依据绿化规划组织编制城市绿地系统规划,报本级人民政府批准后实施。林业行政主管部门会同规划行政主管部门依据绿化规划组织编制造林绿化规划,报本级人民政府批准后实施。(2)规划原则。编制绿化规划应当根据本市特点,利用现有地形、地貌、水体、植被和历史文化遗址等自然条件、人文资源,以方便公众为原则,符合环境保护功能,提高抵御自然灾害的能力,合理设置公园绿地、防护绿地、附属绿地、生产绿地和各类林地等。(3)规划程序。划定需要永久性保护的生态区域,经市人民代表大会常务委员会决定后向社会公布。城市绿地系统规划、造林绿化规划在报批前,规划的组织编制部门应当予以公示,并采取多种形式征求公众和专家的意见;规划批准后,应当及时向社会公布。(4)实施要求。①责任主体。市市容园林行政主管部门和市林业行政主管部门应当根据城市绿地系统规划和造林绿化规划,分别制定年度实施计划报市人民政府批准,并依据年度实施计划分解绿化责任指标。区、县人民政府应当根据绿化分解责任指标,制定本行政区域年度实施方案并组织实施。②要求。任何单位和个人不得擅自改变规划的城市绿地用途。因特殊原因确需改变规划的城市绿地用途,应当先修改规划,并按原规划审批程序报批。不得在城市绿地范围内擅自增设建筑物、构筑物和其他设施。确需增设的,应当符合城市规划和有关设计规范要求,并按法定程序办理相关手续。城市绿地范围控制线未经法定程序,不得改变。③程序。规划行政主管部门应当会同市容园林行政主管部门,按照城市绿地系统规划确定城市绿地范围控制线,落实到控制性详细规划,并由规划行政主管部门向社会公布,接受公众监督。

综上可见,关于绿化规划方面,大多数立法规定了主管部门、规划标准、规划的内容、规划原则以及相关程序。同时,鉴于有上位法的规定,一些地方立法规定的内容相对简洁,如青岛市立法仅规定了规划的内容及主管部门城乡规划委员会的职权。深圳立法仅规定了分类规划制度及规划的实施要求。如关于分类规划制度,分别城市园林、动物园和植物园的规划要求,城市园林应当利用原有地形、地貌、水系和植被,符合国家有关技术标准和规范的要求,设置必要的安全和服务设施及残疾人专用通道。动物园和植物园的规划设计,应当创造适宜动植物生息和生长的环境,并按动物或者植物的生态特性适当分区,提供优美、安全的游览条件和开展科研,科普工作的条件,以满足观赏、游览、科普教育、生物多样性保护、珍稀及濒危物种保存、繁殖和应用等多种功能的需要。

2. 建设方面。2017年《城市绿化条例》规定了如下内容:(1)工程设计要求。城市绿化工程的设计,应当委托持有相应资格证书的设计单位承担。工程建设项目的附属绿化工程设计方案,按照基本建设程序审批时,必须有城市人民政府城市绿化行政主管部门参加审查。建设单位必须按照批准的设计方案进行施工。设计方案确需改变时,须经原批准机关审批。设计标准,城市绿化工程的设计,应当借鉴国内外先进经验,体现民族风格和地方特色。(2)建设要求。城市公共绿地和居住区绿地的建设,应当以植物造景为主,选用适合当地自然条件的树木花草,并适当配置泉、石、雕塑等景物。(3)建设责任分担制度。城市绿化规划应当因地制宜地规划不同类型的防护绿地。各有关单位应当依照国家有关规定,负责本单位管界内防护绿地的绿化建设。单位附属绿地的绿化规划和建设,由该单位自行负责,城市人民政府城市绿化行政主管部门应当监督检查,并给予技术指导。城市苗圃、草圃、花圃等生产绿地的建设,应当适应城市绿化建设的需要。城市新建、扩建、改建工程项目和开发住宅区项目,需要绿化的,其基本建设投资中应当包括配套的绿化建设投资,并统一安排绿化工程施工,在规定的期限内完成绿化任务。

北京市立法规定了如下内容:(1)建设原则。绿地建设应当严格按照绿化规划实施,坚持生态、景观、文化协调统一和节约资源的原则,充分利用乡土植物,注重营造植物景观,突出生物多样性,形成合理的种植结构。(2)责任分担制度。根据不同类型的绿地分别规定了不同的建设责任者。①公共绿地由区、县绿化行政主管部门组织建设。其中,城市道路、公路、河道等用地范围内的公共绿地分别由各有关主管部门组织建设;②建设工程附属绿地由开发建设单位建设;③铁路、湖泊、水库管理范围内的绿地由有关主管部门组织建设;④村庄规划绿地由村民委员会或者村集体经济组织建设。前款规定以外的绿地建设责任不明确的,由所在区、县人民政府根据实际情况,按照有利于建设并方便管护的原则确定。公共绿地由市和区、县人民政府确定并公布。(3)建设内容。根据北京城市总体规划,建设绿化隔离地区,改善城市生态环境。绿化隔离地区建设应当坚持城乡统筹原则,维护农民合法权益,合理安排土地利用,扶持与绿化隔离地区功能定位相适应的绿色产业发展,促进城乡经济社会发展一体化。绿化隔离地区建设按照市人民政府的规定执行。另外,加强城市公园、郊野公园、乡村公园建设,为公众提供更多绿色活动空间。鼓励屋顶绿化、立体绿化等多种形式的绿化。机关、事业单位办公楼及文化体育设施,符合建筑规范适宜屋顶绿化的,应当实施屋顶绿化。经土地行政主管部门确定为闲置土地的,土地使用权人应当按照有关规定进行临时绿化,所需费用由土地使用权人承担。(4)建设标准。建设工程应当按照规划安排绿化用地。规划行政主管部门在办理相关审批手续时,应当按照绿地系统规划和详细规划确定建设工程附属绿化用地面积占建设工程用地总面积的比例。其中,新建居住区、居住小区绿化用地面积比例不得低于30%,并按照居住区人均不低于2平方米、居住小区人均不低于1平方米的标准建设集中绿地;成片开发或者改造的地区应当按照规划要求建设集中绿地,绿地建设费用纳入开发建设总投资。建设单位报送的建设工程设计方案应当包括附属绿化用地平面图并标明绿化用地的面积和位置。(5)建设企业。绿化工程建设应当符合国家和本市有关标准和规范。从事绿化工程设计、施工、监理活动的单位应当具备相应资质。依法应当实行招标的绿化工程,按照国家和本市的有关规定进行招标。公共绿地绿化施工前,绿化工程设计方案应当报送市绿化行政主管部门。绿化行政主管部门可以组织专家对设计方案进行论证并提出意见。建设工程附属绿地面积达到1000平方米的,建设单位应当在绿化施工的30日前,书面告知绿化行政主管部门,并报送绿化工程设计方案。绿化行政主管部门应当对建设工程附属绿化工程建设提供技术服务。（6）"三同时"制度。建设工程附属绿化工程应当与主体工程同步建设。绿地建设费用应当纳入建设工程总投资。居住区、居住小区建设工程分期建设的,其附属绿化工程的具体建设时序应当作为国有土地使用权出让合同或者划拨土地条件的内容并予以明确。居住区、居住小区建设工程附属绿化用地的面积和位置应当在房屋买卖合同中予以明示。（7）公共绿地建设后的管理。市或者区、县绿化行政主管部门应当组织验收,验收合格后方可交付使用。建设工程附属绿化工程应当纳入建设工程竣工验收范围,规划行政主管部门应当对附属绿化用地的面积和位置是否符合规划许可的内容予以核实;建设单位应当组织绿化工程的设计、施工、工程监理等有关单位对绿化工程是否符合设计方案进行验收,将验收结果载于建设工程竣工验收报告,并按照有关规定报建设行政主管部门备案。公共绿地建设工程、建设工程附属绿化工程竣工验收后,有关资料应当纳入城市建设档案进行管理。居住区、居住小区附属绿化工程竣工后,建设单位应当制作绿地平面图标牌,在居住区、居住小区的显著位置进行永久公示。露天停车场地面应当按照技术规范进行绿化,种植可以达到遮阳效果的树木。同时,条例还规定了全民义务植树活动的主体、方式、管理及植树人的权利如冠名权等。

天津市立法规定了如下内容:（1）建设原则。绿化建设应当严格按照绿化规划实施,优化种植结构、提升绿化水平、注重生态效应,多种树木、崇尚自然,选用适应本市生长条件、经济合理、耐旱耐寒耐盐碱的植物种类,适应植物生态习性和植物群落的多样性、合理性。（2）内容。加强城市公园、森林公园、郊野公园、乡村公园、绿道网络建设,构筑生态修复和保护系统,为公众提供更多绿色空间。（3）责任分担制度。绿化建设责任按照下列规定确定:①公园绿地的绿化由市和区、县市容园林行政主管部门组织建设;②城市道路、公路等用地范围内绿地的绿化由有关建设单位组织建设;③建设工程项目附属绿地的绿化由建设工程项目的建设单位组织建设;④铁路、河道、湖泊、水库等管理范围内绿地的绿化由有关建设单位组织建设;⑤绿道由市市容园林行政主管部门、市林业行政主管部门和区、县人民政府组织建设;⑥造林绿化由林业行政主管部门组织建设;⑦郊野公园由市林业行政主管部门和区、县人民政府组织建设;⑧村庄绿化由村民委员会组织建设。绿化建设责任不明确的,由所在区、县人民政府根据实际情况,按照有利于建设并方便管护的原则确定。（4）建设标准。绿地率。各类建设项目的绿地率(绿地面积占用地总面积的比例)应当达到下列标准:①新建居住区绿地率,中环线以内不得低于35%,中环线以外不得低于40%。其中,用于建设公园绿地的绿地面积,不得低于用地总面积的10%。②新建、改建、扩建城市道路的,绿地率应当符合国家和本市规定的标准。其中,外环线内侧包括辅道用地绿带不小于五十米,外环线外侧包括辅道用地绿带为五百米。③新建疗养院、学校、医院、体育设施、公共文化设施、机关等公共设施的绿地率不得低于35%,工业、仓储区附属绿地的绿地率不得低于20%。④新建供水厂、污水处理厂和垃圾处理厂的绿地率不得低于45%。⑤城市河流、湖泊等水体周围的绿地率和新建铁路、公路的绿化带宽度应当符合城市绿地系统规划和有关技术标准。⑥城市生产绿地的面积不得低于城市建成区总面积的2%。⑦商业服务业设施集中建设的地区,应当统一规划、建设集中绿地。在历史文化街区进行建设活动,不得减少原有的绿地面积。因建设用地条件限制导致绿地面积达不到本条例规定绿化建设指标的,规划行政主管部门办理建设工程规划许可,应当征得市容园林行政主管部门同意,由建设单位按照所缺绿地面积和地级差价缴纳异地补建绿地代建费。未按前款规定缴纳异地补建绿地代建费的,规划行政主管部门不予颁发建设工程规划许可证。异地补建绿地代建费,由市容园林行政主管部门根据城市绿地系统规划,用于在建设工程项目所在区、县范围内安排的绿化建设。异地补建绿地代建费必须用于绿化建设,不得挪作他用,并接受财政、审计部门的监督。(5)经费支持及补贴。绿化建设经费由建设单位承担,列入建设工程项目总投资。鼓励村民委员会、村民对宜林荒山、荒地和村庄周围的空地、村庄内的闲置土地进行绿化,达到规定规模标准的,市和区、县人民政府给予适当补贴。(6)工程设计要求。绿化工程的规划设计、施工和监理,应当符合国家和本市有关标准、规范,由具有相应资质的单位承担。市属重点建设工程项目、跨区县的建设工程项目和河道、道路建设工程项目的附属绿化工程以及公园建设工程的设计方案,按照基本建设程序审批时,由市市容园林行政主管部门、市林业行政主管部门参加审查;其他建设工程项目的附属绿化工程设计方案,由所在区、县市容园林行政主管部门参加审查。市容园林行政主管部门、林业行政主管部门参加审查时,应当对设计方案是否符合绿化设计标准、规范进行审查。(7)三同时制度。建设工程项目附属绿化工程应当与主体工程同时规划设计、同时建设施工、同时竣工验收。确因季节原因不能同时完成的,完成绿化工程的时间不得迟于主体工程竣工后的第一个绿化季节。(8)建设后期的管理。公园绿地绿化工程竣工后,由市容园林行政主管部门组织验收,验收合格后方可交付使用。建设工程项目的附属绿化工程竣工后,由建设单位组织验收,并在十五日内将竣工验收报告报市容园林行政主管部门备案。(9)临时绿化制度。城市绿化范围内国有建设用地闲置三个月以上的,土地使用人应当按照临时绿化标准和要求在六个月内进行临时绿化,所需建设和养护管理费用由土地使用人承担。临时绿化完工后,土地使用人应当向市容园林行政主管部门备案。实施临时绿化的建设用地开工建设的,土地使用人应当告知市容园林行政主管部门。(10)行道树及其他公共空间。新建、改建、扩建城市道路、公路时应当种植行道树,并对原有树木加以保护。同一道路的行道树应当统一景观风格。种植行道树应当选择适宜本市生长的树种,按照技术规范种植,并符合行车视线、行车净空、道路照明和行人通行的要求。在城市主干道路种植的行道树胸径不得小于十二厘米。依托水系、道路、公园绿地、防护林带等自然资源和线性廊道,统筹规划和建设纵横贯通的绿道网络,坚持自然生态、简约多样,为公众提供便捷舒适的慢行、健身、休闲空间。(11)生态保护区建设。七里海、八仙山、蓟县中上元古界、盘山、北大港、官港、大黄堡、团泊、宝坻青龙湾等自然保护区,应当依照法律法规保护其自然环境和生态系统,保护其特有的动植物物种资源。禁止在保护区内进行与保护无关的建设活动。(12)生物多样性保护及生态公益林建设。市和区、县林业行政主管部门在生态状况较为脆弱、对生态安全和生物多样性保护以及经济社会可持续发展具有重要意义的地区,划定市和区、县生态公益林建设范围,并报本级人民政府批准。市林业行政主管部门应当制定生态公益林建设技术规程。区、县林业行政主管部门应当按照生态公益林建设技术规程组织建设,确保生态公益林建设质量。(13)郊野公园与乡村绿化。郊野公园建设应当遵循大绿、生态、自然、野趣的原则,充分利用现有地形地貌、水系、林木,保护原有生态系统,林木绿化面积不得低于可绿化面积的85%,并优先选用乡土树种。严格控制在郊野公园内建设游艺娱乐设施和餐饮住宿设施。乡村绿化建设应当综合考虑近期与远期绿化效果、四季景观和防护功能的需要,兼顾绿化的生态效益和经济效益,充分利用村旁、宅旁、路旁、水旁的地势和条件实施绿化。(14)盐碱地绿化及种植品种名录。鼓励和支持盐碱地绿化新技术的开发和推广,引进和培育适宜盐碱地生长的植物品种,开展盐碱地绿化试验示范,提高盐碱地绿化水平。市容园林行政主管部门、林业行政主管部门应当组织专家对不同绿化用地适宜种植的树种和其他植物品种进行论证,编制适宜本市种植的品种名录,并向社会公布。

深圳市立法仅规定市政园林内禁止建设的项目,即不得建设宾馆、酒楼、住宅、招待所、写字楼、商品市场、经营性游乐项目以及其他与市政园林功能无关的项目和设施。但为游人提供服务和园林管理所必需的项目和设施除外。经营性园林内不得建设与其功能无关并破坏园林景观的项目和设施。

青岛市立法规定了如下内容:(1)种植植物要求。城市绿地建设应当选用适应本市自然条件、经济合理、节水耐旱的植物种类,注重植物生态习性、种植形式和植物群落的多样性、合理性。(2)外地植物控制。城市绿地建设选用外地植物种类和栽植胸径十五厘米以上的树木时,应当对其可行性、安全性等进行专业论证并明确相应的技术措施。除科研、专类公园建设需要外,不宜栽植需要外地特定生长环境的树木。(3)绿地内设施的要求。城市绿地内道路、广场等的铺装,宜采用透气、透水的环保材料。(4)配套设施建设的要求。建设项目配套绿化工程的设计方案,应当由市、县级市城市园林绿化行政主管部门提出审查意见。城市园林绿化行政主管部门的审查意见应当包括以下内容:①绿地面积是否符合规定标准;②绿地布局是否合理;③植物的种类、配置是否适当;④绿化设计是否符合园林景观要求;⑤绿地内道路、给排水以及其他设施的设计是否符合有关园林设计规范。建设单位报送的配套绿化工程设计方案应当包括对建设项目用地范围内现有树木的处置、保护措施。建设项目配套绿化工程的设计方案,达不到国家和本条例规定的建设项目绿地面积标准以及其他相关绿化设计标准的,城乡规划主管部门不得核发建设工程规划许可证。(5)异地补绿。建设项目绿地面积达不到规定标准但确需建设的,经建设项目的审批部门报本级人民政府批准后,建设单位应当按照规定缴纳易地补建绿地代建费,但住宅建设项目的绿地面积不得低于规定标准。(6)园林绿化行政主管部门的职责。公园绿地、防护绿地、风景林地、城市绿化隔离带等绿化工程的设计方案,应当报送城市园林绿化行政主管部门征求意见。城市园林绿化行政主管部门应当对绿地布局、植物配置等进行论证并提出意见。建设单位应当按照批准的绿化工程设计方案进行绿化工程建设。建设项目配套绿化工程应当与主体工程同时规划、同时设计。主体工程竣工后,建设单位应当清理绿化用地,并在第一个绿化季节内完成绿化工程建设。(7)建设单位的义务。绿化工程项目和含有配套绿化工程的建设项目开工前,建设单位应当到城市园林绿化行政主管部门办理绿化工程质量监督手续。项目完工后,建设单位应当通知城市园林绿化行政主管部门查验是否符合设计要求,并应当在项目竣工验收合格后,将绿化工程的竣工验收资料报城市园林绿化行政主管部门。(8)立体绿化要求。新建建筑面积在二万平方米以上的大型公共建筑,在符合公共安全的情况下,应当进行立体绿化。居民住宅楼、高架桥等其他建筑物、构筑物适宜立体绿化的,鼓励进行立体绿化。室外公共停车场、停车位,具备条件的,应当配植庇荫乔木、绿化隔离带,铺设植草地坪。

综上可见,关于建设规范的要求,主要包括建设原则、责任分担、建设内容、建设标准、经费安排、工程设计要求、三同时制度以及建设后期管理等方面,较为详尽地规定了绿地建设规范。相对而言,鉴于有上位法的指导,地方立法规定相对较为简单,如深圳市立法,或者更多地方规定具体性要求,如青岛市立法。

3. 保护和管理方面。保护有时候与管理同时规定,难以分解,通称管护。《城市绿化条例》规定了如下管护内容:(1)责任主体。城市的公共绿地、风景林地、防护绿地、行道树及干道绿化带的绿化,由城市人民政府城市绿化行政主管部门管理;各单位管界内的防护绿地的绿化,由该单位按照国家有关规定管理;单位自建的公园和单位附属绿地的绿化,由该单位管理;居住区绿地的绿化,由城市人民政府城市绿化行政主管部门根据实际情况确定的单位管理;城市苗圃、草圃和花圃等,由其经营单位管理。(2)单位和个人的义务。任何单位和个人都不得擅自改变城市绿化规划用地性质或者破坏绿化规划用地的地形、地貌、水体和植被。任何单位和个人都不得擅自占用城市绿化用地;占用的城市绿化用地,应当限期归还。因建设或者其他特殊需要临时占用城市绿化用地,须经城市人民政府城市绿化行政主管部门同意,并按照有关规定办理临时用地手续。任何单位和个人都不得损坏城市树木花草和绿化设施。砍伐城市树木,必须经城市人民政府城市绿化行政主管部门批准,并按照国家有关规定补植树木或者采取其他补救措施。(3)管护事项。在城市的公共绿地内开设商业、服务摊点的,必须向公共绿地管理单位提出申请,经城市人民政府城市绿化行政主管部门或者其授权的单位同意后,持工商行政管理部门批准的营业执照,在公共绿地管理单位指定的地点从事经营活动,并遵守公共绿地和工商行政管理的规定。(4)管理单位职责,城市的绿地管理单位,应当建立、健全管理制度,保持树木花草繁茂及绿化设施完好。(5)配合部门。为保证管线的安全使用需要修剪树木时,必须经城市人民政府城市绿化行政主管部门批准,按照兼顾管线安全使用和树木正常生长的原则进行修剪。承担修剪费用的办法,由城市人民政府规定。因不可抗力致使树木倾斜危及管线安全时,管线管理单位可以先行修剪、扶正或者砍伐树木,但是,应当及时报告城市人民政府城市绿化行政主管部门和绿地管理单位。百年以上树龄的树木,稀有、珍贵树木,具有历史价值或者重要纪念意义的树木,均属古树名木。对城市古树名木实行统一管理,分别养护。城市人民政府城市绿化行政主管部门,应当建立古树名木的档案和标志,划定保护范围,加强养护管理。在单位管界内或者私人庭院内的古树名木,由该单位或者居民负责养护,城市人民政府城市绿化行政主管部门负责监督和技术指导。严禁砍伐或者迁移古树名木。因特殊需要迁移古树名木,必须经城市人民政府城市绿化行政主管部门审查同意,并报同级或者上级人民政府批准。

北京市立法规定了如下内容:(1)责任分工。绿地、树木的管护责任:①公共绿地由绿化行政主管部门负责落实。其中,城市道路、公路、河道用地范围内的绿地分别由各有关主管部门或者区、县绿化行政主管部门负责;②单位所属绿地,由该单位负责;③居住区、居住小区内依法属于业主所有的绿地由业主负责,业主可以委托物业服务企业进行管护;④建设工程范围内保留的树木,在建设期间由建设单位负责;⑤铁路、湖泊、水库等用地范围内的绿地由各有关主管部门负责;⑥村庄绿地由村民委员会或者村集体经济组织负责。其他绿地或者零星树木及管护责任不清或者有争议的,由所在区、县绿化行政主管部门确定管护责任。(2)管护内容。管护单位应当按照国家和本市绿地、树木养护规范对绿地、树木进行管护并做好防火工作。绿化行政主管部门应当对绿地、树木的管护给予技术指导。管护单位应当加强道路附属绿地的管护,按照公安交通管理部门的要求制定作业方案。占用道路施工影响交通安全畅通的,应当征得公安交通管理部门同意。公安交通管理部门应当为道路绿化养护作业提供道路交通安全保障。居住区内严重影响居住采光、通风、安全的树木,管护单位应当按照有关技术规范及时组织修剪。当事人应当协助管护单位做好修剪工作。影响管道、线路、交通等公共设施使用和安全的树木,管护单位应当按照树木修剪规范及时修剪。新设管道、线路、交通等公共设施,需要修剪树木的,应当经区、县绿化行政主管部门批准。因抢险救灾和处理突发事件等紧急情况需要,可以对树木进行修剪或者砍伐。组织紧急情况处理的单位应当在处理结束之日起 10 日内,将有关处理情况报告所在区、县绿化行政主管部门。因抢险救灾和处理突发事件等紧急情况修剪或者砍伐树木,造成公民、法人和其他组织财产损失的,按照国家有关规定给予补偿。市政、交通、电力、通讯等建设工程项目影响绿化的,建设单位应当按照有关规定采取保护绿地和树木的措施,并在施工前告知管护单位。开发利用绿地地下空间的,应当符合国家和本市有关建设规范,不得影响树木正常生长和绿地使用功能。矿山、砂石开采场、砖瓦窑的生产经营活动造成地表植被破坏的,责任单位应当负责植树造林、恢复植被,不得造成地表裸露。森林和野生动物类型自然保护区的保护,应当科学确定适宜的保护范围,保护天然植被和植物资源的自然特性。各级风景名胜区应当坚持保护优先、利用服从保护的原则,保护绿化资源的完整性与观赏性。游览者和风景名胜区内的居民有保护林草植被和各项绿化设施的义务。(3)禁止性行为。禁止对绿地采取如下行为:①在树木旁或者绿地内倾倒、排放污水、垃圾、渣土及其他废弃物;②损毁树木、花草及绿化设施;③在树木或者绿化设施上悬挂广告牌或者其他物品;④在绿地内取土、搭建构筑物;⑤在绿地内用火、烧烤;⑥其他损害绿化成果及绿化设施的行为。(4)树木所有权登记制度。树木登记按照国家和北京市有关规定执行。树木所有权不明确的,由所在区、县人民政府确定。(5)监督与管理程序。市和区、县绿化行政主管部门在监督检查中,可以进行现场检查,调查了解有关情况,查阅、复制有关文件、资料,采取责令停止违法行为、限期恢复等措施。被监督检查的单位和人员不得拒绝、阻挠、妨碍行政执法人员依法进行监督检查。(6)内容。规划行政主管部门对建设项目作出规划许可前,应当就建设工程设计方案中有关绿化用地的内容征求绿化行政主管部门的意见。绿化行政主管部门应当在七个工作日内反馈意见。确定为绿化用地后,任何单位和个人不得擅自改变绿地的性质和用途。中心城、新城、建制镇范围内,因基础设施建设等特殊原因需要改变公共绿地性质和用途的,应当经市人民政府批准。需要改变其他绿地性质和用途的,应当经市绿化行政主管部门审核、市规划行政主管部门批准。因此造成公共绿地面积减少的,建设单位应当在该绿地周边补建相应面积的绿地。①树木移植制度。严格限制移植树木。因城市建设、居住安全和设施安全等特殊原因确需移植树木的,应当经绿化行政主管部门批准。移植许可证应当在移植现场公示,接受公众监督。同一建设项目移植树木不满五十株的,由区、县绿化行政主管部门批准;一次或者累计移植树木五十株以上的,由市绿化行政主管部门批准。②树木砍伐制度。严格控制砍伐树木,除非符合下列情形之一经批准:已经死亡的;发生检疫性病虫害无保留价值或者发生其他严重病虫害的;因抚育或者更新改造需要且无移植价值的;因城市建设、居住安全和设施安全等特殊原因确需移植但无法移植或者无移植价值的。同时,对同一建设项目砍伐树木胸径小于三十厘米并且不满二十株的,由区、县绿化行政主管部门批准;砍伐树木胸径三十厘米以上的,以及一次或者累计砍伐树木二十株以上不满五十株的,由市绿化行政主管部门批准;一次或者累计砍伐树木五十株以上的,由市绿化行政主管部门报市人民政府批准。砍伐许可证应当在砍伐现场公示,接受公众监督。③临时占用绿地制度。未经批准不得临时占用绿地。因特殊情况确需临时占用绿地的,应当经绿化行政主管部门批准。其中临时占用中心城公共绿地的,由市绿化行政主管部门批准;临时占用其他绿地的,由区、县绿化行政主管部门批准。临时占用期限最长不得超过二年。临时占用绿地期满后,占用人应当按照规定恢复原状。④绿地征用制度。代征的城市绿化用地,建设单位应当自规划验收合格之日起三十日内交区、县绿化行政主管部门组织绿化,不得擅自转作他用。⑤绿地资源调查与建档制度。市和区、县绿化行政主管部门应当每五年开展一次绿化资源清查,建立绿化资源档案,并根据国家有关规定,开展资源监测和效益评估。⑥绿化植物防疫、防治及应急预警制度。市和区、县绿化行政主管部门应当加强绿化植物的检疫和有害生物防治,建立有害生物疫情监测预报网络,编制有害生物灾害事件应急预案,健全有害生物预警预防控制体系。林业植物检疫机构应当按照有关规定,做好绿化植物的检疫和有害生物防治工作。

天津市立法规定了如下内容:(1)绿地保持制度。已建成的公园绿地的主要树种和绿化景观不得随意变更。因特殊原因确需变更的,应按原建设审批程序办理变更。其中,变更面积超过五千平方米的,市容园林行政主管部门应当组织专家对是否确需变更及变更方案进行论证,并将论证结果向社会公布,听取公众的意见。听取公众意见的时间不得少于十五日。(2)迁移、砍伐树木制度。禁止擅自迁移、砍伐树木。任何单位和个人不得擅自迁移、砍伐树木。因下列原因确需迁移或者砍伐城市树木的,应当提供相关证明材料向市容园林行政主管部门办理审批手续:①树木已经死亡的;②严重影响居住安全的;③危害公共设施运行安全的;④发生检疫性病虫害,采取防治措施未能有效治理的;⑤因建设工程确需迁移、砍伐的;⑥法律、法规规定的其他情形。市容园林行政主管部门在审查迁移、砍伐方案时,能够采取迁移措施的,不得批准砍伐。迁移生态公益林内、森林公园、郊野公园内树木的,应当向林业行政主管部门办理移植手续。迁移、砍伐城市树木审批按照下列规定分级管理:①每处需要迁移、砍伐树木十株以下的,由区、县市容园林行政主管部门审批。②每处需要迁移、砍伐树木十一株以上不足一百株或者单株胸径二十厘米以上的,由区、县市容园林行政主管部门审核,报市市容园林行政主管部门审批。③每处需要迁移、砍伐树木一百株以上或者单株胸径四十厘米以上的,由市市容园林行政主管部门审核,报市人民政府批准。迁移城市树木应当由具有相应施工资质的单位实施,施工单位应当按照移植技术规程进行。迁移树木未成活的,施工单位应当负责补植并保证成活。(3)树木养护和管理。养护管理责任人应当按照有关技术规范修剪树木,及时修剪、扶正影响交通、管线、房屋和人身安全的树木。修剪不得影响树木正常生长。养护管理责任人对居住区内的树木实施修剪时,相关居民应当予以协助。新建、改建各类管线的,应当保证树木与管线间的安全距离或者采取有效保护措施。百年以上的树木、树种珍贵稀有、树型奇特罕见、具有历史价值和纪念意义的树木属古树名木,应当按照国家和本市有关规定设置标志并加以保护。树龄二十年以上或者胸径三十厘米以上的城市树木,区、县市容园林行政主管部门应当进行登记,明确养护管理责任,实行严格保护。城市以外的古树名木,由区、县林业行政主管部门进行登记,明确养护管理责任,实行严格保护。(4)临时占用。因紧急抢险救灾确需临时占用城市绿化用地或者砍伐城市树木的,可以先行占用或者砍伐。险情排除后,抢险救灾单位应当在五日内向市容园林行政主管部门报告。(5)资源调查与建档制度。市和区、县市容园林行政主管部门、林业行政主管部门应当定期开展绿化资源清查,建立绿化资源档案,完善绿化管理信息系统,根据国家有关规定开展资源监测和效益评估。(6)生物预警及技术咨询制度。市和区、县市容园林行政主管部门、林业行政主管部门应加强绿化植物的防疫和有害生物防治,编制有害生物灾害事件应急预案,健全有害生物预警预防控制体系。市容园林行政主管部门和林业行政主管部门应当在园林绿化、树木种植、养护、病虫害防治等方面,向社会提供技术支持和咨询服务。(7)禁止性行为。禁止下列损害绿化及绿化设施的行为:①向绿地、树穴倾倒有毒有害物质;②占压绿地,损害树根、树干、树皮,利用树木搭建违章建筑;③占用住宅小区绿地,种菜或者饲养家禽家畜等;④在树木或者绿化设施上悬挂广告牌、照明灯具或者其他物品;⑤在绿地内取土、用火、烧烤;⑥其他破坏绿化及绿化设施的行为。市容园林行政主管部门和林业行政主管部门应当公布举报电话、投诉网站等,接受举报、投诉,并及时进行处理。(8)管理和保护责任分工。绿化的养护管理责任按照下列规定分工负责:①公园绿地、城市道路用地范围内的绿地,由市容园林行政主管部门确定的养护管理单位负责。②公路用地范围内的绿地,由其养护管理责任单位负责。③单位附属绿地、单位管界内防护绿地、自建公园,由该单位负责。④商品住宅小区内的绿地由业主共同负责,业主可以委托物业管理单位或者其他单位进行养护管理;非商品住宅小区内的绿地,养护管理责任由区、县人民政府确定。⑤铁路、河道、湖泊、水库等管理范围内的绿地,由有关管理单位负责。⑥生态公益林由权属单位负责。⑦郊野公园的养护管理责任,由区、县人民政府确定。绿化养护管理责任不明确的,由所在区、县人民政府确定。(9)管理制度。绿化的养护管理责任人应当建立健全管理制度,严格执行绿化养护技术规程,保持花草树木繁茂、园容整洁优美、设施完好。市容园林行政主管部门、林业行政主管部门应当对绿化养护管理责任人履行养护管理责任情况进行监督,并给予技术指导。①经费与补贴制度。市和区、县人民政府每年应当按照上一年度绿化设施量和绿化养护定额,安排公共绿化的养护经费。养护经费应当专款专用。生态公益林的养护管理费用,由市和区、县人民政府给予适当补贴。政府有关部门可以通过招标投标等方式选择专业养护管理单位,实行养护管理社会化。单位或者个人可以与绿地养护管理责任单位签订自愿认养协议,按照绿地养护规范对绿地实施养护。任何单位和个人不得占用城市绿化用地。禁止在城市绿化用地范围内进行国有土地出租、出让或者房地产开发建设。②临时占用制度。因特殊原因确需临时占用城市绿化用地的,占用面积二百平方米以下的,须经区、县市容园林行政主管部门同意,报市市容园林行政主管部门备案;占用面积超过二百平方米的,由区、县市容园林行政主管部门报市市容园林行政主管部门同意。临时占用城市绿化用地的时间不得超过一年。因特殊原因需延期的,应当在期满二十日前申请延期,延长期限一般不超过一年。临时占用期满,占用单位应当负责在三个月内恢复。

青岛市立法规定了如下内容:(1)不得擅自改变绿地性质,经批准改变绿地性质的,申请人应当按照先补后占、占补平衡的原则,易地建设同等面积城市绿地。城市绿地性质改变涉及城市总体规划、控制性详细规划修改的,依照城乡规划法律、法规的规定执行。(2)临时占用绿地。任何单位和个人不得擅自占用城市绿地。因城市基础设施建设与维护等原因需要临时占用城市绿地的,应当经市、县级市城市园林绿化行政主管部门批准,占用期限不得超过两年。经批准临时占用城市绿地的,申请人应当按照规定缴纳临时占用城市绿地补偿费。占用期满后,申请人应当及时恢复城市绿地并报原批准部门查验、确认。对城市绿地及其设施造成损坏的,应当承担赔偿责任。(3)养护职责分工及养护单位的义务。城市绿地的养护责任分配:①公园绿地、防护绿地由城市园林绿化行政主管部门负责;②居住区绿地,实行物业管理的,由业主或者业主委托物业服务企业养护;未实行物业管理的,由街道办事处负责;③单位附属绿地由该单位负责;④建设工程范围内保留的绿地,在建设期间由建设单位负责;⑤临时绿地,由用地单位负责。权属不明的城市绿地,由所在区(市)城市园林绿化行政主管部门组织养护。公园绿地、防护绿地应当由城市园林绿化行政主管部门委托具备相应资质的专业养护单位实施日常养护管理,其他绿地可以由养护责任单位委托专业养护单位提供养护服务。养护责任单位应当建立城市绿化管理档案,按照绿化养护技术标准进行养护。对死亡树木和发生检疫性病虫害的树木,应当在报经城市园林绿化行政主管部门确认后,及时清理并补植更新。(4)土地划拨的绿地处理。建设项目用地范围内有树木的,在土地使用权划拨或者出让前,土地主管部门应当告知城市园林绿化行政主管部门,由城市园林绿化行政主管部门提出对树木的处置、保护意见。用地单位应当按照城市园林绿化行政主管部门提出的意见,落实对树木的处置、保护措施,并接受城市园林绿化行政主管部门的监督。(5)具体的树木迁移、砍伐审批制度。①市区一处迁移或者砍伐三株以下且胸径不足十厘米的树木,由区城市园林绿化行政主管部门审批,报市城市园林绿化行政主管部门备案;一处迁移、砍伐四株以上二十株以下或者胸径十厘米以上的树木,经区城市园林绿化行政主管部门审核后,报市城市园林绿化行政主管部门审批;一处迁移、砍伐二十一株以上的树木,经市城市园林绿化行政主管部门审核后,报市人民政府批准。②县级市一处迁移或者砍伐十株以下且胸径不足三十厘米的树木,由所在市城市园林绿化行政主管部门审批;一处迁移、砍伐十一株以上或者胸径三十厘米以上的树木,经所在市城市园林绿化行政主管部门审核后,报本级人民政府批准。经批准临时占用城市绿地以及迁移、砍伐树木的,施工单位应当在现场设立告示牌,注明批准机关、批准项目、批准期限、施工单位、施工负责人以及监督电话等。(6)详细的禁止性行为:①在绿地内焚烧物品,倾倒废水或者有毒有害物质;②钉、拴、刻划、攀折树木或者在树木上捆绑电缆、电灯以及其他物件;③在绿地内抛撒、堆放、晾晒物品,设置广告;④擅自采摘绿地内花果枝叶,损坏植被,硬化或者圈占小区绿地;⑤在绿地内饲养家畜家禽、捕猎、耕种;⑥在绿地内挖沙、取土、采石、筑坟;⑦擅自在绿地内搭棚建房、停放车辆;⑧损坏树木支架、栏杆、花坛、座椅、园灯、建筑小品、供排水等绿化设施;⑨其他损坏城市绿化以及绿化设施的行为。(7)病虫防治及山林放火。城市园林绿化行政主管部门应当建立园林植物病虫害疫情监测预报网络,编制灾害事件应急预案,健全园林植物病虫害预警预防控制体系。城市园林绿化行政主管部门应当按照职责负责本辖区内山林防火的指导、协调和监督工作,编制山林防火应急预案,负责对防火队伍的组织、培训和演练。(8)数字化管理。城市园林绿化行政主管部门应当组织开展城市绿地普查,建立城市绿地数字化管理系统,对城市绿地实行动态管理。

综上可见,《城市绿化条例》和各地方立法均规定了绿地保护和管理的主体及责任分工、管护内容、管护方式、禁止性行为以及监督管理等方面的内容,但《城市绿化条例》的规定更加宏观,原则性强,而地方立法内容更加具体,更具有可操作性。

四、相关主体绿化职责及权利

绿化相关主体主要包括政府及相关部门、企业和公民。

1. 政府及相关部门。理论上说,政府在城市绿地生态管理中应行使如下职能:(1)分析城市绿地生态系统结构与功能的特点、所在城市的优势及其他条件,制定出适合自己的发展模式;(2)提供必需的规则和制度,积极建设各项市场制度,及时采取各种调控手段;(3)采取无污染的环境控制手段、经济生产方式、司法环境、促进文化教育事业的发展和科学技术的进步,发展社会公用事业等;(4)维护社会公共秩序,建立、健全社会保障体系等;(5)遏制由于人口数量失控、自然资源过度开发、环境急剧恶化对社会的持续发展构成了严重的威胁;(6)提高市民的环境意识、生态知识,普及和提高全社会环境法制水平,使广大人民懂得维护自己的环境权益,对政府行政及法人违反环境法律实行监督,同时自己积极自觉地参与生态环境保护。[1]
政府相关部门则根据各自主管的领域依法承担相应职责。例如,北京市立
法规定:"市和区、县绿化行政主管部门应当根据绿化事业需要制定绿化规
范和标准,加强绿化工作监督检查,及时处理有关绿化违法行为的投诉和举
报,依法查处有关违法行为。发展和改革、环境保护、规划、建设、农业、财政
等部门依照职责分工做好绿化相关工作。交通、水务、市政管理、卫生、教育
等有关部门应当组织做好本行业、本系统的绿化监督与管理工作。绿化行
政主管部门应当加强对绿化工程的监督;对使用国有资金投资或者国家融
资的绿化工程应当进行质量监督。乡、镇人民政府和街道办事处应当配备
专职或者兼职绿化管理人员,做好绿化管理工作;对本辖区内违反本条例的
行为应当及时予以制止,或者向市和区、县有关部门报告,并配合有关部门
进行查处。村民委员会、居民委员会发现本区域内违反本条例行为的,应当
予以制止或者向有关部门报告。"天津市立法规定:"市和区、县人民政府应
当加强对绿化工作的领导,将绿化事业纳入国民经济和社会发展规划,确定
本行政区域绿化目标,实行绿化目标责任制,保障公共绿化建设和养护管理
经费的投入。乡镇人民政府和街道办事处应当依照职责做好本辖区内的绿
化工作。""市市容园林行政主管部门负责本市城市绿化工作。市林业行政
主管部门负责本市农村绿化、造林绿化工作。发展改革、规划、建设、国土房
管、市政公路、农业、水务、财政、审计等有关部门和天津警备区按照各自职
责做好相关绿化工作。区、县市容园林行政主管部门、林业行政主管部门依
照职责负责本行政区域内的绿化工作。"青岛市立法规定:"市城市园林绿化
行政主管部门负责全市的城市绿化工作。区(市)城市园林绿化行政主管部
门负责本辖区的城市绿化工作。发展改革、土地、城乡规划、城管执法、财
政、林业等部门,按照职责协同做好城市绿化工作。街道办事处按照职责做
好本辖区内城市绿化的有关工作。"哈尔滨市立法规定:"城市绿化行政主管
部门负责全市城市绿化工作,并负责组织实施本条例。区、县(市)城市绿化
行政主管部门按照职责分工,负责本辖区内城市绿化工作。发展和改革、城
乡规划、国土资源、城乡建设、财政、城市管理行政执法、交通运输、水务、住
房保障和房产管理等部门,应当按照各自职责,做好城市绿化相关工作。水
务、林业行政主管部门按照各自职责,做好滩涂、湿地的保护管理工作。"由

---

[1] 凌张军:《城市绿地生态管理研究》,安徽农业大学 2012 年硕士论文。

此可见,实际立法中,关于政府及相关部门的职责规定更加具体,有所侧重。但是各级立法应以理论为依据,完善政府职责的设立和规范。

2. 企业。企业是指从事生产、流通和服务等活动,为满足社会需要进行自主经营、自负盈亏、承担风险、实现独立核算、具有法人资格的基本经济地位。园林企业主要任务是为我国社会主义建设和人民生活需要提供物美价廉的产品。合理组织生产力,使企业现有的生产要素得到合理配置与有效利用。不断开发新的生产力;不断改进劳动资料;不断改进生产技术;不断地采用新的技术来改造生产工艺和流程;不断发现新的原材料或原有材料的新用途;不断对职工进行技术培训。企业不再是政府的附属物,企业按市场需求自主组织生产经营活动并以经济效益作为经营目的,政府主要运用经济手段、法律手段和必要的行政手段对国民经济进行宏观管理,并把保持经济总量基本平衡,促进经济结构优化,引导整个国民经济健康发展作为宏观调控的目标,而不直接干预企业的生产经营活动。

企业作为城市绿地生态管理主体及其基本职能:(1)设计企业。应根据不同地域的植物习性和生态条件,并参考当地植被的自然群落类型,选择适宜的园林植物,进行复层种植。选择合适的乔木—灌木—草本配置方式,使得在单位土地面积取得最佳的景观效益和最大的生态效益,同时又能减少管理成本,提高苗木成活率。园林绿化设计在最大限度发挥植物生态效益的同时,最大限度满足人们对自然美的追求。(2)施工企业。绿化工程品位高低、质量的好坏,直接关系到一个城市的景观效果、城市形象和文化品位。因此,需要加强绿化施工管理。然而绿化施工队伍良莠不齐,难以充分体现工程的设计思想,绿化工程不同于建筑工程,其严谨性、技术性不是很强,这让许多人误认为绿化施工不过是种种树,铺铺草而已。殊不知"三分设计,七分施工",按照设计图纸精心组织施工,看似容易做好却不易。园林绿地施工质量的好坏直接关系到园林植物的种植成活率、造园效果和日后的养护以及最终的绿地质量。(3)养护企业。园林工程在竣工完成后都必须进行养护管理,养护是为了提高苗木的成活率、生命周期和造景效果,园林工程的养护管理有着很重要的意义。园林绿化养护管理上,每一项技术措施都该放在整个综合防治体系中加以评价,并根据季节、天气、土壤、植物的生态习性和生长阶段等的不同而采取相应的措施。严格抓好肥、水、病、虫、剪这五个方面的养护工作。为了保证绿化景观的持续效果,使绿化能长期发挥效益,国家和有关部门应对城市绿化事业高度重视,面对城市绿地管理中出现的许多问题,总结城市绿化建设过程中的经验、教训和成果,对设计、施工、养护管理的各个方面做出严格的规定和要求,使之纳入法治化轨道,以利于依法加强城市绿化工作,促进全国绿化事业的发展。

我国各级立法均在建设、保护和管理内容中规定了企业参与绿化的要求。如北京市立法规定:"绿化工程建设应当符合国家和本市有关标准和规范。从事绿化工程设计、施工、监理活动的单位应当具备相应资质。依法应当实行招标的绿化工程,按照国家和本市的有关规定进行招标。"①天津市立法规定:"绿化工程的规划设计、施工和监理,应当符合国家和本市有关标准、规范。绿化工程的规划设计、施工和监理,应当由具有相应资质的单位承担。"②

3. 全民参与。要从根本上解决绿地管理问题,建设并妥善保护城市绿地生态环境,就必须从基层做起,建立起全民参与的城市绿地生态管理主体。全民参与的城市绿地生态管理主体及其基本职能:(1)居民应提高自身的环保意识、法制观念、文化水平、参与观念等素质,自觉参与城市绿地的管理。(2)社区应为城市居民提供各种生态管理的信息服务,与政府、主管部门进行沟通协调。组织居民开展群众性文化活动,参加各种志愿活动,宣传环保思想,培养居民的环保意识。(3)一些社会团体将人民群众组织起来以发挥集体的力量,参与民主管理与社会监督,开展各种环保活动对组织成员及公众进行生态环境教育和引导,化解社会矛盾与冲突,保持社会稳定。(4)广大媒体要大力宣扬生态环境意识,普及环保知识,及时向公众报道环保动态,对政府起到监督作用,关注城市环境状况,揭露破坏环境的违法事件。例如,我国立法中规定的全民植树活动。一些立法规定了公民(除丧失劳动能力者外)义务植树的年龄、数量,未承担义务植树的须按照规定缴纳义务绿化费用,如福州规定无故不履行全民义务植树的单位和适龄公民须按规定缴纳绿化费。

总之,政府是统领城市绿地生态管理的主要机构,对企业与公众有着管理、指导与教育作用,通过法律、行政与经济等手段使整个社会保持稳定的发展,为生态管理的实施创造良好的条件。企业通过内部的生态管理,以及企业之间的相互联系,为生态管理的实施形成有力的基础。居民、社区、社

---

① 参见《北京市绿化条例》第22条。
② 参见《天津市绿化条例》第23条。

会团体,发挥着保护生态环境的作用,同时监督政府的工作,媒体则同时发挥监督与宣传的作用,为生态管理的实施形成有力的保障。

五、监督管理和法律责任方面

当前,我国绿化法律体系日益完善,为我国绿地保护提供了有力的法律依据,基本上做到了有法可依,但是因为环境保护意识不强以及各方利益的冲突,相关制度的实施中难免会出现诸多不足,妨碍立法目的的实现,例如行政执法工作力度不够,部门间缺乏有效联动,程序烦琐等,加强监督管理,完善法律责任制度具有重要意义。

我国各级立法中均规定了监督管理和法律责任制度。监督管理方面,有些立法专门设立一章进行规定,如北京市立法专门设立第五章为"监督与管理",规定了不同级别政府部门的监督与管理职责,以及不同主管部门的监督与管理职责等,但大多数立法并没有专门的"监督与管理"章节规定,而是在管护制度中涉及监督问题。几乎所有立法均包含法律责任制度,这些法律责任包括行政责任、民事责任以及刑事责任。

第五节　中国城市绿地保护地方立法
存在的主要问题及原因

当前,我国国务院《城市绿化条例》是最高层次的绿地相关立法。《城市绿化条例》为政府规章,原则上仅是对政府管理绿地行为的规范。对于绿化企业、公民个人等参与保护绿地的行为,以及绿地保护活动中相关民事、经济活动的调整仍需要依据法律规定。改革开放以来,我国已颁布了多部单行的自然资源保护法,如《土地管理法》《水土保持法》《森林法》《草原法》《矿产资源法》等,对相关环境资源保护发挥了重要作用。从全国性单行立法来看,虽然《土地管理法》《森林法》《草原法》等也适用于绿地保护,但是其乃针对调整的具体领域进行规定,绿地保护相关立法仅仅是其中相对较少的一部分。随着近年来我国对城市绿地保护的重视,以及城市绿地在人民生活中重要性的日益提升,当前我国立法显然不符合现实发展的需要。当前世界很多国家制定了绿地保护专门立法,但我国目前尚无此类立法动向。因此,在绿地保护领域我国需要大量的地方立法来针对各地特点,以规范绿地保护活动。因此,改革开放以来,尤其是1990年国务院《城市绿化条例》颁布实施以后,我国地方绿化法如雨后春笋般制定出来,为我国绿地保护发挥了重要作用。但是,这些地方立法及所设立的制度,因为我国绿地立法整体立法层次不高,缺乏有强制力的依据和指导,加之我国绿地保护实践比较短,以及各地方立法水平的差异,我国地方绿地保护立法仍存在许多需要完善之处。

一、中国城市绿地保护地方立法中存在的主要问题

(一)立法形式不统一,立法差异大

当前,我国占绝大多数的地方绿地保护立法均是人大常委会通过立法程序制定的地方立法,如条例、规范等,但仍有部分地方在绿地保护上是以政府规章的形式规范的,如湖北、河南、山西等。即使是以地方立法形式出现,但名称也千差万别,立法调整对象各异,如广东省城市绿化条例、四川省城市园林绿化条例、河北省城市绿化管理条例、福建省城市园林绿化管理条例、海口市城镇园林绿化条例等。从这些各异的名称即可看出,各地立法调整对象有所差异,制度设计必然各不相同。尽管这是体现地方特色的一个方面,但是绿地保护的制度设计应体现共同的科学性,立法技术也应保持相应的水平。过于强调地方立法的差异性,容易导致各地方立法各自为政,忽视借鉴其他地方先进的立法经验,甚至互相轻视,影响地方立法水平的不断提高,从而影响绿地立法目的的实现。

(二)地方立法结构及内容设计缺乏必要的创新性

尽管我们在地方立法水平和科学性的制度设计上提倡保持一定的统一性,但是从我国当前地方立法的结构和内容来看,缺乏必要的创新性同样是一个很普遍的现象。我国城市绿地保护地方立法多是在 1990 年《城市绿化条例》颁布之后制定出来,其内容结构多借鉴前者,并结合地方实际情况进行了适当调整。尽管我国《城市绿化条例》的内容结构有其合理性,但是我国地方立法在遵守该上位法的基础上,仍要根据绿地保护的客观规律、相关理论研究成果并借鉴外国立法,设立最有利于绿地保护的立法内容和框架,以构建全面、科学、合理的绿地保护法律制度。《城市绿化条例》规定了总则、规划与建设、保护和管理、罚则和附则五个部分的内容。据此,我国绝大多数地方立法均包含总则、规划与建设、保护和管理、法律责任和附则五个部分,如天津市、辽宁省、深圳市以及青岛市。少数立法稍有变化,如有的地方立法突出了监督管理,如上海市立法规定了总则、规划与建设、监督管理、

法律责任和附则五个部分。北京市立法规定了总则、规划与建设、义务植树、绿地保护、监督与管理以及法律责任六个部分。有的立法细化了绿化工作的各个环节，如《四川省城市园林绿化条例》包括总则、规划、建设、管理、罚则以及附则六个部分。《江苏省城市园林绿化条例》包括总则、规划、建设、管理和保护、法律责任及附则六个部分。《重庆市城市园林绿化条例》包括总则、规划、建设、管理、法律责任以及附则五个部分。青海省立法包括总则、绿化规划、绿化责任、"四荒"地的绿化、退耕还林还草、绿化管护、绿化保障、奖励与处罚和附则九个部分。只有我国海南省立法没有分章节。由此可见，我国地方立法结构模式基本相似，缺乏灵活性以及应有的地方特色。

（三）立法目的和原则未能充分体现生态城市理念

生态城市是一种趋向尽可能降低对于能源、水或是食物等必需品的需求量，也尽可能降低废热、二氧化碳、甲烷与废水的排放的城市。生态城市建设是促进我国城市可持续发展的必然选择。完善的绿地系统生态是城市建设的重要内容之一。城市绿地保护立法应以促进绿地生态系统的完善为重要目标。

尽管城市绿地保护已经取得了明显的成就，但是城市绿地保护工作还面临许多问题，生态城市建设仍任重道远：如违法占绿，擅自变更城市绿地性质的现象时有发生；在城市建设中，城市绿化仍是相对的弱项，有的地方一有空地就盖房子卖钱；一些"城中村"的集体经济组织常以发展经济为由，采取各种手段改变其规划确定的绿地性质等。这些问题直接影响了城市人均绿地面积、绿化率和覆盖率的提高，从而影响到生态城市建设的发展。

1. 立法目的体现生态城市建设理念不充分

立法目的一般可以归纳为价值性立法目的和工具性立法目的两大类：前者阐明立法的基本价值和理念，通常以抽象的语言来表述，宣示性作用较明显，具有长远性和终极性；后者阐明立法的具体任务，通常以明确的语言来表述，其要求可以具体衡量，显现出近期性和功利性。两者相互依存、相互促进、和谐统一。[①] 无论是哪种目标，均应体现生态城市的理念。

我国大部分城市绿化立法均规定了立法目的，但是同时体现两种目的的立法并不是很多。更多立法仅仅体现工具性目的，需要考虑两个方面的目的，重新设定，这样才能更好地体现生态城市建设理念。例如我国大部分

---

① 吕中诚：《城市绿化法公众参与原则初论》，载《法制与经济》2011 年 9 月。

城市接受《城市绿化条例》规定的立法目的,即"促进城市绿化事业的发展,改善生态环境,美化生活环境,增进人民身心健康",由此贯穿生态城市建设理念。但明确规定以促进生态城市建设为目的并不多,例如北京市立法规定其立法目的为建设宜居城市,杭州市为建设风景旅游城市等。但是这些地方立法均明确为了维护或改善城市生态环境,体现了生态城市理念。另外,我国早期有些地方立法目的是促进经济发展,或美丽城市建设等,在体现生态城市建设理念上并不充分。

2. 立法原则上体现生态城市建设理念不完善

城市绿化法的基本原则负载着城市绿化法的理念和价值追求,是城市绿化法的灵魂。确立城市绿地地方立法的基本原则也必须贯彻生态城市建设理念,并结合我国地方实际情况,适应生态城市建设对城市绿地保护立法的客观要求,制定出反映生态城市建设和城市绿化自身特点和规律的基本原则。综观我国各地方立法中的基本原则,其中主要规定了以人为本、因地制宜、公众参与、生态优先、科技兴绿和可持续发展等。其中生态优先、可持续发展均体现了生态城市建设的理念。

我国很多地方立法均规定了"以人为本"的理念。"以人为本"要求将保障人的健康和福利作为城市绿化立法的最终目的,这个理念显然与"生态优先"有一定的差异。当然,我国地方立法中在"以人为本"原则的基础上,同时规定了"生态优先"原则。"生态优先"原则体现了对城市生态保护的优先考虑。我国城市绿化具有两方面的功能:一是生态功能,二是美化功能。但在城市绿化实践中,不少地方没有摆正二者的关系,过分强调美化功能,过度追求"艺术",结果是建成后的城市绿地植物品种单一,生态结构简单脆弱,生态功能低下。因此,我国地方立法基本原则中虽然包含了生态城市建设的理念,但是在一些立法中仍不突出,甚至没有相关规定。

(四)绿地管理制度设计存在不科学不合理之处

1. 绿地管理机构设置复杂多样性且效力有待提高

(1)管理机构复杂且职责不明确。

我国绿地管理工作通常由政府机构来行使,但管理体制错综复杂。从纵向看,我国绿地管理从国家到地方分别划分为不同的层次。国务院绿化委员会统一负责全国的绿化工作,城市建设行政主管部门和林业行政主管部门根据职权分别管理。同时,各级人民政府、绿化行政主管部门分别管理地方绿化工作。而各省及市均按照行政区划又分别采取二级即市、区县或三级即市、区县、街道等不同模式。从横向上看,城市绿化主管部门通常为园林部门、城市绿化部门或城市建设管理部门,相关职能部门也是非常广泛,包括发展和改革、城乡规划、国土资源、城乡建设、财政、林业、城市管理行政执法、交通运输、水务、价格、住房保障和房产管理等,2018年国务院机构改革后,自然资源部承担前述相关职能,有些地方还规定专业管理与群众管理相结合。

由此可见,尽管各级人民政府对其辖区内的绿化工作负有完全责任,但是通过设置相关机构,将其职能分配给职能部门,这样政府与职能部门的责任分工就可能产生冲突,出现在具体事项上互相指靠或推诿现象,出现问题的责任承担上也可以有借口推脱。因此,政府与职能部门的权责明确是十分重要的,但当前我国相关立法中对此均没有明确规定。另外,园林绿化行政工作的垂直管理和平行协调也存在问题。各级园林绿化行政管理部门分工也有不明确之处,存在上下级园林绿化行政管理部门相互重叠的管辖事项或者互相指靠推诿的现象,不同的绿地保护管理部门如城市建设和市政市容部门之间的分工也存在争议等。①

(2)管理人员的素质也有待提高。我国目前的公务员招聘和管理体制,弱化了专业对口的限制,即园林绿化管理岗位并不要求接受过完整教育的园林绿化专业技术人员担任。如果园林绿化被并入其他行政管理部门,受编制人员的名额限制,造成园林绿化技术类管理人员相对缺乏,整体管理水平受到限制。相关行政管理干部以及技术人员,以传统林业的造林与管护的方式实施城市园林绿化建设,工作效果差。

2. 城市系统规划及管理制度不健全

城市绿地系统规划是指在一定区域内,根据城市社会经济可持续发展要求和当地自然生态条件,对城市绿地的保护利用在时间上、空间上的总体战略性安排和布局,是我国城市绿地科学合理发展的基础,也是各级政府对城市绿地用途管制的依据。尽管我国各级地方立法均规定了绿地规划编制及管理制度,但多数地方立法的内容比较简单,具体要求不明确,而且对规划编制程序、变更机制等没有明确的规定。如前所述,我国只有部分地方立法规定了,绿地规划应举行听证会,向社会公开征求意见。绿地规划与经济社会发展的协调问题也鲜有涉及,因而容易导致规划的实施困难,并经常出

---

① 2018年3月17日国务院机构改革后此状况有所缓解。

现需要变更的情况,而且绿地规划变更的标准和程序并不健全,因此容易导致规划的实施并不能真正到位,不能发挥绿地规划的应有作用。同时,我国各地方立法均规定了保障绿地规划实施,禁止变更绿地用途,但对于规划实施管理明确规定的很少,一些地方立法忽视规划的实施。实践中变更绿地用途是普遍发生的,例如"临时占用城市绿线内用地"等违反规划的行为,通常应办理严格的审批手续,但我国多数地方立法没有明确规定此类手续,或者规定较宽松的手续。因此,尽管一方面是由于规划不合理影响经济社会发展需要变更,另一方面也有很多不合理的、片面追求经济利益而占用绿地的情形。因此,明确规定绿地用途变更的标准和程序,严格控制变更合理的绿地规划,是我国地方立法需要加强的方面。

另外,在我国实践中,尽管有一部分是开发建设主体为了自身的局部利益而侵占城市绿化全局利益的现象,但擅自变更城市绿地性质、占用城市绿地的行为更多是地方政府的行政行为。这些违规违法行为之所以发生,与缺失必要的监督和惩处有密切关系。前述我国地方立法内容的介绍中可见,我国部分地方立法规定了规划的监督实施制度,但仍有不少立法并未规定此类内容,这必然导致破坏规划的事件时有发生。

3. 其他具体绿地管理制度有需要完善之处

除前述规划管理之外,还有其他许多需要进一步完善的方面。首先,在规范对象上,我国绝大多数立法规定园林绿地的防灾避灾功能;其次,在绿地建设管理中,关于施工和竣工验收,目前只有《城市绿化工程施工和竣工验收规范》对其进行管理,缺乏施工过程中对监督管理规程、管理责任的认定,以及竣工验收的规程认定。在养护管理方面,缺乏相应的标准对绿化成果的养护管理水平进行限定。

(五)绿地管理经费保障制度普遍欠缺

根据前述我国地方立法内容的介绍可知,尽管我国各级地方立法中均规定了"人民政府应当将城市绿化事业纳入国民经济和社会发展规划,将城市绿化经费纳入同级财政预算",但是规定具体的经费保障制度的很少。例如,天津市立法规定,绿化建设经费由建设单位承担,列入建设工程项目总投资。鼓励村民委员会、村民对宜林荒山、荒地和村庄周围的空地、村庄内的闲置土地进行绿化,达到规定规模标准的,市和区、县人民政府给予适当补贴。该类规定总体比较抽象。四川省立法较为详尽,其规定:绿化资金来源,实行自筹为主、国家扶持的原则。各级人民政府每年从地方财政中拨出一部分资金用于当地绿化事业,并从支农资金中划出一定份额用于造林绿化。对承包荒山、草场绿化的单位和个人,实行有偿扶持。凡承担绿化任务的部门和单位,应按照有关规定的比例和数额提取绿化资金。以木竹为原料、材料的煤炭、造纸、采掘等部门,应按照规定提取育林费,用于原材料基地建设。没有林地的单位,可与地方联合造林;新建设工程的绿化费用,列入基本建设计划,由基本建设投资解决。用材企业自营或者联营建立原材料基地,发展林业,其所得木材、竹材不抵扣国家分配供应指标。生产、销售木材、竹材、木竹制品和林副产品,应按有关规定提取或者交纳育林费。各项绿化资金,除财政拨款外,均纳入预算外资金管理,实行财政专户储存,由财政、银行、绿化委员会监督使用,专项用于绿化事业。义务植树所需苗木费、管护费,由林权所有单位自行解决。因义务植树任务大无力承担全部费用的,按单位隶属关系,由各级财政给予适当补助。在义务植树中所收取的绿化费用,必须用于完成义务植树的任务,不得挪作他用。但是多数地方立法规定简单抽象,很多地方立法根本没有规定经费方面的内容。因此,我国地方立法在建立多元化养护资金机制仍很欠缺。

(六)城市绿化补偿机制不完善

城市绿化补偿费由三部分构成:一是易地补建绿地代建费。即建设单位对新建、改建、扩建的工程项目绿化率达不到规定标准时,依法交纳并委托城市建设主管部门易地补建绿地。二是临时占用城市绿地补偿费。即向临时占用绿地单位收取占用绿地费用。三是树木补偿费和代植费。即经过批准砍伐的城市树木及垂直绿化植物的,向砍伐者收取补偿费或代植费。我国各级地方立法均规定有绿化补偿机制,但该费用的收取和使用实践中出现不少问题。例如易地补建代建费收缴往往存在执行不到位的现象,如开发商在城区一级地段开发房地产用地的配套绿化不达标,按照规定应收取一定绿化补偿费,虽然该笔费用与其巨大的开发收入相比只是非常小的一部分,但有的占地单位仍以各种理由要求降低缴纳,且资金经常不能到位。异地建绿很多情况下也是难以落实。而且,有的地方政府为了招商引资,纷纷将此类收费变成非强制性的经营性收费或下放收费权,导致绿化补偿费的机制形同虚设。这些问题表明,我国地方城市绿化补偿收费制度不能体现城市绿地的价值,对该制度的实施保障制度不完善。

(七)城市绿化配套保护制度缺位

我国地方绿地保护制度包括规划、建设、保护和管理等各方面,涉及的内容总体比较全面,但是在实践中经常出现保护不到位甚至破坏绿地的现象。这与我国现行绿地保护制度中相关配套制度的缺位密切相关。其中引起最大争议的是城市绿地产权制度的问题。我国城市绿地没有明确的产权(所有权或使用权)主体,导致保护力度弱化。我国相关立法虽然规定了绿地养护责任主体为城市人民政府城市绿化行政主管部门管理,但未对城市绿地权属作出规定。例如《青岛市城市绿化条例》规定了城市绿地的养护主体,即公园绿地由城市绿化行政主管部门负责;居住区绿地,实行物业管理的,由业主或业主委托物业服务公司养护;未实行物业管理的,由街道办事处负责。有的地方如宁波市、山东省的城市绿化法规虽然规定了树木所有权的确认制度,但未对其是否实行产权化管理(如交易、补偿制度)作出规定,使得这种产权确认制度由于缺乏内在的利益力度而不能发挥其应有的功能。因此,法律上常有的困惑是:谁是城市园林绿化的所有权主体?是国家(国务院代表)还是省、市、县地方政府?地方政府现行的对城市绿地的行政审批权(如砍伐、迁移树木的权力)是一种什么样的权力?是所有权还是管理权的表现?现实中,由于所有权主体的虚置,导致政府的权力过于强势,包揽了规划、建设、管理一系列事务,排斥了市场规律在保护城市绿化方面的积极作用,而且公民参与程度不高。甚至一些地方政府利用产权制度的模糊性无视城市绿化巨大的生态价值,随意占用绿地搞建设。

(八)绿地利用效益评估制度欠缺

我国地方绿地保护立法几乎全部都没有确定绿地利用效益评估制度。绿地利用效益评估制度是在绿地建成之后,对于其在实现立法目的,实现绿地功效方面的成效进行评估的制度。随着我国生态环境保护理念的不断推广,国家保护环境力度的增强,各地方大力加强城市绿化建设文化,纳入保护的绿地面积不断扩大,绿地数量不断增加,分布日益扩展。这些绿地无疑实现了一定生态城市建设的目的,但是在实践中,这些被纳入保护范围的绿地逐渐出现规划、设计不规范不合理的现象,如绿地布局缺乏科学性,没有考虑经济社会发展需要;绿地建设不尊重地貌特征,导致破坏表层土壤和生态结构,并大大增加了工程造价;盲目引进外来植物或种植过多对公众健康有影响的植物等,严重影响城市绿地建设目标的实现。因此,在通过规划促进城市绿地发展的同时,也要加强对绿地利用效益的评估,通过专家评审、公众参与、地方政府审查等形式和程序,对城市绿地规划建设方案设计和绿地建设完成后的经济与社会效益进行综合评估,及时对城市绿地建设进行调整和完善,最大限度地发挥城市绿地的生态效益,使城市绿地系统规划落到实处,充分发挥城市绿地建设的生态和经济社会效益。

（九）法律责任制度设计简略,监督与实施措施没有保障

如前所述,我国绝大多数地方立法结构中均包含"法律责任"部分,其中设立了违反该地方立法的行政责任、民事责任甚至刑事责任。其中行政责任包括主管机构和相关部门违法行为应受到的行政处罚,以及主管机构和相关部门对于单位和个人的违法行为实施的行政处罚措施,通常后者规定较为详细,但是对于前者很多立法没有规定或规定相对简略,这显然不利于主管机构和相关部门严格遵守法律的规定。大多数立法并没有规定行使行政执法权的部门,或者规定相关的执法要求和程序,不利于执行的规范化和对违法行为的制止。同时,在违法责任设置上,不少立法规定的处罚只是象征性的,不能有效威慑违法行为,或者更多顾及政府部门的利益,设定较少较轻或者模糊的责任。大多数立法没有规定民事责任制度,从而使主管部门或政府缺失了一种追究违法行为责任的途径,立法的不明确也使采用此种途径的法律依据不充分。

我国绝大多数地方立法还规定了刑事责任,但同样非常简略,在行政和民事责任之外,附带性规定"触犯刑律的,承担刑事责任",不能发挥刑法在保护绿地中的重要作用。从法律责任看,刑事责任因为涉及对违法行为者的生命、自由及财产等方面的剥夺和限制,常常被认为具有更大的威慑力,在绿地保护中引进刑事责任制度无疑可以增强绿地的保护力度。但是我国各地立法对此并没有详细的规定,更没有向发达国家那样规定详细的违法行为及相应的处罚措施,无疑是难以发挥应有效力的。

另外,我国地方立法也很少规定对地方政府或主管部门执法工作的监督措施、违法执法的具体情况以及处罚。地方政府决策及行政活动的监督措施主要包括法律监督、人大监督、行政监督与社会监督等,但各级立法并没有全面规定这些措施,对于社会监督的规定也不健全。无疑这不利于保障执法机构依法有效执法,不利于执法水平的提高。

（十）绿地保护激励机制与宣传制度尚未普遍建立

尽管我国绝大多数地方立法均规定了任何单位和个人都有保护城市绿地、树木花草以及城市绿化设施的义务,有劝阻和举报损害城市绿化行为的权利,但是对绿地保护的激励机制并未完全建立。我国部分立法规定了对绿化工作作出显著成绩的单位和个人,各级人民政府应当给予表彰或者奖

励,如上海市、江苏省等,但是对于如何奖励、奖励的方式及标准等并没有进一步的规定,不利于促进动用社会各阶层力量保护绿地的氛围。就宣传方面,天津市、杭州市等作了相应规定,如天津市规定:"新闻媒体应当加强绿化科学知识、绿化法律法规和建设生态宜居城市的宣传工作,增强公民履行绿化义务和保护绿化成果的意识。"杭州市规定:"强调机关、学校、企事业单位和新闻媒体对城市绿化保护的宣传教育,提高市民爱护城市绿地的意识。"但仍有很多地方立法并未采取此类规定。即使有相关规定,如前述天津市和杭州市,但是对于宣传的途径和方式规定仍很单一,没有充分发挥现代技术和互联网时代的宣传作用。

除此之外,我国很多地方立法在科学绿化方面、在绿地保护应急机制方面以及服务制度方面没有进行明确的规定。

总体而言,我国绿地保护立法从立法形式、立法内容和结构、立法制度设计等方面仍需要进一步完善,才能充分发挥法治保障的作用。

二、存在问题的原因

尽管改革开放以来,我国城市绿地保护地方立法蓬勃发展,为我国城市化的发展增添了勃勃生机,有力地促进了我国城市生态化建设进程。我国城市绿地保护立法制度的设计及具体内容均适应我国当前生态城市建设发展需要,绿地规划、建设、保护及管理等一系列制度基本上是合理的。但是因为历史的原因以及当前我国法治化发展现状,我国城市绿地保护法律制度存在上述不完善之处有因可循。探究问题存在的主要原因,有利于我们提出更加科学合理的完善建议。

(1)国家整体法治水平有待提高。改革开放以来,尤其是习近平同志提出依法治国以来,我国法治建设取得了重大进展,我国的法治化水平有了很大提高。但是因为历史的原因以及新中国成立后法治建设经历了曲折的发展历史,我国整体的法治水平仍不高,相应的,我国绿地保护国家层面的立法尚未制定,《城市绿地保护条例》作为行政法规不能发挥一般法律对地方立法的统领作用。从地方层面看,我国地方立法开展时间短,地方立法放权时间进度不一,设区的市 2015 年以后才被授予地方立法权。因此,地方立法实践仍不充分,我国城市绿地保护的立法技术仍不成熟和立法水平有待继续提高,诸多制度设计仍存在许多需要完善之处。

(2)我国环境保护与经济发展的矛盾尚需要进一步协调。改革开放以促进经济发展,提高人民生活水平为重要任务之一。以经济发展为中心一直是各级人民政府的执政理念。但是随着我国经济的不断发展,人民物质生活水平不断提高的同时,我国环境污染也达到前所未有的严重程度。清洁的空气和水、清新的公园绿地和郁郁森林等城市居民通常应该拥有的正常生活环境受到了严重破坏,生态环境保护纳入国家发展和安全战略,政府和其他社会成员的环境保护意识有了很大提高。但是,我国仍然是发展中国家,经济发展的巨大任务仍然压在地方各级政府的肩上。环境保护与经济发展的矛盾时有发生。体现在城市绿地保护上,则是满足城市居民对生态环境需要的绿地建设与经济建设的矛盾;体现在具体事务上,则是城市绿地规划用地与房地产开发用地之间的矛盾,以及城市基础设施建设、企业用地建设与绿地建设的矛盾等。因此,地方政府往往在环境保护与经济建设二者之间权衡,无论是法律制度的设计还是法律制度的实施均不敢明确地选择牺牲经济发展来保护环境,或者说不敢真正做到生态环境优先,制定严格的、可能会制约经济发展的绿地保护制度并严格实施该制度。

(3)我国地方行政区划多且层级复杂,各地方特色千差万别,地方立法目标追求、立法水平和法律制度的需求差异大。在无国家层面立法的情况下,各地立法往往片面追求地方利益,甚至是短期经济利益,因而各地方立法从总体上有时候难以体现共同的价值追求,在制度设计上五花八门,甚至不同的地方立法在相同的问题上作出相互矛盾的规定。因此,出现体现地方特色有余,而反映绿地保护立法共同需要的科学合理性制度设计不足。各地方立法水平各异,立法水平差异大,借鉴其他地区先进经验不足,立法存在问题在所难免。

(4)我国绿地保护实践较短,绿地保护制度设计尚需要在实践的检验中不断完善。尽管新中国成立后我国将绿地保护纳入国家城市建设的范畴,十分重视并取得了不少进展。但是与许多绿地保护历史悠久的国家相比,我国绿地保护实践仅有短短几十年,政府及公众的绿地保护意识还未形成,绿地保护制度设计上尚存在欠缺,需要随着实践的发展不断完善。

(5)我国行政管理体制的改革还在发展之中,政府管理绿地的经验还不是很充足,生态环境保护理念还未形成。我国在经济体制改革的同时,加强政治体制改革,尤其是加强政府职能转变,提倡服务型政府。但是,我国几千年的封建传统,行政机关往往以管理者自居,在公共管理等事务上不注重公众参与,民主立法及民主管理的意识尚需要进一步加强。因此,体现在绿地立法及绿地行政执法上,仍存在诸多问题,需要在地方立法中进一步加强对政府管理绿地行为规范的准则,确立有效的绿地管理法律制度。

总而言之,我国绿地保护地方立法需要针对存在的问题,分析存在问题的原因,借鉴其他国家和地区的先进立法、经验,进一步完善相关方面,从而实现对我国城市绿地的真正有效保护,建设美好的城市人居环境。

第五章　典型国家绿地保护
法律制度研究

　　他山之石可以攻玉,中国经典名言传递着永恒的智慧。尽管中国城市绿地保护地方立法无论从规模上还是法律制度上均在保护我国城市绿地中发挥了重要作用,但问题是客观存在的。正如前所述,我国城市绿地保护地方立法仍存在诸多问题,需要进一步完善。考察当前国际社会在城市绿地保护及相关立法上走在前面的典型国家,对于我们了解自身的不足,意识到我国的差距是很有意义的。因此,研究典型国家绿地保护相关法律制度,吸收全人类文明智慧的成果,有利于中国城市绿地保护地方立法的完善。

第一节　典型国家绿地保护法律制度之介绍

一、英国绿地保护法律制度

　　英国的园林立法已有 400 余年历史。1544 年《禁止乱伐林》规定 12 种标准的树木必须保存,不得任意砍伐。1863 年《城市庭院保护法》、1872 年《公园管理法》、1877 年《绿地法》(《开放空间法》)以及 1906 年新《绿地法》(1906 年《开放空间法》)的颁布已经初步建立起了绿地园林保护的法规体系。1928—1976 年英国又先后颁布了《娱乐活动场法》《公共改氛法》《城市庭园保护法》《绿带法》《国家公园和乡村利用法》《城乡规划法》等 50 多个园林法律法规,形成了从国家到政府纵向联合、横向互补、较为完善且完整的绿化管理法规体系。[①] 例如,1936 年《绿带法》规定对伦敦郡周围的公共团体收买伦敦周围的土地付给补助金,从而保证相当面积的绿化用地。1971年《城市规划法》中"树木保护命令"专门规定树木保护的规划要求。在如此完善的法律体系保护下,英国各城市均保持了较高的绿地标准:特大城市约

――――――――――

　　① 林琳:《论园林法规的发展历程与社会作用》,浙江大学 2014 年硕士论文,中国知网,http://www.cnki.net/,下载日期:2018 年 1 月 22 日。

13 平方米/人、大城市约 21 平方米/人、小城市约 32 平方米/人、新建城市40 平方米以上/人。

1906 年英国新《绿地法》共 25 条。其中，第 1 条规定了绿地^①的管理机构；第 2 条至第 5 条规定了绿地的委托管理人及与私人、公司在绿地利用上的关系；第 6 条至第 7 条规定了坟地及公司土地处理与绿地利用和发展的关系；第 8 条至第 12 条规定了管理者的会议工作制度以及其在购买土地、处理坟地等工作中的标准；第 13 条至第 16 条规定了权益所有者及管理者的权利和义务；第 17 条至第 18 条规定了资金来源及资金借贷的主体；第 19 条至第 25 条为补充条款，规定了该法的适用范围、地区、时间及有关概念的界定。结合其他相关法律，可以看出绿地法律保护制度有如下特点：

1.英国绿地管理机构为地方当局，主要负责绿地规划方面对私有地产的管理和控制，同时保障权益所有者的权利。^② 地方管理机构包括：任何县、市、区或任何地区的委员会、伦敦城市共同委员会以及根据教区所在县委员会的命令依法授权投资的任何教区理事会。此外，国家信托基金、历史园林彩票基金、遗产保护委员会、国家公园管理委员会等对其所拥有土地上的公园及这些机构针对在公园中实施的项目进行管理。尽管管理机构多样，但其具有共同的目标，即保障绿地供给，为公众提供休闲、娱乐、健身等服务。管理内容和具体做法主要是通过行政命令或与私有产业主缔结协议等，保障绿地土地供给、建设资金以及各方权利，以保障绿地建设的需要，为公众提供充分的休闲娱乐场所。

2.多方力量参与绿地保护，并各担其责。在土地私有制的背景下，与私人地产主及相关企业合作，保障绿化用地的正常规划。政府对绿地保护是十分审慎的。地方政府根据区域规划来决定地块的用途，一旦土地所有者提出改作商业用途，一般不会予以批准，除非与区域规划不矛盾的情况下，开发项目又符合政府为民众提供服务的需要，但论证过程也是非常漫长的，有时会经历几年甚至十几年时间。即使是这样，政府仍会与土地所有者协商，在拟开发土地中拿出一部分用于公共配套服务。同时，英国的很多非营利性组织，比如国家信托基金、公园信托基金等，它们持有大量土地，很多国家公园、自然保护地都是它们的领地，它们通过各种方式募集资金对环境进

---

① 该法中称之为"开放空间"（Open Spaces）。
② 城市公园由地方政府实施管理，城市外围的森林及国家公园由英国林委会管理。

行修复,并持续地对绿色环境进行维护。另外,英国民众热爱和重视绿地保护,通过募捐和志愿服务活动为绿地提供服务和资金。[①]

3.公园、绿地管理规范和标准完备。英国绿地保护立法早,制定了许多有关公园的规范和标准,其中最重要的有:英国公园管理法、英国森林标准以及绿旗评估标准等。这些规范和标准为绿地保护确立了具体可行并行之有效的准则,如绿旗评估标准,规定了公园获得绿旗的八个标准,即热情友好之地、保证游客安全、保持整洁、可持续发展、保护与传承、社区参与、营销、综合管理等,同时其中的每一方面又都规定了非常详细的要求。英国的任何公园或绿色开放空间都可据此申请绿旗奖,绿旗评估机构会根据每年的申请,组织专业人员依据标准进行评估,公园或绿色开放空间一旦通过评估会被准予悬挂一面绿旗,从而代表该公园的运营和管理具有较高的品质。目前为止,英国悬挂绿旗的地方多达1200处。

4.资金来源有保障。英国公园的运营资金来自于:政府、国家信托基金、遗产保护委员会、历史园林彩票公益金、会员会费、营利项目等,有时还可申请欧盟的项目资金。公园每年的维护养护资金没有统一的标准,不同的公园根据自身的特点和运营情况每年会列出预算,由专业人员进行核定。相关非营利组织的资金按项目申请,有一整套程序,审查非常严格。总体而言,英国公园的运营维护资金不算充足,也存在重建轻管的问题。[②]

5.规划措施科学合理。伦敦作为当今绿化发展最好的国际化大都市之一,长期致力于绿化的发展与保护,不仅为当地的居民和国内外游客提供了充足的娱乐、休闲空间,也使整个城市充满着生机和活力。目前,绿化和水面占据了伦敦2/3的地表,其中大约1/3面积的是私家花园,1/3是公园,其他1/3则是草地、林地和河流。其具体措施主要包括:(1)注重制定高起点的绿化发展战略。其主要建设目标有五个方面:繁荣的城市、宜人的城市、便捷的城市、公平和绿色的城市。为此制定了保护生物多样性的战略和行动计划,试图通过这一战略取得经济、社会和环境效益的平衡,增加人们对自然绿色空间的可达性。(2)注重规划建设不同层次的公园,组成科学合

---

①　张亚红:《英国公园绿地的保护与管理》,《2011北京园林绿化与生物多样性保护》,2011年会议论文,中国知网,http://www.cnki.net/,下载日期:2018年9月20日。

②　张亚红:《英国公园绿地的保护与管理》,《2011北京园林绿化与生物多样性保护》,2011年会议论文,中国知网,http://www.cnki.net/,下载日期:2018年9月20日。

理的绿地系统。其除拥有一些具有历史价值的海德公园、圣詹姆斯公园等皇家公园外，还拥有 100 多个小社区公园和私家花园，而最重要的是在这些大型古老的公园拥有较高的生态价值。同时，伦敦还有超过 7000 英亩的林地，城市的各级绿地形成了一个严密的绿化网络；值得一提的是，在绿地规划中运用地理知识，顺着大气的风向建设带状绿地，保证了城市的风道畅通并把郊区的清新空气引入城市，有效降低市中心的热岛效应。(3)注重规划建设和保护面积庞大的环城绿带。据 1997 年英国全面调查的数据表明：全国经由结构规划确认的绿带共有 14 个，覆盖面积达到 165 万英亩，大约占国土面积的 13%。而伦敦的环城绿带平均宽度为 8000 米，最宽处达到了三万米，充分保护了具有特殊历史文化风貌的城镇，并起到了利用废弃的土地来重建城市的作用。为了对绿带内"不适当的发展"(有害于绿带发展)情况加以明确引导，当局规定在绿带内的新建筑除了六类用地，如农业和森林用地、户外休闲、墓地等外都属于不适当发展的范畴。(4)注重对绿地生物的保护规划，因地制宜地发展各种形式的绿化。伦敦绿地配置了从低矮的灌木到高大的乔木的良好生物群落，而河道、池塘和湖泊等自然环境与绿地充分结合，充分保护了乡土物种和人为影响下的自然进化种类。

二、日本绿地保护法律制度

(一)日本绿地保护立法概况

日本以"法律""政令""省令"三种形式进行立法。日本对城市建设、绿地保护、风景区建设、生产绿地的保护、古都风貌保护等方面都制定了专门的法律、法令。第二次世界大战前，日本公园管理主要依据 1921 年公布的《旧国有财产法》、1914 年公布的《公共团体管理公共用土地物件使用相关法律》及 1919 年的《城市规划法》。第二次世界大战后，日本制定了《首都建设法》(1950 年)、《首都圈建设法》(1957 年)以及《城市公园法》(1956 年)等对绿地进行保护，促进了城市公园绿地建设的发展，但是建设后的城市公园缺乏统一管理法规，仅依据公共团体的相关条例，管理缺乏统一性，无法有效合理地进行管理。1952 年建设省城市局发布了《关于根据太政官布告设置的公园管理合理化》是专门针对公园保护的文件，开始注重"公园管理"的重要性。

20 世纪 60 年代以来，日本工业迅猛发展，环境日趋恶化，为改善环境问题，日本先后制定了《城市绿地保护法》《生产绿地保护法》《自然公园法》

《自然环境保护法》等一系列法律、法规,并在 1969 年、1976 年、1981 年三次通过了城市公园绿地建设 5 年计划。1995 年、2004 年通过对《城市绿地保护法》的修订,以及 2004 年《景观法》的颁布,日本制定了有关城市绿地保护及绿化改善的综合性策略,并在制度上明确了景观规划在城市建设中的管理地位。① 此后,日本相继颁布了包括《故都保护法》《文化遗产保护法》《城市绿化保护法》《自然环境保护法》等法律保护绿地等自然景观。② 当前,日本已建立了系统的绿化管理法律体系,并确立了一系列较为完善的法律制度,对城市建设、绿地保护、风景区建设、生产绿地以及古都风貌等各个领域进行了较好的保护,使日本的城市园林绿地在城市人口密度极高、用地极紧张的情况下得以逐年增加,全国城市人均公园面积已达较高水平。③

1974 年《城市绿地保护法》是保护城市绿地的重要法律文件。该法包括总则、绿地保护地区、绿化协定及罚则四个部分。总则部分规定了立法目的、国家与地方公共团体的任务两个内容。立法目的为在城市中保护绿地和促进绿化的必要事项,形成良好的城市环境,有助于确保居民文明健康的城市生活。国家与地方公共团体的任务有两项:一是,由于城市绿地是居民健康文明的生活所不可缺的组成部分,因此国家与地方公共团体必须对保护绿地和促进绿化采取必要措施。二是,各单位在进行业务活动时,都必须采取必要的措施以保护绿地,国家和地方公共团体为达到本法律规定的目的,必须配合这些措施。城市居民负有保护城市绿地的责任,国家和地方公共团体为实现本法律的目的必须予以协助。第二部分绿地保护地区主要就绿地的划定、标志的设置、限制性行为、对违反者恢复原状的命令等、损失补偿、购入应保护的土地、针对违反行为的报告及进行检查等进行了规定。其中,限制性行为是指在绿地保护区内,为经都道府县知事许可,不得进行的行为,包括五个方面:(1)建筑物,其他建筑物的新建和改建;(2)平整宅地,开垦土地,采取土石,采掘矿物及其他改变地形和地址的行为;(3)采伐竹

---

① 林琳:《论园林法规的发展历程与社会作用》,浙江大学 2014 年硕士论文,中国知网,http://www.cnki.net/,下载日期:2018 年 1 月 22 日。

② 雷正寰:《英、美、日的园林立法》,载《园林》1996 年 4 月。

③ 日本公园制度起源于 1873 年的太政官布达第 16 号,根据其演变特点,可分为以下4 个时期:《城市公园法》制定之前;《城市公园法》制定后城市公园建设五年计划的推进期;国家实行的大规模城市公园建设和公园绿地管理财团实行的公园管理期;外围组织的委托管理到导入"指定管理者制度"至今。

木;(4)填平水域或排水造田;(5)除上述各点外,其他使绿地保护受影响的行为,按有关法律规定。同时,都道府县知事,对上述申请的行为如认为有碍绿地保护时,不得批准。都道府县知事,批准第1项申请时,如认为在绿地保护上有必要时,可附加许可期限和其他条件。在绿地保护区内,凡欲从事第1项中所允许的各项行为者,事先必须将意图通知都道府县知事。制定新的城市规划时,在有绿地保护地区的地方,在绿地保护区内已经进行的第1项中所指出的各种行为,从城市规划实施之日算起,必须在三十日内,将其意图呈报都道府县知事。在绿地保护区内,由于特殊灾害,作为应急措施实施而进行第1项各点行为时,从采取措施之日算起,十四日内必须向都道府县知事呈报其意图。对于第4项的通知或第5项、第6项的呈报,都道府县知事为了保护绿地,必要时可对呈报者进行建议和劝告。国家机关或地方公共团体(1950年法律第218号规定的港湾法包括港湾局)施行的行为,不必得到第1项的许可。但有关国家机关和地方公共团体要进行其行为时,预先必须和都道府县知事达成协议。但仍有一些例外规定,即依照《首都圈近郊绿地保护法》第4条第1项规定,近郊绿地保护局施行的行为;关于进畿圈保全区域的调整,符合法律第9条第4项第1点政令规定的行为;一般的管理行为、简单的行为、其他按政令规定的行为,这些行为并非限制性行为。同时,认为实施的事业具有较大的公益性,不显著妨碍保护绿地,没有危害时按政令规定。在制定城市规划时,规划的绿地保护区内已经着手从事的行为,或作为非常性灾害应急措施而实行的行为,不受此限制。

第三部分绿化协定规定了协定的缔结、内容、批准、变更、作用范围和废止。在城市规划区域内,规模较大的土地,或与道路、河流等相邻接的大片土地(这些土地中供作公共设施段的土地及其他建筑群拥有土地权或租赁权者,以下统称土地所有者),为确保市街地区的良好环境,经全体土地所有者同意,可以缔结该土地区域的绿化协定。绿化协定必须规定的事项有:(1)绿化协定涉及的土地区域。(2)必要的绿化事项:①树木的种类;②树木栽植的场所;③栅栏或围墙的构造;④其他有关绿化事项。(3)绿化协定的有效期限。(4)对违反绿化协定采取的措施。同时绿化协定必须得到市、町、村长的许可。市、町、村长认可绿化协定申请时应将绿化协定的旨意公之于众,约两周期间供有关人员观看。观看期内有意见者可向市、町、村长提出。

第四部分罚则规定对违反命令者,判处1年以下的徒刑或20万日元以下的罚款。对违反第 5 条第 1 项规定者和第 5 条第 3 项规定的附加条件者判处 6 个月以下的徒刑或 10 万日元以下的罚款。对违反第 4 条第 3 项规定者、不提交第 11 条第 1 项规定,不履行报告或提交虚伪的报告者、拒绝妨碍或回避第 11 条第 2 项规定的检查或调查者、法人代表者或法人,或个人的代理人、使用人,其他工作人员,其法人或个人的业务或财产,有违反以上规定的违法行为者,判处 3 万日元以下的罚款。法人除处罚行为者外,对法人或个人各按该条处以罚款。

（二）日本绿地管理制度的发展及特点

日本绿地保护的现有成就离不开科学合理的管理制度。日本现代绿地管理制度的完善经历了一个漫长而曲折的发展过程。

1.《城市公园法》制定之前的管理运营

就主管部门而言,《城市公园法》制定之前,公园管理运营主管部门曾经历了多次的变动。1873 年的太政官布达第 16 号之后,日本近代公园制度产生。当时主管公园的行政部门是大藏省①,1873 年 11 月日本新设内务省②,公园行政主管事务被转移至主管游戏场的总务课和主管国有土地的地理课。1886—1898 年,内务省地理局地籍课管理着公园相关事务,至 1898 年地籍课被取消,国有土地公园由大臣官房地理课管理。1898 年,公园主管部门开始变为卫生局,可见公园曾被视作公共卫生范畴。从 1918 年起,日本内务大臣官房设置了城市规划课,1919 年制定了《城市规划法》,以前市区改造设计的公园以及城市规划相关公园事务由城市规划课管辖。1922 年变为城市规划局,关东大地震后重新变为城市规划课,管理复兴事业以外的城市公园。1937 年,官房城市规划课变为规划局,1941 年与国土局合并,直到 1947 年内务省解体为止,城市规划的公园由国土局规划课管理。1947 年,由于战争灾害,复兴院被废止的同时重新设置了建设省,城市规划公园等由规划局（城市局）设施课所管,1961 年设施课改名为公园绿地课,并一直沿用至今。

就管理制度而言,与太政官布达同时,东京都向太政官以及财政省汇报了包含《公园管理注意事项》在内的《町触（告示）草案》,说明了管理者、养护管理以及具体的管理方针。因此,作为公园经营方法,曾考虑将公园地域的

---

① 主管财政、金融、税收的中央财政机关。
② 总管警察、地方行政等民政的中央官厅。

一半仍保留作为原有意义上的公园,另外一半通过招投标出租座位、小吃店等,其收入用作公园管理经费。之后对作为财源的土地逐步进行了清理,明治末期每年收支余额达到 200 万日元,对公园管理财源起到了很大作用。东京和其他各地也采取了这种方式,东京以外的各城市虽然指定了公园,但是由于经营困难,特允许开设料理店、茶馆等,通过其场地出租费收入作为公园经营费用的情况比较多。

就地方管理而言,公园管理主体曾委托府县知事,进而再次委托给府县知事管辖下的市町村。公园虽是国有财产,但被委托给府县或者市町村等地方自治团体。管理上相当自由,但缺乏统一法规。明治时期,根据太政官布达第 16 号设置了公园,管理被移交给自治体。例如仙台市的樱丘公园(1875 年)、京都市的圆山公园(1886 年)、神户市的东游园(1875 年)、大阪市的住吉公园、浜寺公园(1873 年)、广岛市的鞆公园(1873 年)等。另外,也有当地居民进行管理的实例,例如福冈市的东公园(1876 年)。大正时期以后,作为行政组织体制,明确了"公园"主管部署,同时也有自治体进行的多样管理。例如京都市在明治、大正时期(1868—1925 年),工务课建设了圆山公园,自 1928 年起土木部土木课负责养护管理,1942 年开始,由于组织重组,养护管理移交设施局管财部风致课。1947 年设置了公园课,1948 年成为土木局绿地课,1951 年变更为公园绿地课。

2.《城市公园法》制定以后五年计划推进期的公园管理运营

1956 年为实现公园的规范化、合理化管理,日本颁布了《城市公园法》,规定了城市公园的设置、管理等相关标准以及城市公园的定义和管理等事项。同时,公共团体制定了城市公园条例进行相关管理。

1965 年前后,日本国家公共事业逐渐兴盛。道路建设五年计划、下水道建设五年计划制定后,对于城市环境形成的关键设施即城市公园重要性的认识急速高涨,1972 年开始根据《城市公园等建设紧急措施法》制定了《城市公园等建设五年计划》,之后 1976 年第 2 次、1981 年第 3 次、1985 年第 4 次、1991 年第 5 次,进而 1996 年年初制定了第 6 次城市公园等建设五年计划(之后成为七年计划),根据该计划开始迅速而具有计划性的建设,一直持续至 2002 年。此期间,日本城市公园面积迅速扩大,公园数量迅速增加,开始设立公园协会等公园管理委托机构。

1955 年下半年至 1975 年,仅靠地方自治体直接管理公园已无法满足要求,因此,提倡"市民参与"的公园管理形式,作为公园收益事业推动机关,还设立了公园协会、公园绿化协会、公园绿地协会、城市建设公社等公共性外围组织,将公园管理业务全部委托给这些团体管理。具体以在1954设立"财团法人东京都公园协会"为开端,在许多主要城市设立了外围组织团体,实行城市公园以及体育、文化设施等受委托管理业务。尤其是1961年发布的《关于强化城市公园管理(建设省城市局长通知)》,是首次真正涉及公园管理的通知。特别是第7条"配备公告栏引起公园使用者注意同时活用广告,根据实际情况,通过组成公园爱护团体等方法,努力启发广大民众"中提及公园爱护会,这是公园管理运营中介入市民参与的契机,值得关注。另外,以有密切关系的公园清扫活动为原点,在全国各地实行了用户管理,例如1962年根据建设省通告成立了"公园爱护会",并在全国地方自治体有计划增加。同时,各城市制定了公园条例,以全国主要城市为中心设置了管理所需的公园管理处,以及在公园规划部门新设管理部门等,力图强化管理组织体制。

3. 大规模城市公园建设时期公园绿地管理财团负责国营公园的管理运营

由于城市公园建设五年计划的实施,日本公园绿地建设得到极大发展。但是很多公园绿地在建设结束时,仍然需要大量细致认真的管理。而且随着特色公园的建设需要,对大规模公园的需求增加,国营公园因此建立起来。根据1976年修改的《城市公园法》设立的国营公园包括"イ号(Y号)国营公园"①和"口号(R号)国营公园"②两类,并认识到合理管理和公园建设同样的重要性,并因此设立公园管理运营的专业机构。

1974年"公园绿地管理财团"设立,其主要工作是国营公园养护管理,促进公园绿地使用和普及启发,开设讲习会、研讨会等,进行调查研究以及技术开发,发行图书、学会杂志和运营服务设施(特定事业),开展诸多国际交流。国营公园的主要业务内容包括植物、动物、建筑物、建造物的维护管理以及清扫、使用向导、广告宣传、活动、门票收费等,管理上确保安全、舒适、清洁、效率,积极与当地市民活动团体或非营利组织携手合作,开展活动

---

① "イ号(Y号)国营公园"是指面积超过一个都府县广大地域中设置的城市规划设施公园或者绿地。

② "口号(R号)国营公园"是作为国家纪念性事业,或者为保护和有效运用国家固有优秀文化资产,经过内阁会议决定设置的城市规划设施——公园或者绿地。

宣传等互相支持和信息交流,活用环境资源、植物性废弃物循环利用、培养保护环境人才,保护和活用公园内动植物等自然资源。

另外,在国营公园内收费设施或特定公园设施设置管理方面,由独立行政法人都市再生机构实行。1979 年 8 月城市规划中央审议会答复了《关于今后城市公园建设和管理应有形态》,随着公园事业扩大和高层次设施建设需求,需要设立技术人员人才库。因此,在 1981 年 10 月设立的住宅城市建设公团(现在的城市再生机构)里设置了公园绿地部。业务内容之一就是国营公园中收费设施(特定公园设施)的设置、管理以及与之密切相关的公园设施以及国家委托的建设和管理。为避免国营公园内管理组织混乱,原则上同意由公园绿地管理财团实行一元化管理。有关公园绿地管理财团以外的营业者运营设施,变为由城市再生机构和租借者之间签订合同。另外,对于这些设施,从管理一元化的观点,城市再生机构订购(委托合同)"营业者指导调整等业务"由财团执行。营业者指导调整业务内容包括对餐厅、小卖部、游乐设施的营业者进行营销、卫生管理、安全管理、事务管理、联络的调整等。"财团法人公园绿地管理财团"将大规模公园高度服务设施(收费设施)管理委托给"独立行政法人城市再生机构",是追求从数量到质量、崭新公园管理的目标。

4. 从委托外围团体管理至导入指定管理者制度

2003 年 4 月,日本社会资本建设审议城市规划历史风土分科会城市规划部门公园绿地小委员会中《今后的绿色和开放绿地确保方策(第 2 次报告)》中,作为多样主体参与绿色保全、建设、管理方法,提出地域地方自治体和非营利组织参与组织构成,形成企业和市民、行政的合作关系等,民间经营者参与计划推进,地方公共团体作为推进市民和民间合作关系的主体等建设性建议,即在提高公园管理运营专业水准或经营性收益事业推进过程中,逐渐向外围团体如公园管理机构、非营利居民团体等实行委托管理。

由于行政组织庞大,1985 年东京实行行政改革,将东京都立公园管理业务委托民间机构管理,将陵园等处所由财团法人东京都公园协会管理委托,至 2005 年 6 月,范围和面积不断扩大。1999 年制定了《私人融资计划法》(PFI,*Private Finance Initiative*),2000 年制定了有效运用民间资金和经营能力以及技术进行公共设施等建设、维护管理、运营的新方法,即 PFI 理念进行管理。与国家和地方公共团体直接实施管理相比,采用 PFI 可以提供更高效的公共服务,削减国家和地方公共团体事业成本。2003 年修正了地方自治法,为高效应对多样化居民需求,提高服务水准,逐渐有效运用民间私人力量,节约经费,使民间经营者参与公家设施管理成为可能,同时由地方公共团体指定的"指定管理者"实行管理,取代以往的管理委托制度。随着公园管理运营专业化需求的提高以及必须推进经营性收益事业,逐渐变为由公园管理机构、非营利居民组织等外围团体的委托管理。民间力量的介入,明显促进和带动了公园管理的高效运行,日本正式进入现代公园管理的时代。[①]

三、新加坡绿地保护法律制度

1965 年建国不久,新加坡政府就确立了建设"花园城市"的规划目标。新加坡政府的立法体系始于 1975 年出台和生效的《公园和树木法令》(*Parks & Trees Act*)。此后经过历次重大修改,特别是 2005 年的修改法案,并辅之以其他配套法案,如《国家公园法令》《公园和树木规则》等。修改后重新实施的 2005 年《国家公园委员会法令》等,形成了新加坡城市环境绿化保护的专门法律制度,既赋予相应政府机构(也就是历经发展的国家公园局)法律效力,又为政策推行提供了法律依据,起到了维护生态自然和保持与扩大绿化成果不可或缺的作用。1975 年《公园和树木法令》目的是开发、保护和管制公共公园、花园以及树木和植物的生长维护及相关事务,作为法律强制性的规定道路建设必须提供植树空间;2005 年经整体性修改,该法案再次明确种植、维持和保护国家公园、自然保护区、遗产道路防护绿地、树木保存区域和其他特殊区域的树木与植物以及负责其他相关事务是法律赋予相应机构和人员的权力。[②]

新加坡城市绿化运动起步于 20 世纪 60 年代初,新加坡政府认为改善城市环境是树立国家形象吸引投资的关键。1973 年成立了花园城市行动委员会,由公园康乐局、环境卫生局、市区重建局等组成,每月开会一次,视环境美化之需要来制定新计划和方法,并由国家公园康乐局付诸实施。20世纪 90 年代初政府将每年 11 月第 1 周定为全国"清洁/绿化周"。活动开始时,国家总理、部长等带头植树、清扫环境,国民积极参与。从而,在全国

---

①　李玉红:《日本城市公园绿地管理发展研究》,载《中国园林》2009 年 10 月。

②　王君、刘宏:《从"花园城市"到"花园中的城市"——新加坡环境政策的理念与实践及其对中国的启示》,载《城市观察》2015 年第 2 期。

范围内掀起美化家园的活动。"美化家园"运动可以划分为三个阶段：尝试阶段(20世纪70年代)，成长阶段(20世纪80年代)，成熟阶段(20世纪90年代)。

新加坡在环境美化绿化方面制定了详细具体的方针:(1)每一条巷道必须种植花草树木;(2)人行道两旁种植灌木和乔木成为林荫步道,使行人和车辆完全隔离;(3)美化高架桥和陆桥,桥上做花坛,并种爬藤类植物,使之成为绿桥;(4)选择开花的攀藤植物,如九重葛、素馨藤等,来美化灯杆;(5)混凝土走道的宽度超过15米要种树,狭小的走道有埋设水管或沟渠者则不可以种树;(6)停车场必须种植花草树木,甚至两行停车位之间也必须种植树木遮阴,停车位上铺设特制空花石板作为树木根系通气之用;(7)绿化围墙和挡土墙;(8)路旁零星地要先整地,使地面平坦整齐再种草皮;(9)践踏枯死的草皮要随时补植;(10)道路旁不雅观的建筑物,均应种植高大的绿篱及花木来遮丑;(11)新填土地在未开辟道路及盖房屋前,政府先用来培植树苗和草皮;(12)施肥以改善土质,施石灰以调整土壤的 pH 值;(13)各街道的树木,均需作根系通气处理;(14)种植果树,使新加坡成为一座热带果树园之城;(15)绿化学校大操场。此外,强调与道路、沟渠等相关工程的配合,使绿化、水电、沟渠、铺路等一次完成,避免不必要的浪费。在植物栽种、景园设计方面,强调安全、美观、遮阴、降低噪声、改善局部小气候等,并对其作了详细的说明。如要求选择不易落叶及枝干较坚韧的树木,以免折枝垂吊,造成幻觉,易致车祸。在移植较大树木时,注意栽植的深度,以免偶遇大风时被连根拔起,发生意外。

(一)新加坡城市绿地保护立法的主要内容及具体制度

1. 2006 年《公园和树木法令》①

该法令包括基本规定(Preliminary),管理行为(Administration of Act),国家公园和自然保护区(National parksand Nature Reserves),树木和植物的养护(Conservation of Trees and Plants),种植区、公共开放空间及绿带(Planting Areas, Public Open Spacesand Green Verges),预防危险(Preventionof Dangers),相关执行权(Powersof Enforcement),违法行为、惩罚及程序(Offences, Penaltiesand Proceedings)以及一般规定(General)等九

---

① Parks and Trees Act，Website：Singapore Statute online,https://sso.agc.gov.sg/Act/PTA2005, loaddown time：2018.1.12.

个部分。

第一部分"基本规定"首先规定其适用于在国家公园、自然保护区、树木保护区、遗产道路绿地缓冲区和其他指定区域内种植、养护和养护树木和植物的行为及相关事项。随后就相关概念进行了界定,如"授权人员""委员会""专员""主管当局"公共公园及树木保护区等。最后规定了政府及工作人员的免责,即(1)该法约束政府,但该法中的任何规定都不应使政府因犯罪而被起诉。(2)为免存疑,任何人不得因该人是为政府提供服务或以任何其他政府或政府的类似能力行事的承办商而因该法所订罪行而受检控。

第二部分"管理行为"中首先规定了公园和娱乐委员会专员及其他官员的任命,即部长任命树木和娱乐委员会官员或雇员专员,专员可委任协助其管理和执行本法或任何其他成文法的人员为获授权行使管理的人员,包括公务员、委员会雇员和辅助警务人员。专员还可任命公务员、委员会雇员、有关管理机构的雇员持有安全官员执照的人为公园护林员。专员、获授权人员及公园护林员为《刑法》规定下的公务员,后二者根据前者的指令行事。同时,专员、任何获授权人员或公园护林员行使本法赋予的任何权力时,如不穿制服,必须报告其职位,并依法或任何其他成文法要求为出示身份证件。任何人可以不遵守专员或任何不获制服的获授权官员或公园护林员所作的任何要求、要求或命令,因为该人未能申报其职位,并拒绝按该人的要求出示身份证。就管理机构而言,部长可通过公告指定任何机构为任何属于政府的土地、属于树木和娱乐委员会的土地或其他由政府或树木和娱乐委员会代为管理的土地的管理机构。

第三部分"国家公园和自然保护区"首先规定了所属的区域为附录中的区域,然后指出国家公园和自然保护区的目的为:(1)宣传、保护和养护新加坡的树木、植物、动物和其他生物,不论是否本土的;(2)研究、调查和保存具有美学、历史或科学价值的物品和场所;(3)研究、调查和传播植物学、园艺学、生物技术或自然和当地历史方面的知识;以及(4)公众的娱乐和教育用途。同时,该部分还规定了如下内容:

(1)分类型规定了限制性行为、惩罚及除外情况:①对树木、植物等的限制行为包括:A.除根据第12条得到专员的批准并符合该批准中的条款及条件外,任何人不得在任何国家公园或自然保护区内进行下列任何活动:a.砍伐、采集或移植任何树木或植物或树木或植物的任何部分;b.粘贴、设置或竖立任何标志、神龛、祭坛、宗教物体、住所、结构或建筑物;c.清理、破坏、挖掘或耕种任何土地;d.使用或占用树木和娱乐委员会的任何建筑物、车辆、船只或其他财产;或 e.在国家公园或自然保护区外任意抛弃或存放任何泥土、沙子、泥土、砂砾、粘土、壤土、粪肥、垃圾、锯末、刨花、石头、稻草或任何其他物质或物。B.任何人不得在国家公园或自然保护区内从事任何明知或应合理知道可能对国家公园或自然保护区内的任何财产、树木或植物造成损害、破坏或破坏的活动。C.任何人违反第(1)或(2)即属犯罪定罪,罚款不超过 50000 新加坡元或监禁不超过 6 个月或两者,如属持续的罪行,以进一步的罚款 500 新加坡元每一天或部分罪行持续期间定罪后。D.第 A 款和第 B 款不适用于:a.专员,根据本法履行职责的获授权官员或公园护林员;b.根据本法或任何其他成文法履行职责的任何树木和娱乐委员会其他官员或雇员;以及 c.协助 a 款或 b 款所述人员履行职责的任何警务人员或工人。②动物方面的限制行为:A.除根据第 12 条经专员授权的批准并符合该批准的条款及条件外,任何人不得在任何国家公园或自然保护区内进行下列任何活动:捕获、带走或喂养任何动物;扰乱或占据任何动物的巢;采集、移除或故意带走任何其他生物体;使用任何动物、火器、爆炸物、网、陷阱、狩猎装置或工具或手段,以捕捉任何动物;或随身携带或携带任何爆炸物、网、陷阱或狩猎装置。B.在国家公园或自然保护区内,任何人不得在其知道或理应知道可能造成任何动物或任何其他生物的伤害或死亡的地方从事任何活动。C.除根据第 12 款经专业授权批准及并符合该批准条款及条件外,不得有人例外:不得在自然保护区携带、释放或遗弃任何动物,或使被带入或释放,或遗弃的任何动物进入自然保护区内;释放或遗弃或使任何动物被释放或被遗弃在自然保护区以外的任何河流、河流、运河或河道中,该人知道或应当合理知道其将流入或通过自然保护区;或允许任何属于或由其负责的动物误入自然保护区。D.任何人违反第 A 款、第 B 款或第 C 款即属犯罪,定罪后罚款不超过 50000 新加坡元或监禁不超过 6 个月或两者,如属持续的罪行,在罪行或部分罪行定罪后的持续期间,在前述基础上每天增加罚款 500 新加坡元。E.第 A 款、第 B 款和第 C 款不适用于:a.专员,根据本法履行职责的授权官员或公园护林员;b.理事会根据本法或任何其他成文法履行职责的任何其他官员或雇员;以及 c.协助 a 款或 b 款所述人员履行职责的任何警务人员或工人。③通知、边界标志等的破坏、损坏等方面:A.任何人不得故意或过失毁坏,损坏或破坏国家公园或自然保护区的任何动物、植物、地质、民族学研究对象以及具有科学和审美情趣的对象。B.任何人不得在任何国家公园或自然保护区破坏、损坏、污损、更改或删除任何通知或其他人代表树木和娱乐委员会竖立的标志;或故意破坏、损坏、污损、更改或删除任何边界标记在任何国家公园或自然保护区。C.任何人违反第 A 款或第 B 款,即属犯罪,一经定罪,可处罚款不超过 20000 新加坡元。D.第 A 款和第 B 款不适用于:a.专员,根据本法履行职责的授权官员或公园护林员;b.根据本法或任何其他成文法履行职责的树木和娱乐委员会任何其他官员或雇员;以及 c.协助 a 款或 b 款所述人员履行职责的任何警务人员或工人。

（2）国家公园和自然保护区破坏的恢复通知。该内容规定:①当有人可能违反第 8 条、第 9 条或第 10 条的规定时,专员可以向正在实施或已经实施该违反行为人发出恢复通知,要求该人修复、工作或改变公园或自然保护区中的任何部分,直至专员认为可以恢复违反规定造成的损害。②该修复通知书,特别要求:（a）改变、拆毁或移除任何标志、神龛、祭坛、宗教物体、住所、建筑物或建筑物的;（b）进行任何建筑工程或其他活动;（c）完全停止或在通知范围内停止活动;（d）因违反第 8 条、第 9 条或第 10 条而从国家公园或自然保护区移走的所有财产、物质或动物;（e）将国家公园或自然保护区的任何部分恢复到以前的状态,如果这种恢复现实或者不需要时,执行专员在通知中指定的工作,以减轻因违反第 8 条、第 9 条或第 10 条造成的影响。③恢复通知应指明其生效日期和期限（从恢复通知生效之日起计算）,以及在该期间内应采取通知所要求的步骤。

（3）批准从事限制性行为:①批准从事任何前述行为的,必须按规定的方式向专员提出申请。②专员可要求申请人向他提供与他申请批准有关的进一步资料或文件。③专员可根据任何人的申请,拒绝批准或无条件批准或根据他要求的条件批准。④如果申请书中提供的任何资料或向专员提交的关于申请的文件中的任何资料在材料上是虚假的;或该人没有遵守规定的条件,专员可随时根据自己的意愿以书面通知撤销根据本条给予的任何批准。

第四部分"树木和植物的养护"首先规定了树木保护区的设立,即部长在咨询树木和娱乐委员会后,认为在新加坡任何地区树木保护规定更符合当前的利益,可以在公报上发布命令,指定在新加坡任何区域（在国家公园或自然保护区）为树木保护区。公布在公报上的任何一份树木保护区地图复印件,经部长证明可以被看作一份真正的树木保护区地图的副本,可以在任何法律程序中作为证据证明地图中包含的事项。其次,规定了砍伐和毁坏树木及惩罚的规定，即任何人未经专员依法批准，并符合该批准的条款及条件，禁止在树木保护区或公共空间砍伐或毁坏一米以上的树木。违法砍伐或毁坏树木的，即属犯罪，一经定罪，可处 50000 新加坡元以下罚款。在对违法行为人处以罚款时，法院在确定罚款数额时，应特别考虑因违法已经出现或可能出现的经济利益影响。树木的周长必须以规定的方式测量。在对违法行为提起的任何法律程序中，关于一棵树周长是否超过一米问题，提供的证明应由专员签字，或其他获授权人员证明，专员或授权人员签名确定的树的周长应被作为该事实的初步证据。在树木的状况对生命或财产构成直接威胁时，不需要前述批准。最后，关于树木养护的通知，如专员认为必要时可以为在任何树木保护区内或公共空间的一米长以上树木制定保护或养护规定，或者对于此类一片树木，专员可就这类树或一片树向树木或树群生长处所的房屋或土地的所有人、从事或即将从事任何建筑工程的人，无论是在房地上，还是在其附近，根据专员的观点，造成或有可能对树木或树木群损害的人作出树木养护通知书。发出树木养护通知书后，所有者或有关人员全部或在规定范围内停止或限制相关房屋上的一切活动；改变、拆除或移离有关房屋的一切财产或物质，建立或导致产生的任何标识、结构或建筑物；或采取专员认为有必要维持或养护有关树木或树木群的其他措施。树木养护通知均须指明：(a)该通知所涵盖的树或树群，指明树或树群的类型、种类、大小、位置和其他细节；(b)生效日期；及(c)通知所要求的任何步骤的期间(应自《树木养护公告》生效之日起生效)。

(4)专员可随时撤销根据本条作出的任何树木养护通知。该部分还就传统道路绿色缓冲区、相关问题作了类似规定。

申请批准砍伐树木和植物必须：(a)以规定的方式向专员提出；及(b)同时交纳不可退还的申请费。专员可要求申请人向他提供与他申请批准有关的进一步资料或文件。对于申请，专员可以拒绝给予批准或无条件批准或在符合他认为合适的条件下批准。专员在他觉得必要时可随时以书面通知撤销根据本条给予的任何批准，即如果在申请书中提供的任何资料或向专员提交的关于申请的文件中的任何资料在材料上是虚假的等。在决定是否根据本条给予批准时，专员可考虑：(a)在周围的景观或景观的知名度和树或植物的贡献；(b)树种或植物的类型和稀有性；(c)附近的树木或植物的数量；(d)树或植物的任何遗产意义；(e)树木或植物是否可能构成危险或损害财产或公用事业服务；及(f)水土保持和水土流失问题。

专员认为对违反行为负有责任或参与违反上述任何规定的任何人可向以下人士发出恢复通知书。对违反进行赔偿,或遗产道路绿化造成损害进行赔偿的人完全或在指定范围内停止或限制与房屋有关的行为,重置或恢复砍伐或损害的树木。如果该重置和恢复已经现实不可能或不需要,执行专员在通知中指定的工作,以减少违反的后果,包括种植其他树木并对它们采取维护措施;改变、拆毁或移除有关房屋的任何财产和物质,任何结构、物体、栅栏、挡土墙、基础、人孔、管道、电缆、水管或任何妨碍或结构(无论是临时的或永久的)建造、拆除或拆除。将遗产道路绿化缓冲区的任何部分恢复到以前的状态,如果这种恢复现实或者不需要时,执行专员在通知中指定的工作,以减轻因违反第18条第1款、第2款或第19条第1款造成的影响。为实现目标采取专员认为合适的其他措施。恢复通知应指明其生效日期和期限(从恢复通知生效之日起计算),以及在该期间内应采取通知所要求的步骤。

第五部分就种植区、公共开放空间和绿色的边缘作了类似规定。

第六部分关于预防危险。凡专员认为毗邻街道、铁路或快速运输系统的房屋或其任何部分的任何树木或植物,无论是否死亡或正在死亡:(a)凡有可能,无论是否倒下,妨碍街道、铁路或快速运输系统的交通,或危及通行该处行人的生命或财产安全的;或(b)妨碍或有可能阻挡下列人员视线的;(c)街上摩托车驾驶人;或(d)铁路或快速运输系统的操作员。专员可以发布执行通知,要求房屋的所有人在规定的时间内采取其认为可行的措施(包括砍伐树木、植物或其中的一部分)。

关于进入房屋检查危险树木或植物的权力。专员或任何授权官员在合理的时间内,可以进入房屋检查树木或植物,以确认其是否构成对人的生命或财产的威胁;当专员或授权官员认为据此构成对人的生命或财产的威胁,专员或授权官员可以通过维护通知要求:(a)维护树木或植物;或(b)通知里指定的消除危险的其他措施;(c)依(b)发布的维护通知,必须指明通知生效的时间以及按要求采取各个步骤措施的期限(从通知生效日期起算)。

当专员认为房屋树木或植物的状况,无论是否死亡或正在死亡,构成对人的生命或财产的紧急危险时;(a)有必要砍伐或毁坏房屋的树木或植物,无论是否死亡或正在死亡,以保护人的生命和财产免受火灾,扑灭或控制大火。(b)可以对该房屋或其他临近的房屋采取砍伐或毁坏树木或植物,或其中一部分的措施或行为。专员根据(a)产生的所有费用和开支,构成该款所指房屋所有人应向树木和娱乐委员会支付的债务,并可按本法规定的方式收回。

第七部分规定了管理部门的相关执行权。主要包括:(1)获取违法信息的权力。专员或授权人员发现违法信息时,他可以向有关人员发布提供信息通知,要求其在规定的时间内提供他遇到的或知道的案件情况,并提供在其认知范围内所掌握的有关案件的信息。被要求人员必须以书面形式向专员或被授权人员提供所需资料。不遵从该通知,即属犯罪,一经定罪,可处10000新加坡元以下罚款,除非该被控违法人员,不知道或在合理情况下以他的认知能力不可能知道通知书所要求的信息。如果被要求人员在关键事项上作出表面符合要求的通知,但实质是虚假或具误导性的;或因疏忽大意而作出虚假或误导性陈述,属于违法行为,一经确定,可处10000新加坡元以下罚款。(2)进入处所并核实具体情况的权力。专员或授权官员及其助手和工人,为了确定该处所是否有或曾经有相关违法行为、便于专员依法采取授权行动或工作,必要时可以在任何合理时间内,进入某个处所,并可就任何处所、任何物品或材料拍摄任何照片,以及他认为必要的其他步骤,但无须搜查或扣押任何房屋、物或人。根据专员或任何获授权人员的要求,房屋所有人必须提供他的姓名和住址、身份证明、房所有人的姓名和地址等。如果有人故意妨碍专员或任何获授权人员履行本条授权事项或事情或当专员或任何获授权人员要求提供姓名或地址及其他任何详情,拒绝提供或故意虚报其姓名或地址或提供虚假信息,属于违法行为,一经确定,可处10000新加坡元以下罚款。专员、授权人员或警务人员可要求违法或有合理理由怀疑从事了违法行为的人提供所要求的身份证明,拒绝提供要求的信息;或提供虚假或误导性的信息,无论是明知还是不管是否为虚假或误导性的信息而提供的过失,属于违法行为,一经确定,可处10000新加坡元以下罚款。专员、获授权人员、警务人员以及公园护林员可无须任何理由,可以逮捕违法行为人或有合理理由怀疑从事了违法行为的人。专员、获授权人员、警务人员或公园护林员作出逮捕,不得限制被捕者多于防止该人逃跑的必要。被逮捕的人在其姓名和地址被正确确定后可以解除拘留,但任何被捕的人不得被拘留超过法律规定的时间,并须由法院决定,除非之前已经获得法院拘留的命令。(3)调查违反本法行为的权力。为调查违反该法行为的目的,专员或获授权人员可以对任何可能了解案件事实和情况的人进行口头讯问、通过书面形式命令在新加坡境内熟悉本案的事实和情况人,会见专员或授权官员。有关人员应该正确地阐述他所知道的关于案件的事实和情况,除非根据事实和情况,该陈述可能导致该人受到刑事指控或被处罚或被没收财产,他可以拒绝陈述。据此受到讯问人员所作陈述,应归结为书面文字,并向该人宣读,如果该人不懂英语,可以翻译为该人能够理解的语言,如果需要更正,经更正后,由该人签字。如果该人不能按命令所要求会见专员或获授权人员,则专员或获授权的官员可向可能发出命令的治安官报告此种不能,以确保该命令所要求人见面。(4)在国家公园、自然保护区和公共公园的执法权。专员、授权的官员、公园管理员或警察可以无须任何理由逮捕在国家公园、自然保护区或公共公园内,违反本法经专员、授权人员、护林员或警察要求其离开而未能或拒绝离开国家公园、自然保护区或公共公园或其任何部分的人。如果专员、授权军官、公园管理员或警察有理由相信在国家公园、自然保护区或公共公园内已经发生了违反本法的行为,他可以检查和搜查任何行李、设备、包装、容器、帐篷、车、船、飞机或地方,并占有任何可以证明这种违法行为的证据。专员、获授权人员、公园管理员或警务人员对于违反本法或可能造成危险或妨碍的、进入国家公园、自然保护区或公共公园或其任何部分的车辆、船只或物品移离国家公园、自然保护区或公园。

第八部分规定了违法行为、惩罚及程序。(1)妨碍专员等履行职务的处罚。任何人妨碍或干扰专员、授权官员或公园护林员根据本法授权或要求的履行职责或执行职务或其他任何事项;或干涉专员、获授权人员或公园护林员根据本法授权从事的任何工作,属于违法行为,一经定罪,可处 10000 新加坡元以下罚款或不超过 6 个月以下监禁,或二者并处。(2)车辆在绿带或禁止停车的绿色开放空间停车。任何人,无合法理由在绿带或在公园与娱乐委员会管理或维护的绿色开放空间停车,均属违法行为,处 10000 新加坡元以下罚款。"停车"是指将车辆置于固定位置或任何目的的等待。(3)车主等对车辆违法的责任。当违法行为关系到车辆时,从事违法行为的人是该车辆的车主,或者在发生违法行为时该车辆已经被注销的情况下该注销登记前的车主,是完全的违法行为人,相当于其实际实施该违法行为,除非法院采信该车辆是在相关时间被盗车辆或车辆被非法取用。此规定不影响任何实际违法行为人的责任,但如果已经对某一违法行为人实行处罚或收取补偿,则不得对任何其他有关人处罚或收取补偿。但是,在指称有违法行为的通知送达后十四日内,在相关时间内向专员提交书面声明,如实说明对违法行为负有责任车辆有关人员的姓名和地址,或者让法院相信其不知道或在合理情况下根据其认知能力不可能知道有关姓名和地址,则车辆所有人不得因本条被确定为违法行为人。如果在对该人提起的违法行为诉讼程序中提出其他人为违法行为人的申明,该申明将成为某人在违法行为相关的所有时间内拥有该车辆的充分证据,除非有证据作出相反的证明。

(4)未能遵守通知或条件。没有合法理由不遵守向其送达的树木养护通知书、恢复通知书、执行通知、维修通知、种植或重新种植通知以及专员认为的其他条件的,属于违法行为,一经定罪,可处 20000 新加坡元以下罚款;如继续从事违法行为,可在定罪后,在其违法行为持续的每一天或一天的某一部分时间,再处每天不超过 200 新加坡元的罚款。在相对某人提起的诉讼中,被告向法院证明他已尽一切努力遵守通知或批准的条件,可以作为符合法院要求的抗辩。为了实施通知,专员进行工作的所有费用和开支应由受送达人承担。如果实施通知或条件不符合专员要求,专员可随时进入有关场所实施或安排实施他认为必要的所有或任何步骤,以保证通知或批准条件的实施,包括砍伐或移除树木,或清除、扣押和处置任何财产或物质。专员在行使该权力时产生的一切合理费用和费用,构成未能遵守通知或条件当事人的债务,应依法收取。当土地有两名以上所有者,所有人有义务对专员产生的所有费用和开支承担连带责任,并由专员按照其认为合理的方式分配这些费用。专员陈述其履行权力产生的费用和开支数额的证明,是关于该数额的确凿证据。被作为房屋所有人发送通知的人,如他不是房屋的所有人,则须自该通知送达之日起 7 日内,书面通知专员他并非所有人。未能遵从上述条件的任何人,除非根据法院要求将费用和开支责任问题确定,从回收的成本和费用的目的看,应被认为是该通知发送对象的房屋所有人。不遵守通知人向法院说明他不遵守有足够理由的,专员实施产生的成本及费用,尽管通知尚未发送给房屋所有人,可由公园与娱乐委员从房屋所有人处取得补偿。(5)补偿费用。在针对违反本法行为的人提起的诉讼程序中,如果涉及政府或公园与娱乐委员会所有、维护或管理的财产或专员依法管理或控制的财产损坏或毁坏,在法院就该人的违法行为判处刑罚时,可以裁定要求该人支付给政府或公园与娱乐委员会一定数额的金钱,该金额根据法院的意见确定,能反映被损坏或毁坏财物价值(包括任何内在价值)。法院可自由裁定应支付款项的时间,并准许所允许的延长时间,或直接分期付款缴付。由地方法院或地区法院确定的赔偿、损失、费用、成本和支出,除另有规定外,所有需要支付补偿、损害赔偿、费用、成本或开支的费用,金额及必要时的金额分配以及其他任何责任分担问题,如果发生争议或者不能支付,总体上应由法庭确定,如果处理金额超过了法庭的最高限制,由区法院确定。如果有义务支付赔偿、损失、费用、成本和支出的当事人,在要求支付后七日内未支付,可以将该数额报告给地方法院或地区法院,由地方法院或地区法院以收取其自己确定的罚款的相同方式收取。不服地方法院或地区法院根据本节作出的任何判决,可以向高等法院上诉,并应在进行必要的修改后,适用《刑事诉讼法》于所有此类上诉。(6)法人等团体的违法行为。当法人团体从事了违反本法规定的行为被证明从事违法行为是基于公司官员的同意或默示,或基于他的任何行为或违约,本公司官员及法人团体,均属犯罪,并应被提起诉讼并受到相应的惩罚。在公司事务由其成员管理的情况下,当成员实施了与其管理职能有关的行为或违约行为时,将他视为法人公司的经理看待,承担同样的责任。合伙企业从事的违法行为被证明合作人同意或默示,或基于他的任何行为或违约,合伙人和合伙企业,均属犯罪,并应被提起诉讼并受到相应的惩罚。非法人团体(除合伙关系以外)从事了违法行为被证明是基于官员或支配机构成员的同意或默示,或基于上述官员或成员的任何行为或违约,该官员或该成员及该非法人团体,均属犯罪,并应被提起诉讼并受到相应的惩罚。(7)法院管辖权。尽管在刑事诉讼法中有相反的规定(Cap68),地方法院有权审理本法所规定的任何违法行为,并有权对违法行为处以全部刑罚或处罚。(8)违法行为的构成。专员可通过向涉嫌从事了违法行为的人收取不超过对该违法行为最高罚金数额的一半,了结本法规定可以通过了结方式解决的违法行为。尽管支付了了结金额,但依法应支付的任何赔偿、损失、费用、成本和支出仍应支付。缴付了了结金额,不得再对该违法行为人继续进行诉讼程序。收集的金额均应交给联合基金。(9)起诉。由检察官对违法行为提起公诉的,可由任何警察官或由专员书面授权代表其行使职权的人员进行。(10)证据。除另有规定外,依法或根据法律的目的而编制、发布或送达的所有文件内容,在没有相反证据证明的情况下应推定为正确。在对违法从事某些工作而提起的诉讼中,工作实施时房屋的所有人应推定为从事工作的人,除非有相反的证明。相关或符合立法目的的事项或工作的信息是通过电子方式提供的,经有责任提供信息的硬拷贝记录员之手制定的文件,在法院和所有的诉讼程序中,将成为电子方式提供的信息的充分证明,并且在所有法院的诉讼中,对该官员签名应当进行司法认知。(11)推定与抗辩。树木或植物因违反规定被砍伐或损坏的,如果没有相反证据予以证明,应推定树木或植物生长场地的所有人为砍伐或毁坏树木的人。在建筑工程实施场所的某一部分生长的树木或植物,在当时或前后被砍伐或损坏的,当时正在实施工程的人、违法行为发生时施工人的雇主以及取得相应资格的人员或指示、导致或允许前述人员砍伐或毁坏树木的其他人为砍伐或毁坏树木的人。对违法行为提起的诉讼中,前述人员可以违法行为并非经过他同意或默认、他已尽了作为雇主、有资格人士或其他此类人士职业范围内所能尽的一切努力,防止违法行为的发生等理由作为符合法院要求的抗辩。

第九部分为一般规定。其中包括:(1)不影响所有人侵权责任,即前述规定不影响所有人因其土地上种植的任何树木或植物所造成的任何人身或财产损害的侵权责任。(2)向部长申诉。任何人不服树木养护通知书、恢复通知、执行通知、维护通知、植物或移植通知以及其他专员依法拒绝给予批准决定,可在通知送达之日起十四日内,或在专员决定的通知日期,以规定的形式和方式向部长提出上诉。尽管提出上诉,但除非部长另有指示,所提出的通知或决定应生效并予以执行。部长可在对上诉审议后,无条件地或根据其认为适当的条件,驳回或准许上诉,并应以部长可决定的方式确认、撤销或更改该通知或决定。部长在依本节审议上诉时,可允许上诉人提供书面陈述的机会。部长对上诉作出的裁定具有终局效力。(3)支付给公园与娱乐委员会的费用、罚款等。依法收取的一切费用、罚款及其他款项均须交予公园与娱乐委员会。(4)免除。部长可以在公报上公布命令,无条件或有条件地免除本法所规定的某一类或某些人、物、房地或工程的义务。如果依法规定给予豁免,只有在符合条件时才适用。(5)送达文件。法律规定的通知或文件或者法院根据本法向违法行为人发出传票,均可在惯常居所或最后居所将其交付给该人、其成年家庭成员、家庭雇员或其家庭向该人送达,或者将其留置在该人通讯地址上的惯常居所或已知的最后居所或营业所向该人送达,或者通过挂号信邮寄给他惯常居所、已知的最后居住地或营业地。如果是法人公司、合伙企业或个人实体的,在其登记的办公地或主要营业地将其交付公司、合伙企业或个人实体的秘书或其他类似职员;或通过挂号邮寄给公司、合伙企业或个人实体登记的办公地或主要营业地。通过挂号信邮寄给任何人的通知、文件或传票应被视为已妥善送达给该人,在通过普通程序寄送时,在证明通知、文件或传票使用与挂号信相同的地址、邮戳时,已经送达。向房屋所有人或占有人送达通知、文件或法院发出的与其违反本法行为有关的传票时,可以将这些文件或其复印件交给在其房屋的成年家属,如果通过一切手段没有找到房屋可以接收的家属,可以将这些通知、文件或传票张贴于房屋显眼的位置。向房屋所有人或占有人送达通知、文件或法院发出的与其违反本法行为有关的传票时,如果房屋所有人或占有人的地址中没有名字和详细信息的,视为已经妥善送达。送达通知给车主的,车主没有说明他的名字或地址,可以告知通知给车主送达,可以向其个人送达,也可以粘贴通知到车辆上。(6)不准确的文件。文件中的人、房屋、建筑、处所、街道或地方命名或描述不准确或没有名称时,如果该人名和地名在可辨认的文件中得以指定,无论如何都不得影响法律的实施。诉讼不因形式无效而无效。(7)保护的责任。任何人不得向诚信地实施或准备实施本法或任何其他成文法的专员、授权官员或公园护林员提出任何诉讼或其他法律诉讼。法律的规定不得使专员或任何获授权人员必须执行如下事项:检查任何工程或即将建筑的工程的地点以确定、法律是否得到了遵守、提交给他的计划或其他文件是否准确、发出任何通知、采取任何行动或执行、任何工作等。①

前述规定可见,新加坡《公园与树木法令》规定非常详细,且具有可执行性,对新加坡花园城市的建设发挥了重要作用。

2.2005 年《公园与树木规范》②

该规范首先对"停车场""危险的焰火""爆炸性""停车""停车场""专用停车场""招揽""陷阱"等概念进行了界定。然后分别从管理和控制、批准和许可、强制执行权、绿色空间和街景及附件六个部分进行阐释。其中管理和控制是最重要的内容,该部分又包括禁止性行为、限制性行为、通过通知进行规范三个部分。

该部分规定的禁止性行为包括:(1)进入国家公园、自然保护区和公共公园等的任何人不得:(a)进入任何国家公园、自然保护区或公共公园或其任何公众封闭的部分;(b)非在指定出入地点进入或离开任何国家公园、自

---

① Parks and Trees Act,Website:Singapore Statute online,https://sso.agc.gov.sg/Act/PTA2005,loaddown time:2018.1.12.

② Parks and Trees Regulation,Website:Singapore Statute online,https://sso.agc.gov.sg/SL/PTA2005-RG1,loaddown time:2018.1.12.

然保护区或公共公园或其任何部分；(c)进入或离开国家公园、自然保护区或公共公园中为特定人或机构或某一特定公共部门保留的部分，除非此人是该特定人，或是为其保留的某一机构或部门的成员。除非获署长批准，并按照批准的条款和条件，任何人不得在专员通知指定的日期和时间进入或停留在国家公园、自然保护区或公园或其任何部分，专员的通知可以张贴在国家公园、自然保护区或公园的每个入口。(2)国家公园、自然保护区和公共公园内的禁止行为。任何人不得在国家公园、自然保护区或公共公园内：(a)造成任何湖泊、池塘或其他水体被污染；(b)将垃圾、物品或物品扔在任何垃圾箱中；(c)移取土壤或修改任何建筑物、结构、家具、装饰、设备或其他财产；(d)赌博或协助赌博；(e)乞讨或通过奉承或恳求等方式获取钱财；(f)裸体或穿衣违反公共礼仪的方式；(g)举止混乱、不雅或无礼；(h)进入或试图进入指定为异性使用的公共厕所；(i)在任何水体中沐浴或洗涤；(j)将任何设施、实用设施或舒适设施用于提供其以外的用途。当专员通过在国家公园、自然保护区或公共公园内或其边缘公告，或向游客发出书面通知，禁止在国家公园、自然保护区或公共公园或其部分使用任何乐器或音响设备；或禁止从事署长认为可能危及或给国家公园、自然保护区或公共公园的其他用户造成不便或不便的活动，有关人员不得在国家公园、自然保护区或公共公园或通知所涉及的部分，使用此种仪器或设备或进行禁止性活动。对于上述禁止性规定，任何人不得采取冒犯性行为或使用攻击性的语言。(3)公园内禁止的行为。任何人不得在明知或应合理知道的公园内从事任何活动：(a)造成或可能对公共公园内的任何财产、树木或植物造成损害、破坏或破坏；(b)在公共公园内造成或可能造成任何动物或任何其他生物的伤害或死亡。(4)禁止在自然保护区吸烟。任何人不得在自然保护区的任何部分内吸烟。"烟"是指吸入和排出烟草或任何其他物质的烟雾，包括任何雪茄、香烟、烟斗或任何其他形式的烟制品。

限制性行为包括：(1)任何人未取得许可证或执照不得在任何国家公园、自然保护区或公共公园或其任何部分居住。(2)需要经过许可的一般行为。未经专员的许可，并符合许可的条款和条件，任何人不得在国家公园、自然保护区或公共公园内，从事下列行为：(a)向任何人出售或租用、试图出售或租用、展示或展览以供出售或租用，或招揽以出售或租用任何物品、物件或服务；(b)组织或参与任何娱乐、娱乐、指导、表演或活动（除了作为观众的一员）；(c)拍摄任何视频、电影或电视电影，以出售、出租或牟利；(d)攀爬任何墙壁、栅栏、栅栏、栏杆、树篱、树、柱子或其他结构;(e)悬挂或贴上任何植物、树木或结构上的光、钞票、标牌、通知或其他东西;(f)燃放危险的烟花、爆炸物或武器;(g)拆除或更换国家公园、自然保护区或公共公园的布局或维护中使用的任何座位、屏障、栏杆、柱子、结构、装饰品或任何工具。未经专员的许可,并符合许可的条款和条件,任何人不得在国家公园、自然保护区或公共公园内从事下列活动:(a)砍伐、收集或置换任何树木或植物或其任何部分;(b)粘贴、设置或竖立任何标志、神龛、祭坛、宗教物品、庇护所、建筑物或建筑物;(c)清除、开垦、挖土或耕种土地;(d)使用或占有董事会的任何建筑物、车辆、船舶或其他财产;(e)故意丢掉或存任何污物、砂、砾石、黏土、壤土地球,粪便,垃圾,木屑、刨花、石头、稻草或其他物质或东西从公共公园外;(f)捕获、置换或喂饲任何动物;(g)扰乱或带走任何动物的窝;(h)收集、清除或故意替换任何其他有机体;(i)使用任何动物、枪支、炸药、网、陷阱、狩猎设备或工具或手段,无论捕捉任何动物的目的;(j)携带或持有人身上的任何爆炸物、网、陷阱或猎物;(k)竖立任何柱子、栏杆、围栏、柱子、摊位、支架、摊位或其他结构。除非经过专员同意,并符合许可的条款和条件,任何人不得在红林公园或规定的区域:(a)开展任何阅读、朗诵、演讲、辩论或讨论活动;(b)在任何演出或展览中组织或参与(不只是作为观众的成员);(c)组织任何集会或游行。"任何人"包括任何公司、社团或实体,法人或非法人团体。(3)野营烧烤。未经专员许可并符合规定的条款和条件,任何人不得在不允许露营、生火或烧烤的国家公园、自然保护区或公园或其任何部分露营、生火、保持或使用火或烧烤。任何人不得擅自离开其点燃、保持或使用的火源。专员可在任何特定个案或类别的情况下,决定前述活动无须有许可证。(4)国家公园或公园内有关动物的限制。未经专员批准,任何人不得将动物(除其宠物或导盲犬以外的家畜)放入或允许其或其主管的任何动物留在国家公园或公共公园;或在国家公园或公园内离开、遗弃或释放任何动物。任何人不得将前述禁止动物放入或准许任何属于他或其主管的动物留在国家公园或公园内,除非是狗,有皮带、链条或绳索狗拴着,并处在人的控制之下,不会对任何人、植物、财产或其他动物带来麻烦或骚扰,或造成损害、干扰。其他被允许进入的动物也必须处在人的控制之下,不会对任何人、植物、财产或其他动物带来麻烦或骚扰,或造成损害、干扰。尽管有前述规定,如果专员以通知方式禁止某种动物进入国家公园或公共公园或某一部分或处在其边界处,任何人不得将自己的或置于其管理下的任何动物带进或允许任何动物进入国家公园、公共公园或其中的部分。尽管有前述规定,如果专员以通知方式在国家公园或公共公园或其有关部分内或边界指定国家公园或公共公园的任何部分为狗可以自由奔跑的区域,则不要求限制有皮带、链条或绳索狗拴着的某人所有的或管理下的狗的活动。尽管如此,任何人不得允许其所有或管理下的动物进入国家公园或公共公园内的公共厕所、湖泊、水库、池塘、溪流或喷泉。将动物带入或允许其进入并停留在国家公园或公共公园内的动物所有人或管理人,应将其遗留在国家公园或公共公园的粪便捡起并带走,并通过卫生的方式妥善处置此类粪便。(5)与车辆有关的限制等。任何人未经专员许可,不得在任何国家公园、自然保护区或公共公园内:(a)在停车场以外的开进、骑行或驾驶车辆;(b)在停车场以外的地方停车(指定为该类车辆的停车场);(c)阻挡出入口、道路、通道或停车场;(d)非在通知指定的道路或车辆使用道路上,骑自行车或使用溜冰鞋;(e)骑电动自行车;(f)将摩托车或自行车固定在不为其目的建造的任何植物、树木或构筑物上;(g)非残疾司机将车辆停放在专为残疾司机驾驶保留的停车场上。任何人不得在停车场内驾驶、载入或停放任何车辆,除非在适当顾及停车场内其他车辆、财产和人员的安全的情况下有秩序地驾驶、载入或停放任何车辆。任何人在停车场内驾驶或停车的车辆,应遵守停车场所示的所有标志。任何人不得将任何车辆停放超过停车场的边界线。任何人不得停车、停车,以妨碍、阻碍停车场内和周围交通畅通。(6)预留的停车场。任何人不得将任何车辆停在保留的停车场,除非获专员授权。授权文件必须显示在车辆前挡风玻璃的近侧,如果车辆是摩托车,这种授权必须显示在摩托车显眼的位置上。在车辆上显示的授权不得有更改、擦除或其他不符之处,否则表明该授权已被篡改。专员或授权人员,可要求停放在保留停车场内的车辆驾驶人出示该车辆牌照,并可保留该授权书。专员或授权人员检查任何人必须出示授权书。(7)船。除非经专员的许可,并根据该许可的条款和条件,或者是在国家公园、自然保护区或公共公园的公共停泊处,或取得国家公园、自然保护区或公共公园停泊许可证之人,或该人的雇员,在该许可证涉及的停泊处,任何人不得将船停泊在国家公园、自然保护区或公共公园或其任何部分。除非经专员的许可,并根据该许可的条款和条件,或者是在被特别划定作为储存之处的区域,任何人不得将船储存在国家公园、自然保护区或公共公园或其任何部分。

通过通知进行规范。必要时公园与娱乐委员会可在国家公园、自然保护区或公共公园的任何部分的某一显眼位置贴上或设置通知,以便通知公众:(a)禁止在国家公园、自然保护区或公园内的任何地方使用任何乐器或音响设备;(b)禁止国家公园、自然保护区或公共公园内的任何活动;(c)国家公园,部分已被指定为一个壁炉或一个区域可以举行烧烤;(d)国家公园、自然保护区或公共公园的部分被指定为允许露营的地区;(e)公共公园的一部分已被指定为可停泊或储存船只的区域;(f)禁止任何动物进入国家公园或公园的那一部分;(g)国家公园或公园的一部分被指定为狗自由奔跑的地方;(h)的国家公园的一部分,自然保护区或公园已被指定为停车场或停车场的任何种类的车辆;(i)国家公园、自然保护区或公共公园内的任何轨道、道路或道路已指定为可骑自行车或可使用冰鞋的轨道、道路或道路。

其他部分的规定则较为简洁,如第三部分规定了批准和许可方面的内容,包括许可申请的格式、依法申请以及费用。向专员申请许可行为的申请表格形式可以从相关网站下载,并在没有特别要求纸质材料时可以网上提交。表格用英语完成,并应按照表格上的指示或公园与娱乐委员会的要求填写。所有许可的收费应该依照法律的规定,但经专员许可可以放弃收费或部分应收取费用,或者返还已经收取的费用或其中一部分。第四部分为强制执行权。车辆、船只和物品的强制移动、出售和处置。违规的车辆、船只或易腐物品无人认领时,专员可以依法移动、出售或处置,所得收益用来支付处理的费用、违规的罚款后,剩余款项应支付给车辆、船舶或物的所有人,如果在出售或处置之日起12个月内车辆、船舶或物的所有人未要求该笔费用,应没收交给公园与娱乐委员会。第五部分关于绿色空间和街景。损毁树木通知中的损毁树木是指挖掘、封固、封闭或以其他方式使其脱离地面、空气或水的影响,树干半径2米以内的树木,同时规定了恢复种植树木通知中的种植树木具体措施。第六部分为附件,主要规定了向部长申诉程序及支付款项的方式以及违反或者帮助、教唆、引诱违反该规范的处罚。违反该规范为违法行为,处5000新加坡元以下罚款。同时,规范中的任何规定不得理解为对专员、授权人员、公园管理员或公园与娱乐委员会代理人履行职责的妨碍。

总之,规范的内容更具有操作性,主要针对《公园与树木法令》实施中的一些具体内容进行了细化和补充。该规范与《公园与树木法令》共同发挥作用,有力地促进了新加坡公园、绿地和树木的保护。

（二）新加坡城市绿地保护管理及法律制度的特点

首先，新加坡绿地保护意识强，1973 年制定了绿地保护相关法令，并配套完善的规范予以实施。新加坡政府加强绿化教育，提高全民绿化意识，同时引导全民参与环保。新加坡政府在城市环境建设中扮演了主导作用，但并非包办一切。作为环境治理的重要一环，政府之外的民众、社区和专家学者的参与和多元协作也扮演了重要的作用。环境关乎城市和国家的发展全局，更关乎当代和后代的生活和生存，政府因而特别重视引导企业、社会和个人以主人翁的精神关心和参与环保，从而增强公众的环境意识和责任感。

就立法内容而言，规定较为全面而且更注重实用性和可操作性。首先，新加坡通过立法设立了公园、绿地等的专门管理机构，即新加坡国家公园与娱乐委员会。新加坡国家公园与娱乐委员会是绿地建设和保护的主要管理机构，它隶属于开发建设国家基础设施的国家发展部（National Development Ministry）而非人们通常认为的环境与水资源部，以统筹规划，将绿地保护纳入国家基础设施建设的高度，体现了政府对公园、绿地等保护的重视。

1973 年，李光耀提议设立了以绿化植树为首要目标的"花园城市行动委员会"（Garden City Action Committee），其成员代表了全部国家部委和法定机构，协调配合是该委员会设立的题中之意。委员会负责与绿化相关的一切事务和议题：听取执行和维护报告，实施街景绿化，公园开发，新加坡植物园建设以及自然保护区问题等。李光耀对各高级政务官明确提出必须要加大"花园行动"的资源投入。至 1980 年，除去通货膨胀因素，政府对"花园行动委员会"的预算投入近乎 1973 年成立时的十倍。在政府内部，委员会有效协调各重要机构，如市区重建局、建屋局、公用事业局和陆路交通局等，使各机构的项目开发都能适应配合"花园城市"愿景的实现。因此，在新加坡这种城市环境绿化和治理政府为主导的治理模式下，政府不仅提出发展战略和规划蓝图，还负责组织动员、协调推进、组织专门的机构和提供相应的财力等推动法律的实施，有利于实现绿地保护的政策目标。市区重建局和国家公园局同设于国家发展部，是新加坡举足轻重的国家机关。前者是国家土地规划的权威机构，后者则统一规划管理全岛公园、绿化、连道系统和开放空间，以及自然保护区等。同属国家发展部使二者能在土地使用中整合、融入绿化目标，合理推进"花园城市"建设。如《2001 公园和水体蓝图》就是市区重建局和国家公园局紧密配合、共同筹划的新加坡未来 40～

50 年的城市远景之一。此外,市区重建局更是协调各部门土地使用摩擦的权威机构,由各相关方(机构)代表组成,由市区重建局领导的总体规划委员会(Master Committee)专门通过多轮会议、协商和妥协,调解和裁决各部门政策目标的优先性,其原则是促进国家的整体目标。而一旦委员会的最终决定不能解决争议,会议的级别即可上升至部长级,甚至可能需要总理作出最后决定,这是政府协调各机构的重要机制之一。

其次,立法明确规定了公园与娱乐委员会及相关管理人员的职权、执法程序以及执行权的实施等,有力地保障了管理机构和执法人员的权力,保障了立法的有效实施,公园绿地保护法律执行力度和效率高。新加坡立法对损坏绿化的行为实行严厉处罚,例如,在公共绿化地攀枝折花将以破坏公物罪处罚,罚款不少于 5000 新加坡元,同时处以一定时限的人身强制。

四、韩国绿地保护法律制度

朝鲜时代为了维持都城的庄严,防止自然灾害组织对山林的破坏,1776—1800 年颁布了禁伐令,开始禁山制度。现代意义上的公园规划制度是日本强占朝鲜时期产生的。1934 年,日本强占时期,朝鲜总督府颁布《朝鲜城镇规划令》(《朝鲜市街地计划令》),在当时具有城市规划法性质,该法令第 6 条是对公园与城市设施使用规则的规定。据此朝鲜对已有的城镇进行整理和扩张,将城市进行重组。到 1945 年,除首尔市外有 37 个城市按照这一规划进行重新规划,几乎包括了全国各主要城市。但是由于第二次世界大战的影响,这些规划并没有得到有效的实施。根据该法令,公园与道路、河川等一样,是城市中重要的基本设施。[1]《朝鲜城镇规划令》公布 6 年后,即 1940 年增加并引入了城市公园规划的内容。1940 年 3 月 12 日公布了《京城部城镇规划公园决定告示》(京城部市街地计划公园决定告示),该规划模仿 20 世纪 20 年代英国的《城市及田园规划法》,是最早正式颁布的城市公园法,其中公布了和成台公园与汉阳公园等公园的设置。从而这一并不是很理想的规划成为日本殖民时期政策的一部分。日本统治时期的规划公园,规划目的除了保健、休养外,还有在殖民城市中作为应付战争时的防空设施的作用。从当时的城镇公园规划看,获取土地与处理地形等问题是大公园与近邻公园规划与建设的重点。规划中包括南山公园在内共确定

---

① 张媛、王沛永:《韩国城市公园法规的发展演进》,载《园林法规》2008 年第 6 期。

了面积为 13.8 km² 的 140 个公园。但是该法令在保障公园、绿地用地方面并没有发挥应有的法律依据效力，而且由于战争，直到 1945 年解放该法令也没有完全实施。

1945 年 8 月 15 日至 1961 年以前，整个社会处于混乱时期，政治、经济、社会的不安定局面，使得当时的法规建设方面除了农地改革法以外几乎没有其他公法的制定，仍沿袭殖民地时期的旧制度，日本殖民时代公布的公园规划继续有效。在此期间，《朝鲜城镇规划令》作为最初的法律，只是为了应对当时时局的变化做了一些变更。这一时期，公园用地遭到蚕食，逐渐荒废，针对公园规划的变更主要以内务部令（1959 年城市规划公园变更，内务部告示第 461 号）的形式来推行。1962 年韩国开始实行第一个经济开发 5 年计划，制定了新的《城市规划法》和《建筑法》，"公园"的正式概念在这些法律条文中形成。根据该法，首尔市在 1962 年的公园整治规划中将墓地公园包含在城市公园里，1963 年新设了游园地，同年公布了《由汉城市城市规划再整治做出的公园规划变更告示》（建设部告示第 299 号），其中一个重要的内容是将公园分类体系划分为大公园、近邻公园、儿童公园、墓地公园四类，将五个古代皇宫规划为近邻公园。在这一时期，"公园"的概念以法律的形式被界定下来，有了明确的发展方向，制定了初步的分类体系。

此后，随着产业化、城市化的进程，为了确保健全的休息空间及对自然环境进行保护，要求不但对单纯的城市空间，而且应将全部国土作为对象进行合理的管理。1967 年，《公园法》从《城市规划法》中分离出来成为一部独立的法律，这是公园政策的重要转变，并由此开始向更广阔的方向发展。《公园法》制定的重要意义在于，在此之前，公园的概念只限于城市公园，现在连城市以外自然状态的风景名胜地也包括在"公园"的范畴之内，公园的概念扩大了。《公园法》制定之前，公园只是城市规划设施中的一种，只限于确定其位置，没有建设方面的规定。由于《公园法》的制定，诞生了历史上第一个专为公园制定的母法，有力地促进了公园建设的发展。

《公园法》规定"所谓公园，是为了保护自然风景地，提高国民的保健、修养及感情生活""依据城市规划法，作为城市规划的设施所设置的公园和绿地称为城市公园"。从《公园法》的内容来看，公园分为自然公园、普通公园、近邻公园、道路公园、墓地公园。市中心空地被高度利用，公共设施所处的土地或难开发地都可建设为公园。《公园法》制定的同时，自然保护运动迅速开展，国立、道立公园的设立也活跃起来。根据该法律，国立公园不断建立,到 1992 年增加到 20 个,面积达到 6440 km²,占国土面积的 3.8%。同时,为了防止首都圈人口的膨胀与过度的城市化,城市规划法出现了大幅度的变更。此时引入了"绿带"这一概念,并开始划定开发限制区域。根据当时的《城市规划法》,1971 年 7 月在首尔市周边划定了最初的法定开发限制区域,到 1977 年划定的开发限制区域涉及全国 21 个市、39 个郡、189 个邑,占全国国土面积的 5.5%,对城市公园的保护发挥了重要作用。

1972 年在斯德哥尔摩召开了世纪人口环境会议,受此影响公园政策大量出台,韩国也开始了对环境问题的治理。为了对国土进行有效的规划和管理,为了区域社会的发展,韩国制定了《国土利用管理法》,并不断修订《公园法》。《公园法》所限定和管理的国土面积大幅增加,城市公园的关注度普遍提高,为公园、绿地体系的形成奠定了基础。同时,随着城镇的不断扩张,带来了自然环境的毁损,而且因收入增加、生活方式的变化,人民对于休闲空间需求增大,对舒适的城市环境的需求和保护自然环境的呼声日益高涨,韩国因此于 1980 年初颁布了《城市公园法》,从而《公园法》被分割为《城市公园法》和《自然公园法》,原《公园法》失去效力。《自然公园法》适用范围包括全部国土,主要的管理对象是自然公园、绿地、观光风景名胜地,同时将自然公园分为国立公园、道立公园、郡立公园三类。《城市公园法》适用范围是城市规划区域,管理对象是公园、绿地、公共绿地、居住环境绿地等。《城市公园法》中明确了公园、绿地的分类,公园种类根据功能分为近邻公园、城市自然公园、儿童公园、墓地公园四类,绿地分为缓冲绿地和景观绿地二类。

随着实践的发展,《城市公园法》每 3～5 年修订一次,分别经过了 1989年、1993 年、1997 年、1999 年、2000 年、2002 年几次修订。1993 年,随着市民对体育活动设施需要的增大,《城市公园法》中增加了体育公园一类,同时规定除行政厅以外的人也可设置和拥有公园,促进了民资城市公园的建设。2002 年,政府统一《国土建设综合规划法》《国土利用管理法》《城市规划法》,制定《国土基本法》《关于国土利用及规划法律》,同年,《城市公园法》进行了一次修订,相关条文随之修改,将《城市公园法》的上位法《城市规划法》改为《关于国土规划及利用的法律》,进行公园规划所依据的城市规划也改为城市管理规划。2005 年 3 月,出台了法律第 7476 号《城市公园法改正法律》,针对该法在实施过程中出现的一些实际问题和缺陷进行了改善和补充。主要内容包括:在规划期限为 20 年的城市基本规划中增加公园绿地基本规划,并确定规划期限为 10 年,超出 10 年即失去效力;为了扩充公园绿地,与基础情况良好的私有地所有者签订合约,将私有地建设为公园绿地,并可以提供苗木等支持;将公园规划的程序简化,删除重复步骤;针对城市规划委员会管理事务繁杂,专门成立由专业人士组成的城市公园委员会等。这些修改内容进一步确定和保证了公园绿地在城市中的重要地位。

韩国根据社会经济的发展状况,不断完善和调整绿地保护立法,从而更加适应韩国人民对休闲场所的需要,保障了绿地的稳定和健康发展。

五、其他国家绿地保护制度

美国较早意识到了自然保护的重要性。1864 年林肯总统签署法令将约瑟米提峡谷和巨杉林划归加利福尼亚州,成为第一个州立公园。1894 颁布《黄石国家公园保护法》,对偷猎者和破坏森林或矿产资源者实行严厉惩罚。1897 年颁布《森林管理法》,明确 137600 km² 的森林保护区。1916 年《国家公园管理局法》实施,在内务部设国家公园局。到 1926 年,全国有 28 个州都设置了州立公园。先后制定了《国家环境政策法》《公共用地多目的利用法》《道路美化法》《森林和牧地可更新资源法》等。

德国 1971 年颁布的《城市建设促进法》和 1976 年颁布《自然保护及环境维护法》均就城市园林绿地发展进行了规范,规定了公园绿地财政补贴制度,在城市周围共设立了 65 个大型天然公园和 1300 个小型自然生态保护区。

瑞士《联邦自然与文化遗产保护法》(2012 年修订)适用于绿地保护。该立法目标为支持各州履行保护自然、文化遗产和古迹的工作,并确保与他们合作;支持活跃在该领域的组织在保护自然、文化遗产和古迹方面做出的努力;保护本土动植物及其生物多样性和自然栖息地;促进科研与教育,加强自然保护、文化遗产和古迹保护领域专家的教育和培训。由此,该法适用于绿地保护方面。在具体实施上,联邦和各州分工履行职责。联邦的任务是规划、建设以及改造和装置绿化工程及机构和企业,签发相关设施以及森林砍伐方面的许可和授权书等。联邦和各州同时承担的义务包括:为值得保护的区域保护工作提供财政资助,即在与风景、具有地方特色的遗迹,或值得保护的自然和文化遗迹的保护、收购、维护、调查和存档相关的协议基础上,联邦政府可以在其授权额度内为各州的自然保护、文化遗产保护和遗迹保护提供全球财政资助。对致力于自然保护、文化遗产保护和遗迹保护的国家组织,联邦可以为其用于公众利益的活动成本提供补贴。联邦可以通过合同或者强制购买的方式,购买或维护自然景观、历史遗迹和具有国家重要性的自然或文化遗迹。其可以将管理职责分配给各州、市镇和组织。面临紧迫危险,联邦环境、交通、能源和通讯部或联邦内政部可采取临时措施将存在问题的区域置于联邦政府的保护之下,并采取任何必要的保护措施。

就管理机构而言,联邦委员会任命一个或多个咨询委员会负责自然保护、文化遗产保护及古迹保护。各州应指定专业机构负责自然保护、文化遗产保护及古迹保护。联邦各州有责任告知并建议当局及公众有关自然景观的现状及重要性。他们应建议合适的保护和维护措施。[①]

法律责任上,故意破坏绿地等自然环境的行为人,应承担刑事责任,处一年以下监禁刑或罚款;过失造成损害的,处 40000 瑞士法郎罚款。对于违法行为,处 20000 瑞士法郎以下罚款,并可以没收财产。刑事犯罪由各州负责起诉。在不考虑刑事责任时,要求违法行为人停止非法行为;支付恢复损害的费用;如果损失无法弥补,需采取适当的补偿措施。

奥地利城市公共绿地的发展,同样也经历过城市工业化与森林保护关系协调这一利益选择权衡的过程。为抵制森林采伐和工业引起的城市蔓延,保护维也纳的大片绿地,早在 1905 年,奥地利就确定了森林和草地绿带作为永久休闲娱乐区的规划法案。这是奥地利在国家层面上第一次通过法律途径保护维也纳的公共绿色空间。此后的 100 年间,一系列措施相继出台。1907 年 Cobenzl 房地产购买案;1965 年划定 Bisamberg 为自然保护区;1991 年 10 月为保护濒危生态系统而由蒂罗尔州议会颁布的《蒂罗尔州的国家公园法》中规定,除了自然的、纪念类的和欧洲的保护区外,又提出重点保护杰出的、未经开发的景观,以及包括当地的居民及其生活区域在内的珍贵的高山牧场等景观,并明确限定公园边界;1982 年、1983 年和 1992 年,分别签署了《濒危物种贸易公约》《拉姆萨尔湿地公约》《生物多样性公约》;1994 年"1000 公顷计划"正式通过,同年 4 月 1 日和 7 月 1 日,通过了保护濒危或受威胁物种的两部法律——《环境促进法》和《环境相容性法案》;1995 年引入现代绿地管理;2003 年 10 月 1 日,《国家公园代理法》(*National Park Agent Laws*)生效,规定保护国家公园是联邦各州的责任

---

① 吴大华、邓琳君等编译:《瑞士生态环保法律法规译汇》,社会科学文献出版社 2015 年版,第 3～16 页。

之一。一系列的措施使"维也纳森林之都"的森林资源、国家公园、绿带等，得到了充分的法律保护。[①]

第二节 典型国家绿地保护法律制度之借鉴

从上述分析可见，典型国家绿地保护立法具有如下特点。

一、立法形式呈现不同特点

基于当前两大法系法律的表现形式不同，绿地保护立法形式也呈现出不同的特点。英美法系的主要法律渊源为判例法，绿地保护的成文法相对较少，立法体系较为薄弱。典型的英美法系国家如前述英国和美国。尽管新加坡也属于英美法系，其法律体系承袭了英国法律传统的，但其绿地保护立法体系相对较为完善。前述典型国家中属于大陆法系的有德国、奥地利、瑞士、日本和韩国，其法律渊源主要是成文法，绿地保护法律体系较为完善，内容较为详细具体。如日本绿地保护法律主要包括三级，即法律、政令和省令。法律是经国家立法程序制定后颁布的（由国会通过），如《城市公园法》："政令"是由内阁会议（相当于我国的国务院）制定的，如《城市公园法施行令》；省令是由建设省（相当于我国建设部）制定颁发的，如《城市公园法实施规则》等，因此法律体系较为完善。而英美法系判例法国家，虽然有绿地保护成文法规定，但相对数量少，未成体系。

二、法律制度设计较为完善

日本绿地保护法律制度主要包括：(1)在公园建设方面，《城市公园法》《城市公园等建设紧急措施法》对城市公园的设置标准、分布距离、绿地面积及园内建筑物的限制等方面作了规定。(2)在绿地保护方面，《城市绿地保护法》《首都地区近郊绿地保护法》对绿地保护区的确定以及对保护区内的行为作了限制，以确保城市绿地免受侵犯。(3)在风景地区方面，《自然公园》《城市规划法》对设立的国立公园和自然公园都加强了管理，并在城市规划中对市街地的有效空间保护进行了规定，还把公园、绿地和广场规定为绿化的必要区域。(4)在生产绿地方面，《生产绿地法》对城市附近具有环境功

---

① 杨文悦：《奥地利、匈牙利城市绿化管理简析》，载《园林》2012年第11期。

能或具有多种用途的土地，以及正在供农、林、渔业的用地保留为生产用绿地。（5）在工厂绿化方面，《工厂绿地法》规定新建厂应有 20% 的绿地，改建厂要有 15%～20% 的绿地，并规定在工厂区与市街地间要设防护地带。（6）在保护指定树木和树林方面，《关于维护城市景观的保护林木法》规定保护树木必须设置标志、建立档案，市町村长应给予必要的援助。（7）在开发区内绿地的保护方面，《城市规划法》规定开发新住宅区市街地实行准则，原则上要求开发一公顷以上的土地时，对高 10 米以上的树木或高 5 米以上，面积 300 平方米以上的树林采取保护措施。

三、法律条文概念明确具体、可操作性强

美国《纽约市公园和娱乐场地规章条例》中对规章条例的解释与范围的规定具体严密，内容如下：（1）任何单数的属于也包括复数的含义。（2）任何阳性属于也包括同等内容的阴性和中性术语。（3）与任何行为直接或间接的产生、时限、帮助或鼓动以及允许未成年孩子做任何行为。（4）本约中没有任何一项条款会使下述行为成为非法：公园、娱乐局的任何官员或雇员在根据自己的职责或工作而采取必要的行为；或任何个人及其代理人或雇员在正确的、必须履行其与公园、娱乐局达成的协议时所采取的行为。（5）任何法律上是禁止的行为或活动，但如果办取了准许证并严格的遵守许可证的内容和估计到周围的环境，遵守许可证的授权范围，则被视为合法。（6）这些规章与条例是对市、州、联邦法律的补充。

日本在《城市公园法》第 4 条对公园设施的种类的规定极为详细：（1）本法所规定的修景设施为树木、草坪、池塘、瀑布、假山、塑像、石组、飞石以及其他类似的设施。（2）休息设施具体为休息场所、园椅、圆桌、野餐场及其他类似设施。（3）游戏设施为秋千、滑梯、梯子、沙场、划船区、钓鱼区及其他类似设施。（4）运动设施是指棒球场、田径场、足球场、网球场、篮球场、排球场、游泳池、划船场等及其他类似设施。（5）文化设施主要指动植物园、温室、分区园、露天剧场、陈列馆、纪念碑及其他类似设施，还有古坟、古城遗迹、古老住宅及具有历史和学术价值的复原物。（6）服务设施是指小卖部、简单饮食店、简易住宿设施、停车场、厕所、饮水处、洗手池及其他类似设施。（7）本法所称的管理设施具体为门、围栏、管理事务所、执勤办公室、仓库、苗圃、标记、照明设备、废品箱、水道、水晶、挡土墙及其他类似设施。

四、普遍重视对绿化区域的整体和长远规划

英国伦敦注重制定高起点的绿化发展战略，其主要建设目标有五个：繁荣的城市、宜人的城市、便捷的城市、公平和绿色的城市。为此制定了保护生物多样性的战略和行动计划，试图通过这一战略取得经济、社会和环境效益的平衡，增加人们对自然绿色空间的可达性。同时注重规划建设不同层次的公园，组成科学合理的绿地系统。例如在绿地规划中运用地理知识，顺着大气的风向建设带状绿地，保证了城市的风道畅通并把郊区的清新空气引入城市，有效降低市中心的热岛效应。另外，注重规划建设和保护面积庞大的环城绿带，注重对绿地生物的保护规划，因地制宜地发展各种形式的绿地等等，取得了良好的效果。

日本的城市园林绿地主要由国立公园、县立公园、海滨绿地、滨河绿地、宗教绿地和分布在居住区间的小游园组成。日本《城市计划法》《城市绿地保护法》等要求进行五年绿地建设计划，确保绿化建设持续进行，并据此逐渐加大政府的投资力度，并要求各都道府县在国家五年计划的指导下，对区域内绿地保护区设置标志，并对本区域内绿地保护有更加具体明确的规划。同时，日本严格执行五年规划。

美国各州及大中型城市的专门管理部门或绿化管理机构的主要职责之一就是拟定植树计划，规划城内公园、校园、墓地和其他公共场所的植树方案，制定执行树木与绿化管理法令。同时制定相关的绿化标准，以具体实施规划。

五、绿地保护管理体制成熟规范

当前各国绿地保护管理主要包括三类：管理委员会模式、主要由受委托的公营机构管理模式和社区管理模式。

1. 管理委员会模式

有两种不同的类型。一是以新加坡为代表的管委会模式，二是美国加州公园与娱乐设施的管委会模式。

新加坡《国家公园条例》规定"管理委员会"指根据 1996 年 7 月 1 日前实施的现已撤销的《国家公园条例》(1991 年版)建立起来的，根据第 3 条规定仍在行使职权的国家公园管理委员会。该《条例》还对主席、主管行政部门、绿地、成员、公共用地、国家公园、自然风景区以及植物和植草边沿，尤其

是对管委会的改组、职能、作用及权力、组成及程序、有关雇员和员工的条款都作了明文规定。管委会由主席一人和不少于六个而不多于十个成员组成。主席和成员要由部长指定。管委会职能广泛，主要包括：(1)控制并监管国家公园和自然风景区。(2)代表国家管理和养护绿地。(3)宣传、保护并维护新加坡的动植物，在国家公园、自然风景区和公共用地内保护具有美学、历史或科学价值的物品与区域。(4)提供和掌管用于国内动植物及其生存环境的学习和研究设施。(5)拓展学习、研究和传播关于植物、园艺、生物技术、树木栽培、风景建筑、公园和娱乐场所管理、自然历史和地方历史。(6)在国家公园、自然风景区和公共用地提供、管理拓展娱乐、文化、历史、研究和教育设施和资源。(7)在涉及自然保护、绿地设计、发展和管理的相关事宜上给予政府以建议。(8)行使此条例或其他法律所赋予管委会的权力和职责，等等。同时，该《条例》对管委会的权力也作了十分具体的规定，主要包括：(1)管理国家公园、自然风景区和公共绿地。(2)通过制定绿地内植物设计、养护的纲要和要求来规范其种植和养护。(3)对提供货品、服务或材料或未执行本条例规定签订合同。(4)获取费用、捐赠、拨款、动产或不动产的赠与，或通过合法途径集资。(5)规范并控制公众进入国家公园、自然风景区和公共绿地。(6)开展或承担宣传。(7)对公园和其他宣传动植物或承担管委会设定的其他作用的场所，涉及其设计、保护、开发和管理的向政府或他人提供咨询服务、信息、建议推荐或提案。(8)经部长同意，参与组建公司、合伙组建或制定利益分配协议，并为本条例筹集贷款。另外，部长还可通过发布通知，授权或委托给一个或更多的官员行使在公共公园履行警察或其他公务员的权力，以维护绿化地带不被人为地破坏或践踏。由此可见，新加坡管理委员会全面负责公园绿地的养护及相关工作，具有行政管理、行政处罚以及经济支出等广泛的职权，其成员属于政府公务员，服从部长的管理，享有公务员的薪酬等相关待遇。

美国加州公园与娱乐设施的管委会模式则具有不同的特点。美国联邦城乡绿地和城市森林主要由美国林务局牵头，住宅与城镇发展、环保、国家公园等部门相互协调，各州均有该项工作的服务与协调机构，绝大多数为林业政府部门，少数为土地、环保及其他部门。除此之外，还活跃着数量繁多的非政府组织，它们在城市绿化、义务活动、研究、宣传、推动国际交流与合作等方面发挥了重要作用。加利福尼亚州在其州法典中规定由公园和娱乐部来负责管理州公园系统，该管理委员会具有非政府组织的性质。首先，每个公园管理委员会由三名成员组成,尽管成员要由州长任命,任期为四年,但任职期间没有酬金。其次,委员会所有成员必须是该市或县内自由地产持有人和居民,并且该成员所属的委员会对该市或县具有管理权。尽管如此,管委会也享有广泛的职权:(1)各委员会有管辖、管理和引导其辖区内的公园、林荫道和土地的职责;对辅助人员的雇佣、资金的管理和支出、雇员的职责和酬金等有一定的决定权。(2)委员会有权雇用和任命管理者、劳动者、员工或文秘、律师、检查员和工程师,也可以雇用为公园演奏的音乐家、其他工作人员以及助理;指定被任命者和雇员的权力和职责,并确定其酬金。(3)委员会有权管理和支出为公园所拨的款项或为其提供的资金。因此,其也在绿地保护管理上发挥了应有的作用。

2. 以法国为主的主要由受委托的公营机构来进行管理的模式

法国没有像新加坡、美国那样规定直接由管委会来对国家或州的绿地进行管理,而是将绿地的治理和管理委托给一个公营机构完成,即由公营机构管理和治理绿地,地方单位可派代表参加该组织。该制度是由其《城市化法典》和《农村法典》所设立的。公营机构是以实施公务为目的而成立的公法人,具有独立法律人格。该机构由公园董事会和公园经理领导,由总理委派的代表担任国家公园跨部委员会主席,制定一般规章制度、划定公园外围区域及其治理的计划方案均须征求该跨部委员会的意见。该委员会也参与其他有关公园区域或外部区域的城市性规划建设。

董事会成员由负责保护自然的部长任命,主要包括有关行政部门的代表、地方单位的代表、公园职员和重要人士的一名或数名代表。包括在公园区域内的面积占公园总面积的80％以上的市镇镇长以地方单位代表的身份参加董事会,为董事会当然成员;除经地方选举产生的成员以外,董事会的其他人员均被任命,任期均为三年,选举产生成员的任期期满可以延期。董事会在创建公园法令赋予的职权范围内作出决定、监督经理对公园的管理、投票决定预算或收支预估,并有权针对一切同公园管理有关的问题发表意见。公园经理是由负责保护自然的部长在征求董事会意见后以颁布政令的形式来任命的。公园经理要严格执行董事会制定的治理、规范和管理公园的原则,具体落实董事会的决议、负责公园的日常管理,领导公园各个部门,在民事及司法方面的所有行为代表本机构,并行使赋予本机构的治安权力。另外,公园经理还享有为保护公园内的动植物、地表层、地下层、空气、水体等自然环境以及为避免恶化公园环境和任何可能对公园面貌、构成和未来发展造成损害的人为干预的规章制定权。经理还应遵照"决定创建国家公园法令"的规定,颁布有关市镇和乡村治安的政令权,该类政令主要规范人员、车辆和动物进入公园和在省级、市级或乡村道路上通行和停放的行为。

由于法国本土分为两个大区,每个大区包括几个省,为了保护生态平衡、自然文化遗产,在各个大区内都设有大区自然公园委员会。委员会由负责自然保护的部长或其代表任主席,其余还有 9 名当然成员(内政、农业、负责文化、旅游、负责体育和青年、教育、工业等几个部门的部长或其代表)。9名成员的任期为四年,可以连任。而真正的管理还是需要一些受委托的公营机构来加以实施,当然要做到充分保护该区的生态环境而非任意实施一系列行为。由此可见,法国的大区自然公园委员会在具体绿化管理当中起一个总体规划、协调实务部门之间的利害冲突关系的作用,实际的公园治理和管理是由受委托的公营机构来具体操作的。

3. 社区管理模式

与前述两种管理模式不同的是,美国路易斯安那州采用一种社区管理的模式对城市绿地进行管理。这种社区包括小社区和大社区。小社区主要针对郊区、小城镇以及对绿化要求不高也不复杂的其他城市。小社区设立市民树木委员会负责公共树木的管理工作。由 7 名熟悉树木或园艺或在该方面富有经验的成员组成,其中 5 名应由镇长任命,并经镇议会批准。镇长为其中的当然成员。所有成员的工作都是义务工作,没有薪酬。该委员会中的一名成员将被任命为"镇林业官",负责公共树木的日常管理工作,以及公共树木的种植、维护、砍伐和搬迁的审批条件的制定和相关的审批工作。对于私有财产内所含树木,该财产的业主有责任自费对其进行必要的维护,且需保证该财产内所含的树木不会遮盖街道的阳光、不会阻塞人行道、不会妨碍交通标志或任何道口通行时必要的视线范围。此外,对有病虫害的树木要进行必要的维护,且保证不会损害公共树木、绿化或其他市民的健康。镇林业官有权对不当的私有树木进行处理。任何阻碍镇林业官正常工作的行为都将被视为违法,并将受到处罚。该委员会有权召开全镇会议,讨论与树木有关的各种计划、规划等等。大社区针对具有公园、规划或市政等部门城市的市区和郊区,通过设立市"树木委员会"进行管理。委员会由 9 名拥有有关树木维护、园艺、林业、公用事业、市政建设、建筑、树木栽培或规划等专业知识、经验或接受过有关正规培训的市民组成,其中 6 名成员由市长任命经市议会批准,第 7 名成员为"市林业官",第 8 名成员为公园部主任,第 9 名成员为市政部主任,其中后两名成员为当然成员。"树木委员会"与小社区"市民树木委员会"具有相同功能,但除此之外还具有立法建议权、技术支持的提供、募集资金、公共基金和私人捐款并对违法移动树木进行处罚的功能。市林业官与小社区镇林业官具有相同的功能,但可以公布相关的规章制度、确立园艺标准、审定植树计划。但任何市政规划都要报市树木委员会批准才能实施。除了路易斯安那州外,芝加哥、旧金山采取类似的模式,在绿地保护中发挥了重要作用。

六、多元化的绿地管理资金来源

绿化管理资金包括绿化的建设、养护、绿化管理运行的各项费用等。前述典型国家绿地管理资金来源途径一般通过法律明确规定以政府投入为主。除此之外,还采用多种途径筹集绿地管理资金。

1. 融合各种形式的资金形成专项基金,专用于绿化管理的方式。美国绿地管理经费运营特点是法制和行政并举,形式多样。国会有专门机构负责绿化,主要任务是立法和审批联邦政府的绿化预算。美国 85％ 的土地面积系私有,其法律规定:任何私人宅基地在建房前都必须规划预留一定比例的土地用于绿化、植树和种草,确保绿化率,否则造房计划不予批准。私有土地的营林资金主要由经营者自己解决,国家只出一部分用于扶持。美国私有林主绝大多数居住在城镇,为鼓励他们按照林业专家制订的计划管理这些森林,联邦政府对他们在保护资源、改良林分、涵养水源、美化环境的森林管理活动中提供资助。美国有成千上万个非营利性民间组织如绿色组织、环保组织、人类健康组织、社会扶贫组织、绿化基金组织等,它们负责帮助私营林主经营管理,经费主要来源于政府资助、社会募捐和会员会费。政府也重视对私营业主的扶持,如免费或廉价获得苗木、实行退耕还林政策者每公顷土地每年可获得 111 美元补助,补助五年。公园绿化的资金来源主要有建立基金、通过合同方式由承包人承担公园营运费用以及发行公债等三种途径。法国绿化管理经费来源也采用多元化的方式。法国法律规定国家公园机构的资金主要来源于国家、公立单位的参股和各种公营单位和私人的赞助及必要情况下缴纳的税费收入。同时大区公园和自然保护区资金也来源于全社会的参与、资助和支持。

2. 通过募集股份或者发行债券来募集资金的管理运营方式。例如新加坡部长可以在认为合适的时候从议会提供的款项中拿出部分作为政府拨款投入绿地管理,供国家公园管理委员会使用。除此之外,还可以通过募集股份或者发行债券的方式进行。管委会在接受了政府给予的任何财产、产权或债务,或者政府根据法律拨付给其的资金或投资后,应将股份或债券发送至财政部长。而且属于管委会的钱款可以在部长同意下投资于受托人依法委托投资的债券。管委会的钱款只能用于费用的支出、管委会债务的支出以及管委会授权或要求的支出。管委会可以在部长同意之下通过发行债权或股份的方式来募集资金,在法律规定的范围内通过在管委会管理的范围内增加改进基础设施,建筑一些旅游景点来收取费用,以此加大对公园绿地、自然风景区和公共用地等绿化地带的资金收入和管理运营费用。

七、绿地养护和管理制度科学规范

前述典型国家均规定了科学规范的绿地养护和管理制度,主要体现在如下方面。

1. 责任明确、奖惩分明。比如美国《芝加哥风景园林法》中对所计划的园林绿化养护管理究竟由谁来承担责任规定很明确。具体为:(1)所有计划的园林绿化必须由房产业主养护管理得完好无损。任何受损或死亡树木、灌木或地被植物必须迅速替换。园林绿化区域的养护管理包括除草、剪草、清理、修剪、修边、耕作、播种、施肥、浇水、害虫管理和任何其他确保健康树木生长所必需的工作。(2)房产主养护管理马路种植树木的时间,从开始种植树木起最少5年,5年之后城市森林局将承担对马路树木养护管理的责任。(3)在私人房产上种植的树木,在房产继续使用的整个时期都必须养护管理。新加坡对于城市道路两旁的绿地、树木由国家公园局建设、管理;新镇中小区公园、邻里公园、袖珍绿地等由开发商建设,社区理事会维护、管理;各单位负责自己用地内的绿地建设和管理;各学校负责周围公园、绿地的种植和养护。对于乱砍滥伐和肆意破坏生态环境的行为决不姑息,奖惩分明。对于每年在城市美化绿化活动中做出突出贡献者,总统亲自授予勋章,以资鼓励。

2. 注重利用先进的科技知识进行管理。如美国注意利用先进科技来实施绿化管理,管理人员层次高、素质好。据统计美国农业部林业科研、教育、推广中心的管理人员大多是各大学的知名专家、学者、教授。路易斯安纳州立大学运用计算机对校园内的所有树木花草建立数据库,详细记录其位置、种类、年龄长势等资料,乔木树种运用 GPS 精确定位,对每棵树、草坪的病虫害防治、修剪、浇水施肥等都有详细计划,并且按计划实施。美国还注重园林绿化管理高度机械化,国家通过大中型拖拉机牵引的草坪修剪机、栽植机,甚至播种草籽机等进行有效的管理。

3. 注重植物的绿化配置与养护管理相结合。新加坡良好的园林景观除了得天独厚的地理条件外,在植物垂直配置和养护管理方面有独到之处。新加坡的绿化品种非常丰富,主体为乔木,其次为灌木、亚灌木和草坪。同时在相对稳定的生态群落中,为增加花色,并降低养护成本,在绿地中种植了开花乔木、小乔木和灌木以及低维护的多年生草本花卉。国家还大力推广屋顶花园、空中绿地、园箱式种植等园林绿化建设。而在管理养护上,以保持自然风貌为主,整个园林景观亲切、自然而不会给人平板规整的感觉,并充分利用边角荒地进行绿化,使之成为连接公园与居民区的纽带。同时,该国对公园和树木的养护管理也通过法律法规进行规定。

4. 公众参与。这是国外绿化管理法律制度中比较普遍的做法,其中比较有特色的是英国伦敦。伦敦对大树木或者有意义的树木鼓励居民领养。法律规定任何居民都可以成为领养人,但领养人必须经过议会树木官的批准。经批准后的领养人权利义务是:(1)关注领养区的环境变化情况。(2)成为议会中管理树木官员的联络人,参加议会组织的树木维护培训。(3)参加保护树木的各类活动。(4)对砍伐树木情况应及时报告。(5)干旱时有义务浇水。(6)领养的树种有收益要通知当地有关部门。伦敦公园非常重视满足居民个性化的要求。在公园内设置专门的场所和电话,接待居民的来访和咨询。但规定接待居民每人不超过 5 分钟,若提出的问题需要保密的,接待人应在隐蔽的场所回答居民的提问。如果电话咨询的,规定电话铃声不超过 5 次,必须接听回答;如果采用 E-mial 方式咨询的,规定在 3 个工作日内确认,7 个工作日内作出回复。

5. 禁止性条款具体充分。前述新加坡《公园和树木法案》关于禁止性和限制性规定十分具体。日本也有类似规定,例如在绿地保护区内,非经都道府县知事的许可,不得进行下列行为:①建筑物及其附属设施的新建、改建或扩建;②平整宅地、开垦土地、采掘矿物或变更土地形质的;③采伐林木、竹子;④填水造地或填海造田;⑤任何可能影响该绿地保护的行为而由政令规定者。同时日本绝对禁止砍伐树木,因为日本这个国家本身就是一个多山国家,而且山高坡陡、地质脆弱极易发生水土流失,台风侵袭、火山爆发也是经常现象。美国纽约《公园与娱乐场地规章与条例》中也同时规定了"禁令"与"限制使用"内容,如在公园中禁止一切游人的捣乱行为,如不按规定的进、出口进入或离开公园,进入或试图进入关闭的或禁止公众通行的任何设施、地区和建筑物;搅乱、堵塞公园的任一部分或园路和使其变得危险或在车辆、行人过往的路上设置障碍;参与打架斗殴或殴打任何人做出任何下流的动作或行为;任何人不得发出过分的、刺耳的噪音搅乱他人的舒适和安宁,或影响他人的健康,危及他人的安危;不得搅扰动植物的生活;除非准许证上有这方面的规定,否则任何人不得在任何公园内、公园附近或挨着公园的街上(包括挨着公园的街上的所有便道)进行有形的或无形的售货、持有或饮用酒精饮料;未经获准,任何人不得在任何公园宿营或野营或搭帐篷或搭遮蔽物;未经批准任何公园都不许进行包括乞讨与捐助在内的任何种类的集资募捐活动;未经准许,任何人都不准在任何公园进行任何商业性质的摄影与拍电影,经获准在园内摄影或拍电影,更换或损害了公园的财产,持证人要给予适当合理的修复与赔偿;对于公园的管理费、维护养护费,事务官必须经常记载在《市纪录》上及张贴在有关的设施上等。

6. 绿地管理体现人性化的服务。英国伦敦对公园的开放与关闭时间规定极为具体。所有有人看守的公园在周一到周六的早上7:30开放,周日和全国假日时早上9点开放。而关闭时间则更为具体,不同的月份关闭时间不同,而且同一月份不同时间段关闭时间亦不同。美国加州法典为方便公众进出州属公园针对不同的对象则作出不同的规定,体现了人性化特色。如对学校群体的免费,即对幼儿园和中小学(所有的公立学校和私立学校)一到十二年级的任何学生以及他们的陪同护送人员使用州属公园系统的任何部分和设施,部门不得收取任何费用、租金和其他收益;老人、盲人或残疾人使用州属公园的,需要提出申请并交纳5美元后即可得到"金熊高级出入证",得证者可以使用州属公园的任何白日设施,但要遵守高峰期的限制性规定;而退伍军人(如果是加州居民)进出公园系统,只要提出申请并交纳3.5美元后,即可得到出入证从而使用公园设施,包括公园系统的划船措施。《纽约市公园与娱乐场地规章条例》中对公园的开放时间也充分体现了一种人文关怀,游人可在日出前半小时进入公园,午夜一点闭园。如有其他开放时间则会在公园门口张贴出来,未获事务官特准,任何人不得在闭园以后进入公园,也不准在公园内游逛;无论什么时候,只要有任何自然的因素,爆炸事故或其他灾难,或有闹事、非法集会等活动,造成对与公众健康和安全的威胁,事务官则可对所有的未经授权的人关闭公园或关闭公园里面的任一部分,以确保公众的健康与安全为出发点来决定必要的关闭时间。

7. 严格限制开发经营。法国禁止在公园内从事狩猎、捕捞、工业和商业活动、禁止公共工程及私人工程的施工……总之,禁止一切可能危害动植物的自然生长,或更广泛地说一切可能改变国家公园性质的活动。同时还规定禁止在国家公园内从事广告宣传,严格限制在公园外围区域内从事的广告宣传活动的范围,在公园外围区域从事社会、经济和文化方面治理和改进规划由有关行政管理部门在负责保护自然的部长的直接领导下,同管理公园的公营机构共同制定,在必要时公营机构要协助有关的行政管理部门负责实施规划。与此同时,在公园管理中,董事会、公园经理也起到很大的协调和领导作用。美国加州法典中的租赁制度则规定在州立公园系统的单位向公众开放运营之前,部门有权将所有或部分原州立公园用途取得的不动产出租做任何用途,只要部长认定该用途与单位或单位组成部分的不动产计划的最终用途一致,并且符合良好管理和保护单位自愿的要求,就可以对其进行租赁,租赁期限不得超过五年。原为州立公园用途取得的不动产所得的净收益都要存放在原为取得不动产支付费用的基金中,以此作为进一步扩建、改进开发州公园系统的拨款。

8. 确立捐赠与征用制度。德国柏林地区在《关于公共绿地和公共休闲设施保护、保养与发展的法律》中对绿化设施(所有公共绿地和公共休闲设施)的捐赠与征用规定:(1)绿化设施还要包括通过捐赠作为公共绿地和公共休闲设施的财产,在捐赠前必须取得捐赠人的同意,从捐献开始即发生的特定法律效果。(2)捐赠必须在柏林市政府公告上向社会公示。(3)当本法规定的绿化设施其范围很小需要进行扩建时,新的扩建部分通过向公众的移交而被捐赠。(4)当一个公共绿地和公共休闲设施的作用不再被需要或因为大多数人健康的需要,它可以被全部或部分的被征用并可以在使用方式上对其作出一定的改变。(5)征用必须将详细理由在柏林市政府公告上予以公示,这一点不适用于很小范围的部分征用。

另外,还有一些国家和地区通过绿化协定(合同)制度对绿地进行养护和管理,如日本在《城市绿地保护法》中专设一章采用"绿化协定"方式进行管理,即为确保市街地的良好环境,土地、道路、河川等所有者或者建筑物租赁者可以根据其全员的协议,缔结关于绿化该土地区域的协定,而对于成为绿化协定标的的土地区域称为"绿化协定区域"。美国加州法典中也有类似的规定：在州属公园开发方面，公园、娱乐部和公共机构可以代表州或公共机构和特许经营者、承租人，或其他自然人、公司等订立有关公园开发和收益方面的合同。

八、严格的绿地管理法律责任制度

法律责任是绿地保护立法的重要组成部分，是促使相关法律得以有效实施的保障。各国绿地保护立法通常会包含"法律责任"部分，设置了严格的制度，规定了对违反绿地保护法律应承担的相应法律后果。（1）执法主体明确。新加坡法律明确规定了警察、管委会雇员或授权代理享有的移动车辆、搜查、要求出示身份证明、逮捕、解决违规等方面的执法权。美国芝加哥法律规定，森林局和城市规划部的职员将检查工程现场，以确保所计划的园林绿地是否得到落实。在检查人员视察现场并确定所计划的园林绿地已落实后才发放居住证书。地面停车场和其他车辆使用场地要求出示占地证书。（2）法律责任主体无具体规定，法人、个人或法人与个人结合一般视为责任主体。但有些法律区别法人与个人责任，法人从重处罚。如《英国国家公园法令》对法人处以的罚金是相应个人罚金的两倍。日本《城市绿地保护法》规定法人代表及法人或个人的代理人、雇佣人及其他从事人员，在该法人或个人的业务或者财产有违法行为时，除了处罚行为者外，还对法人或个人处以罚金刑。（3）罚款和监禁为主，辅以吊销执照或许可证、没收及恢复原状等其他行政法律责任方式。（4）严格的申诉程序。例如美国佐治亚州亚特兰大市为受处罚者的申诉设定了一整套申请步骤和严格的申请程序，并对负责机构的处理期限作出明确规定，并在此期限内及时通知受处分者（申请人）。

由此可见，典型国家绿地保护法律制度为我国相关制度提供了如下有益的借鉴：

1. 秉持发展生态城市理念，构建科学合理、具有中国特色的我国绿地保护法律制度。

2. 提高立法技术，制定更加明确具体、可操作性的法律条文。

3. 重视对绿地建设的整体和长远规划。

4. 理顺管理体制，建立符合我国国情的绿地管理体制。确立以保护主管机关为主，园林规划、土地、水务、港口、电力、农业、市政等多部门联合的管理体制。

5. 保障政府投资的同时,积极探索多元化的绿地管理资金来源。

6. 确立科学规范的绿地养护和管理制度。责任明确、奖惩分明,注重利用先进的科技知识进行管理,注重植物的绿化配置与养护管理相结合,公众参与,禁止性条款具体充分,绿地管理体现人性化的服务,严格限制开发经营,确立捐赠与征用制度。

7. 严格的绿地管理法律责任制度。明确执法主体,完善责任形式以及程序。

8. 加强对市民绿地意识的宣传和培育。

第六章　中国城市绿地保护地方
立法之完善建议

　　中国城市绿地保护地方立法在保护我国城市绿地,促进生态城市建设中发挥着重要作用。为了解决中国相关立法存在的问题,促进我国地方立法的进一步完善,需要在充分了解中国城市绿地地方立法主要内容和具体制度的前提下,认识中国相关立法现状与特点,并根据中国当前生态环境保护方面的政策和法律,借鉴典型国家的先进做法,结合各地方立法实践,就中国城市绿地保护地方立法的各项制度进行完善,以使它们更加科学合理,更加适应中国各地方特点,从而促进我国整体立法水平的提高,在城市绿地建设、养护和管理等方面发挥更好的作用,满足城市居民对自然、对绿色需要。

一、立足全国生态环境保护的大局,提高立法质量

　　2000 年我国《立法法》的制定规范了我国立法活动,明确了地方立法的权限和程序,极大地促进我国地方立法的发展。在绿地保护相关立法方面,1992 年《城市绿化条例》颁布后,我国许多城市相继制定绿化条例,如宁夏、吉林、长沙以及银川等,其中均规定了城市绿地保护相关内容。2000 年《立法法》颁布之后,有更多城市制定绿地保护相关立法,并对已经制定的相关条例进行修订。2015 年我国《立法法》修订,赋予设区的市在城乡建设与管理、环境保护、历史文化保护等领域的地方立法权,拥有地方立法权的主体大大扩展,我国地方立法呈现出前所未有的活跃,省、省会城市、较大的市以及设区的市等各层级立法主体积极参与地方立法,我国地方立法数量迅速增长,在我国立法中占有很大的比例。我国绿地保护相关立法正是这些蓬勃发展起来的地方立法中的组成部分。

　　当前几乎所有的省(市)均制定有绿地保护相关立法[①],充分发挥了促进我国城市绿地建设的发展、保障城市绿地的积极作用。但是,正如第四章

---

　　①　通常是以城市绿化的名称出现,但其中包含的主体内容涉及绿地保护。

第五节"中国城市绿地保护地方立法存在的主要问题及原因"中指出,我国绿地保护相关立法形式多样,立法内容差异大,从某种程度上可以说是,地方特色有余,必要的统一性不足,出现各自为政的倾向。地方立法担负着保障宪法和法律法规在本行政区域内有效实施和推进本地区经济和社会发展的重要职能,需要遵循"不抵触、有特色、可操作"原则。要立足本地实际,体现地方特色,但同时也要考虑国家生态环境保护政策和一般法律确立的基本原则等全局性方面的问题,与国家发展总体战略结合起来。在立法形式以及立法内容中的制度设计上,充分考虑城市绿地保护的特点及共性,尊重科学规律,借鉴其他地方以及外国立法的先进经验,理性立法,力求体现立法科学性、合理性、整体性和前沿性,体现人与自然和谐以及可持续发展的生态理念,不断提高地方立法水平,从而促进我国绿地保护地方立法整体水平的提高。[1]

二、地方立法结构及内容设计增加必要的创新性

如第三章所述,尽管我们在地方立法水平和科学性上提倡保持一定的统一性,但是从当前我国地方立法的结构和内容来看,缺乏必要的创新性同样是一个很普遍的现象,无论是在立法结构上还是内容上,并未体现真正的地方特色,简单的模仿甚至抄袭时有发生,并未能真正体现地方立法的"有特色"原则。"有特色"是地方立法在不与宪法、法律相抵触的前提下,充分体现地方的个性、差异性和特殊性,从而反映地方需求,解决地方的实际问题。地方立法要"有特色",要求立法者认真研究地方经济、政治、法制、文化、风俗、民情等对立法调整的需求程度,在深入调查研究的基础上,因地制宜地制定出适合当地经济、人文、习俗等的规范性文件,有针对性地解决地方的特殊问题。[2] 我国疆域广阔,人口众多,各地的经济文化发展水平极不平衡,地理环境和自然资源的分布状况也极不一致,从而造成了我国多样化的地方实际。就我国目前的发展状况,多样化的地方实际不但不可能在几十年甚至几百年内就此消失,而且其总体差异有逐渐加大的趋势。地方立法体现地方特色,是一种必要的创新,也是一种科学、理性的立法。

---

① 倪同良:《城市绿化法律体系的构建》,载《河北法学》2009年第11期。
② 倪同良:《城市绿化法律体系的构建》,载《河北法学》2009年第11期。

三、在立法目的和原则上充分体现生态城市理念

立法目的和原则在一部立法中具有统领作用。如前所述,我国地方立法从结构到内容千差万别,这在各立法制定的立法目的和立法原则上也鲜明地体现出来了。尽管如此,随着生态环境保护的观念深入人心,随着国家大力开展生态环境保护战略,生态城市发展是我国城市化发展最重要的内容。我国城市绿地保护是生态城市建设的重要内容,在城市绿地保护相关立法中,在立法目的和立法原则中体现生态城市理念,可以从总体上引领立法的内容和制度设计,也可以为法律的实施提供指导作用。我国城市绿地保护地方立法的目的是促进生态城市的建设与发展,立法原则无论是可持续发展原则,还是宜居城市建设原则等,均应立足生态环境保护优先的原则,才能实现城市绿地建设和发展的终极目标,促进城市环境的改善,促进人与自然和谐以及可持续发展。

四、改革我国现行绿地管理,建立科学合理的绿地管理制度

（一）借鉴外国先进经验,设立高效的绿地管理机构

如前第五章所述,很多国家在绿地管理机构的设置上采用"管理委员会"制度。新加坡的"管理委员会"具有绿地管理的广泛职权,尤其是具有强制执行相关法律的权力,这是当前我国绿地管理机构所不具备的。我国行政执法权主要由城管部门行使,城市绿地管理部门是没有执法权的。执法权与管理权的分离导致法律的实施存在诸多的不力。因此,如果我国地方设立专门的"管理委员会",全面处理绿地保护相关事宜,包括执法权,无疑有利于我国绿地保护的发展,避免相关管理部门争权诿责。美国的地方公园与娱乐设施的管委会模式是一种社会组织的性质,其参与绿地管理能充分体现公众对绿地管理的意愿。尽管我国当前不可能通过社会组织对绿地进行管理,但是我国在绿地管理中吸收社会力量也是一个值得借鉴的方面。通过发挥社会组织在绿地保护中的作用,无疑能促进绿地保护的社会化效果。法国主要由受委托的公营机构来进行管理的模式也是值得我国借鉴的方面。公营机构具有专业水平和经验,在绿地管理中也具有特别的优势。

同时,加强绿地保护管理队伍建设,加强园林绿地专业知识及法律法规培训,提高整体的管理水平;加强复合型人才培养,提高绿地管理工作效率;加强社会各界对管理人员工作的监督,以更好地实现绿地的管理。

另外,我国绿地相关部门如发展和改革、城乡规划、国土资源、城乡建设、财政、林业、城市管理行政执法、交通运输、水务、价格、住房保障和房产管理等,与主管机构配合,相互协调,也能更好发挥作用。

(二)发挥多元主体积极作用

政府应对城市绿地的开发和管理主体特别是特级管制的城市绿地的管理主体予以适当的政策补偿,调动其保护城市绿地的积极性;通过发展都市农业、收费公园等实现城市绿地的有偿使用,建立专项资金用于城市绿地的管理和维护;加大绿化宣传,提高公众的绿化意识,发挥广大公众的参与作用;发挥专家的智慧优势,对城市绿地进行更好的创新设计。

(三)充分发挥社会力量管理绿地的作用

我国应改革现有绿地管理机构模式,在以政府管理为主导的前提下,充分发挥社会各界参与绿地管理与保护的作用。(1)建立健全公众参与城市生态建设的机制。公众参与是推动城市生态建设持续深入开展的重要力量。尽管近年来市民参与绿化建设和管理的热情和力度有了很大程度的提高,但与国外先进城市相比,公众参与度还明显不够。借鉴国外的先进经验,根据我国地方实际,充分发挥公众有效参与绿地管理与保护的作用,以凝聚社会各界和广大市民的力量推动城市绿地的发展。(2)培育非政府组织参与绿化建设和管理。我国应加快培育类似的"绿色非政府组织",政府部门要加强引导,并给予一定的政策支持,使有志于环保和绿化事业的人士牵头组建专门的非营利机构,使绿化管理部门从接受社会捐赠和市民捐款、组织市民参与植树活动等具体事务中脱身出来,既有利于推进政府管理职能的转变,也有利于加强社会组织力量,更广泛地发动公众参与绿化工作。(3)推进志愿者参与绿化建设和管理。目前我国绿化志愿者中较多是绿化管理部门、公园管理部门组织的,志愿者活动的经常化、制度化、规范化不够,志愿服务活动的实际效果还不是很明显。绿化管理部门应倾听了解市民的要求,精心设计公众参与载体,发动更多市民争当绿化志愿者,为建设生态城市做贡献。[①] 引进广泛的管理主体可以督促政府部门科学行使管辖权,形成对政府管理行为的一定监督效果,从而更好地实现对绿地的科学规

---

① 蒋卫东:《公共管理视角下的城市绿化管理机制的研究——以上海市构建生态城市为例》,上海交通大学 2007 年硕士论文,中国知网,http://www.cnki.net/,下载日期:2018年 1 月 20 日。

范管理。[①]

（四）完善城市绿地系统规划及管理制度

城市绿地系统规划是指在一定区域内，根据城市社会经济可持续发展要求和当地自然生态条件，对城市绿地的保护利用在时间上、空间上的总体战略性安排和布局，是国家和地方政府实行用途管制的依据。英国、日本和美国等典型国家普遍重视对绿化区域的整体和长远规划。将绿化用途管制制度落实到规划机制上是施行用途管制的关键和基础性工作。首先，应分别按照全国、省、市三个层次的规划进行编制实施，使各城市的绿地系统规划置于全国、全省的生态控制系统中，体现规划的整体性。其次，通过绿地系统规划将城市绿地资源在现行分类标准上进一步优化和分类。在将绿地资源分为公园绿地、防护绿地、风景林地、生产绿地、附属绿地和其他城市绿地类型的基础上，将公园、防护、风景绿地界定为特级管制（不可改变用途），其他绿地为一般管制（有条件有程序的改变用途）以及未建成绿地为规划管制（即规划绿地）。绿地分类后，分别实行不同的管理制度，对城市绿地向非绿建设用地转化实行严格的用途管制。再次，将地方城市绿地系统规划纳入城市总体规划一并报省和中央人民政府审批，提高其权威性和法定性。最后，增强规划编制、变更机制的弹性。进入21世纪，随着人类生产、生活方式的改变，城市职能也顺势发生变化，城市空间发展由以生产性空间为主导向以生活性空间为主导的模式转变，这些转变对城市绿地用途管制制度的设计理念提出了新的要求。对城市土地利用方面具体表现为，对综合的、多样的、多变的、界限相对模糊的土地需求愈加强烈，以满足人们对于交往、休闲、游憩、生活便利、知识创新的需求。因此，我国城市绿地应进行系统规划，并实施科学合理的管理制度。

（五）完善其他方面的绿地管理制度

首先，我国很多地方立法应增加防灾避灾绿地的相关规定；其次，我国应加强施工过程中对监督管理规程、管理责任认定以及竣工验收规程等方面的规定。另外，在养护管理方面，应更细化绿地养护管理标准，确立具体、更具有可操作性的制度。这主要包括绿地养护责任明确、奖惩分明；注重植物的绿化配置与养护管理相结合；设定的禁止性条款更具体充分；绿地管理

---

① 高谊、江灏、元妮娜：《城市绿地用途管制问题与制度建设研究——以青岛市为例》，载《城市发展研究》2016年第10期。

体现人性化的服务;严格限制在绿地开发经营;通过绿化协定(合同)制度对绿地进行养护和管理;等等,从而建立全面完善的绿地管理制度。

五、保障绿地管理经费,建立多元化的绿地资金制度

我国应进一步规定绿地管理资金包括绿化的建设、养护、绿化管理运行的各项费用等的来源与使用。各级地方立法在规定"将城市绿化经费纳入同级财政预算"时,应进一步明确该预算的具体内容,即绿化经费占总财政预算的比例或计算方法,经费的来源以及使用等。绿化资金实行财政专户储存,由财政、银行、绿化委员会监督使用,专项用于绿化事业。除此之外,我国地方还应通过多种途径筹集绿地管理资金。例如借鉴美国采用法治和行政并举的手段,融合各种形式的资金形成专项基金,专用于绿化管理的方式。经费主要来源于政府资助、社会募捐和会员会费。法国法律规定国家公园机构的资金主要来源于国家、公立单位的参股和各种公营单位和私人的赞助及必要的缴纳税费收入,同时也来源于全社会的参与、资助和支持。另外,新加坡通过募集股份或者发行债券来募集资金的管理运营方式也是值得思考的。

六、建立健全城市绿化补偿机制

实践中单位或个人破坏、非法占用或临时占用绿地的现象时有发生,对于被破坏或占用的绿地实行绿化补偿机制,可以有效修复或补偿受到损害的绿地,保障绿地系统的完整性,因此,我国地方立法中建立绿化补偿机制是非常必要的。另外,在我国现行已经制定生态绿化补偿机制的地方,仍存在许多问题,如征收易地补建绿地代建费不到位,出于地方鼓励经济发展、吸引投资的需要,往往不严格执行该机制,个人破坏树木补偿费和代植费太低,异地建绿难以落实等,因此,应健全城市绿地补偿机制,保障绿地补偿能体现城市绿地的价值,切实发挥对绿地的保护作用。

七、逐步建立我国城市绿地产权等配套保护制度

在我国绿地保护实践中,城市绿地产权制度是涉及绿地保护的重要配套制度,但目前在我国引起的争议最大。我国宪法规定了土地以及自然资源的国家所有和集体所有制度引起了城市绿地产权归属上的困境,一方面,各地当然要遵守宪法的规定,坚持绿地的国家或集体所有制度;另一方面,

我国要真正实现绿地的有效长效保护,使绿地管理与管理得到最方便和最切实的保护,必然会思考绿地的产权及其保护问题。前述典型国家为私有制国家,其在绿地用地及保护上,重视绿地所有者的保护。因此,我国也有不少学者和实践部门提出绿地产权问题,希望通过明晰产权调动社会各界保护城市绿地的积极性。当前我国绿地产权不明晰,政府在行使绿地管理职能时,权力过大或滥用权力的现象时有发生。当前城市绿地被占用的重要原因之一便是政府滥用审批权,将规划的绿地用地或已经建成的绿地批准给房地产开发或商业公司利用。因此,应当按照《民法通则》《物权法》等民事产权法律规范的要求,结合城市绿化用途管制思路,完善城市绿化产权立法,明确城市绿地产权主体的外延和界线、主体地位和相应的法律责任。根据城市绿地不同类型和功能,确定不同的所有权与使用权和管理权主体,城市绿地包含公园绿地、防护绿地、风景林地、居住区绿地、单位附属绿地。而公园绿地、防护绿地、风景林地是公益性绿地,在承担生态保护方面起着举足轻重的作用,其所有权与管理权均应属于国家所有,地方政府不得处分(包括改变绿地性质、转让绿地),但国家可以明确授予地方政府以管理权、使用权及其责任;在城市绿地国家所有权的前提下,明确附属绿地和居住区绿地等使用权人地位。同时重新审视城市绿地的经济、社会和环境价值,承认其应有的最大的价值,通过评估等手段,将城市绿地产权量化,提高征收和占用各类城市绿地的经济成本,使不敢占、不愿占、不想占城市绿地成为常态,维护城市绿地的生态功能作用。

八、建立绿地利用效益评估制度

为了避免我国城市绿地规划设计不合理、绿地布局缺乏科学性以及不尊重当地社会经济发展实践盲目扩大建设绿地,导致国家资源和财产的浪费,以及绿地建设目的的不可实现,地方立法应设立绿地利用效益评估制度,在绿地规划阶段,通过专家评审、公众参与、地方政府审查等形式和程序,对城市绿地规划建设方案设计进行评估,以作出科学合理的规划;同时,在绿地建设完成后,结合其在使用中的效果以及经济与社会效益进行综合评估,及时地对城市绿地进行调整和完善,使其更好地实现绿地建设的目标,充分发挥城市绿地在促进城市发展中的功能和作用。

九、完善法律责任制度，加强法律监督

法律责任是绿地保护立法的重要组成部分，是促使相关法律得以有效实施的保障。各国绿地保护立法通常会包含"法律责任"部分，设置了严格的制度，规定了对违反绿地保护法律应承担的相应法律后果。我国地方绿地保护立法也应进一步完善法律责任制度，首先，应执法主体明确，确定绿地保护法律实施的主体；其次，确立严格的责任制度，对于违反绿地法规的行为，尤其是破坏绿地的行为实行具有更强威慑力的责任制度，如罚款、监禁甚至刑事责任。同时，也应制定规范的执法程序，保障执法部门规范执法，维护法律的尊严。

十、完善绿地保护激励机制，加强绿地保护宣传制度

我国地方绿地保护相关立法均有对保护绿地有贡献的单位和个人进行奖励的规定，这无疑有利于通过正面的激励措施促进绿地的保护，但是我国相关法律并未对奖励的具体情形以及奖励的方式和标准进行规定，不利于有关单位和个人采取具体行动加强绿地保护，也不利于有关部门真正实施奖励活动。因此，我国相关立法可以借鉴外国的相关规定，就绿地保护的激励制度作出具体规定，例如，对绿地保护有贡献的人，可以免除一定的社会义务。同时，绿地保护宣传也是非常重要的。政府相关部门或社区开展一些娱乐和服务活动，并充分利用公共媒体的作用，普及园林绿地基础知识，加强园林绿地保护教育，可以培养社会公众遵法守法的良好习惯，使城市居民多一分对自然的了解，多一分对自然的热爱。当居民能深切体会到城市生态环境带来的益处，充分享受城市园林绿地设施、景观等带来的舒适、宜人的休憩环境时，对环境和园林绿地的保护意识也就增强了。在大中小学校中，把爱护城市的园林绿地当作一门思想品德课对学生进行教育，作为学校素质教育的一部分。使城市的每个居民意识到管理和维护好城市园林绿地不单只是政府和园林绿化管理部门的责任，而是每一个市民的责任。[①]

除此之外，我国很多地方立法在科学绿化方面、在绿地保护应急机制方面以及服务制度方面没有进行明确的规定。应注重利用先进的科技知识进

---

① 王楚成：《浅谈城市园林绿地人为破坏原因及保护对策——以呼和浩特市区园林绿地为例》，载《内蒙古科技与经济》2014 年第 9 期。

行管理,例如对树木花草建立数据库,详细记录其位置、种类、年龄长势等资料,乔木树种运用 GPS 精确定位,对每棵树、草坪的病虫害防治、修剪、浇水施肥等制订详细计划等。[①]

[①]　蒋卫东:《公共管理视角下的城市绿化管理机制的研究——以上海市构建生态城市为例》,上海交通大学 2007 年硕士论文,中国知网,http://www.cnki.net/,下载日期:2018年 1 月 20 日。

参 考 文 献

1.李仲信编著:《城市绿地系统规划与景观设计》,山东大学出版社 2009 年版。

2.[日]高原荣重:《城市绿地规划》,杨增志、阎德藩、纪昭民等译,中国建筑工业出版社 1983 年版。

3.吕中诚:《城市绿化法初论:概念与立法目的》,载《中国环境管理干部学院学报》2010 年 12 月第 6 期。

4.车生泉、王洪轮:《城市绿地研究综述》,载《上海交通大学学报(农业科学版)》2001 年 9 月。

5.吴良镛等:《中国大百科全书:建筑·园林·城市规划》,大百科全书出版社 1988 年版。

6.周维权:《中国古典园林史》,清华大学出版社 1999 年版。

7.黄荣忠:《绿化纵横谈》,中国林业出版社 1984 年版。

8.顾文荃等:《中华古文明大图集》,人民日报出版社 1994 年版。

9.李敏:《中国现代公园》,北京科学技术出版社 1987 年版。

10.吴大华、邓琳君等编译:《瑞士生态环保法律法规译汇》,社会科学文献出版社 2015 年版。

11.马军山、张万荣、宋钰红:《中国古代城市绿化概况及手法初探》,载《林业资源管理》2002 年第 3 期。

12.吴人韦:《国外城市绿地的发展历程》,载《城市规划》1998 年第 6 期。

13.凌张军:《城市绿地生态管理概念、理论与应用——以马鞍山市园林绿化养护管理为例》,载《中国城市林业》2012 年第 2 期。

14.王楚成:《浅谈城市园林绿地人为破坏原因及保护对策——以呼和浩特市区园林绿地为例》,载《内蒙古科技与经济》2014 年第 9 期。

15.高峰:《我国古代对环境资源的立法保护》,载《防灾博览》2014 年第 2 期。

16.冯尚:《论中国古代城市规划建设法》,载《广西政法管理干部学院学报》2006 年 1 月。

17.王秉洛:《城市绿地系统生物多样性保护的特点和任务》,载《中国园林》1998 第 2 期。

18.吕中诚:《论城市绿化法的基本原则》,载《湖南警察学院学报》2011 年第 4 期。

19.吕中诚:《城市绿化法公众参与原则初论》,载《法制与经济》2011 年 9 月。

20.林广思:《我国园林绿化行政管理体系调查与分析》,载《风景园林法律法规》2012年5月。

21.雷正寰:《英、美、日的园林立法》,载《园林》1996年4月。

22.李玉红:《日本城市公园绿地管理发展研究》,载《中国园林》2009年10月。

23.王君、刘宏:《从"花园城市"到"花园中的城市"——新加坡环境政策的理念与实践及其对中国的启示》,载《城市观察》2015年第2期。

24.张媛、王沛永:《韩国城市公园法规的发展演进》,载《园林法规》2008年第6期。

25.杨文悦:《奥地利、匈牙利城市绿化管理简析》,载《园林》2012年第11期。

26.倪同良:《城市绿化法律体系的构建》,载《河北法学》2009年第11期。

27.高谊、江灏、元妮娜:《城市绿地用途管制问题与制度建设研究——以青岛市为例》,载《城市发展研究》2016年第10期。

28.管宁生:《绿地与园林的概念及其相互关系之探讨》,载《云南林业科技》2000年3月。

29.容振坤:《我国城市园林绿化管理的问题与建议》,载《企业技术开发》2009年第10期。

30.卢桌:《城市绿化管理的问题与对策》,载《南方农业》2014年第12期。

31.杜钦、侯颖、王开运、张超:《国外绿地规划建设实践对城乡绿色空间的启示》,载《城市规划》2008年第8期。

32.孙翔:《湖北省宜昌市广场园林绿化建设和管理》,载《北京农业》2014年7月下旬刊。

33.唐晓锋:《浅谈城市绿地系统规划及其应用——以福州市为例》,载《福建热作科技》2012年第1期。

34.王雪梅:《从城市公共绿地保护谈公共事务管理》,载《中国商界》2009年第4期。

35.吴小青:《徐州市园林绿地管理现状与提升途径研究》,载《淮海文汇》2017第2期。

36.熊智强:《宜昌城市街道绿化发展现状及对策》,载《现代园艺》2011年第11期。

37.柳华荣、李毅:《浅谈宜昌市节约型园林绿化养护管理》,载《绿色科技》2013年第7期。

38.林广思、杨锐:《论中国园林绿化法规体系》,载《中国园林》2016年第8期。

39.王晓娜、周训芳:《城市化进程中的城市绿带立法经验与启示》,载《林业经济问题》2016年第5期。

40.周世恭:《北京市绿化条例立法启示》,载《北京人大》2011年第11期。

41.莫晓琪、余慧、朱颖:《中国城市绿化地方性法规研究——以苏州为例》,载《苏州科技学院学报(工程技术版)》2016年第12期。

42.周火良:《城市绿化地方性法规比较与启示》,载《北京园林》2007年第2期。

43.梁丽:《绿地保护,宜昌迈出立法第一步——〈宜昌市城区重点绿地保护条例(草案)〉审议侧记》,载《中国人大》2016年8月。

44.张仪、吴锐、胡相宜：《北京市城市绿化条例执法调研报告》，载《法制与社会》2009 年第 12 期下。

45.张亚红：《英国公园绿地的保护与管理》，《2011 北京园林绿化与生物多样性保护》，2011 年会议论文，中国知网，http://www.cnki.net/。

46.郑永革：《包头城市绿化管理现状及发展对策研究》，华中师范大学 2012 年硕士论文，中国知网，http://www.cnki.net/。

47.石丽华：《简论中国近现代环境保护政策的发展》，内蒙古师范大学 2007 年硕士论文，中国知网，http://www.cnki.net/。

48.韩笑：《我国园林法律规范初探》，河北大学 2004 年硕士论文，中国知网，http://www.cnki.net/。

49.蒋卫东：《公共管理视角下的城市绿化管理机制的研究——以上海市构建生态城市为例》，上海交通大学 2007 年硕士论文，中国知网，http://www.cnki.net/。

50.凌张军：《城市绿地生态管理研究》，安徽农业大学 2012 年硕士论文，中国知网，http://www.cnki.net/。

51.林琳：《论园林法规的发展历程与社会作用》，浙江大学 2014 年硕士论文，中国知网，http://www.cnki.net/。

52.张雪：《生态城市建设中绿地恢复补偿机制研究》，中南林业科技大学 2013 年硕士论文，中国知网，http://www.cnki.net/。

53.周月婷：《山体公园规划设计规范体系研究》，贵州大学 2016 年硕士论文，中国知网，http://www.cnki.net/。

54.刘璐璐：《中国城市绿化的地方性法规研究——以上海为例》，安徽农业大学 2008 年硕士论文，中国知网，http://www.cnki.net/。

55.王鑫刚：《我国公园立法问题研究》，东北林业大学 2009 年硕士论文，中国知网，http://www.cnki.net/。

56.周波：《城市公共空间的历史演变》，四川大学 2004 年博士论文，中国知网，http://www.cnki.net/。